에피소드
세계사

교과서 속 한 줄 역사 *210* 장면

에피소드 세계사

민족과 국가의 탄생

표학렬 지음

앨피
Long
Playing
Book

'세계사'라는 말이 던지는 수많은 고민들

세계사란 무엇인가? 생뚱맞은 질문 같지만, 많은 논란을 안고 있는 주제이다. 우리가 알고 있는 세계사 지식의 90퍼센트는 중국사와 유럽사인데 이를 세계사라 할 수 있을까? 그럼 핸드볼 세계 1위 국가인 몬테네그로나 올림픽 육상 금메달에 빛나는 트리니다드토바고의 역사까지 다 다루어야 진정한 '세계사'일까? 그러려면 세계사 교과서는 족히 트럭 한 대 분량은 나올 것이다. 여기서 이 책의 고민은 시작된다. 세계사는 세계 모든 나라의 역사를 다 망라해야 할까?

그동안 우리가 배운 세계사는 서양사를 중심에 두고 서술하는 경향이 강했다. 서구 문명이 오늘날 세계를 주도한다는 점에서, 우리가 아는 세계사는 힘의 논리에 충실한 역사이자 승리자의 역사이다. 요즘에는 다원화된 역사를 추구하는 경향에 따라 남미나 서

남아시아의 역사도 많이 소개되고 있지만, 분량이 많지 않고 그 지역을 지배했던 민족이나 국가의 역사에 국한되어 역시 힘의 논리에서 자유롭지 못하다. 서양의 시각으로 지역사를 바라보면서, 오히려 왜곡시키거나 심지어 식민지 역사를 정당화하는 길을 열어놓기도 했다.

세계사는 한국사에 비해 다루는 시공간의 범위가 넓은 만큼 그 연구 방향도 다양하다. 우선 주제사가 발달했다. 특정 분야를 중심으로 세계 역사를 재구성하여 전체 흐름을 이해하려는 시도이다. 동서교류사 · 민족이동사 등이 이에 포함된다. 어떤 목적 아래 특정 국가와 민족의 역사를 연구하는 경향도 있다. 중국사 · 일본사 · 미국사 · 프랑스사 등 대학에서 특정 국가의 역사를 전공한 교수나 연구자들은 그 나라와의 외교 · 무역 등과 관련한 고급 정보를 제공한다. 그런 연구자들이 없었다면 우리는 미국의 남북전쟁이나 프랑스혁명을 자세히 알거나 이해하지 못했을 것이다. 요즘 많은 관심을 받는 사회민주주의에 대한 지향 역시, 선진 복지국가들의 구체적 역사 이해에서 비롯된 것이다.

한편, 우리 관점에서 세계사를 이해하려는 흐름도 있다. 한국사를 둘러싼 국제환경으로서의 세계사, 한국사의 특수성과 외국 역사의 특수성을 비교함으로써 세계사의 보편성에 새롭게 접근하려는 시도들이다. 이는 특히 한국사를 바라보는 외국인의 시각을 이해하는 데 큰 도움이 된다.

이 책에서는 이처럼 다양한 시각과 연구 방향을 최대한 종합하고 다원적 세계관을 지향하고자 했다. 한국인의 관점에서 바라보고, 강대국 중심에서 벗어나 약소국의 관점에서 이해하고, 찬양보다 반성을 위한 세계사를 쓰려 했다.

한때 우리는 '고대 노예제 – 중세 봉건제 – 현대 자본주의'의 틀로 세계사를 이해하고, 이에 따라 근대로 진입하는 과정에서 봉건 시대에 머문 민족과 나라들의 식민지화를 당연하게 받아들였다. 하지만 오늘날 전 세계적 갈등과 파괴 행위가 끊이지 않으면서 자기 문명 중심 사고의 폭력성에 대한 반성과 함께, 그동안 문명화에 뒤처졌다고 평가받은 제3세계의 역사와 그들의 문명을 재인식하려는 노력들이 나타나고 있다. 이 책 역시 서구 문명이 들어오기 이전 동남아시아 · 아프리카 · 남아메리카 역사에 좀 더 관심을 기울였다. 가령 남아메리카 역사를 살피면서 마야 문명과 잉카, 아스텍 문명, 침략과 저항, 스페인 지배에 대한 독립운동, 선거를 통한 아옌데 좌파 정권 수립, 룰라 대통령의 민주화 노력 등을 폭넓게 다루고자 했다.

서양사에 대해서는 균형 잡힌 시각을 유지하려고 노력했다. 독일의 역사를 살피면서는 그들이 민족국가를 건설하고 산업혁명을 이루며 근대국가를 수립하는 과정과 함께, 제국주의 시대에 독일이 아프리카에서 자행한 학살과 나치의 만행을 모두 다루어 찬양도 적대도 아닌, 배울 것은 배우고 버릴 것은 버리는 자세를 견지하려 했다.

또한 이 책은 한국사적 관점, 즉 한국사를 풍부하게 이해하기 위한 세계사를 지향한다. 그동안 동아시아 역사에 대한 우리의 관심은 중국과 한국의 관계에 초점이 맞춰져 있었다. 그런데 중국과 다른 나라의 관계, 곧 중국과 조선, 중국과 일본, 중국과 몽골, 중국과 티베트, 중국과 베트남의 관계는 어땠을까?

우리는 베트남이 유교를 받아들이며 명나라와 적극적 관계를 맺고 동아시아 2인자의 자리를 놓고 조선과 경쟁했다는 사실에서, 16~17세기 일본이 동지나해 중심의 해상무역을 통해 서양 문물을 받아들였기 때문에 상대적으로 조선에 대한 의존이 줄어들었다는 사실에서, 티베트가 한때 당의 수도 장안을 함락하며 동아시아 통일을 시도한 강대국이었다는 사실에서, 중국과 조선의 조공 관계와 소중화小中華 의식을 바라보는 또 다른 시각을 얻을 수 있다. 즉, 조선·베트남·티베트·일본이 각각 중국과 맺은 관계를 통해, 조선과 중국의 관계를 단순히 대국과 소국의 관계가 아니라 동아시아 사회의 기본적인 국가 간 질서, 일종의 '팍스 시니카Pax Sinica'의 관점에서 바라볼 수 있는 것이다.

이 책이 그동안의 역사 상식, 역사 발전의 기준, 선진 문명에 대한 평가, 다른 나라에 대한 우월의식 혹은 열등의식 등을 다시 한 번 생각해 볼 수 있는 기회를 제공한다면 더 바랄 것이 없겠다. 거대한 규모를 자랑하는 고대문명 유적의 웅장함은, 오늘날 뉴욕·런던 등 선진 대도시 고층빌딩의 위용에 뒤지지 않는다. 즉, 겉으로 드러나는 외적 규모는 문명의 성장에 따라 순환하는 것이다. 정치가 권력을 과시하는 데에서 백성과 나라를 알차게 하는 방향으로 발전할수록 지배자의 무덤은 점점 작아지고 검소해진다. 이제 우리도 크기를 강조하는 사고방식에서 벗어나 문명의 안쪽을 들여다보고 성숙의 의미를 다시 한 번 생각해 봐야 하지 않을까?

역사는 발전하지만 순환하기도 한다. 삶의 질은 발전하지만, 권력은 항상 생성·성장·소멸을 반복한다. 우리는 발전을 확인함으로써 미래에 대한 희망을 갖되 순환을 통해 겸손함을 배우고, 다양한 과정과 관계들을 들여다봄으로써 인간에 대한 성찰의 기회를 가질 수 있다. 세계사를 공부하는 진정한 의미는 바로 여기 있는 것이 아닐까? 이 책이 만용과 열등감과 허무감을 극복할 기회를 조금이라도 제공할 수 있기를….

이 책은 나와 세계사 수업을 함께했던 학생들 덕분에 나올 수 있었다. 2010년 한국 근현대사가 수능 선택 과목에서 폐지되면서, 교직 생활 15년 만에 학생들에게 세계사를 가르치게 되었다. 수십여 명의 학생들이 질문 공세를 퍼부을 때마다 식은땀을 흘리며 나름대로 열심히 공부해서 답을 해 주었다. 학생들에게 교과서를 읽어 주는 교사가 될 수는 없었기에, 그때부터 소설을 포함하여 200권 정도의 책을 읽고, 다큐멘터리 100여 편, 영화 몇 백 편을 섭렵했다. 공부하고, 정리하고, 학생들에게 설명하는 과정에서 이것만은 꼭 알았으면 좋겠다고 생각한 내용들을 차근차근 모았다. 그 결과물이 바로 이 책이다.

학생들은 정말 나의 스승이다. 한국 근현대사를 고등학교 교육 과정에서 폐지하여, 세계사를 가르칠 수밖에 없도록 만든 교육 당국의 공(?)도 무시할 수 없겠다. 보잘것없는 글을 다듬어 책을 만들어 준 앨피출판사, 성실한 조력자인 아내, 내 책의 애독자이자 광고꾼인 자식, 나의 책을 자랑스러워하는 형제들, 항상 응원해 준 동료 교사들에게도 감사의 뜻을 전한다.

2016년 1월

표학렬

| 차례 |

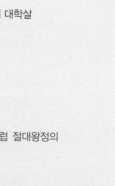

001

역사를 공부하는 이유

이스터 섬과 흉노

기원 전후

> **교과서 속 한 줄 역사** – 인류는 생존을 위해 자연환경에 크게 의존하였다. 하지만 자연환경에 의존하면서도 적극적으로 자연의 힘에 대처하며 삶을 개척했다. 이스터 섬의 주민들은 고립된 지역에서 제한된 자원으로 나름대로 문화적 성취를 이루었지만 환경의 중요성을 깨닫지 못하여 몰락했다.
> – 세계의 갈등을 극복하고 해결하려는 노력이 여러 가지로 모색되고 있다. 그중에서 가장 중요한 것은 서로의 문화와 역사를 깊이 이해하는 일이다.

역사 추론의 논리 : 이스터 섬의 미스터리

칠레에서 3,600킬로미터 떨어진 남태평양에 자리 잡은 이스터 섬(원주민들의 언어로는 '커다란 땅'이라는 뜻의 '라파누이Rapa Nui')에는 거대한 얼굴 형상의 석상 수백 개가 우뚝 서 있다. '모아이'라 불리는 이 석상은 3~5미터 정도 높이에, 무게가 평균 50톤에 이를 만큼 거대하다. 누가, 언제, 무슨 용도로 이 거대한 석상을 만들었을까?

1722년 네덜란드 제독 야코프 로헤베인Jakob Roggeveen이 유럽인으로는 처음으로 이 섬을 발견한 이래, 모아이는 수많은 상상과 논쟁을 불러일으켰다. 외계인이 만들었다는 가설까지 나올 정도였는데,

오늘날 인류학의 발달과 비유럽 문명에 대한 학문적 관심이 쌓인 결과, 모아이의 정체에 얽힌 미스터리는 어느 정도 해결되었다.

지금으로부터 1천 년 전 울창한 삼림으로 뒤덮여 있던 이스터 섬은 적당한 기후와 인구, 풍부한 생활자원을 두루 갖춘 지상낙원 같은 곳이었다. 섬에 살던 수천 명의 주민들은 신의 은총에 감사하는 뜻으로 거대한 석상을 세웠다. 문제는 몇 톤에 이르는 석상을 운반하는 것이었다. 주민들은 나무를 베어 바닥에 깔고 그 위에 석상을 올려 굴렸다. 주민들이 경쟁적으로 석상을 만들면서 삼림 남벌이 점점 심해졌고, 16세기경 마침내 섬은 헐벗게 되었다. 더 이상 집을 짓고 살 수 없게 된 주민들은 거주지를 동굴로 옮겼으나, 섬이 황폐해져 굶주림에 시달리다 하나둘 섬을 떠났고, 전염병까지 창궐하여 많은 이들이 사망하면서 이스터 섬은 석상만 덩그러니 남은 기괴한 섬이 되고 말았다.

이것이 역사학자들이 이야기하는 이스터 섬의 몰락과 모아이의 정체이다. 꽤 타당해 보이는가? 역사학자들의 주장이니 무조건 믿고 넘어가면 될까? 그럴듯해 보인다고

이스터 섬(라파누이)의 거대한 모아이 석상.

무조건 믿고 받아들여서는 안 된다. 어떤 역사적 주장을 대할 때, 그것이 진실인지 거짓인지 판단할 수 있는 기본 소양을 갖추고 있어야 자기 것으로 만들 수 있다. 그렇지 않으면 과거의 여러 사실들은 모두 '신기한 이야깃거리'가 되고 만다.

역사학자들이 말하는 이스터 섬의 몰락이 사실인지 판단하려면 어떤 근거가 필요할까? 가장 쉬운 방법은 역으로 증명하는 것이다. 이스터 섬의 몰락에서 중요한 것은 '터닝 포인트', 즉 풍요롭고 안락한 섬이 황량하고 지옥 같은 섬으로 변하는 '16세기'이다. 몰락의 가설을 증명하려면 16세기를 기점으로 그 전후의 변화를 확인하고, 그 변화를 증명해 줄 '물증'을 찾아야 한다.

16세기경 주민들이 동굴로 거주지를 옮겼다고 하니, 16세기 이전 유적에서는 평지 거주지가 발견되어야 하고, 16세기 이후에는 평지 거주 흔적이 나오면 안 된다. 또한 벌목으로 인해 16세기경 섬이 황폐해졌다고 하니, 동굴 거주 유적에서는 목기가 발견되면 안 되고 평지 거주지에서만 목기가 나와야 한다. 또한 섬에서 굴림대로 쓰고 버린 통나무들이 발견되어야 할 텐데, 그것이 16세기 이후의 것이어서는 안 된다. 아울러 인구 감소를 증명해 주는 거주지 분포 수의 감소도 확인되어야 할 것이다.

이것이 '역사적 추론'의 방식이다. 역사 논쟁은 목소리 큰 사람이 이긴다는 식으로 무조건 우기는 것이 아니라, 치밀한 논리와 이를 증명하는 '물증' 제시 속에 이루어져야 한다. '고구려' 역사의 소유권을 둘러싼 중국과 한국 사이의 논쟁, '독도' 영유권을 둘러싼 일본과 한국의 대립 등의 역사적 논란도 마찬가지다. 이러한 역사적 추론에 익숙해져야 비로소 역사를 자신의 것으로 받아들일 수 있다.

문화적 상대성 : 유목민족과 농경민족

동서양을 막론하고 농경민족은 유목민족에 대해 우월의식을 갖고 있었다. 14세기 이슬람의 대大역사가 이븐 할둔은 유목민족을 '야만인'이라 칭했고, 고대 로마인들도 게르만족을 '야만인'이라고 했다. 우리 역시 여진, 거란 등의 유목민족을 '오랑캐'라 하여 천하게 여겼다. 그런데 농경민족들은 그렇게 무시하던 유목민족에게 왜 끊임없이 시달렸을까? 몇 차례 대규모 원정에도 불구하고 왜 유목민족 정복에 실패했을까?

유목민족은 양과 소 등의 가축을 방목하는 경제생활을 한다. 가축이 뜯어먹을 목초지를 찾아 이동해야 하므로 집을 짓지 않고 천막생활을 하며, 자주 이동하니 대규모 사회를 이루기 어렵다. 주로 혈연중심의 씨족 단위로 움직이면서 결혼과 상거래를 위해 다른 씨족과 교류하면서 느슨한 씨족 연합체를 형성하고 그 규모가 커지면 이른바 '유목사회'를 이루게 된다. '칸'이 다스리는 여진족·거란족, '선우 單于'가 다스리는 돌궐·흉노 같은 공동체가 만들어지는 것이다.

여기서 우리는 위 질문 중 하나의 답을 구할 수 있다. 농경민족이 유목민족을 정복할 수 없었던 이유 말이다. '정복'은 두 가지 의미가 있다. 영토를 정복하거나 지배 권력을 정복하는 것인데, 유목민족은 영토 개념도 없고 지배 권력 개념도 없다. 농경민족이 대규모 군사를 동원하여 공격해 오면 씨족 연합체가 흐트러질 뿐이다.

칸은 유목사회의 연결고리일 뿐이므로, 칸을 죽여도 씨족들은 살아남는다. 남은 이들은 새로운 목초지를 찾아 이동하듯 농경민족의 군대를 피해 다른 목초지를 찾아가면 그만이다. 그렇게 각자 살아가다가 필요에 따라 다시 칸이라는 중심을 옹립한다. 모래를 내리치면 파괴되는 것이 아니라 흩어졌다 다시 모이는 것과 같다.

유목민족의 삶은 기본적으로 검소하다. 정착 생활을 하지 않고 계속 이동하기 때문에 집도 없고 짐도 단출하다. 목초지를 발견하면 천막을 치고 양가죽으로 만든 부대에 양젖을 담아 발효시킨 요구르트나 술을 마시고, 양의 똥을 말린 연료로 불을 피우고 양을 잡아먹는다. 넓게 흩어져 풀을 뜯는 가축들을 감시하고 돌보아야 하므로 어릴 때부터 말 타기를 배우고, 미지의 장소에서 마주칠 정체 모를 적들을 상대하기 위해 무술을 연마한다. 불확실한 미래에 부딪혀야 하므로 경건한 신앙생활을 하며 가족을 정성스레 돌본다. 그들은 자연에 순응하는 삶에 익숙하다.

대기근이 닥쳐 목초지가 모두 말라 버리면 씨족 간 네트워크를 연결하여 대규모 군대를 형성한다. 자연을 개조하거나 이용할 줄 모르기 때문에 기근이 닥치면 고스란히 굶어 죽을 수밖에 없다. 살아남기 위해 기병 집단을 꾸려 농경민족을 공격하고 식량을 약탈한다. 이들의 목적은 식량과 노동력일 뿐 영토가 아니다.

유목민족이 원하는 것은 양을 먹일 목초지와 말이 자유롭게 달릴 수 있는 평원이다. 울퉁불퉁한 고랑이 있는 밭, 물이 무릎 깊이까지 채워진 논, 담으로 구획지어 있는 마을은 그들에게 쓸모가 없다. 그래서 논과 밭을 짓밟고 말의 진로를 방해하는 집을 불태우고 원하는 식량과 인간(노예)을 약탈해 간다. 영토와 생산을 확보하는

데 필요한 위민爲民정책은 안중에 없다. 식량 문제를 해결하면 다시 초원으로 돌아가 그곳에서 다시 자기들의 삶을 영위한다.

농경민족들은 잊을 만하면 들이닥치는 약탈자들의 정체를 알 방법이 없다. 대규모 유목사회가 형성되면 '흉노' '돌궐' '회홀' '거란' 등의 적당한 이름을 붙여 줄 뿐이다. 농경민족의 기록에 존재하는 '흉노'와 '돌궐'이 다른 종족인지 같은 종족인지 명확하지 않으며, 서양에서 훈족으로 불린 '흉노'라는 이름도 종족 개념인지 국가 개념인지 유목민족의 총칭인지조차 명확하지 않다. 중국의 한漢 제국을 괴롭히고 서양에서 게르만족을 몰아내고 헝가리(훈가리아, '훈족의 나라'라는 뜻)를 건설한 흉노의 정체를 놓고 학자들 사이에서 의견이 분분하다. 기원 전후 말 타고 양떼를 모는 모든 존재를 '흉노'라고 칭했다는 주장도 있다.

농경민족이 유목민족을 이해하는 것은 사실상 불가능하다. 이는 과거 역사의 문제만은 아니다. 오늘날 중동의 이슬람 사회를 이해하는 것도 마찬가지다. 우리 눈에는 이슬람 사회의 종족 간 내분과 이합집산, 정치 혼란, 강한 종교적 영향, 뿌리 깊은 관습 등이 후진적으로 보이지만, 우리가 생각하는 '정치'와 '사회'의 개념이 정착 생활을 전제로 하고 있음을 안다면 쉽게 비판하기 어려울 것이다.

이것이 바로 '문화적 상대성'이다. 우리가 다른 문명에 대해 갖고 있는 역사적 오해와 편견이 얼마나 뿌리 깊은지, 우리와 다른 이질적 사회를 이해하는 것이 얼마나 어려운 일인지 깨닫는 것, 이것이 우리가 역사를 공부해야 하는 이유다. 내가 편견에 빠져 있다는 사실을 인정할 때, 비로소 다른 사회를 이해할 수 있는 안목을 갖출 수 있다.

002

거대한 전환, 직립보행

오스트랄로피테쿠스

 약 400만 년 전

교과서 속 한 줄 역사 최초의 원시 인류는 오스트랄로피테쿠스였다. 이들은 약 400만 년 전부터 아프리카에 살았으며 직립보행을 하였다.

최초의 인간 '아담'은 어디에서, 누구로부터 시작되었을까? 오스트랄로피테쿠스가 인류의 기원이라는 것은 기본 상식이지만, 아프리카에서 발굴된 오스트랄로피테쿠스의 화석은 어느 오스트랄로피테쿠스의 자식일 뿐, 그를 최초의 인간 '아담'이라고 할 수는 없다. 과연 인류는 '아담'의 존재를 밝혀 낼 수 있을까?

인간의 조건

또 다른 질문, 오스트랄로피테쿠스는 인간인가 아니면 인간의 조상인가? 이 질문에는 '인간성'에 대한 의문이 담겨 있다. '인간'을 어떻게 정의하느냐에 따라 오스트랄로피테쿠스는 인간일 수도 있고, 인간에 가까운 존재일 수도 있다.

결국, 화석을 발굴하여 그 유전적·생물학적 특성에 따라 종種을 분류하고 '오스트랄로피테쿠스' '호모 에렉투스' '호모 사피엔스' 등의 이름을 붙이는 것은 자연과학의 영역일지라도, 그것을 이해하고 수용하는 것은 철학의 영역에 속한다. 그래서 인류의 진화는 항상 고차원적인 철학 논쟁의 주제가 된다.

'인간'의 정의를 둘러싼 수많은 논쟁을 모두 다룰 수는 없으니, 여기서는 왜 모든 역사책이 항상 오스트랄로피테쿠스에서 시작하는지 살펴보도록 하자.

오스트랄로피테쿠스의 가장 큰 특징은 직립보행이다. 오스트랄로피테쿠스의 직립보행은 생물학적 진화의 결과일 것이다. 육식동물의 공격을 피해 나무에 오르려고, 혹은 나무 열매를 채집하려고 노력하는 과정에서 점차 뒷다리가 발달하고 앞다리는 움켜쥐기 쉬운 형태로 바뀌면서 직립보행을 하게 되었을 것이다.

그런데 '필요에 따른 직립'은 다른 동물들도 가끔 한다. 미어캣이나 침팬지 같은 짐승들이 우뚝 서서 사방을 둘러보는 모습을 보았을 것이다. 누군가는 "오직 인간만이 하늘을 볼 수 있다."고 했지만, 원숭이도 하늘을 볼 수 있다. 그럼 왜 원숭이나 미어캣

탄자니아 북쪽 라에톨리 지역에서 발견된 직립보행 발자국.

은 인간이 되지 못했을까?

앞다리를 포기한 대가

인간은 인간이 되기 위해 앞다리를 포기해야만 했다. 이것이 가장 큰 차이다. 다른 짐승들은 앞다리를 포기하지 않았으므로 필요할 때 네 발로 달릴 수 있지만, 인간은 앞다리를 포기하면서 네 발로 뛸 능력을 영원히 잃어버렸다. 그런 탓에 인간은 매우 느린 동물 중 하나가 되었고, 포식자들의 손쉬운 먹잇감이 되었다. 호랑이가 젊을 때는 산속 짐승을 잡아먹지만, 늙으면 인간을 덮친다고 하지 않는가.

앞다리를 포기한 인간은 그 대신 손을 얻었다. 손을 이용해 도구를 만들고 사용할 수 있게 되었다. 도구는 인간에게 잃어버린 속도를 상쇄할 만큼의 능력, 호랑이나 늑대의 이빨과 앞발을 능가할 정도의 힘을 가져다주었다. 도구를 손에 쥠으로써 인간은 모든 짐승을 지배할 수 있는 강력한 힘을 갖게 되었다.

우선 자유로운 손의 사용은 불의 사용을 가능하게 했다. 불은 인간을 더 강하게 만들어 주었다. 어둠을 지배하고, 도구도 좀 더 자유롭게 가공할 수 있게 되었다. 음식을 불에 익혀 먹으면서 수명도 늘어났고 두뇌도 점차 발달했다. 익힌 음식을 섭취하면서 소화에 쓰이는 에너지가 덜 필요하게 된 만큼 뇌에서 사용할 수 있는 에너지가 늘어났고, 손을 사용하는 과정에서 뇌가 끊임없이 자극을 받아 발달하면서 점점 높은 수준의 사고를 할 수 있게 되었다.

'허리'의 탄생

또한, 직립보행으로 육체의 무게중심이 네발짐승보다 높은 곳에 위치하게 되면서 인간의 육체는 점점 섬세해졌다. 척추 전체에 하중이 전달되는 네발짐승과 달리 인간의 하중은 허리에 집중되었다. 이로써 상체와 하체의 구분이 생겨나고 유연한 상·하체 분리 운동이 가능해졌지만, 대신 허리 통증이 심해졌다.

허리의 탄생은 무엇보다 여성들에게 큰 고통을 주었다. 네 발로 다닐 때보다 임신과 출산의 과정이 더 힘겨워진 것이다. 'S라인', '가는 허리' 등 여성의 몸에 대한 찬양은 여성이 허리 때문에 겪은 고통에 대한 무의식적 보상 심리가 아닐까? 생리통도 인간에게만 존재한다고 하니, 인간의 재생산을 담당하는 여성들이 통증을 안고 살아가게 된 것은 직립보행으로 인한 불행한 결과 중 하나인 듯싶다.

동물과 구분되는 기본적 특성이 직립보행에서 시작되었다는 것, 이것이 바로 모든 역사책이 오스트랄로피테쿠스에서 시작하는 이유다. 물론 직립보행은 하루아침에 만들어진 것이 아니라 수백만 년 동안의 진화 끝에 이루어졌다. 어쨌든 그로 인해 인간이 외형적으로나 생물학적으로 완전히 동물과 구분되는 특질을 얻었으니, 철학적 논쟁과 상관없이 '오스트랄로피테쿠스'로부터 역사를 시작할 수밖에 없지 않겠는가.

003

상처 입은 위대한 발견

알타미라 동굴벽화

BC 13000년경

교과서 속 한 줄 역사 구석기인들은 뗀석기를 만들어 썼고 불을 사용할 줄 알았으며, 자연 동굴이나 간단한 막집에서 살았다. 동물을 사냥하거나 주변의 나무 열매 등을 채집하며 이동 생활을 했다.

1879년 11월, 스페인 북부의 작은 마을 '산티야나 델 마르'의 영주 사우투올라M. de Sautuola는 여덟 살 난 딸과 함께 자신의 영지 안에 있는 알타미라 동굴로 향했다. 그 전해 파리 만국박람회에서 선사시대 미술품들을 보고 난 뒤 동굴을 살펴보기로 마음먹은 것이다. 그는 동굴 바닥의 퇴적층을 조사하다가 선사시대 것으로 추정되는 유골과 도구 일부를 찾아내고, 이 동굴이 선사시대 원시인의 거주지임을 확신했다. 사우투올라가 조사에 몰두하고 있을 때, 그의 어린 딸이 소리쳤다.

"보세요, 아빠. 소 그림이에요."

사우투올라는 동굴 천장 벽의 그림을 보고 놀라 뒤로 넘어질 뻔했다. 원시인이 그렸다고 보기에는 너무나도 아름답고 섬세하며 사실적인 그림이었다.

사기꾼으로 몰린 아마추어 학자

사우투올라는 조심스레 그림을 관찰했다. 점토를 이용하여 그린 소 그림은 그가 파리 만국박람회에서 본 선사시대 그림과 비슷했다. 사우투올라는 다음 해(1880) 알타미라 동굴벽화를 소개하는 책자를 발간하고, 이 그림이 빙하시대 선사인의 작품이라고 발표했다.

사람들의 반응은 냉담했다. 자기 영지를 유명하게 해서 이익을 올리려는 수작이라며 사우투올라를 맹렬히 비난했다. 그가 혹독한 비판을 받은 데에는 나름의 근거가 있었다. 예컨대, 어두운 동굴에서 그림을 그리려면 조명이 필요하고 선사 인류는 기름 램프를 이용했으니 동굴 벽에 그을음이 있어야 할 텐데 알타미라 동굴벽화 주변에는 그런 흔적이 없었다.

하지만 무엇보다 가장 큰 이유는 선사시대 인류의 지적·예술적 능력에 대한 의구심이었다. 알타미라 동굴의 그림은 선사시대 인류가 그렸다고 보기에는 너무 사실적이고 아름다웠다. 어느 미술학도의 작품을 선사시대 그림이라고 우기는 것이거나, 아니면 사우투올라가 그림을 조

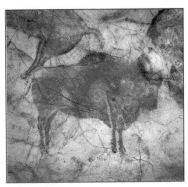

알타미라 동굴의 소 그림. 스페인 북부 칸타브리아 산맥 북쪽 경사면에 있다.

작했을 거라는 의심이 쏟아졌다. 사우투올라는 어리숙하게 세상 사람들을 속이려는 덜 떨어진 사기꾼으로 몰려 비웃음의 대상이 되었다.

사우투올라는 세상 사람들의 비난으로부터 자신을 방어할 능력이 없었다. 정식으로 학위를 받은 학자가 아닌 아마추어였기 때문이다. 개인적 호기심과 지적 열망만으로는 명망 있는 학자들의 의혹을 해명할 수 없었다. 그는 우울해졌고, 건강도 나빠졌다. 결국 동굴벽화를 발표하고 8년 만인 1888년 병으로 죽고 말았다.

1만 년 전 인류의 예술적 능력

사우투올라가 죽고 얼마 후, 프랑스에서 알타미라 동굴벽화와 비슷한 그림이 발견되었다. 그중 라무트 동굴에 그려진 인물 조각상은 의심의 여지가 없는 선사시대 예술 작품이었다. 빙하시대 동굴 입구가 무너져 이후 사람의 출입이 불가능했기 때문이다. 사우투올라가 죽은 지 20년이 지난 뒤에야 사람들은 그가 옳았음을 깨달았다.

지금은 선사시대 사람들에 대한 오해가 많이 풀려서, 선사시대인들이 사용한 기름 램프 중 그을음이 생기지 않는 것도 있으며, 그들이 남긴 그림과 조각상 중에 현대 인류 뺨칠 정도로 수준 높은 것도 있다는 사실을 알게 되었다.

필자 역시 몇 년 전 '프랑스 선사 유물 특별전'을 관람하다가 뼈에 그려진 사슴 그림을 보고 기절할 듯 놀란 적이 있다. 그때까지 내 머릿속 선사시대 유물은 배불뚝이 비너스 상(발렌도르프의 비너스)과 어린이들 낙서 같은 우리나라 암각화 그림이 전부였다. 하지만 전시회에서 본 몇 만 년 전 구석기시대 사슴 그림은 현대 어느 미술가의 작품이라고 해도 믿을 만큼 세밀하고 사실적이었다. 손가락만 한 작은 뿔 조각에 당장이라도 튀어나올 듯 생생하게 묘사된 사슴 그림을 보면서 내가 얼마나 무식한지를 뼈저리게 느꼈다.

선사인들의 지적·예술적 능력이 열등할 것이라는 오해가 생긴 데에는 역사학자들의 책임도 크다. 세계사 교과서에 실린 선사시대 작품들을 보자. 풍요와 다산을 기원하는 의미로 임산부의 부른 배를 형상화한 비너스 상은 마치 초등학생이 빚은 찰흙인형 같고, 그외 성기 모양을 과장되게 표현한 인형이나 사냥의 안전을 기원한 주술적 그림들도 예술적 완성도가 그리 높지 않다. 역사학자들은 선사인들의 예술성보다는 그 시대상에 더 관심이 많다. 선사인들이 중요하게 생각했던 것이 무엇인지를 작품을 통해 읽고 보여 주려 했던 것이다.

1909년 오스트리아 발렌도르프 지역에서 철도 공사 도중 발견된 '발렌도르프의 비너스'.

사실 1만 년 전 인류와 오늘날의 인류는 큰 차이가 없다. 현생 인류와 가까워질수록 선사인의 지적 능력이나 예술적 능력은 현대인과 차이가 없을 정도로 발달한다. 선사인과 오늘날 인류의 차이라면 환경과 문화의 차이일 뿐이다. 사우투올라의 비극은 이에 대한 착각에서 비롯된 것이다.

004

인류 최초의 모험 이야기

메소포타미아 문명

 BC 3500년경

교과서 속 한 줄 역사 메소포타미아 문명은 티그리스와 유프라테스 강 유역에서 발생했다. 인류 최초의 문명을 세운 이들은 수메르인들이었다. 하지만 이 지역은 개방적이어서 이민족이 자주 침입했고 그 결과 지배자가 자주 바뀌었다. 아카드인이 수메르인의 도시국가를 정복하였고, 기원전 21세기에는 우르가 메소포타미아를 통일하였다. 우르인들의 시대에 〈길가메시 서사시〉 같은 문학작품이 발달하고 백과사전이 편찬되는 등 전성기를 맞이하였다.

예전 세계사 교과서에서는 인류 최초의 문명으로 메소포타미아 문명, 이집트 문명, 인더스 문명, 황하(황허) 문명을 꼽고, 이를 '4대 문명'이라고 칭했다. 이 네 문명이 발전하여 전 세계에 퍼지면서 인류의 문명이 이루어졌다는 설명이었다.

그러나 요즘에는 '4대 문명'이란 용어를 쓰지 않는다. 네 문명과 계통이 다른 문명들이 계속 발굴되고 있기 때문이다. 중국만 해도 황하 문명과 요하 문명을 다른 계통의 문명으로 보고 있으며, 중국 대륙에만 이런 이질적 문명이 2~3개 이상 존재한 것으로 확인된다.

"퇴근 후 한 잔" 즐긴 수메르인

새로운 문명의 발견은 그동안 제기된 수많은 고대 문명의 미스터리들, 곧 갑자기 나타났다 사라진 고대 문명에 대한 억측을 불식시키고, 인류 역사 발전의 이해를 넓히는 데 크게 공헌하고 있다.

그렇다면 이 많은 문명들 중 최초의 문명은 무엇일까? 현재까지 발굴된 것 중에서는 메소포타미아 문명이 가장 오래되었다. 이미 기원전 3500년경에 여러 도시국가들이 경쟁하며 융성하였고, 최초의 도시 문명 형성은 기원전 5천 년경까지 거슬러 올라간다. 메소포타미아 문명은 서쪽으로 진출하여 기원전 3000년경 통일왕국을 수립한 이집트 문명과 충돌하고, 동쪽으로는 인더스 문명에 영향을 끼쳤다.

메소포타미아 문명을 처음 건설한 이들은 수메르인이다. 이들이 지금의 이라크 남부 티그리스 강과 유프라테스 강 하류 비옥한 평야 지대에 인류 최초의 문명을 이룩하였다. 강 유역에 문명이 발달한 것은, 비료를 생산할 지혜가 없었던 시기에 홍수로 인해 상류의 비옥한 흙이 쓸려 내려와 하류 평야 지대에 퇴적되면서 농사를 짓기 유리한 토양이 형성되었기 때문이다.

이처럼 홍수를 이용하여 농사를 짓다 보니 기후 예측과 대규모 토목공사가 필요했고, 이에 따라 과학(특히 천문학)이 발달했으며, 하늘과 관련된 지식을 담당하는 신관神官이 등장했다. 신관은 '신의 대리자'를 자처하여 권력을 잡은 뒤, 많은 사람들을 토목공사에 동원해 홍수를 다스리고 농사를 지었다. 마침내 왕과 백성들이 탄생한 것이다.

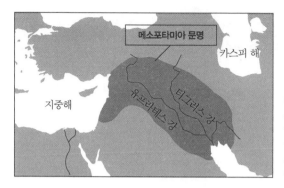

메소포타미아 문명

카스피 해

지중해

유프라테스 강

티그리스 강

메소포타미아 문명은 티그리스와 유프라테스, 두 강을 중심으로 발달했다. 티그리스는 지금의 터키와 이라크, 유프라테스는 시리아와 이라크를 걸쳐 흐른다.

메소포타미아 지방은 개방적 지형이어서 수비보다는 공격에 유리하며, 전쟁이 잦고 무역이 활발하다. 그러다 보니 도시의 멸망과 왕의 몰락이 반복되었고, 이로 인해 신성神性을 의심하는 분위기가 조성되었다. 사람들은 모험과 쾌락을 즐기고, 내세보다는 현실에 집중했다. 그래서 수메르인들이 남긴 기록에는 "퇴근 후 한 잔"이라든가 "결혼은 좋은 것, 이혼은 더욱 좋은 것" 같은 현대식 표현이 자주 눈에 띈다.

고대 문화의 원형 간직한 〈길가메시 서사시〉

수메르인의 도시국가들은 아카드 왕국에 정복되었다가 다시 여러 도시국가로 나뉜 뒤, 우르에 의해 통일되었다. 우르 시대에 수메르 문명은 더욱 꽃피었는데, 이때 나온 것이 인류 문명사에서 가장 오래된 작품 〈길가메시 서사시〉이다. 주인공 길가메시의 모험 이야기를 담은 이 작품의 줄거리는 다음과 같다.

길가메시는 우르크의 왕 루갈반다와 들소의 여신 닌순 사이에서 태어났다. 3분의 2는 신, 3분의 1은 인간인 길가메시는 세상에서 가장 강하고 지혜롭고 잘생긴 남자로 우르크의 왕이 되어 폭정을 일삼았다. 신들은 길가메시에 대항할 거인 엔키두를 창조하였고, 창녀 샴하트로 하여금 엔키두를 꾀어 길가메시와 싸우게 했다. 하지만 엔키두와 길가메시는 서로 상대의 실력을 알아본 뒤 우정을 나누는 친구가 된다.

모험심 많은 길가메시는 엔키두와 함께 바람의 신 엔릴이 삼나무 숲의 산지기로 임명한 괴물 홈바바(후와와)를 죽이고, 남자들을 골탕 먹이는 사랑의 여신 인안나에게 모욕을 주었으며, 하늘의 큰 황소 구갈안나를 잡아 죽였다. 이에 노한 신들이 엔키두를 죽여 저승으로 데려갔다. 엔키두의 죽음으로 삶과 죽음에 대해 고민하게 된 길가메시는 그 비밀을 풀기 위해 방랑을 시작한다. 모진 고생 끝에 마침내 죽음의 바다를 건너 영생을 누리는 우트나피쉬팀을 만나 그에게 비밀을 듣는다.

태초에 신들이 인간을 벌하기 위해 대홍수를 일으켰는데 지혜의 신 엔키가 갈대에 이 비밀을 누설하였고, 엔키의 신관이었던 우트나피쉬팀이 이 사실을 알고 거대한 배를 만들어 모든 생명을 거두었다. 마침내 홍수가 모든 것을 휩쓴 뒤 배 안에 있던 생명만 살아

수메르의 쐐기문자 점토판. 우리가 메소포타미아 문명의 실체를 생생하게 알 수 있는 것은, 수메르인들이 남긴 문자 기록 덕분이다. 수메르인들은 진흙으로 평평하게 판을 만들고 그 위에 쐐기문자(설형문자)를 새긴 뒤 불에 구웠다. 그러면 글자가 새겨진 단단한 벽돌이 만들어진다. 고대 기록은 대부분 금석문, 즉 돌이나 쇠에 새겨진 형태로 남았는데, 불행하게도 고조선인들은 금석문을 남기지 않았다. 우리 조상들도 고인돌에 무엇이든 새겨 두었다면 좋았을 텐데….

남았다. 신들은 그 참혹함에 슬피 울었고, 생존한 생명들을 보고 놀랐다. 마침내 신들은 우트나피쉬팀에게 영생을 주고 함께 살도록 하였다. 우트나피쉬팀은 비밀을 말해 준 뒤 길가메시에게 불로초를 주었다. 하지만 뱀이 불로초를 훔쳐 가는 바람에 길가메시는 영생을 얻는 데 실패했다. 삶의 유한함을 한탄하던 길가메시는 결국 죽음을 맞이했고 백성들의 애도 속에 거대한 무덤에 묻혔다.

〈길가메시 서사시〉에는 최고 신 '안'과 그 아래 다양한 신들의 존재, 그 신에 도전하는 인간, 창조와 대홍수 설화, 삶과 죽음에 대한 고민이 담겨 있다. 인생의 유한함을 지적하고 현세의 행복을 강조하는 메소포타미아 문명의 특징이 잘 드러나 있으며, 이후 여러 신화에 상당한 영향을 주었다.

◈ **함무라비 법전의 '복수 원칙'도…**

메소포타미아 지역에서 우르에 이어 새로운 지배자로 등장한 아무르인이 기원전 2000년경 바빌로니아 왕국을 세웠다. 바빌로니아 왕국의 가장 위대한 왕은 제6대 함무라비 왕이다. 그는 역사상 최초의 성문법으로 "눈에는 눈 이에는 이"로 유명한 〈함무라비 법전〉을 만들었다. 그러나 '당한 대로 돌려준다'는 복수의 원칙은, 〈함무라비 법전〉의 특징 중 하나일 뿐 전체는 아니다. 〈함무라비 법전〉은 청동기시대 계급사회적 특징을 반영하고 있으며, 고조선의 '8조법' 등 비슷한 시기 다른 사회의 법전을 연구하는 토대를 제공한다.

계급사회적 특징은 같은 잘못을 저질러도 신분 차에 따라 처벌 정도가 달랐다는 데에서 드러난다. 신분이 같을 때에는 '눈에는 눈 이에는 이'의 원칙을 적용하지만, 신분이 다른 경우에는 처벌 수위를 낮추거나 가중시켰다. 즉, 귀족이 평민에게 가해한 경우는 대개 벌금 수준의 처벌을 내리는 반면, 평민이나 천민이 귀족에게 해를 입히면 최고 사형을 가하는 등 엄한 처벌을 가했다. 이는 고대 법전의 대표적 특징이다.

005

히타이트는 외계인?

철기 문명

 BC 1800년경

교과서 속 한 줄 역사 함무라비 왕 이후 바빌로니아 왕국은 쇠퇴의 길로 접어들었다. 특히 아리아인 등의 민족 이동이 오리엔트 세계 전역에서 일어나면서, 바빌로니아 왕국은 '산속의 민족'이라 불리던 히타이트인의 침입으로 멸망하고 말았다.

세계사 교과서에서 메소포타미아 문명에 관한 설명은 수메르인의 도시국가, 아카드인의 통일왕국, 우르 제국, 그리고 아무르인의 바빌로니아 왕국으로 이어지고 마지막은 항상 "히타이트인에 의해 멸망하였다."라고 끝을 맺는다.

"메소포타미아 문명은 개방된 지형의 영향으로 왕조 교체가 잦았고, 이집트 문명은 사막과 바다로 가로막힌 지형으로 오랫동안 왕조가 유지되었다."는 설명에 충실한 서술이다.

그렇다면 이후 메소포타미아 문명은 어떤 역사를 이어 갔을까? 세계사 교과서에 따르면 "바빌로니아 왕국이 멸망한 뒤, 아시리아가 강력한 세력으로 등장하였다."고 한다. 바빌로니아를 멸망시킨

건 히타이트인데, 정작 뒤를 이은 왕조는 아시리아라니. 히타이트
는 어떤 존재인가?

철제 무기를 든 '신의 군대'

히타이트는 지금의 터키 하투샤를 중심으로 기원전 18세기부터 수
백 년간 번영한 왕국이다. 현재 하투샤는 매우 황량한 산악 지대
여서 어떻게 이런 곳에 고대 왕국의 수도가 있었는지 의아하지만,
3~4천 년 전에는 기온이 온화하여 녹지가 우거진 곳이었다고 한
다. 하투샤뿐 아니라 이른바 '4대 문명'의 발상지 대부분이 현재는
황량한 건조 지대이다.(이는 인류의 난개발에 따른 환경 파괴의 결과로서,
인간을 향한 자연의 준엄한 경고로 받아들여지고 있다.)

히타이트는 역사적으로 꽤 유명한 이름이다. 바빌로니아 왕국을
멸망시킨 것뿐만 아니라, 이집트의 람세스 2세와 벌인 '카데시 전
투'로도 유명하고,《구약성서》에도 종종 등장한다. 이외에도 히타
이트는 인류 문명 발달사에서 매우 큰 비중을 차지하고 있다. 바로
이들이 인류 최초로 철기문명을 이룩했기 때문이다.

히타이트는 철광석이 풍부한 터키 지역의 지리적 이점을 바탕으
로 가장 먼저 철기를 만들었다. 청동기에 비해 철기는 원료가 풍부
하고 가공이 용이하여 대량생산이 가능하며, 청동검을 부러뜨릴 정
도로 재질도 단단하다. 철기는 무기뿐 아니라 농기구와 각종 도구
를 만드는 데 유리하여, 전쟁과 경제에 혁명적 변화를 일으켰다.

철기 생산이 본격화되면서 히타이트인들은 말과 관련한 도구들
을 생산하고, 이를 바탕으로 전쟁에서 말이 끄는 전차를 앞세운 전

차전을 본격적으로 시작했다. 청
동제 무기로 무장한 보병 중심 군
대에게 철제 무기와 전차를 앞세
운 히타이트 군대는 '신의 군대'
와 다름없었다.

히타이트는 이집트와 바빌로
니아의 군대를 무참히 짓밟고 터
키와 중동 지방을 아우르는 제국
을 형성했다. 그리고 이들의 철기
는 서쪽으로 유럽과 아프리카에,
동쪽으로 인도와 중국에 전파되었다.

**이집트와 바빌로니아를 짓밟는 히타이트
전차.** 철제 무기와 전차로 무장한 히타이
트군은 '신의 군대'처럼 주변 지역을 휩쓸
었다.

무지에서 비롯된 '외계인설'

인류의 철기 문명이 히타이트에서 유래하였다는데, 세계사에서 그
들의 존재감은 왜 이렇게 미미할까? 왜 세계사 교과서는 바빌로니
아에서 아시리아로 넘어가는 것일까? 처음에는 여러 오해들이 있
었다. 그들의 언어로 남긴 기록이 발견되지 않아 실체를 파악하기
어려웠기 때문이다. 이후 히타이트인들의 상형문자가 기록된 점토
판이 발견되고 그중 일부가 해독되면서 히타이트에 관한 사실들이
점차 알려지게 되었다.

하지만 아직 히타이트의 많은 부분이 미스터리로 남아 있다. 그
들이 갑자기 나타났다가 갑자기 사라졌기 때문이다. 마치 한국사에
서 '부여'의 존재처럼, 히타이트는 역사를 그들의 등장 이전과 이후

로 나눌 만큼 큰 영향을 끼쳤는데도 역사적 흐름에서 동떨어진 존재로 남아 있다.

그래서 히타이트인들이 외계인이 아니었을까 추정하는 사람들도 있다. 정말 외계인이 철기 문명을 전해 준 뒤 자신들의 거주지를 스스로 파괴하고 자기 별로 돌아간 것일까?

히타이트에 대한 오해는, 4대 문명으로 대표되는 기존 문명권을

◈ 카데시 전투, 진짜 승자는 누구?

기원전 1300년에서 1270년 사이 어느 때, 히타이트와 이집트 군대가 카데시에서 충돌했다. 이집트 군대는 파라오 람세스 2세가, 히타이트 군대는 하투실리 왕자가 이끌었다. 람세스 2세는 전쟁이 끝난 뒤 국민들에게 승전을 알리고자 대규모 기념 건축물들을 세우고, 이집트 상형문자로 승리의 기록을 남겼다. 그로부터 3천 년 뒤 유럽의 역사학자들이 이를 해독하여 람세스 2세가 히타이트와의 전쟁에서 위대한 승전을 거두었다고 믿었다.

그런데 히타이트의 하투실리 왕자도 그들의 문자로 점토판에 승전을 기록했다. 이 기록에 따르면, 람세스 2세는 하투실리의 계략에 속아 부대를 둘로 나누었고, 그중 람세스 2세가 직접 이끄는 부대가 히타이트의 막강한 전차 부대의 공격을 받아 전멸의 위기에 빠졌다. 람세스 2세는 후속 부대의 도움으로 겨우 목숨만 건진 채 꽁지 빠지게 이집트로 도망쳤다. 이 기록은 터키 하투샤 발굴 때 발견되어 널리 알려졌다.

두 사람 중 누가 사실을 왜곡한 걸까? 람세스 2세는 승전을 토대로 왕권을 안정시키고 이집트 19왕조의 번영을 이끌었다. 하투실리 왕자는 승전의 공을 질투하는 왕이 자신을 제거하려 음모를 꾸미자 오히려 반정을 일으켜 왕위에 올랐다. 두 사람 모두 승전을 이용하여 국내 정권을 장악했으니 전투 결과를 왜곡했을 개연성이 충분하다.

학자들은 히타이트의 기록이 좀 더 신뢰성이 높다고 본다. 그러나 예나 지금이나 정치적 목적을 위해 역사를 왜곡하는 일이 비일비재하고, 더욱이 고대는 당대 기록이 부족하고 오늘날의 편견이 개입할 가능성이 많아 진실을 가려내기가 쉽지 않다. 한편 《구약성서》는 람세스 2세를 폭군으로, 히타이트를 척박한 지역으로 묘사하고 있는데, 이 또한 고대 히브리인들의 제한된 시각에서 서술한 것이기 때문에 진실일 수도, 거짓일 수도 있다. 이를 해석하고 객관화시키는 것 역시 오늘날 역사가의 과제이다.

중심으로 고대 문명을 바라보는 데서 비롯되었다. 다행히 오늘날 역사적 발견이 이어지면서 히타이트를 비롯한 새로운 고대 문명에 관한 지식이 쌓이고, 다양한 문명들이 서로 영향을 끼치며 발전해 나간 과정을 이해하게 되면서 고대사의 난해한 퍼즐 조각들도 하나씩 자리를 찾아가고 있다.

지중해 연안과 중동, 인도와 동아시아에 걸쳐 존재했던 많은 문명권들*은 고립된 존재가 아니라 상호 연결되어 있었다. 고대 문명의 미스터리는, 그 연결 고리 일부를 우리가 아직 알지 못하는 데에서 기인한다. 히타이트 외계인설은, 곧 과거에 대한 무지의 소산인 것이다. 히타이트는 인류의 지혜가 쌓여 갈수록 우리에게 역사적 실체로서 모습을 드러낼 것이다.

---

* 이들 중 일부는 아직 존재가 제대로 밝혀지지 않았다. 오늘날 우리가 종족의 명칭으로 부르는 '스키타이'나 '흉노'도 실은 국가의 이름이라고 주장하는 사람들이 늘어나고 있다. 비유하면, '고려'와 '조선'이 종족의 이름인 줄 알았는데, 알고 보니 나라 이름이었다는 식이다. 고대 문명의 연구 성과가 축적되면서 잘못된 상식이 하나씩 바로잡히고 있다.

006

사악하거나 위대하거나

람세스 2세

 BC 1303?~BC 1213?

교과서 속 한 줄 역사 고대 이집트 통일왕국은 대략 30여 개의 왕조가 연이어 발전하였는데 고왕국, 중왕국, 신왕국과 후기 왕조 시대로 구분된다. 신왕국 때의 이크나톤 왕은 왕권을 강화하기 위하여 종교개혁을 시도했으며, 람세스 2세는 여러 곳에 큰 신전을 세웠다.

모세와 아론이 바로(파라오)에게 가서 이르되 이스라엘의 하나님 여호와께서 말씀하시기를, 내 백성을 보내라 그러면 그들이 광야에서 내 앞에 절기를 지킬 것이니라 하셨나이다. 바로가 이르되, 여호와가 누구이기에 내가 그의 목소리를 듣고 이스라엘을 보내겠느냐. 나는 여호와를 알지 못하니 이스라엘을 보내지 아니하리라. (중략) 여호와께서 모세에게 이르시되, 이제 내가 바로에게 하는 일을 네가 보리라. 강한 손으로 말미암아 바로가 그들을 그의 땅에서 쫓아내리라. - 《구약성서》 〈출애굽기〉 5~6장

출애굽에 나오는 파라오 '바로'

이집트에서 노예 생활을 하던 이스라엘 백성들이 모세를 따라 탈출하는 저 유명한 〈출애굽기〉의 시작 부분이다. 처음 모세가 '바로', 즉 이집트의 파라오에게 이스라엘 백성의 해방을 청했다가 거절당하자 여호와가 일곱 가지 재앙을 내려 파라오를 경계하였고, 결국 파라오는 이스라엘 백성이 이집트 땅을 떠날 수 있게 허락했다. 하지만 파라오가 다시 마음을 고쳐먹고 군대를 보내 추격하니, 여호와는 홍해를 갈라 이스라엘 백성을 피난시키고 이집트 군대가 지나갈 때 홍해를 다시 채워 모두 수장시켰다. 일곱 가지 재앙과 홍해의 기적으로 유명한 이 사건은 기독교 신자가 아닌 사람들도 아는 유명한 이야기다.

이 사건에 등장하는 '바로'는 실존 인물일까? 그렇다. 그는 역사상 가장 위대한 파라오 중 한 명인 '람세스 2세'다. 그렇다면 이 사건은 실제 사건일까? 람세스와 그의 업적, 그리고 그들 시각에서 '출애굽 사건'을 살펴보자.

람세스 2세는 대략 기원전 1279년에서 1213년 사이에 재위한 이집트 19왕조의 제3대 파라오이다. 20대에 즉위했을 것으로 추정되므로 출생 연도는 기원전 1300년대였을 것이다. 당시 이집트는 이크나톤의 종교개혁으로 유명한 300년 역사의 18왕조가 무너지고 19왕조가 막 창건된 직후로, 강력한 히타이트의 침략에 시달리고 있었다. 내우외환의 시기, 람세스 2세는 혼란을 극복하고 이집트를 번영시켜야 하는 과제를 안고 즉위했다.

람세스 2세 초기의 대표적인 사건은 히타이트와 맞붙은 '카데시 전투'이다. 이 전투는 이집트 군대의 참패로 끝났으나, 람세스 2세는 패전이 왕권에 위협이 될 것을 우려하여 승전했다고 널리 선전하며 승리를 기념하는 건축물들을 곳곳에 세웠다.

위기를 수습한 람세스 2세는 히타이트와 역사상 최초(기원전 13세기 중엽)의 평화조약을 체결하고 뒤이어 결혼동맹을 맺어 이집트 백성들을 전쟁에서 해방시켰다. 이후 람세스 2세는 유능한 행정가로서 백성을 위로하고 경제를 번영시키며 이집트를 발전시켰다.

람세스 2세는 분명 위대한 군주였다. 후대 이집트의 왕과 신하들이 그를 찬양하고 본받으려 했으며, 그가 세운 수많은 건축물들이 오늘날까지 남아 이집트 신왕국의 번영을 증언하고 있다. 특히 그가 아내 네페르타리를 위해 지은 아름다운 무덤과 신전은 파라오 람세스 2세의 자상한 사생활을 엿볼 수 있게 해 준다.

람세스가 모세를 질투해?

하지만 오늘날 람세스 2세는 그리 좋은 이미지로 기억되지 않는다. 두 가지 측면 때문인데, 그중 하나는 지나친 자기과시이다. 카데시 전투의 패배를 승전으로 왜곡하고 수많은 신전에 자신을 찬양하는 문구를 집어넣은 경박한 왕이라는 평가와 함께 업적에 비해 과대 포장된 파라오라는 인상이 강하다.

또 다른 이유는 앞서 언급한 〈출애굽기〉 때문이다. 영화 〈십계〉(1956)에 묘사된 람세스 2세의 행적을 살펴보자. 이 영화에서 람세스 2세는 어머니가 양자로 들인 모세와 궁정에서 함께 자랐는데, 능력이 뛰어난 모세를 질투하여 결국 모함하여 쫓아내고 억지로 파라오에 오른 인물이다. 자신을 찬양하는 건축물을 짓기 위해 백성들을 강제 노역에 동원한 폭군 람세스 2세는, 모세와 하나님에게 저항하다 마침내 모든 것을 잃고 비참한 존재로 추락하고 만다.

람세스 2세의 폭군 이미지는 〈출애굽기〉의 사실 여부와 관계없이 모세의 반대편에 있었다는 이유만으로 덧씌워진 누명이다. 노예제 국가인 이집트의 시각에서 볼 때 노예를 해방시키는 것은 국가의 근간을 뒤흔드는 반체제적 발상이다. 더군다나 모세가 람세스 2세와 형제처럼 길러졌다거나, 람세스 2세가 모세를 질투했다는 것

◈ 피라미드는 자발적 노동의 산물

영화 〈십계〉(1956)부터 〈스타게이트〉(1994), 〈미이라〉(1999)까지 이집트 피라미드를 배경으로 하는 영화는 매우 많다. 이런 영화에서 피라미드는 한결같이 노예들의 가혹한 강제 노동의 결과로 그려진다. 피라미드 건설에 동원되어 고통 받던 수많은 노예들을 구원자가 나타나 해방시켜 준다는 것이 주된 줄거리이다.

이것이 오랫동안 정설이었다. 피라미드를 노예노동의 결과라고 처음 주장한 이는 그리스의 역사가 헤로도토스이다. (마지막으로 피라미드를 만든 지 2천 년이 지난 후인) 기원전 5세기경 헤로도토스는 《역사》에서 피라미드를 가혹한 노예노동의 산물로 그리면서 그리스 시민문명의 우월성을 주장하였다. 그로부터 2,500년간 사람들은 아무런 의심 없이 이를 사실로 받아들였다.

하지만 오늘날 많은 발굴을 통해 피라미드가 노예노동을 통해 건설되었다는 주장은 흔들리고 있다. 예를 들어 쿠푸 왕의 피라미드 인근에서 건설에 참가한 노동자들의 거주지구가 발굴되었는데, 이들이 노예가 아닌 평민이었음이 밝혀졌다. 또 석판의 상형문자를 해석한 결과, 노동자들이 이런저런 사유로 결근하는 등 강제 노동에 시달린 것이 아니라는 사실도 밝혀졌다. 가령 코스라는 노동자는 하루는 아파서, 그리고 얼마 뒤에는 집안 잔치 때문에 결근했으며, 라이어뉴텝은 과음으로 결근했다. 이는 피라미드 건설 노동자들이 일정한 노동조건 아래서 자유롭게 일했음을 말해 준다.

요즘은 노예노동보다 종교적 이유에서 자발적으로 노동에 참여했다는 주장이 더 설득력을 얻고 있다. 피라미드 건설에 참가한 자는 파라오와 함께 저승에서 영화를 누릴 것이라는 믿음, 즉 천국에 대한 열망으로 참여했을 것이라는 주장이다.

나일강 서쪽, 이집트 아스완 주에 있는 아부 심벨 신전의 람세스 2세 좌상. 20미터가 넘는 거대한 4개의 좌상 모두 람세스 2세이다. 60년이 넘는 긴 재위 기간 동안, 람세스는 룩소르, 카르나크 등 여러 신전과 각종 조형물을 이집트 곳곳에 세웠다.

은 파라오의 신성神性을 감안할 때 불가능한 이야기다.

강림한 신의 아들을 자처하는 파라오 자리를 히브리인에게 넘겨주는 것은 더더욱 있을 수 없는 이야기다.(《성경》에 따르면 나일 강에 버려진 모세를 파라오의 딸이 거두었는데, 그때 모세가 히브리인임을 알았다고 한다.) 이는 마치 세종의 딸이 왕위를 일본인에게 넘겨주려 했다는 것만큼이나 황당한 이야기다.

역사적 진실과 역사적 이미지는 다를 수 있다. 이미지는 물에 비친 모습처럼 굴절되거나 과장될 수 있기 때문이다. 이미지 뒤에 가려진 진실을 찾는 것이 바로 역사가의 임무다. '람세스 2세'는 그런 면에서 역사학자들에게 좋은 연구 소재임이 틀림없다.

007

인류 최초의 세계제국

페르시아

BC 500년경

교과서 속 한 줄 역사 기원전 7세기에 아시리아가 오리엔트 전역을 통일하였으나 곧 멸망하고 다시 분열되었다. 1세기 후 페르시아가 다시 오리엔트를 통일하고 대제국을 건설하였다. 광대한 제국을 속주로 나누고 총독을 파견하여 다스렸으며, '왕의 눈'이라는 관찰사를 파견하여 폭정을 감시하고 '왕의 길'을 건설하여 효율적으로 다스렸다.

'국가'는 언제, 어떻게 생겨났을까? 아니, 그전에 도대체 '국가'란 무엇인가? 통치자가 있고 지배계급과 피지배계급으로 구성된 사회 공동체를 국가라고 한다면, 기원전 2~3천 년부터 전 세계 곳곳에 국가가 존재했다고 말할 수 있다. 우리 역사에서도 목조 성채를 두르고 그 안에 모여 살면서 계급 간 역할을 분담한 공동체가 한반도 전역에 존재하고 있었다. 그중 '(고)조선'이란 이름을 가진 공동체가 기원전 2333년에 만들어졌다고 주장해도 이상할 것이 없다.

하지만 '국가'는 그렇게 단순한 공동체가 아니다. 국가의 성립을 가름하는 중요한 기준 중 하나가 바로 정부가 파견한 지방관의 존재 여부이다. 영토를 보유하고, 수도와 지방이 나뉘며, 지방관을 파견하는 수준의 사회에 '국가'라는 이름을 붙일 수 있는 것이다.

'왕의 길'이 상징하는 국가 제도

기원전 18세기 바빌로니아의 함무라비 왕은 메소포타미아 전역을 통일하고 정복지에 총독을 파견했다. 이는 지역 통치를 시도했음을 의미하는 것으로, 바빌로니아 왕국이 상당한 수준의 국가 체제를 갖추었음을 보여 준다. 그러나 바빌로니아 왕국은 히타이트에게, 히타이트는 다시 아시리아에게 멸망당했다. 아시리아는 메소포타미아와 이집트를 포함한 오리엔트 지역을 정복한 최초의 왕조였으나 정복지 지배에 실패하여 곧 대분열을 일으켰고, 이후 오리엔트 지역은 칼데아·메디아·리디아·이집트로 분열되었다.

이후 100년 이상 이어진 분열을 수습하고 오리엔트 지역을 통일하여 대제국을 건설한 왕조가 페르시아다. 지중해 일대와 중동 및 중앙아시아를 아우르는 대제국으로 성장한 페르시아에서는, 지방 제도가 발달하고('왕의 길'), 다양한 종족들의 민심을 하나로 묶는 새로운 종교가 탄생했으며(조로아스터교), 제국을 호령하는 대왕이 출현했다.(다리우스 1세)

기원전 6세기 이전에 창시된 조로아스터교는, 우주를 빛과 선善으로 가득한 창조신 '아후라 마즈다'와 어둠과 악의 신 '아리만'의 대립 상태로 보고, 최후의 전쟁에서 아후라 마즈다가 승리한다고 믿는다. 이러한 조로아스터교의 일원론적 세계관은 이후 기독교 사회에 큰 영향을 끼쳤다.

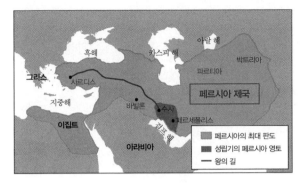

기원전 6세기경 페르시아 제국의 최대 판도. 소아시아와 이집트 등 북아프리카, 서남아시아, 중앙아시아를 아울렀다.

무엇보다 '선의 전파'와 '선의 승리'라는 이데올로기가 정복과 지배에 큰 이점으로 작용했다. 즉, 정복은 악을 물리치는 선의 전쟁이며(성전聖戰), 지배는 악으로부터 선을 방어하는 것이 된다. 페르시아의 왕 다리우스 1세는 자신의 행동을 아후라 마즈다의 것으로 합리화했다. 조로아스터교는 중동 지방을 비롯하여 전 세계에 널리 퍼져 중국에서는 '배화교拜火教'라고 불렸다.

완벽한 정복군주 다리우스 1세

페르시아 제국의 전성기를 이끈 다리우스 1세(기원전 522~기원전 486 재위)는 키루스 대왕의 아들이다. 키루스 대왕은 아시리아 이후 메디아, 칼데아, 리디아, 이집트로 분열되어 있던 오리엔트 지역을 하나로 통일한 위대한 왕이다. 키루스는 대외적으로 영토를 넓히고 여러 민족을 복속시킨 뒤, 그들의 종교와 문화를 존중하는 관용 정책을 취했다. 대표적인 것이 유대인 정책이다. 그는 바빌로니아에 노예로 끌려와 있던 유대인들이 고향으로 돌아가 그곳에서 자신의 종교를 믿도록 해 주었다.

다리우스 1세는 부왕의 정책을 계승하여 페르시아 제국의 통치 체제를 완성했다. 지역에 총독을 파견하고, '왕의 길'(역참제)을 정비하여 전국의 교통망을 그물처럼 연결하였으며, '왕의 눈'(감찰관)을 파견하여 지역 반란을 감시하였다. 당시 페르시아 제국의 영토는 북아프리카와 서남아시아, 중앙아시아에 걸쳐 있었고, 수도 페르세폴리스는 드넓은 영토에서 몰려온 수많은 조공 사절과 무역 상인들로 번영을 누렸다.

'왕의 길'이라 불린 페르시아의 역참제驛站制는 훗날 다른 제국에서도 활용된 모범적인 교통 제도이다. 도로를 정비하고 25킬로미터마다 '역'을 두어 출장 나온 관료들에게 숙소와 음식을 제공하며 그곳에 일부 병력을 주둔시키는 방식인데, 이는 로마·중국 등 세계 곳곳에서 나타난 역참제의 기본 형태이다.

다리우스 1세는 제국의 형성과 유지에 필요한 이데올로기와 교통, 융합정책을 모두 갖춘 완벽한 정복군주였다. 덕분에 페르시아는 수백 년 동안 안정적으로 오리엔트 지역에서 평화와 번영을 구가했다.

페르시아가 남긴 평화 공존의 지혜

그러나 아쉽게도 다리우스 1세는 그리스인과 유럽인의 시각에서 서술된 역사책을 통해 후세에 알려지다 보니 그 진면목이 많이 가려지고 왜곡되었다. 다리우스 1세는 그리스를 침공했다가 마라톤에서 패한 페르시아의 침략자로, 그의 아들 크세르크세스는 그리스를 침략했다가 살라미스 해전에서 대패한 왕으로 인식되고 있다.

페르시의 전성기를 이끈 다리우스 1세. 아케메네스 왕조의 수도였던 페르세폴리스(이란 남서부) 유적에 남아 있는 석회암 부조. 앉아 있는 다리우스 1세 뒤에 선 사람이 아들 크세르크세스 1세이다.

영화 〈300〉(2007)에서도 크세르크세스는 잔인하고 야만적인 침략자로 그려졌다.

그러나 잘 알다시피 그리스인들은 스스로를 '헬레네스'(헬렌의 후손들), 이민족을 '바르바로이'(야만인)로 구분 지었고 훗날 잔인하게 페르세폴리스를 파괴하여 오리엔트 문화를 말살하려 했다. 누가 더 상대에게 잔인하고 편협했는지는 자명한 사실이다.

최초의 제국으로서 수백 년간 다양한 민족들이 평화롭게 공존했던 페르시아는, 이후 제국의 모델이자 오늘날 지구촌의 평화 공존을 고민하는 우리들에게 교훈을 주는 존재로서 역사에서 중요한 가치를 갖고 있다.

008

크레타에서 미케네로

그리스 문명

BC 20~BC 8세기

교과서 속 한 줄 역사 기원전 2천 년경 크레타 섬에서 오리엔트의 영향을 받은 크레타 문명이 발달하기 시작했다. 전사문화의 미케네 문명이 등장했으나 도리아인의 이주와 해상 민족의 침입으로 몰락하고 암흑시대에 빠졌다. 이후 폴리스가 등장하고 그리스어와 알파벳을 중심으로 하는 문화가 성장하였다.

기원전 2천 년경, 현재의 이라크 지역에서 발생한 메소포타미아 문명은 점점 서진하여 지중해 연안으로 퍼져 나갔고, 북아프리카의 이집트 문명은 해안을 따라 북진하였다. 이들이 에게 해 연안의 크레타 섬에 정착하여 찬란한 문명을 일구었으니 바로 '크레타 문명'이다.

테세우스, 크레타를 물리친 미케네인

아직 원시적 생활을 하던 그리스인들에게 크레타 문명은 두려운 것이었다. 남아메리카의 잉카인들이 총으로 무장한 서양인을 천둥으로 무장한 신으로 생각했듯, 그리스인들도 마찬가지였다. 크레타의 지배자들은 신, 혹은 반인반수의 괴물로 표현되었다. 이를 잘 보여 주는 것이 바로 황소의 몸에 인간의 머리를 한 미노타우로스를 물리친 '테세우스 전설'이다. 크레타의 왕 미노스는 아테네인을 제물로 받아 미궁에 사는 미노타우로스에게 먹이로 주었다. 테세우스는 미노스 왕의 딸 아리아드네에게 받은 실을 풀며 미궁에 들어가 미노타우로스를 처단한 뒤 실을 잡고 무사히 빠져 나온다. 이후 테세우스는 여신의 계시를 받고 아테네의 왕이 되었고 여러 모험을 겪으며 아테네를 번창시킨다. 테세우스는 실존 인물로서, 크레타를 물리치고 그리스 문화를 발달시킨 미케네인의 지도자로 추정된다.

북방의 미케네인들은 기원전 1600년경 크레타 문명을 멸망시키고, 그리스 일대에 문명을 일으키며 에게 해 양안과 여러 섬에 소왕국을 건설했다. 강력한 전사 집단인 미케네인들은 거대한 성채를 구축하고 그 안에 궁전과 각종 시설을 건설하였다. 이 시대에 일어난 유명한 사건이 '트로이 전쟁'이다. 트로이가 미케네 문명의 일원인지 아니면 다른 문명이었는지는 알 수 없지만, 초기 그리스 문명의 일부였던 것은 분명하다. 이는 위대한 그리스의 문학가 호메로스의 작품《일리아스》와《오디세이아》를 통해 확인할 수 있다. 호메로스는 이 작품에서 트로이 전쟁을 형상화하였고, 이는 오늘날까지 전해 오는 그리스 전설과 신화의 가장 중요한 모티브가 되었다.

호메로스의 작품에 따르면, 스파르타의 아름다운 왕비 헬레네를 트로이의 왕자 파리스가 유혹하여 데려가면서 전쟁이 시작되었다. 분노한 스파르타 왕이 그리스 연합군을 결성하고 아가멤논을 총사령관으로 추대한 뒤 아킬레우스, 오디세우스 등 영웅들을 데리고 참전한다. 이에 트로이는 헥토르 등 용맹한 장수들을 앞세우고 견

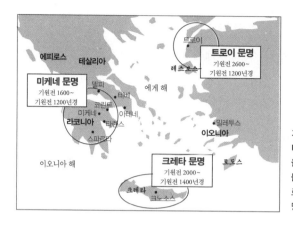

에피로스
테살리아
트로이

트로이 문명
기원전 2600~
기원전 1200년경

레스보스

미케네 문명
기원전 1600~
기원전 1200년경

델피
테베
에게 해
코린트
미케네
아테네
라코니아
티린스
스파르타

밀레투스
이오니아

이오니아 해

크레타 문명
기원전 2000~
기원전 1400년경

로도스

크레타
크노소스

기원전 1600년경 북방의 미케네인들이 크레타 문명을 멸망시키고 강력한 전사들의 문화를 일으켰다. '트로이 전쟁'은 이 미케네 문명 시대에 일어난 일이다.

고한 성벽에 의지하여 맞섰다.

신들도 이 전쟁에 간섭했다. 신들의 여왕 헤라, 지혜의 여신 아테네, 바다의 신 포세이돈 등은 그리스를, 미의 여신 아프로디테, 전쟁의 신 아레스는 트로이를 지지했다. 이 전쟁은 무려 10년 동안 이어졌는데, 오디세우스가 목마를 만들어 트로이인을 속이고 성안에 잠입하는 데 성공하면서 그리스의 승리로 끝이 났다.

폴리스를 먹여 살린 식민지

에게 해를 중심으로 번영하던 미케네 문명은 기원전 12세기경 파괴되고, 그로부터 400여 년 뒤인 기원전 8세기경부터 본격적인 폴리스의 시대가 열린다. 그리스는 험준한 산악 지대이기 때문에, 침략자들은 산과 산 사이의 평야 지역에서 원주민들을 노예로 삼아 도시국가, 곧 폴리스를 건설했다.

각각의 폴리스는 지형적으로 고립되어 있어서 각자 처한 환경에 따라 독립적인 문화를 형성했다. 폴리스마다 수호신이 있었고, 사회는 왕과 귀족·평민, 그리고 생산을 담당하는 노예로 구성되었다. 폴리스의 공간도 신전이 있는 신성한 지역, 왕과 귀족의 지역, 평민과 노예의 지역 등으로 구분되었다. '아고라', '아크로폴리스' 등의 명칭이 여기에서 유래하였다. 또 피정복자와의 관계에 따라 정치체제도 달라서, 아테네와 같이 평민이 풍부한 폴리스에서는 민주정이 발달하고, 스파르타처럼 평민이 부족하여 강력한 군사력이 필요한 폴리스에서는 독재정치가 발달했다.

고립된 산악 지대에서 어렵게 농사를 지으며 살던 폴리스들은 더 많은 노예와 자원을 확보하고자 바다로 진출했다. 그리스 인근에게 해에 점점이 퍼진 수많은 섬들, 그리고 그 섬들을 징검다리 삼아 에게 해 건너 터키 서부 지역까지 식민지로 만들었다. 그리스인들은 식민지에서 노예와 자원을 가져올 뿐만 아니라, 아예 식민지에 정착하여 새로운 폴리스를 건설하기도 했다.

그러던 중 이들은 곧 거대한 제국과 맞닥뜨리게 된다. 바로 인류 문명의 시원인 메소포타미아 문명의 계승자, 페르시아 제국이다. 페르시아 제국과의 전쟁은 그리스 사회에 엄청난 충격을 던져 준다.

그리스가 유럽의 조상?

그리스 문명의 성립 과정을 보면 알 수 있듯이, 그리스 문명은 독자적으로 성장한 문명이 아니다. 북부의 이민족과 동남부의 이집트 문명, 메소포타미아 문명의 세례를 받고, 지형적·사회경제적 요건이 더해지면서 점차 그들만의 문화를 이룩하게 되었다. 그러나 많은 유럽인들이 그리스 문명은 동방 오리엔트 문화와 별개의 문명권으로서 독자적으로 발전했다고 생각했으며, 그래서 페르시아와의 전쟁을 '동서전쟁'이라고 규정했다.

그리스 문명을 둘러싼 논쟁은 재미있는 화두를 던져 준다. '과연 유럽 고대 문명이라는 것이 존재할까?' 일반적으로 유럽의 역사를 그리스-로마-프랑크 왕국-중세로 이어진다고 생각하는데, 이런 흐름은 19세기에 만들어진 것이다. 사실 그리스 문명은 현재 유럽 무대와는 지역적·문화적으로 계승 관계가 밀접하지 않다. 이처럼 '만들어진 고대사'로서 그리스 문명은 유럽 역사학계의 중요한 논쟁거리다.

그런데 뒤집어 생각해 보면, 유럽인의 시각에서 볼 때 아시아의 고대사 역시 '만들어진 고대사'로 보일 수 있다. 중국과 한국의 고대 문명과 오늘날 중국·한국이 연관되어 있다고 주장하는 근거가 무엇이냐는 것이다. 유럽과 우리의 차이라면, 지역적 연관성을 꼽을 수 있다. 즉, 고대 프랑스 지역에는 그리스인이 아니라 켈트족이 살았지만, 한반도에는 고대에도 한민족이 살았다.(물론 한민족만 산 것은 아니지만)

유럽에서 '만들어진 고대사'가 논쟁이 된 것은, 고대사 왜곡을 통한 문명의 고립성과 우월성을 비판하려는 데 있었다. 그런 점에서 우리와 서양은 고대사 '왜곡'의 기준이 다르다. 이 부분을 명확히 짚고 넘어가지 않는다면, 우리로서는 고대사 자체를 부정하는 확대 해석으로 갈 위험이 있다. 고대사의 현재적 의미를 둘러싼 논쟁과 고민이 왜, 어떻게 시작됐는지를 알아 두는 것이 중요한 이유이다.

009

인간의 땅으로 내려온 신들

그리스 신화

BC 12~BC 8세기

교과서 속 한 줄 역사 그리스 알파벳으로 그리스 문학, 철학, 역사 등이 기록됨으로써 '폴리스'라는 공동체에서 이루어진 많은 문명의 유산들이 오늘날까지 전해지고 있다. 기원전 8세기경의 《일리아스》와 《오디세이아》가 대표적이다.

지상을 지배하는 호루스(매), 신의 여왕 이시스(코브라), 저승의 신 아누비스(자칼), 여성의 신 네프티스, 지혜의 신 토트(따오기), 태양의 신 라(매)…. 이집트 신화에 등장하는 주인공들이다. 수백 명에 이르는 고대 이집트의 다신교 신들은, 이집트 문명이 그리스로 전래되면서 함께 전래되었다. 원주민을 정복한 정복자들이 그들의 신앙을 옮겨 온 것이다.

이집트의 동물신이 인간 형상으로

그리스에 정착한 이집트인들이 토착민에게 동화되면서 신화도 함께 흡수되었다. 이집트 신화와 그리스 신화의 가장 큰 차이는, 동물의 형상을 한 신들이 인간의 형상으로 바뀌었다는 것이다. 신화학자들은 이를 기독교 신화 형성의 중요한 계기이자, 지중해 남부 신화와 동북부 신화가 결정적으로 갈라지는 계기로 보고 있다.

그렇다면 원래 그리스의 토착신들은 어떤 존재였을까? 일단 인간의 형상을 한 것은 분명하며, 그런 면에서 본다면 그리스 신화에 나오는 거인신들, 즉 티탄이 아니었을까 싶다. 티탄족은 크레타 문명을 만든 종족일 수도, 혹은 미케네 문명의 신일 수도 있다. 아무튼 제우스와 12신으로 대표되는 그리스의 신들 이전에도 신들이 존재했다.

그리스 신화에 따르면, 태초에는 카오스(혼돈)만이 존재했다. 카오스에서 가이아(대지)·닉스(밤)·에로스(사랑) 등이 탄생하고, 가이아는 우라노스(하늘)·폰토스(바다) 등을 생산했다. 그리고 가이아와 우라노스 사이에서 크로노스, 레아, 테티스 등 12신(티탄 12신)이 나온다. 이 중 크로노스와 레아가 많은 자식을 낳았으니, 그들이 바로 제우스·포세이돈·하데스 등이다.

그런데 크로노스는 자식들에게 죽임을 당할 거라는 저주를 두려워하여 자식들을 잡아먹어 버렸다. 가까스로 살아남은 제우스는 지혜의 여신이자 첫 아내인 메티스를 시켜 크로노스가 잡아먹은 자식들을 토해 내게 했다. 되살아난 제우스와 그 형제들은 아버지 크로노스를 비롯한 티탄족과 전쟁을 벌였다. 이 전쟁에서 제우스가 승리하였고, 티탄족은 죽거나 벌을 받았다. 그들 중에서 가장 유명한 티탄이 하늘을 떠받치는 벌을 받은 아틀라스이다.(프로메테우스는 티탄족이지만 신들의 전쟁에서 제우스의 편을 들었다. 하지만 제우스의 말을 거역하고 인류에게 불을 전해 주었다가 독수리에게 간을 쪼여 먹히는 참혹한 징벌을 받았다.)

그리스의 신들은 폴리스의 수호신으로 숭배 받았다. 그리스인들은 신전을 만들고 그곳에 신상을 안치하여 행복과 번영을 빌었으며 4년마다 운동 능력을 겨루는 올림피아 제전을 열었다. '세계 7대 불가사의'인 에페소스의 아르테미스 신전(처녀, 달, 사냥의 여신), 올림피아의 제우스 신전, 아테네의 파르테논(아테네 신전)은 지금까지 그리스 최고의 건축물로 꼽히고 있다. 그 외에도 신을 기념하는 날에는 화려한 축제를 열었다.

그리스인이 사랑한 디오니소스

그리스 신화에 가장 자주 등장하는 신전은 아폴로 신전이다. 아폴로는 지혜와 예언의 신이었으므로, 아폴로 신전에서는 신녀들이 '신탁神託', 곧 신의 예언을 전했다. 신녀들은 마약에 취해 몽롱한 상

◈ **세계 7대 불가사의는 '경이로운 대업적'**

'세계 7대 불가사의'는 기원전 2세기 전반 비잔티움의 수학자 필론Philon의 저서로 알려진 《세계의 7개 경관》에 수록된 로마 제국 이전의 거대 건축물을 말한다. '불가사의'라는 표현보다는 '경이로운 세계 7대 업적'이라는 표현이 더 어울릴 듯하다. 7대 불가사의는 이집트 쿠푸 왕의 피라미드와 파로스 등대, 이라크 바빌론의 공중정원, 터키의 마우솔레움(무덤)과 에페소스의 아르테미스 신전, 그리스의 제우스 신상과 로도스 항의 거상이다. 대부분 지중해 동쪽에 위치하며, 피라미드를 제외하고는 오늘날 전해지지 않고 있다. 기원 전후 그리스나 로마, 중동 지방 학자들의 기준과 시각이 반영된 것이므로 시대적 한계를 안고 있다. 하지만 이후에도 많은 학자들이 답사를 했고, 오늘날까지 7대 불가사의로 일컬어지고 있으니 그 존재 자체를 부정할 필요는 없을 것 같다.

태에서 신의 말씀이라며 이상한 소리를 중얼거렸다. 예나 지금이나 점을 치는 것은 사람들의 관심과 호기심을 불러일으키는 가장 인기 있는 신앙적 행동 중 하나이다.

그렇다면 그리스인들에게 가장 인기 있는 신은 누구였을까? 신들의 왕인 제우스? 다신교는 신의 서열보다 현세의 행복을 더 중시하기 때문에 인간 생활과 밀접한 신들이 더 인기가 많았다.

연인들은 아름다운 사랑을 꿈꾸며 아프로디테를 찬양했고, 장사꾼들은 상업을 주관하는 헤르메스를 좋아했다. 헤르메스는 또한 신의 전령으로서 제우스의 명을 받아 저승의 하데스에게 갈 수 있었는데, 이승과 저승을 오가는 능력 때문에 내세의 행복을 기원하는 사람들에게 특히 인기가 좋았다.

로마의 알템스 궁에 있는 대형 대리석 디오니소스 조각. 왼쪽이 디오니소스가 타고 다닌다는 흑표범이고, 오른쪽이 디오니소스 제례에 호색한으로 등장하는 디오니소스의 시종 사티로스이다.

하지만 여러 신 중에서 가장 인기가 많은 신은 제우스와 인간 여자 사이에서 태어난 디오니소스였다. 한 전설에 따르면, 디오니소스는 12월 25일 태어났다고 하여 예수 전설에 가장 가까운 신으로 알려져 있다. 포도 재배와 포도주 제조법을 최초로 발견한 디오니소스는 제우스의 아내 헤라의 질투로 정신병을 얻었고 아시아의 여러 지역과 인도를 여행하며 이교도의 풍속을 배우고 왔다.

디오니소스 축제는 그의 이미지대

로 광기, 술, 이교적 풍속이 어우러져 거칠고 음란하며 종말적인 분위기를 띠었다. 사람들은 축제에서 디오니소스가 저승에 갔다 온 이야기를 나누며 죽음과 부활을 노래하고 술을 마시며 광란의 시간을 보냈다. 그리스에서 디오니소스 축제는 골칫거리였고, 로마 시대에는 혹독한 탄압을 받기도 했다. 기독교 탄생 이전에 가장 반사회적 의식이자, 가장 성대한 제전이었던 모양이다.

그리스 신화는 로마 신화로 이어졌다가 기독교의 세상이 열리면서 종말을 고했다. 이후 14~15세기 이탈리아 르네상스 때 예술의 주요 모티브로 화려하게 부활했으며, 근대사회에서는 유럽 문명의 원형으로 숭배 받았다. 그 과정에서 신화는 거의 원형을 알아보기 힘들 정도로 변형되어 고대 그리스인들의 신앙과 전혀 다른 모습이 되었다. 이집트와 오리엔트 신화의 영향을 받았을 고대 그리스 신화의 모습은 아직도 미지의 영역으로 남아 있다.

010

마야 문명 이전의 '우주인'

아메리카의 고대 문명

 BC 30세기경~9세기

교과서 속 한 줄 역사 중앙아메리카의 유카탄 반도와 그 남부 저지대에서 번영했던 마야 문명은 급격한 인구 증가에 따른 토지 부족과 기후변화로 10세기에 몰락하였다.

태초에 오직 하늘과 그 아래 바다만이 존재할 뿐 적막하고 고요했다. 신들이 세상을 창조하니 비로소 산과 강과 동물이 생겨났다. 하지만 동물들이 신을 섬기지 못하자 신들은 자신들을 섬길 인간을 창조하려 했다. 그런데 진흙으로 만든 인간은 부서졌고 나무로 만든 인간은 영혼이 없었다. 신들은 대홍수를 일으켜 나무 인간을 없앴다. 얼마 뒤 여명의 신과 밤의 신 사이에서 쌍둥이 우나푸와 스발란케가 태어났다. 그중 우나푸는 옥수수의 신이 되었고 그 후손은 해와 달이 되었다. 신들은 옥수수를 갈아서 자신들을 섬길 최후의 인간을 만들었다.

마야 문명의 경전 《포폴 부》에 담겨 있는 창조신화이다.

모든 창조신화는 창조 이후에 만들어진다. 아메리카 문명의 창조신화도 창조 이후 언젠가 만들어져 마야 문명 시기에 기록되었다. 그래서인지 일반적으로 아메리카 문명 중 마야 문명이 가장 오래되었고 이어 아스텍 문명(13~16세기)과 잉카 문명(15세기)이 번영하다가 스페인의 침략으로 멸망했다고 생각하는데, 사실 아메리카 문명은 훨씬 더 오래전부터 존재했다.

철기가 아닌 '석기'로 이룬 고도의 문명

아메리카 대륙에 사람이 살기 시작한 것은 수만 년 전부터였다. 그들이 어디에서 처음 시작되었는지는 알 수 없고, 다만 유전학 상으로 원주민 대부분이 빙하기 때 아시아에서 건너온 몽골리안의 후손으로 추정된다. 이 아시아계 인종 집단은 아시아와 아메리카 대륙 사이에 베링 해협이 생기기 전, 두 대륙이 육지로 이어져 있던 빙하기 때 건너온 것으로 보인다. 그들은 추위를 피해 남하하여 아메리카 대륙 전역으로 퍼졌고 북아메리카 · 중앙아메리카에는 약 3만 년 전, 남아메리카에는 1만4천 년 전쯤 정착했다.

　　아메리카인들은 약 4~5천 년 전 신석기시대를 마감하였는데, 그 이후에도 청동기나 철기를 주로 사용하지 않고 석기를 많이 사용했다. 유럽과 아시아에서 청동기 · 철기를 사용하면서 국가를 건설하고 문명을 발전시킨 데 반해, 아메리카인들이 석기를 사용하면서 고도의 문명을 발전시킨 것은 놀라운 일이다.

　　그래서 많은 이들이 나스카 고원의 유적 등 아메리카 고대 문명을 외계인의 흔적으로 생각한다. 신석기 수준의 원주민에게 외계인

페루 서남부 평원에 그려진 '나스카 문양'. 이 원숭이 문양은 전체 길이가 80미터에 이른다. 나스카는 나스카 문화가 피어난 작은 도시 이름이다.

이 문명을 전해 줬을 것이라는 추측이다. 하지만 오늘날 많은 역사학자들은 아메리카 고대 문명의 수수께끼를, 유라시아 문명에 갇혀 있던 기존 역사 인식의 지평을 넓히는 계기로 받아들이고 있다.

예컨대, 칠레 북부 친초로에서 미라가 발굴되었을 때, 처음에는 이집트의 미라를 연상하여 기원 전후 세련된 문명인이 만들었을 것이라고 추측했다. 그러나 연대 측정 결과 친초로 미라는 기원전 5천 년 전후의 것으로 밝혀졌다. 만드는 방법이 그리 복잡하지 않고, 미라를 만든 이들도 평범한 어민들이었다. 어민들이 왜 미라를 만들었을까?

현재까지 발굴된 282구의 친초로 미라는 우리에게 지금까지의 상

◈ **나스카의 거대 문양, 누구 작품일까?**

페루 남부의 나스카에는 비행기 활주로만 한 100미터 이상의 거대한 그림들이 평원에 그려져 있다. 이 그림들은 지상에서는 그 전모를 알 수 없고 하늘에서만 관찰할 수 있어서, 외계인 우주선의 이착륙 유도를 위해 그린 그림이라는 추측이 많았다. 하지만 오늘날에는 많은 부분 나스카인의 창작이라는 주장이 설득력을 얻고 있다.

우선 이 그림은 나스카만의 것이 아니라 다른 곳에서도 여럿 나타난다. 단지 크기가 작고 그림의 수준이 조금 떨어질 뿐이다. 또 평원의 그림들은 나스카의 도자기에도 나타난다. 즉, 나스카인이 즐겨 그리는 문양이었다. 당시 아메리카 고대인들의 수학과 기하학 지식을 감안하면, 그들이 즐겨 그리던 문양을 거대하게 확대해서 그리는 것은 그리 어려운 일이 아니었을 것이다.

식을 깨고 좀 더 유연하게 아메리카 문명을 볼 것을 요구하고 있다.

마야인들이 바퀴를 사용하지 않은 이유

고대 아메리카 문명은 중앙아메리카 지역, 곧 지금의 멕시코 지역에서 발전했다. 기원전 1천 년경 멕시코 만을 중심으로 올멕 문명이 발전했고, 기원후에는 인근 유카탄 반도를 중심으로 마야 문명이 발전했다. 이 두 문명이 아메리카의 고대 문명이다. 이 중 올멕 문명은 투구를 쓴 것 같은 모습의 석조 두상頭像(큰 것은 높이가 3미터나 된다.)과 재규어 숭배로 널리 알려져 있다.

마야 문명의 '마야'는 '마야판'이라는 도시 이름에서 유래했다고 한다. 마야 문명은 마야 문자·마야 달력·마야 아치 등의 문화적 동질성을 가지며, 혈연 공동체인 '꾸즈떼엘'을 기본 조직으로 국가를 이루었다. '꾸즈떼엘'을 중심으로 정치·경제·군사 체제를 갖추고, 꾸즈떼엘이 연합하여 규모가 더 큰 국가를 이루는 느슨한 분권형 국가였던 것이다. 상업은 주로 종교적 물품을 거래하면서 발전했는데, 이를 통해 생활과 신앙이 매우 밀접하게 연결되어 있었음을 알 수 있다.

그 외 마야 문명의 구체적인 정치적 사건들은 아직 베일에 싸여 있다. 안타깝게도 마야 문자를 완전히 해독하지 못했기 때문이다. 불완전한 해독을 섣불리 채우려 하면 유라시아 역사 발전의 상식이 개입될 가능성이 높다.

정치를 제외하고 보더라도 마야의 사회·경제·문화는 우리에게 흥미로운 관심거리를 제공한다. 우선 현재 유럽인들의 주식 중 많은 것이 올멕과 마야인들에게서 유래했다. 감자, 토마토, 카카오, 고추 등이 원래 그들의 주요 농작물이었다.

또한 기술적 측면에서 흥미로운 사실은, 마야인들이 수레, 곧 바퀴를 사용하지 않았다는 것이다. 그들이 바퀴를 아예 몰랐던 것은 아니다. 바퀴를 단 장난감을 갖고 놀았으니까. 그들이 바퀴를 알면서도 바퀴를 이용해 수레를 만들지 않은 이유는 여전히 미결 과제로 남아 있다.

놀랍도록 정확한 천문학 지식

가장 놀라운 것은 마야인들의 천문학 지식이다. 마야인들은 1년을 365.2420일로 계산했는데 이는 현대 천문학의 1년 365.2422일과 0.0002일밖에 차이가 나지 않는다. 현재 우리가 쓰는 달력은 1년을 365.2425일로 계산하고 있으니, 마야인의 달력이 더 정확한 셈이다! 마야인들은 고도로 발전한 천문학을 바탕으로 달력과 피라미드를 만들었다.

마야 달력 중에는 '짧은 달력'과 '긴 달력'이 있다. '짧은 달력'은 52년을 주기로 하고, '긴 달력'은 나름의 체계 속에서 무한의 주기를 갖는다. 그런데 기원전 3114년 8월 13일에 시작하는 '긴 달력'의 한 주기가 2012년 12월 23일에 끝난다고 하여 이를 인류 종말의 계시라며 한창 호들갑을 떨기도 했다. 그러나 이 주기가 어떠한 체계에 의해 나온 것인지, 어떤 의미를 갖는지는 아무도 모른다.

가파른 계단과 기하학적 구조와 장식이 강렬한 인상을 주는 마야인의 피라미드는, 이집트 피라미드와 달리 신전이다. 마야인들은

마야 피라미드. 지금의 멕시코 동남부 유카탄 주에 있는 '욱스말' 유적은 11~13세기 마야 제국의 번영기 모습을 간직하고 있다.

인간적 감성을 가진 다신교적 신앙을 갖고서, 아마도 이곳에서 다양하고 복잡한 종교의식을 행했을 것이다. 이외에도 마야인 특유의 공놀이 등 다양한 종교 행사들이 고고학적 발굴을 통해 알려졌다.

비록 문자 해독의 불완전함으로 정치적 사건들이 알려지지 않아 문화적·인류학적 접근이 대부분을 차지하고 있지만, 아메리카 고대 문명은 가까운 미래에 인류 역사에 새로운 영감을 불어넣는 진원지가 될 것이다.

011

치우와 헌원의 전쟁

동아시아의 창조신화

 BC 6000년경

교과서 속 한 줄 역사 대표적인 중국 고대 문명은 황허 문명이다. 기원전 6000~ 기원전 5000년경 밭농사를 기반으로 채색 토기 또는 흑색 토기를 사용하는 신석기 문화가 나타났다. 일본은 기원후 3세기경까지 소국들로 나뉘어져 있었다.

인도의 '브라흐마', 이집트의 태양신 '라', 그리스의 '가이아', 성경의 '여호와' …. 세계의 모든 민족은 창조주와 창조신화, 건국신화를 갖고 있다. 우리도 단군신화가 있고, '대홍수 설화' 같은 다른 지역의 창조신화와 유사한 전설들이 구전으로 전해 내려오고 있다.

우리의 창조신화·건국신화는 특히 중국·일본의 것과 밀접하게 연관되어 있다는 주장들이 많다. 예를 들어 단군신화에 등장하는 천강天降신화가 일본에서도 나오며, 중국의 헌원 황제와 탁록대전에서 맞붙었던 치우는 동이족 영웅설화 주인공이다.

중국, 일본 건국신화를 들여다보고 동아시아 창조신화의 의미를 살펴보자.

삼황오제부터 하나라까지, 중국의 전설시대

여느 창조신화와 마찬가지로, 중국의 창조신화도 아무것도 없는 혼돈 상태에서 시작한다. 이때 거인 '반고'가 태어나 하늘과 땅을 만들고 구분했다. 반고가 죽은 뒤 그 몸이 땅이 되고 바람이 되고 해와 달이 되었다. 그 후 여신 '여와'가 인간을 만들어 널리 번창시켰다. 그런데 불의 신 '축융'과 물의 신 '공공'이 싸움을 일으켜 세상이 불바다가 되고 대홍수가 일어나 인간들이 멸종 위기에 처했다. 여와는 둘의 싸움을 수습하고 인간이 살기 좋도록 세상을 재창조했다. 이때부터 인간의 문명이 본격적으로 발전한다.

중국에서 처음 문명을 일으킨 세 명의 중요한 지도자를 '삼황三皇'이라고 한다. 불을 최초로 사용한 '수인燧人씨', 그물을 만들고 가축을 길러 어업과 목축업을 일으킨 '복희伏犧씨', 농경을 일으킨 '신농神農씨'가 그 주인공이다.

삼황의 뒤를 이은 지도자는 '오제五帝'다. '오제' 중 첫 번째 황제 '헌원'은 무기를 만들고 전쟁 기술을 개발했는데, 이때 동쪽의 지배자 '치우'와 탁록에서 싸워 승리하였다. 황제 헌원과 치우의 전쟁은 신화에 등장하는 최초의 동서대전으로 고대 문명사에서 가장 논쟁이 치열한 부분이다. 이후 '전욱', '제곡', '요', '순'으로 이어진다.

'순' 이후 성왕 '우禹'가 즉위하니,

중국 창조신화 속 '3황 5제' 중 첫 번째 황제 '헌원씨'.

이로부터 '하夏나라' 시대가 시작되었다. 하나라는 17대 500여 년간 이어지다가 폭군 걸왕 때 은나라 탕왕에게 멸망당했다. 이때까지가 중국의 전설시대이다. 이후 은나라(상商나라)는 은허 유적의 발굴로 실체가 밝혀져 역사시대로 구분된다.

일본 진무천황은 천손의 후손

일본의 창조신화는 조금 복잡하다.(이름 뒤에 '가미(신神)'나 '노미코토 (존尊)'를 붙이는데 여기서는 이름이 너무 길어지므로 노미코토를 빼겠다.) 천지개벽 이후 오누이 신 '이자나기'와 '이자나미'가 태초에 바다뿐 이던 세상에 육지를 만들고 이어 일본열도를 창조한 뒤 많은 '가미' 들을 낳았다. 이자나기는 아내 이자나미가 죽자 그녀를 부활시키려 애썼지만 실패하고 지상으로 돌아와 왼쪽 눈에서 아마테라스 오미 가미를, 오른 눈에서 쓰쿠요미를, 코에서 스사노오를 낳았다. 그리 고 아마테라스에게 천상을, 스사노오에게 바다를 지배하도록 했다.

하지만 스사노오가 어머니를 찾으며 울기만 하자 천상의 아마테 라스에게 내쫓아 버렸는데, 천상에서 스사노오가 난폭한 행동을 일 삼자 화가 난 아마테라스가 동굴에 숨어 버렸다. 태양이 사라져 세 상이 암흑에 빠지자, 신들이 구슬과 거울을 건 신목神木을 세우고 여 신에게 춤을 추게 하니 아마테라스가 궁금함을 참지 못해 동굴에서 나와 비로소 태양이 다시 비추었고, 스사노오는 하계로 추방당했다.

하계에서 스사노오는 머리가 8개 달린 큰 뱀을 퇴치하고 그 꼬 리에서 얻은 칼을 아마테라스에게 바쳤다. 그리고 스사노오의 후손 오쿠니노누시가 나라를 만드는데, 아마테라스가 그 나라를 빼앗아

자신의 손자 호노니니기(천손天孫)에게
준다.(천손 강림) 호노니니기는 오누이
인 미녀 코노하나노사쿠야('하나'는 꽃
을 뜻함)와 추녀 이와나가('이와'는 바위
를 뜻함)를 아내로 얻었는데, 이와나가
를 추하다고 버리는 바람에 그 수명
이 바위처럼 영원하지 못하고 꽃처럼
짧게 되었다. 이로써 호노니니기는 유
한한 삶을 사는 존재가 되었다.

기원전 8~6세기 일본을 다스린 것
으로 알려진 일본의 초대 '진무천
황'. 일본의 건국 기념일은 진무천
황이 즉위했다는 2월 11일이다.

　호노니니기는 야마사치히코를 낳
고, 야마사치히코는 우가야후키아에즈를 낳았으며, 우가야후키아
에즈는 엄마의 동생, 즉 이모와 결혼하여 간야마토이와레비코를 낳
았다. 간야마토이와레비코가 바로 일본 초대 천황인 '진무천황神武
天皇'이다. 이로써 일본의 역사가 시작된다.

신화의 유사성과 특수성

중국의 창조신화 중 일부는 동이족의 창조신화와 섞였을 것이라는
주장이 있으며, 치우와 헌원의 전쟁을 둘러싸고도 여러 주장이 엇
갈린다. 또 일본의 창조신화 중 아마테라스가 동굴에 숨는 이야기
는 한국의 '연오랑 세오녀 설화'와 비슷하고, 칼·검·거울·신목은
단군신화의 천부인·신단수와 비슷한 모티브로 이해된다.
　초기 문명 당시 민족이 이동하면서 신화도 함께 이동하여 토착
신앙과 결합하면서 다양하게 변화 발전했으므로, 동아시아 3국의

창조신화 이야기가 일부 공유되었을 가능성이 높다. 그러나 '단군'과 '진무'와 '삼황오제'의 차이만큼이나, 3국의 문화는 하나라고 이야기할 수 없을 정도로 큰 차이를 보인다. 이는 그 유사성에도 불구하고 3국 민족이 각각 오랫동안 변화를 거듭하며 형성되었음을 의미한다.

그 오랜 역사성이 창조신화에도 반영되어 신화의 내용이 수정되면서 각기 다른 창조신화로 정착한 것이다. 이처럼 오랜 역사적 경험을 바탕으로 한 변화의 총합이야말로 '민족사적 특수성'이 아닐까?

012

기록과 유적의 중요성

상나라와 고조선

 BC 2000년경

교과서 속 한 줄 역사 기원전 2500년경부터 청동기가 사용되기 시작했고, 이를 토대로 국가권력이 탄생하였다. 문헌에 전하는 최초의 왕조는 황허 강 중류에서 출현한 하나라이다. 다만, 하나라는 유물이나 유적지가 명확하게 드러나지 않는다. 이어서 상나라가 황허 강 하류에서 등장하여 하나라를 멸망시키고 황허 일대를 통치하였다. 상나라 말기 유적지에서 갑골문과 청동 제기가 대량으로 출토되었다.

우리나라 최초의 국가인 고조선은 언제 건국되었을까? 고고학적으로 청동기의 사용은 대략 기원전 2천 년 이후로 추정되며, 발굴 결과에 따라 점점 연대가 올라가고 있다. 하지만 청동기가 발굴되었다고 해서 곧 국가가 나타났다고 볼 수 없고, 그에 해당하는 유적과 기록이 뒷받침되어야 한다. 그런데 불행히도 고조선은 기록을 남기지 않아 정확한 건국 연대를 알 수 없다.

고조선이 기원전 2333년에 건국?

일부 재야 사학자들은 중국 기록을 토대로 고조선의 건국 연대를 추정한다. 고조선과 비슷한 문명 수준이었던 중국 하나라의 건국 시기가 전설 속에 기원전 2205년 혹은 2224년이라고 하니, 고조선도 그때쯤 건국했을 거라는 주장이다.

《삼국유사》 단군신화에 고조선의 건국 연대는 기원전 2333년으로 기록되어 있는데, 고조선이 속한 요하 문명이 중국 하나라의 하남·용산河南龍山 문화보다 시기적으로 빠르다면 이상할 것 없다는 것이다. 또 중국의 삼황오제 시기를 기원전 3000~5000년경으로 잡았을 때 그 전설에 치우천황이라는 동방의 제왕이 등장하므로, 그에 해당하는 우리 왕조(배달국)가 비슷한 시기에 존재했다고 볼 수도 있다고 말한다.

이 주장은 얼마나 믿을 만할까? 영토·관료 조직·군대·통치 이념 등을 갖춘 국가의 출현은 앞서 말했듯 청동기 출토나 신화적 기록만으로 확정할 수 있는 것이 아니다. 정치권력체의 존재와 수준을 입증할 만한 규모의 유적이 나와야 비로소 국가의 존재를 확인할 수 있다. 중국사에서 '삼황오제'부터 하나라까지의 시대가 역사로 인정받지 못하는 것도 이 때문이다.

상나라에서 주나라까지, 중국 국가의 발전

하나라의 근거지로 추정되는 하남·용산 문화 지역에서 청동기와 궁전 유적이 나오기는 했으나, 성곽 유적이 없고 어떤 문자도 출토되지 않았다. 또 인근 지역에서 다른 성질의 청동기 유물이 출토되어 그 범위도 너무 좁다. 상나라(은나라) 때 비로소 1920년대 이루어진 은허 유적 발굴로 기록과 유물 및 유적의 일치가 확인되었다.

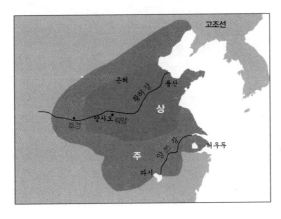

중국 하·은·주나라의 세력 범위. '우' 임금이 세웠다는 하나라는 아직 역사적으로 입증되지 못했다.

　기원전 1600년경 황허 강 중류 지방을 중심으로 발전한 상나라는 수도인 은허에서 450킬로미터 떨어진 곳까지 진출했으나, 몇몇 거점만 지배할 뿐 실제 지배 지역은 별로 넓지 않았을 것이다. 또한 기원전 1000년에서 1600년 사이에 상나라가 중국의 대표 문명이었던 것도 아니다. 비슷한 시기 양쯔 강 상류에서 '삼성퇴三星堆 문화', 중류 지방에서 '오성吳城 문화'가 발전하고 있었다. 만약 이 문화들을 일군 세력이 중국을 통일했다면 다른 역사 기록이 남았을지도 모르는 일이다.

　기원전 1046년, 주周 무왕이 상나라를 멸망시키고 주나라를 건국했다. 주나라는 수많은 청동기에 문자를 새겨 기록을 남겼고, 그 덕분에 우리는 주나라 왕이 제후에게 위세품을 하사하고 봉건제를 토대로 지방을 통치했다는 사실과, 비록 여전히 거점 지배이긴 해도 그 영역이 황허 강 상류에서 하류에 이르기까지 매우 넓어졌음을 알 수 있다.

고조선 건국을 기원전 16세기로 추정하는 이유

중국사와 비교하여 고조선의 건국 연대를 추정해 보자. 일단 조금이라도 주변 지역을 통치할 수준의 국가 체제는 중국 상나라 대에해당하는 기원전 16세기 이후에야 가능했을 텐데, 그 문명의 범위를 고려하면 기원전 16세기경 고조선이 상나라나 그 뒤를 이은 주나라와 충돌했을 가능성은 없어 보인다. 아마도 요하 주변, 혹은 한반도 북부 주변에서 몇몇 거점 지역을 아우르는 형태로 존재하지않았을까?

중국사에서 본격적으로 영토 국가가 출현하는 것은 춘추전국시대부터이며, 중국 기록에 고조선이 나타나는 것도 이 시기인 기원전 5세기경이다. 그렇다면 일정한 영역을 갖고 있는 수준의 고조선이 성립한 시기는 기원전 16세기 이후, 제대로 된 국가 체제를 갖춘 고조선의 성립은 기원전 6세기경으로 보는 것이 타당할 것이다. 물론 이는 어디까지나 중국과 대등한 국력을 갖춘 고조선을 전제로 한 것이며, 문명의 발달과 달리 국력의 발달은 우연적 요소가 많아 함부로 단정하기 어렵다.

그러니 현재로서는 '일정한 영역을 갖춘 고조선이 기원전 16세기 전후에 성립했을 가능성이 있다'는 정도로 정리하는 것이 적당할 듯싶다.

━━ **013** ━━

가족은 힘이 세다

주나라 봉건제

 BC 1046~BC 771

교과서 속 한 줄 역사 주나라의 왕은 새로운 천명사상을 만들어 냈다. 주나라는 왕이 직할지만 다스리고 나머지는 제후들에게 분봉하여 통치하게 했다. 이를 봉건제라 한다. 봉건제를 지탱하는 원리는 종법제도이다. 곧, 직계 장남을 축으로 형성된 혈연적 질서로서 나머지 아들들은 아버지와 장남에게 복종하고 의무를 다하는 구조이다.

중국 최초의 국가인 상나라의 마지막 왕인 주왕紂王은 잔인한 폭군으로 유명하다. 미인 '달기'에게 푹 빠져 궁궐에 나체의 남녀를 풀어 놓고 술과 향락을 즐기고(주지육림酒池肉林), 사형수에게 기름칠한 구리 막대를 숯불 위에 얹어 놓고 걸어가게 하는 형벌(포락지형炮烙之刑)을 내리는 등 갖은 악행을 저질러 만인의 비난을 받았다. 이에 무왕武王이 강태공 등 유능한 신하와 여러 제후들의 지지를 등에 업고 쿠데타를 일으켜 새로운 나라 주周나라를 건설하였다.

서양과 다른 주나라식 계약관계

주나라는 상나라보다 훨씬 더 넓은 지역에 지배력을 미쳐 양쯔 강 유역에서 요하에 이르는 광대한 영역을 유지했다. 이 넓은 지역을 다스리기 위해 많은 제도가 만들어졌는데, 그중 대표적인 것이 봉건제이다. 주나라의 '봉건제'는 왕과 제후 간의 계약관계를 의미하는 역사적 개념으로 사용되고 있다.

봉건제란, 왕이 직할지만 직접 다스리고 나머지 지역은 제후들에게 영지로 나누어 주고 통치하도록 하는 것이다. 제후들은 영지의 농민을 지배하고 그들에게 징수하는 세금과 부역을 경제적 토대로 삼는 대신, 왕에게 공납을 바치고 유사시에 군사력을 제공하며 신하로서 충성을 바친다. 이렇게 토지를 매개로 왕과 제후 사이에 만들어지는 일종의 계약관계가 바로 봉건제다.

주나라의 봉건제는 왕이 제후에게 실제로 토지를 하사하는 서양 중세의 봉건제와 달리, 주나라 왕실이 지방 소국의 지배자들과 '봉건제'라는 형식으로 관계를 맺는 방식이었다. 주나라 왕실 사람이나 공신 세력이 영지로 '하사'받은 지역을 군사적으로 점령하고 정치적으로 지배하였고, 그중 수도 호경 주변에서 울타리 역할을 하는 제후들은 왕과 혈연적으로 가까운 사람들이었다.

왕은 아버지, 제후는 장남

서양 중세의 봉건제든 주나라 봉건제든, 중요한 것은 관계를 유지하는 것이었다. 제후들이 영지를 지배하다가 분리·독립해 버리면 국가를 유지할 수 없기 때문이다. 서양의 봉건제에서 왕과 제후의 관계를 묶어 준 것은 기독교였다. 하나님 앞에 신성한 의무로 계약을 체결하여 절대 깰 수 없는 신성한 계약으로 만든 것이다.

주나라에서 계약을 유지하는 힘은 왕을 정점으로 하여 장남 직계 관계로 구성된 질서, 곧 가부장적 '종법제도'였다. 왕 아래 제후들은 다시 '경 - 대부 - 사'의 수직적 관계로 이어지면서, 아버지인 왕에게 제후가 복종하고, 다시 장남인 제후에게 대부 등의 하위 귀족(형제와 친인척)이 복종하는 형식으로 사회 전체의 충성 관계가 형성되었다. 종법제도 덕분에 초기 주나라의 봉건제는 상당히 강력한 중앙 권력을 이루고 넓은 영역을 통치할 수 있었다.

왕과 제후의 관계를 상징하는 유물이 상나라 때부터 만들어진 청동 제기다. 주나라 때 만들어진 제기에 장문의 영지 하사 기록이 남아 있어, 이를 통해 제후들이 어떻게 영지를 받고 이를 대대손손 세습했는지를 알 수 있다.

서주를 몰락시킨 포사의 미소

주나라는 기원전 1046년 건국한 뒤 약 300년 가까이 중국 대륙을 지배했다. 그러다 기원전 771년 주 유왕幽王이 피살되고 호경이 파괴되면서 수도를 동쪽의 낙양(뤄양)으로 옮기게 된다. 그 이전까지를 '서주시대', 수도를 낙양으로 옮긴 뒤를 '동주시대'라 한다.

서주의 마지막 왕인 유왕은 '포사'라는 미녀를 사랑했다. 용의 일부가 포사로 태어났다는 전설이 있을 만큼 신비로운 여인이었는데, 이상하게도 그녀는 절대 웃지 않았다. 유왕은 포사의 웃는 모습을 보기 위해 갖은 애를 다 썼다. 당시 주나라는 변방의 이민족이 침략하면 봉화를 올려 제후들의 군대를 소집했는데, 한번은 포사가 장난으로 봉화를 올리고 허겁지겁 달려온 제후들을 보고 웃음을 지었다. 유왕은 포사의 웃는 모습을 보려고 이를 묵인했고, 같은 일이 반복되자 제후들은 양치기의 우화처럼 봉화를 믿지 못하게 되었다. 결국 정말로 호경이 침략을 받았을 때 제후들이 달려오지 않아 유왕이 살해당함으로써 서주시대가 막을 내리게 된다.

수도를 뤄양으로 옮긴 이후의 동주시대를 '춘추전국시대'라고 한다. 동주는 더 이상 제후들을 지배할 힘이 없었다. 하지만 종법제도 아래서 제후들은 가장에 해당하는 주 왕실을 완전히 무시할 수 없었다. 이로써 주나라는 상징적으로만 존재하고, 실제로는 수많은 제후국이 각축을 벌이는 혼란의 시대가 열렸다. 기원전 256년 진시황제에 의해 동주가 망할 때까지 800년 주나라 역사를 지탱한 힘은 봉건제와 종법제도였다.

◈ **주나라의 또 다른 발명품, 공화정**

주나라에서 생겨난 '봉건제'라는 말은, 영주와 농노 관계를 기반으로 한 중세 유럽의 사회·경제체제 'feudalism'을 지칭하는 말로 더 유명하다. 봉건제와 마찬가지로 주나라에서 생겨났으나 오늘날 서양 정치제도 개념으로 더 많이 사용되는 단어가 하나 더 있다. 바로 '공화정'이다. 서주시대의 제10대 왕 려왕厲王이 국가재정을 강화하려고 가혹한 세금 정책을 실시하는 바람에 대규모 민중 봉기가 일어났다. 왕이 망명하고 태자가 실종되는 바람에 왕통을 이을 사람이 없자, 제후 위무공 '공화共和'가 중심이 되어 나라를 이끌어 가니 이를 '공화정'이라 하였다. 얼마 후 태자가 나타나 왕으로 즉위하며 공화의 시대는 끝났으나, 이후 공화정은 왕이 부재한 상태에서 신하들이 이끌어 가는 정치체제를 의미하게 되었고, 오늘날 왕정(군주제)에 반대되는 개념으로 왕 없이 의회 중심의 민주정치를 지칭하는 용어로 널리 사용되고 있다.

014

전쟁, 예술이 되다

춘추전국시대

BC 8~BC 3세기

교과서 속 한 줄 역사 철제 농기구 보급으로 농업생산력이 증대했을 뿐 아니라 농민들이 가족 단위로 농경을 영위할 수 있게 되었다. 그 결과 주나라 대의 정전제가 붕괴하고 공동체에서 분리된 소농민이 대거 등장했다. 춘추전국시대에는 소농민을 대량으로 군대에 동원하고, 이들을 전쟁에 활용하는 방법을 개발하였다. 대표적인 것이 《손자병법》이다.

　동주시대의 또 다른 이름 '춘추전국시대'는, '춘추春秋시대'(약 367년간)와 '전국戰國시대'(약 182년간)를 합친 말이다. 춘추시대에는 제후들이 주나라 왕실을 떠받들면서 제후 중 장남에 해당하는 자가 질서를 유지하는 역할을 맡았다. 이 제후의 우두머리를 '패자霸者'라 하였으며, 춘추시대 대표적인 다섯 제후를 '춘추 5패'라 한다.

　춘추 5패는 제齊나라 환공桓公, 진晉나라 문공文公, 초楚나라 장왕莊王, 오왕吳王 합려闔廬, 월왕越王 구천勾踐이다. 제 환공이나 진 문공은 비교적 패자 역할에 충실했지만, 초 장왕부터는 왕의 칭호를 붙인 데서 알 수 있듯 점차 주 왕실을 무시하기 시작했다.

철제 무기로 무장한 소농민

제후국들은 패자의 영향에서 벗어나 영토와 백성을 늘리기 위해 치열한 전쟁을 벌였다. 약한 나라는 강한 나라에 정복당할 수밖에 없는 약육강식의 시대에 살아남으려면 부국강병을 도모해야 했다. 제후들은 새로운 생산기술을 수용하여 경제를 일으키고, 인재를 등용하여 국가의 청사진을 제시하고, 강력한 군대와 관료 집단을 구성하는 데 힘썼다.

이 시기 획기적인 변화를 이끈 것이 철기의 사용이다. 기존의 청동기는 원료인 구리가 희소한 탓에 무기나 제기祭器로만 사용하고, 농기구는 목기나 석기를 사용했으므로 생산력이 매우 낮았다. 농민들은 토지에 묶여 생산에만 전념하고, 전쟁은 청동제 무기를 소지할 수 있는 귀족의 몫이었다. 귀족들은 말이 끄는 전차를 타고 창으로 찌르고 투창을 던지는 전차전을 수행하며 나라를 지키고 영토를 넓혔다. 따라서 춘추시대까지만 해도 보유한 전차의 수가 곧 군사력과 국력의 기준이었다.

대량생산이 가능한 철기가 등장하면서 농민들에게 철제 농기구가 보급되어 생산력이 비약적으로 증가한 결과, 가족 단위로 농경을 영위하는 소농민이 출현하였다. 소농민의 등장은 군대에 동원할 수 있는 평민이 생겨났음을 의미한다. 소농민들은 대량생산된 철제 무기로 무장하고 전쟁에 동원되었으니, 바야흐로 귀족의 전차 시대가 끝나고 농민의 보병 시대가 온 것이다.

'병법'은 지혜의 총집합

보병 중심의 전쟁은 누가 더 많은 병사를 동원하느냐에 따라 승패가 갈린다. 이를 위해서는 군대는 물론이고 이를 뒷받침할 생산, 고도로 발전한 행정제도가 필요하다. 전체 사회가 하나의 기계처럼 일사불란하게 돌아가야 하는 것이다. 생산과 군대가 잘 짜인 톱니바퀴처럼 원만하게 작동하지 않으면 약한 군사력 혹은 과도한 군사비 지출로 나라가 망할 수 있다. 따라서 단순한 책략을 넘어 대륙 전체의 정세를 조망하고 국가 경영의 방향을 제시하는 사상가들이 출현하여 한세상을 풍미하니, 이들이 바로 제자백가諸子百家이다.

또한 농사에 전념하던 농민들을 전쟁터로 불러내 용감하게 싸우게 하려면 보급, 조직 운영, 군중심리, 공중 보건, 전술 등 여러 측면에서 세심한 배려가 필요하다. 이런 것들을 하나로 종합한 것이 바로 '병법兵法'이다. 춘추전국시대 병법을 대표하는 《손자병법》을 오늘날 '전쟁의 예술The Art of War'이라고 번역할 정도로, 당시 병법은 단순한 싸움의 기술이 아니라 수십만의 비숙련 군중들을 전쟁터에서 효율적으로 운영하는 지혜의 총집합이었다.

춘추전국시대는 전차 몇 백 대가 평원에서 맞서 '쿨하게' 승패를 가르던 시대에서 벗어나, 산과 들에서 바다에서 전장에서 농토에서 도시에서 모든 이들이 목숨을 걸고 지혜를 총동원하여 맞붙는 전면전

춘추전국시대에 쓰인 전차.

의 시대였다. 그 과정에서 수많은 제후국들이 하나둘 정복당하여 마침내 7개 나라만이 남았으니, 이를 '전국 7웅'이라 한다.

진을 일으킨 법가 사상

전국 7웅은 연燕, 조趙, 제齊, 위魏, 한韓, 초楚, 진秦 일곱 나라인데, 이 중 가장 강한 나라는 서쪽 끝의 진나라였고, 연·조·제·초 등이 돌아가며 강성함을 자랑했다. 그러다 기원전 326년 즉위한 조나라 무령왕이 군제 개혁을 단행하면서 전국시대 말기에는 조와 진의 대립이 기본 구도로 자리 잡게 된다. 조의 군제 개혁은 북방 유목민족의 기병 운영을 도입하여 전차를 지양하고 기병대 중심으로 군제를 개편한 것으로, 유목민족을 우습게 보던 기존 관념을 깬 대혁

◈ **일모도원하니, 와신상담하여, 오월동주되리니**

오월동주吳越同舟, 와신상담臥薪嘗膽, 일모도원日暮途遠 등 주옥같은 고사성어가 나온 때가 바로 춘추 5패 중 오왕 합려와 월왕 구천의 시기이다.

오왕 합려는 오자서를 등용하여 일약 패자로 떠오른다. 오자서는 원래 초나라 사람인데 가족이 모함을 당해 억울하게 몰살당하자 오에 망명하여 복수를 꾀하였다. 마침내 오군이 초군을 무찌르고 초 평왕의 무덤을 파헤쳤다. 이때 그 잔인함을 비판하는 자에게 오자서가 한 말이 '날은 저물고 갈 길이 멀다'(일모도원日暮途遠)이다.

오나라 군대가 한창 초나라를 유린할 때 월나라가 쳐들어와 결정적 승리를 놓쳤다. 오나라는 월나라를 공격했지만, 월군을 얕잡아 보았다가 참패하고 오왕 합려도 죽고 만다. 합려의 아들 부차는 가시나무를 깔고 자며 아버지의 복수를 다짐했고, 마침내 월군을 무찌르고 월왕 구천에게 항복을 받아 냈다. 이후 월왕 구천은 겉으로는 오나라에 복종했지만 쓸개를 핥으며 속으로 복수심을 불태웠다.(와신상담臥薪嘗膽) 마침내 구천은 복수에 성공하고 오왕 부차는 자살하였으니, 이때부터 '오와 월은 철천지원수가 되어 결코 함께할 수 없는 사이'(오월동주吳越同舟)가 되었다.

신이었다.

　그러나 진에게는 법가를 대표하는 상앙商鞅의 대대적인 혁신 정책 '변법變法'이 있었다. 법가 사상은 성악설에 입각하여 철저한 법치를 통한 일사불란한 사회체제를 지향한다. 법가 사상을 바탕으로 진은 완벽한 군사국가 체제를 구축하였고, 마침내 기원전 259년 진왕 영정嬴政, 즉 진시황제가 즉위하면서 춘추전국시대를 마감하고 통일국가 수립의 길로 접어들었다.

015

지혜로운 자는 법을 만든다

법가 상앙

BC 390년경~BC 338

교과서 속 한 줄 역사 제후들이 부국강병을 추구하고 능력 중심으로 인재를 등용하면서 다양한 사상가들이 출현했다. 이를 제자백가라 한다. 이 중 법가는 전통의 가치를 부정하고 성악설을 주장하며 인간성을 믿을 수 없으니 객관적 법에 의존해야 한다며 법치를 주장하였다.

수많은 제후국들이 생존을 위해 치열하게 부국강병책을 추진하던 춘추전국시대에 다양한 철학과 사상이 발전하였으니, 이를 '제자백가諸子百家'라 한다. 백가百家, 말 그대로 셀 수 없이 많은 사상가 집단이 출현하여 시대를 풍미했다. 대표적인 것이 유가儒家, 도가道家, 묵가墨家, 법가法家이다. 이 중 최후의 승리자는 누구였을까?

혁신의 바탕은 강력한 법치

위나라 혜왕이 인재를 구하며 인물을 천거하라 하여 재상 공숙좌가 공손앙을 천거했다. 그런데 혜왕이 공손앙을 탐탁지 않아 하자, 공숙좌가 "쓰지 않을 것이면 남의 나라로 가지 못하도록 죽이십시오." 했다. 공손앙이 그 이야기를 전해 듣고, "쓰지 않는다면 죽이지도 않을 것이다." 즉, 죽여야 할 정도의 인재라면 왜 쓰지 않겠냐며 도망치지 않았다.

공숙자가 죽은 뒤 공손앙은 진나라 효공이 인재를 구한다는 소문을 듣고 진나라로 건너갔다. 그곳에서 '위나라의 공손앙'이라 하여 '위앙'이라 불렸으며, 훗날 상군에 봉해진 뒤에는 '상앙'이라 불렸다. 그가 바로 위대한 법가 정치가 상앙商鞅이다.

그는 효공 앞에서 진나라를 부강하게 할 방책을 놓고 신하 감룡과 논쟁을 벌였다. 감룡은 백성의 교화와 평안이 중요하다며 법을 고치는 것에 반대했다. 상앙이 말했다.

> "지혜로운 자는 법을 만들고 어리석은 자는 제재를 받으며, 현명한 자는 예를 고치고 불초한 자는 구속을 받습니다."

옛것을 버리고 과감하게 혁신해야 한다는 주장이었다. 효공은 상앙의 말을 옳게 여겨 마침내 강력한 법치주의를 채택하였다. 상앙은 군현제·오가작통제·엄벌제 등 엄격한 법치를 바탕으로 일사불란한 통치 메커니즘을 구축했다.

예외 없는 법 적용

효공의 적극적인 지원과 비호가 있었으나, 상앙의 '변법變法'은 처음에는 많은 어려움을 겪었다. 백성들은 엄격한 법을 꺼려했고, 귀족들은 평민들과 똑같이 법의 적용을 받는 것을 원치 않았다. 그러나

상앙이 활약한 전국시대의 청동 항아리 전개도. 연회와 수렵 모습이 새겨져 있다.

예외는 절대 인정할 수 없었다. 이는 법가가 가장 금하는 것이자, 변법의 성패를 좌우하는 중요한 원칙이었다.

상앙은 일체의 예외가 없음을 보이기 위해, 법을 어긴 태자에게 죄를 물었다. 왕의 뒤를 이을 태자를 처벌할 수 없으므로 그 후견인인 공자 건을 처형하고, 스승 공손가를 경형(얼굴에 먹으로 죄명을 새기는 벌)에 처한 것이다. 이후 아무도 법을 어기지 못했다.

상앙의 변법을 통해 진나라가 강국으로 발돋움하자 모든 사람들이 입을 모아 상앙을 칭송하고, 처음에 비판했던 자들까지 앞 다투어 변법을 찬양하러 달려왔다. 그러나 상앙은 이들을 변방으로 추방해 버렸다. 그 다음부터는 두 번 다시 법에 대해 이러쿵저러쿵 말하는 자들이 없었다. 법은 모든 것의 우위에 놓인 왈가왈부할 수 없는 대상이 되었다.

강력해진 진은 곧 전쟁에서 힘을 발휘했고, 상앙을 등용하지 않고 내쳤던 위 혜왕은 진에게 참패를 당하였다. 위 혜왕은 황하 서쪽의 땅을 진에게 바치고 도읍을 옮기며 무릎을 치고 한탄했다.

"공숙자의 진언을 듣지 않은 것이 한이구나."

동아시아의 통치 이념

하지만 상앙의 최후는 비참했다. 그는 효공이 죽은 뒤 태자를 비롯한 변법의 피해자들에게 공격을 받아 처형당했다. 사마천은 《사기 史記》〈열전列傳〉에서 "상군(상앙)은 천성이 각박한 사람이다. 진나라에서 악명이 높았던 것도 이유가 있는 일이다."라고 혹평했다. 이후한漢나라 시대에 유교가 국교화되고 동북아시아의 통치 이념으로 자리 잡으면서 상앙은 폭정의 대표적 사례로 꼽혀 많은 비판을 받았다. 그래서 많은 이들이 상앙과 법가를 패배자로, 유가를 최후의 승리자로 여긴다. 정말 그럴까?

상앙의 법치와 통치의 기본 틀은 이후에도 계승되었다. 상앙이 주창한 군현제는 진시황제 때 중국의 지방제도로 정착된 이래, 훗날 한나라 무제武帝 때 기본 제도로 채택되어 중국 지방통치의 근간을 이루었다. 또한 법치는 이후 모든 나라의 통치 이념으로 뿌리를

◈ **때를 잘못 만난 한비자**

법가의 창시자는 상앙이지만, 법가를 정리하고 완성한 사람은 한비자韓非子이다. 그래서 법가를 대표하는 인물로 보통 한비자를 꼽는다. 하지만 한비자는 이론적 측면에서는 대가일지 몰라도, 법가가 추구한 부강한 나라 건설이라는 측면에서는 아무런 공도 세우지 못했다. 때를 잘못 만난 탓이다. 한비자는 전국시대 말기 약소국인 한韓나라에서 태어나 조국을 부흥시키고자 많은 충언을 했지만 모두 거절당했다. 그는 자신의 생각을 책으로 정리했는데 이것이 진시황제에게 큰 감명을 주었다. 그는 한나라가 진나라와 휴전협정을 맺을 때 진나라로 끌려갔다. 진시황제는 한비자를 중용하려 했지만 신하들의 반대에 부딪혔고, 결국 한비자는 옥에 갇힌 뒤 독살당하고 말았다. 당시 진은 법가로 체제를 완성한 상태였으며 이사, 몽염 등 최고의 능력자들이 포진해 있었다. 반면 한나라는 한비자를 등용할 능력도 의사도 없는 빈사 상태였다. 한비자는 자신의 능력을 활용할 조국과 주군을 찾지 못한 채 죽임을 당하고 말았다.

내렸으며, 오늘날 민주주의 사회에서도 변함없는 통치 원칙으로 굳건히 자리 잡고 있다. 상앙의 법가 사상은 인간 존엄이라는 근본을 무시하여 유가와 불가에 지배 사상의 자리를 내주었지만, 상앙의 원래 목적인 부국강병과 국가의 기본 통치 원칙이라는 면에서는 결코 자리를 내주지 않았다. 그렇다면 최후의 승리자는 법가가 아닐까?

016

동서 대격돌

그리스 – 페르시아 전쟁

 BC 5세기

교과서 속 한 줄 역사 기원전 5세기경 페르시아가 에게 해를 건너 세 차례에 걸쳐 그리스를 침입했다. 아테네인들은 마라톤 평원과 살라미스 해전에서 대승을 거두었다. 전쟁이 끝나자 아테네는 페르시아의 재침을 막으려고 에게 해 연안 국가와 섬들을 끌어들여 델로스 동맹을 맺었다.

기원전 6세기경부터 해외에 식민도시를 건설하며 성장한 그리스의 폴리스들은, 다리우스 1세의 통치 아래 막강한 힘을 떨치고 있던 페르시아 제국이 지중해의 패권을 노리면서 위기를 맞았다.

기원전 490년, 페르시아군 2만여 명이 그리스에 상륙했다. 오리엔트 지방을 통일한 페르시아는 세력을 서쪽으로 확장하면서 터키 서부 해안 지대에 자리 잡은 폴리스들을 위협했다. 그리스의 폴리스들은 대부분 이를 외면했지만, 무역이 타격을 입을 것을 걱정한 아테네는 군함을 보내 지원했다. 이를 빌미로 페르시아는 아테네 등 폴리스들의 복속을 요구했고 거절당하자 대규모 병력을 파견했다. 이로써 세계사에서 가장 유명한 전쟁 중 하나로 꼽히는 그리스-페르시아 전쟁이 시작되었다.

그리스-페르시아 전쟁의 역사적 의미

그리스-페르시아 전쟁은 '마라톤 전투' '살라미스 해전' 등의 전설적 사건들과 함께 많은 논쟁을 불러일으켰다. 근대 유럽인들은 이 전쟁을 '동서대전'으로 규정하여, 아시아의 침략을 물리치고 유럽의 정체성을 지킨 서구 문명의 중대 사건으로 떠받들었지만, 오늘날에는 이 전쟁의 의미를 축소해서 보는 견해가 많다. 그리스 문명이 페르시아 문명과 확연히 다른 문명이었는지도 의문이고, 또 전쟁 이후 그리스의 민주정이 무너지고 페르시아처럼 왕정으로 나아갔으므로 진정한 승리자가 누구인지에 대해서도 의견이 분분하다.

로마가 지중해 중서부를 장악하기 전까지는 지중해 동부의 이집트, 페니키아, 팔레스타인, 페르시아, 그리스가 각축을 벌였으니 이들을 완전히 다른 문명이라고 보기도 어렵다. 아무래도 노예노동을 바탕으로 다신교를 믿는 도시국가 체제의 그리스보다는, 중앙집권국가 체제를 갖춘 이집트나 페르시아 지역의 문명이 좀 더 발달했을 것이다. 이는 '세계 7대 불가사의'가 대부분 지중해 동쪽 연안이나 동부 내륙에 위치하는 것을 통해서도 알 수 있다. 다만, 역사적으로 그리스-페르시아 전쟁이 그리스를 비롯한 오늘날 유럽 지역에 엄청난 영향을 준 것은 틀림없는 사실이다.

그리스의 폴리스들은 어떻게 최강대국 페르시아 제국의 공격을 물리쳤을까? 그리스-페르시아 전쟁의 군사적 측면을 살펴보자.

밀집대형 전술의 요체는 '헌신'

당시 페르시아군은 수십만의 병력을 거느린 서방 세계 최강의 군대였다. 우수한 철제 무기와 기병·공병 등 잘 짜인 군대 체제를 갖추고 있었으며 백전노장의 우수한 장군들이 구름처럼 가득했다. 그에 비해 그리스군은 기병 개념이 없고 화살을 쏘는 변변한 궁수조차 없는 순수 보병 중심의 후진적 군대였으며, 구성도 폴리스 군대들이 연합한 느슨한 체제였다.

그러나 당시 그리스에서는 이후 고대 전쟁을 지배할 하나의 전술이 발전하고 있었다. 갑옷과 투구, 방패 등으로 몸을 보호하고 철창과 단검으로 무장한 중장보병重裝步兵의 밀집대형 전술이 그것이다. 약 100~200년의 시간 동안 서서히 발전한 이 전술의 요체는 '헌신'이다.

보병은 육중한 청동제 방패로 자신의 왼쪽을 방어하고 오른손에는 찌르기창을 들고 적을 향한다. 그러면 보병의 오른쪽이 노출될 수밖에 없는데, 이를 오른쪽 보병이 방패로 막아 준다. 이런 식으로 수십, 수백 명의 병사들이 사각형의 방진을 짜고 적진으로 돌격하여 충돌하는 것이 밀집대형 전술이다.

물론 적군과 직접 부딪히면 공포심에 도망치는 병사가 나올 수도 있다. 그렇게 한 명이라도 이탈하면 병사의 오른쪽

고대 그리스 유물에 그려진 전투 장면. '호플리테스'라 불리는 고대 그리스 중장보병은 청동 방패와 투구, 흉갑으로 무장하고 창을 들고 싸웠다.

이 노출되어 공격을 당하면 진이 무너지게 된다. 그래서 스파르타의 어머니들은 자식에게 "집에 돌아올 때 방패를 들고 오든지 아니면 죽어서 방패에 누워 오라"고 했다. 모든 병사들이 공포심을 극복해 내고 끝까지 동료의 측면을 보호해 주며 전투를 수행해야 하므로 고도의 정신무장이 필요한 전술이다.

기원전 490년, 마라톤 평원에서 아테네가 동원한 1만여 명의 중장보병과 페르시아의 2만 군대가 대치했다. 아테네의 밀티아데스 장군은 페르시아 기병과 궁수들의 화살 공격을 막을 대책을 내놓았다. 그는 기존의 정사각형에 가까운 대형을 최대한 넓게 펼쳐 긴 직사각형으로 바꾸고 과감하게 선제공격을 감행했다.

길게 펼쳐진 대형 때문에 페르시아 기병은 우회를 통한 측면공격을 할 수 없었다. 또한 페르시아 궁수들이 쏜 화살은 앞뒤로 좁은 그리스군의 대형을 지나쳐 버렸다. 병사들끼리 직접 충돌하는 야만적인 충격전에 익숙하지 않은 페르시아군은 아테네 중장보병의 밀집대형에 순식간에 뚫려 패주하였다.

300 결사대의 희생, 살라미스 해전

마라톤 전투 이후 아테네는 육지에서 페르시아를 이기기 어렵다고 보고 해군을 양성했다. 해군 양성은 많은 돈이 들기 때문에 귀족과 평민의 지원이 필요한데, 마침 아폴로 신전의 신탁이 유리하게 나와 설득할 수 있었다. 이렇게 육성된 해군이 이후 살라미스 해전에서 결정적 역할을 하였다.

기원전 480년, 페르시아 크세르크세스 1세의 군대는 20만 보병

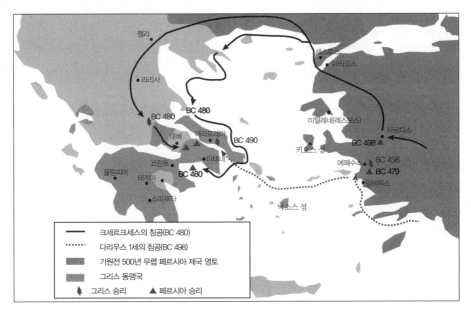

기원전 490년과 기원전 480년 두 차례에 걸쳐 맞붙은 그리스-페르시아 전쟁 진행도.

과 수백 척의 함선을 앞세우고 그리스를 재침공했다. 스파르타의 레오니다스 왕은 7천여 명의 군대로 페르시아군의 진출로인 테르모필레의 좁은 산길을 막았다. 처음 이틀은 밀집대형의 승리였다. 하지만 사흘째 되는 날 배신자가 통로를 우회하는 비밀 통로를 밀고하는 바람에 페르시아군이 우회에 성공했다. 측면공격에 절대 취약한 밀집대형은 속수무책이었다. 결국 레오니다스가 300명의 결사대로 페르시아군을 막는 사이 다른 그리스 군대는 후퇴하였다. 이때 전멸한 레오니다스와 300 결사대 이야기가 영화 〈300〉(2007)의 소재가 되었다.

　페르시아 군대는 그리스의 아티카 지역을 점령하였고, 그리스 함대는 살라미스 섬 근방으로 물러나 다음 전투를 준비했다. 아테네의 장군 테미스토클레스는 거짓 정보를 보내 페르시아군을 폭이 좁은 살라미스 해협으로 유인한 뒤, 11시간 동안 격렬한 해전을 치른 끝에 페르시아군을 격파하였다.

살라미스 해전에서 그리스의 승전은 몇 가지 행운이 겹친 결과였다. 폭풍으로 페르시아 함정이 부서지거나 대열에서 떨어져 나갔고, 페르시아 지휘관들끼리 연락이 잘 안 되어 함대가 분산되었다. 그 덕에 수적 열세를 상당히 만회한 그리스 해군은 효과적 전술로 혼란에 빠진 페르시아 함정들을 격침시켰다. 당시 그리스 해군 함정은 충각(뱃머리에 붙이는 뾰족한 쇠붙이)을 설치해 상대 함정에 구멍을 내거나 노를 부러뜨리는 데 능했는데, 이것이 큰 힘이 되었다.

그리스-페르시아 전쟁의 승패를 가른 것은 그리스의 밀집보병 전술과 해군 활용이었다. 이는 훗날 로마 군단의 중장보병 전술과 해군 전술로 이어져 '포에니 전쟁'에서 로마가 카르타고를 물리치는 데 큰 역할을 했다. 또한 밀집보병 전술은 기병과 궁수 중심의 전쟁 양상을 보병 중심으로 바꿈으로써 결과적으로 보병을 구성하는 평민들의 발언권을 강화시켰고, 이는 그리스 로마의 민주주의 발전에 크게 공헌하였다.

017

국가인가 민족인가

스키타이

 BC 6~BC 3세기경

교과서 속 한 줄 역사 가장 오래된 동서 교통로는 '초원의 길'이다. 선사시대부터 초원의 길의 가장 오래된 주역은 스키타이인이었다. 이후 초원의 길은 흉노, 유연, 돌궐, 위구르와 같은 유목민의 교역로로 이용되었다.

첫 번째 부족은 헬라스계 스키타이족이다. … 북쪽으로 올라가면 농경 스키타이족이 살고 있다. 헬라스인들을 보리스테네스라 부르고 자신들은 올비오폴리타이족이라 부른다. … 이들의 나라에서 동쪽으로 강을 건너면 유목 스키타이족이 살고 있다. 그들은 씨를 뿌리지 않고 쟁기질도 하지 않는다. … 동쪽에는 왕령들이 있다. 그곳에는 가장 고귀하고 가장 규모가 큰 스키타이 부족이 살고 있다. – 헤로도토스, 《역사》

한국사를 배우면서 우리의 청동기 문화가 스키타이 계통의 문화라는 설명을 들었을 것이다. 스키타이에 대한 가장 당대에 가까운 기록은 헤로도토스(기원전 484~기원전 425)의 《역사》이다. 이 책에

따르면, 스키타이는 그리스계(헬라스)·농경족·유목족·지배족의
네 개 종족으로 나뉜다고 한다. 그리스계라면 백인 농경 계통일 텐
데, 우리에게 스키타이는 중앙아시아의 유목민족으로 알려져 있다.
그렇다면 스키타이는 무엇인가? 국가인가, 민족인가?

페르시아-스키타이 전쟁

페르시아 제국의 위대한 제왕 다리우스 1세는 동서로 중요한 두 차
례의 전쟁을 겪었다. 하나는 앞서 살펴본 그리스와의 전쟁이고, 또
하나는 스키타이와의 전쟁이다. 스키타이에 관한 헤로도토스의 기
록은 바로 이 부분, 그리스와 페르시아의 전쟁을 서술한 부분에서
등장한다.* 헤로도토스는 전쟁의 원인과 결과를 분석하면서 페르시
아가 그전에 치른 스키타이와의 전쟁을 검토하였고, 그 과정에서 당
시 그리스인들이 갖고 있던 스키타이에 대한 지식을 총망라했다.

　헤로도토스의《역사》에 나오는 스키타이의 네 부류는 전통적으
로 신분을 의미하는 것으로 해석되었다. 즉 왕족, 유목과 농업에 종
사하는 평민, 그리고 '자유민' 등이 있었다는 것이다. 하지만 이들
이 지역적으로 나뉘어 있고 더군다나 상대방을 전혀 다른 명칭(보
리스테네스와 올비오폴리타이)으로 불렀다는 것 때문에 '신분설'은 많
은 비판을 받았다. 비판자들은 스키타이가 민족이 아닌 국가의 명
칭이라고 주장한다.

---

*　페르시아-스키타이 전쟁은 그리스 북쪽, 지금의 흑해 연안 지역을 안정화시키려는
　페르시아의 도전으로 시작되었다. 이 전쟁에서 페르시아군은 무질서한 스카타이 기병
　대의 기습 공격에 휘둘려 8만 명 이상의 전사자를 내며 참패했다.

흉노와 훈족이 같은 집단?

스키타이를 둘러싼 논쟁은 또 다른 집단의 정체에 대한 의문을 푸는 데도 중요한 열쇠가 된다. 기원전 3~4세기경부터 역사에 존재를 드러낸 '흉노匈奴'는 민족인가, 국가인가? 중국의 진나라·한나라와 대립했던 '흉노'와 유럽에서 게르만족의 대이동을 촉발시킨 '훈Hun족'은 같은 존재인가 다른 존재인가?

유목민족은 기록을 남기지 않으므로, 그들에 대한 기록은 전적으로 농경민족의 몫이다. 유라시아 대륙 동쪽에 자리 잡은 중국은 진·한 시대에 유목민족인 '흉노'와 격렬하게 대립했고, 그로부터 얼마 후 서쪽에 자리 잡은 로마는 '훈족'의 침략으로 엄청난 고통을 받았다. '흉노'와 '훈'은 이름도 비슷하고, 유목민족으로서 기병 중심의 약탈전쟁을 일으켰다는 공통점이 있다. 혹 둘이 같은 민족인데 서쪽 끝과 동쪽 끝에서 이들과 부딪힌 자들이 각각의 언어와 경험으로 다른 기록을 남긴 것은 아닐까?

어떤 유목민족이 국가인지 민족인지를 놓고 논쟁할 때 주의할 점이 있다. 국가·민족 등의 개념 자체가 정주定住민족, 즉 정착 생활을 하는 전사 집단이나 농경 집단의 시각에서 나온 것이라는 사실이다. 따라서 설령 스키타이나 흉노가 국가 혹은 민족이라 해도 우리가 아는 국가나 민족의 정의를 만족시키지는 못한다.

느슨한 연합체 국가

민족은 동일 언어와 문화·의식을 강조하는데, 이런 것이 형성되려면 일정한 지역적 범위가 필요하다. 하지만 유목민족의 생활권은 특정 지역에 한정되지 않는다. 또 '국가'라고 하면 수도를 비롯한 행정 소재지가 존재해야 하는데 유목국가에는 그런 것이 나타나지 않는다.

몽골의 대원제국도 초기에는 수도라 할 만한 것이 없었다. 지도자 '칸'의 가족들이 사는 곳이 수도 역할을 했을 뿐이다. 한나라가 흉노 토벌에 실패한 것도 바로 이 때문이었다. 토벌이라야 흉노의 천막촌을 공격해 천막을 불태우고 기르던 가축을 잡아가는 것이 전부였다. 농경민족의 승리란 곧 '점령'을 의미하는데, 점령할 곳이 없으니 군사적으로 승리라 할 만한 것도 없었다.

유목국가는 느슨한 연합체로서 존재한다. 즉, 특정한 목적이 생기면 지도자(칸)를 중심으로 공동체 연합을 꾸리고, 이것이 그대로 통치 체제, 혹은 군사 체제화된다. 대표적인 것이 중국 청나라의 '팔기제八旗制'(만주 부족 세력이 8개 단위로 뭉쳐 행정 및 군대 단위를 이룬 것)이다. 만주족이 중국을 정복한 원동력이 바로 팔기제의 일사불란한 동원 체제였다. 그러나 목적이 사라지고 칸이 사라지면 그들은 다시 광대한 초원 지대로 흩어져 과거의 분산된 지역공동체로 돌아간다.

'초원길'을 오간 청동기 문화

스키타이에 대한 기록은 매우 소략하다. 페르시아와 알렉산드로스의 공격을 격퇴한 뒤 더 이상 기록에 나타나지 않는다. 우리는 고고학적으로 동유럽에서 한반도에 이르는 광범위한 스키타이 청동기 문화가 존재했음을 알지만, 그것을 특정 계통의 문화라고 할 수

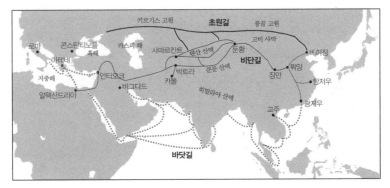

인류 역사상 가장 오래된 동서 문물 교통로인 '초원의 길'(초원길). 몽골 고원에서 알타이 산맥과 중가리아 초원을 거쳐 흑해에 이른다.

있을지, 곧 초원 지대 문화 일반인지 아니며 특정 사회의 문화인지 단정하기 어렵다. 이후 등장한 흉노도 마찬가지여서 고고학적으로 흉노 문화라 할 만한 것이 별로 존재하지 않는다. 그저 초원 지역 유목민족과 비슷한 유물을 남겼을 뿐이다.

우리의 청동기 문화는 스키타이 계통의 청동기 문화를 토대로 발전했다고 한다. 그러나 스키타이 계통의 문화란 그저 중앙아시아 초원의 유목문화, 혹은 유라시아 대륙에 걸친 유목문화의 영향이라는 막연한 의미일지도 모른다. 중국 농경문화의 영향은 아니라는 것 이상의 의미는 아닌 것이다. 결국 '초원의 길'*을 지배했던 유목문화에 대한 연구 성과에 따라 우리 청동기 문화에 대한 기존의 통념도 얼마든지 바뀔 수 있다.

* 중국의 만리장성 이북, 몽골 고원에서 알타이 산맥과 중가리아 초원을 거쳐 흑해에 이르는 길. 기원전 6~7세기경 기마민족인 스키타이가 이 길을 따라 활약한 뒤 본격적인 동서 교통로가 되었다. 그 뒤 북아시아 유목민족들이 이 길을 따라 정복과 교역에 종사하면서 동서 문물의 교류에 크게 기여하였다.

018

페이시스트라토스를 위한 변명

그리스 민주정치

BC 7~BC 6세기

교과서 속 한 줄 역사 아테네는 왕정을 시작으로 귀족정, 솔론의 금권정과 페이시스트라토스의 참주정을 거쳐 기원전 6세기 말 클레이스테네스의 개혁으로 민주정치를 시행했다.

그리스인들은 전쟁이 나서 군대에 징집되면 스스로 무장을 갖추고 출전했다. 경제적으로 여유가 있는 중산층들은 갑옷과 창으로 중무장했는데, 이들이 바로 그리스군의 주력인 중장보병이다. 그리스 시대 전쟁은 이 중장보병들이 승패를 좌우했다.

그런데 전쟁이 거듭되면서 중산층이 점차 몰락하기 시작했다. 전쟁에서 중상을 입거나 죽기도 하고, 멀쩡하게 돌아와도 전쟁에 나가 있는 동안 생업에 종사하지 못하여 경제적으로 어려움을 겪었다. 그래도 세금 고지서는 꼬박꼬박 나오고, 그 외 시민으로 지켜야 할 의무들이 산더미였다. 귀족들은 자신들의 기득권을 지키려 할 뿐 중산층을 돌보는 데는 소홀했다.

중산층의 몰락과 솔론의 타협책

중산층의 불만이 고조될수록 사회적 불안이 가중되고, 중산층의 몰락은 곧 중장보병의 약화로 이어지므로 국방에도 문제가 생겼다. 그때 개혁을 주창하고 나선 이가 아테네 정치가 '솔론'(기원전 640~기원전 560?)이다.

솔론의 개혁 정치를 역사에서는 '금권정金權政'이라고 한다. 재산 정도에 따라 4등급으로 나누어 참정권을 차등 부여했기 때문이다. 이는 귀족의 기득권을 최소한으로 지키면서 그동안 참정권이 없었던 평민들, 특히 중산층에게 참정권을 부여하는 절묘한 타협책이었다.

하지만 타협책은 절묘한 만큼 위험한 법이다. 솔론의 정책은 권력 독점을 빼앗긴 귀족의 불만과, 여전히 귀족에 비해 참정권을 차별받는 평민들, 특히 서민들의 불만을 샀다. 솔론은 사면초가에 처했다. 양쪽을 만족시키려 했으나 오히려 모두를 적으로 만든 것이다. 솔론은 철저히 외면당한 채 쓸쓸한 말년을 보내다 죽었다.

솔론 이후 권력을 잡은 사람은 페이시스트라토스(기원전 600?~기원전 527)이다. 역사에서는 그의 통치를 '참주정僭主政'(참주tyrannos는 비합법적으로 권력을 획득한 독재적 지배자를 뜻한다.)이라 하고 독재정치의 대명사로 일컬어 비판하며, 이를 극복하는 과정에서 클레이스테네스(기원전 570?~기원전 508?)의 민주정이 발전했다고 본다. 페이시스트라토스의 통치가 독재정치인 것은 맞다. 하지만 당대에는 비판보다는 긍정적인 평가를 많이 받았다.

아테네 황금기 이끈 '독재'

페이시스트라토스는 독재정치를 통해 오히려 평민들의 이익을 증진시켰다. 그의 정치에 반발해 망명한 귀족들의 토지를 몰수하여 토지가 없는 농민들에게 나누어 주었으며, 순회재판소를 설치하여 귀족의 불법적 횡포에 고통 받는 평민들의 문제를 해결하였다.

농민들이 생업에 전념하도록 제도를 정비함으로써 주요 생산품인 올리브유 생산을 증대시켰고, 그에 따라 올리브유 및 그 용기 수출이 크게 확대되었다. 아테네는 알차게 힘을 축적하여 그동안 엄두도 내지 못하던 해외 진출에 눈을 돌려 흑해로 나아가게 되었다. 페이시스트라토스가 시작한 금광·은광 개발은, '살라미스 해전'에서 페르시아를 격파하고 그리스 세계를 구원할 해군을 양성하는 물질적 토대가 되었다.

또한, 페이시스트라토스는 의회 선거와 소집을 유지하여 민주주의의 씨앗을 살려 두었다. 대규모 신전을 건축하고 신을 찬양하는 축제를 열어 민중들의 마음을 어루만졌으며, 문화 사업도 적극 추진하여 호메로스의 〈일리아스〉와 〈오디세이아〉가 널리 퍼지는 계기를 마련했다. 인근 국가와 평화 관계를 유지하려 노력해서 분쟁이나 전쟁도 없었다. 민중들은 그의 정치 속에서 편안하게 생업에 종사하며 물질적 풍요를 누렸다. 페이시스트라토스는 아테네 황금기의 막을 연 지도자로 높이 평가받았다.

참주정이 실패할 수밖에 없는 이유

그런데 왜 참주정은 비판을 받았을까? 대부분의 역사책은 그의 정치를 악의적으로 서술한다. 그의 권력 장악 과정은 비열한 음모와 기만으로 가득했고, 민중들은 페이시스트라토스의 선동에 넘어가 어리석은 선택을 한 자들로 그린다. 반면 솔론은 참주정의 문제를 애타게 지적하다 민중의 외면을 받은 광야의 예언자로 묘사한다.

'페이시스트라토스의 흉상'으로 불리는 신원 미상의 그리스인 대리석 복원상.

이는 설득력 있는 묘사가 아니다. 솔론은 훗날 페이시스트라토스와 타협하여 자문 역할을 했으며, 민중들이 페이시스트라토스에게 배신당한 것도 아니다. 페이시스트라토스가 음모와 기만으로 권력을 잡았다고 비판하지만 증거도 부족하다. 그가 참주의 자리에 오르는 과정에서 자해를 한 뒤 반대파의 습격을 받은 것처럼 꾸며 권력을 장악했다는 것인데, 자해를 했는지 정말 습격당했는지는 페이시스트라토스 자신 외에 누가 알겠는가?

그런데 왜 그의 참주정은 혹독한 비판을 받는 걸까? 역사적으로 드러난 독재정치의 한계 때문이다. 독재자 자신은 선의일지 모르지만, 독재자 주변 사람들까지 선의인 것은 아니다. 견제 받지 않는 권력이 사적 이익을 탐할 때 독재자 혼자 제재하는 것은 불가능하다. 권력은 필연적으로 부패한다. 부패는 독재자가 죽은 뒤 권력을 승계할 때 특히 두드러지게 드러난다.

민주주의와 달리 독재정치는 권력 승계가 독재자의 개인적 판단과 선호에 따라 이루어진다. 대개의 경우 충성스러운 측근이나 믿을 만한 혈족에게 권력을 넘겨주는데, 그 과정에서 민중에 대한 충성이 희박한 이들이 권력을 장악하면 부패는 심화되고 결국 무너지게 된다.

페이시스트라토스는 아들 히피아스에게 권력을 넘겨주었다. 히피아스는 아버지와 달리 민중과 고락을 함께한 경험이 없었다. 히피아스의 참주정은 심각한 문제를 일으켰고 결국 타도되었다.

참주정을 대표하는 인물은 페이시스트라토스지만, 참주제는 히피아스 이후에도 여러 차례 시도되었고 번번이 실패했다. 참주정치 그 자체는 실패한 정치체제이다. 그런 의미에서 페이시스트라토스는 억울하기도 하고 담담하기도 할 것이다. 민중을 보살핀 위대한 정치가로서 후대의 비판이 너무 가혹하다고 여길 수도 있겠지만, 그의 정치체제 자체는 실패할 수밖에 없었고 실제로 계승에 실패했으니 유구무언이 아니겠는가.

019

민주주의는 결함투성이

소크라테스

BC 4세기경

> **교과서 속 한 줄 역사** 델로스 동맹이 아테네의 국익을 위한 군사동맹으로 변질되면서 동맹국들의 불만이 커지고, 스파르타 동맹국들과의 대립이 격화되어 '펠로폰네소스 전쟁'이 일어났다. 이 전쟁에서 스파르타가 승리하여 패권을 잡았지만 곧 테베에 의해 무너졌고, 뒤를 이어 마케도니아가 그리스를 지배하였다.

  기원전 399년, 아테네의 위대한 철학자 소크라테스는 젊은이들을 타락시키고 신들을 무시한다는 이유로 기소되어 사형을 선고받았다. 친구 크리톤은 그의 죽음을 안타까워하며 아테네를 탈출하라고 권했지만, 소크라테스는 독배를 마시고 죽음을 선택했다.

  소크라테스는 왜 악법을 거부하지 않고 받아들였을까? 어떤 신념이 그로 하여금 죽음을 선택하게 만들었을까? 불행히도 소크라테스는 저작을 남기지 않아서 제자 플라톤과 친구들의 저작을 통해 그의 사상을 유추할 수 있을 뿐이다. 아테네 전후 역사 속에서 소크라테스의 사상과 죽음의 이유를 살펴보자.

아테네가 스파르타에 패한 까닭

아테네의 성공을 이끈 동력은 해군이었다. 해군이 살라미스 해전의 승리와 이후 '델로스 동맹'을 이끌며 아테네에 부와 번영을 안겨 주었다. 하지만 델로스 동맹은 오직 아테네를 위한 것이었으므로 점차 동맹국들의 불만이 고조되었다. 결국 스파르타를 중심으로 한 '펠로폰네소스 동맹'이 등장하여 아테네와 전쟁에 돌입했고, 끝내 아테네는 패배하였다.

군인으로서 이 전쟁에 참전했고, 누구보다 아테네의 승전을 바랐던 소크라테스는 패전의 결과를 놓고 깊이 고민했다. 그는 아테네의 민주주의와 신앙에서 문제의 원인을 찾았다.

시민들의 토론을 바탕으로 하는 아테네 민주주의는 정치적 선동에 취약하고 일사불란한 결정을 내리지 못한다는 약점을 갖고 있었다. 민회가 열리는 아고라(광장)는 너무 넓은 데다 소란스러워 연설이 들리지 않았을 것이며, 일부 선동꾼에 의해 투표 전 담합이 이루어지거나 반대로 군중심리에 휩쓸려 삽시간에 엉뚱한 결정이 내려지곤 했을 것이라고 한다. 이는 강력한 적 스파르타와 전쟁을 하는 데 매우 불리한 조건일 수밖에 없었다.

아테네의 다신교 신앙도 시민들을 단합시키는 데 부적절했다. 다신교는 필연적으로 여러 미신을 발생시키고(소크라테스 시대에는 아스크레피오스라는 자의 마술 치료와 저주 서판書板이라는 것이 크게 유행했다.), 각기 다른 신을 모시는 사람들 간에 갈등이 일어나기도 했다. 기원전 415년에는 헤르메스 신의 신상이 훼손되어 폴리스에 일대 소동이 벌어지기도 했다.

16세기 산치오 라파엘로의 〈아테네 학당〉. 소크라테스를 비롯하여 플라톤과 아리스토텔레스, 헤라이클레이토스 등 고대 그리스의 철학자들이 총망라되어 있다.

소크라테스는 아테네의 신앙과 민주주의의 허점을 맹렬히 비판했고, 이는 아테네인들에게 불경으로 받아들여졌다. 결국 소크라테스는 재판에 회부되었다. 흥미로운 것은, 그의 죄가 반체제에 가까운 것이었는데도 배심원 표결이 찬성 281 대 반대 220의 근소한 표차였다는 사실이다. 이에 대해 배심원 481명 중 30명만 다른 생각을 했어도 판결이 뒤집어졌을 것이라며, 이를 아테네 민주주의의 힘이라고 주장하는 역사학자도 있다. 다양성이 공존할 수 있는 사회라는 것이다. 하지만 그것은 오늘날 할 수 있는 주장이고, 아무튼 소크라테스는 죽음을 면치 못했다.

소크라테스가 꿈꾼 세상

소크라테스가 진정 원한 것은 무엇일까? 소크라테스가 죽은 뒤 플라톤은 소크라테스를 적극 변호하는 한편, 스파르타를 이상적 체제로 옹호하였다. 플라톤은 독재정치의 효율성에 주목했다. 그의 정신은 제자 아리스토텔레스에 계승되었고, 아리스토텔레스에게 배운 마케도니아의 왕자 알렉산드로스는 스승의 가르침에 따라 절대적 존재인 왕이 다스리는 페르시아의 전제왕정에 주목했다.

마침내 알렉산드로스는 자신을 신처럼 떠받드는 황제의 나라를 만들고, 그 힘으로 유럽에서 서남아시아에 이르는 광대한 제국을 건설했다. 그는 수도를 그리스가 아닌 이집트에 건설하고 '알렉산드로스'라고 이름 지었으며, 오직 자신의 사상과 통치에 복종하는 제국을 건설하려 했다.

소크라테스가 꿈꾼 세상은 어떤 모습이었을까? 아마도 페르시아나 스파르타처럼 절대 권력자 1인이 통치하는 '전제정專制政' 사회였을 것이며, 신앙도 다신교보다는 유일신교에 가까운 형태였을 것이다. 그래서 그의 사상을 계승한 제자들에 의해 알렉산드로스 제국이 만들어지고, 이후 이 지역에서 유일신을 숭배하는 종교가 탄생하게 된 것 아닐까?

소크라테스는 왜 독배를 순순히 받아들였을까? 그가 지향하는 절대적 권위는 그 권위에 대한 복종이 따를 때 가능하다. 독배를 마시지 않는다면 그 스스로 권위를 부정하는 셈이 되고, 그것은 그의 사상에 어긋난다. 소크라테스는 독배를 마심으로써 자신의 주장을 지켜 냈고, 그것이 제자들에 의해 계승 발전되었다. 그리하여 마침내 고대 민주주의는 새로운 전제정으로, 분산된 폴리스 체제는 넓게 통합된 정복국가로 발전하게 된다.

020

피도 눈물도 없는

알렉산드로스

BC 356~BC 323

교과서 속 한 줄 역사 알렉산드로스는 밀집보병과 기병대로 페르시아의 대군을 격파하고 제국 전역을 정복했다. 이어 중앙아시아를 지나 인도 군대를 물리치고 대륙의 끝까지 가려 했다. 그는 정복 지역에 도시를 건설하고 그리스인들을 이주시켰다. 이로써 여러 문화가 혼합된 새로운 문화, 헬레니즘 문화가 등장하였다.

아무리 애를 써도 해결하기 어려운 문제를 일컬어 '고르디우스의 매듭'이라고 한다. 고르디우스는 그리스 신화에 등장하는 프리지아의 왕이다.

가난한 농부였던 고르디우스는 소중한 재산인 짐마차를 도둑맞지 않으려고 복잡한 매듭으로 기둥에 묶어 놓곤 했다. 어느 날 고르디우스가 짐마차를 끌고 프리지아를 지나는데 사람들이 와서 그를 왕으로 추대하였다. 예언에 이르기를, 미래의 왕이 짐마차를 타고 나타날 것이라고 했다는 것이다. 왕이 된 고르디우스는 신에게 짐마차를 바치고 아무도 범하지 못하도록 가장 풀기 어려운 매듭을 지어 신전 기둥에 묶어 놓고 이 매듭을 푸는 자가 아시아의 왕이 될 것이라고 큰소리를 쳤다.

그 뒤 수많은 사람들이(고르디우스의 아들인 '황금의 손' 미다스 왕도) 매듭을 풀고자 노력했지만 모두 실패했다. 오랜 시간이 흐른 뒤, 마케도니아의 알렉산드로스 대왕이 매듭을 풀려고 했으나 역시 뜻대로 되지 않았다. 알렉산드로스는 아무리 해도 매듭을 풀 수 없자 격노하여 칼로 매듭을 잘라 버리고 매듭을 풀었다고 선언했다. 그렇게 지혜가 아닌 칼로 매듭을 푼 그의 아시아 정복은 피로 얼룩진 역사적 참변일 수밖에 없었다.

마케도니아의 장창부대

기원전 4~5세기경 아테네에서 북쪽으로 300여 킬로미터 떨어진 곳, 그리스 세계의 변방으로 '바르바로이'(야만인)라 불린 이민족 지역에 마케도니아 왕국이 자리 잡고 있었다. 그리스와 달리 기병을 중심으로 기동전을 운영하며 곳곳에서 약탈 전쟁을 벌인 마케도니아는 필리포스 2세(기원전 359~기원전 336) 시대부터 강력한 제국으로 성장하기 시작했다.

마케도니아의 힘은 군대에서 나왔다. 그리스 중장보병의 밀집대형 전술은 침략군을 방어하는 데는 능해도 정복하는 데는 적절하지 않았는데, 필리포스 2세는 밀집 장창부대를 만들어 파괴력을 강화시켰다. 길이가 약 4미터에 무게가 5킬로그램이 넘는 장창으로 무장한 밀집 보병부대가 천천히 돌격하여 적진을 무너뜨리면, 공격력 강한 기병이 무너진 적진의 측면과 후방을 공격하여 패퇴시켰다. 필리포스 2세는 이 군대로 아테네를 굴복시켰다.

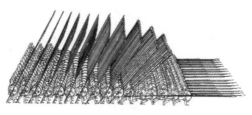

마케도니아 제국의 기초를 다진 필리포스 2세(왼쪽)와 필리포스 2세가 만든 밀집 장창부대.

필리포스 2세가 암살당한 뒤 왕위에 오른 알렉산드로스는 병참·척후 등 페르시아의 군사 전술을 수용하여 정복 군대의 면모를 완성시켰다. 정보 부대를 만들어 스파이를 이용한 정보 수집 및 역정보 공작까지 준비했고, 이로써 마케도니아 군대는 세계 정복을 위한 모든 준비를 마쳤다.

"오직 그리스만 옳다"

막강한 군대를 앞세워 세계 정복에 나선 알렉산드로스는 그리스의 폴리스들을 정복할 때만은 도시를 파괴하지 않고 시민을 함부로 학살하지도 않았다. 그는 그리스 문화를 숭배했다. 아마도 스승 아리스토텔레스의 영향 때문이었던 같다. 알렉산드로스가 그리스의 위대한 철학자 디오게네스를 만나러 간 일화가 이를 잘 보여 준다. 알렉산드로스는 디오게네스를 스승으로 모시려다 실패하자, "내가 만일 알렉산드로스가 아니라면 디오게네스로 태어나고 싶다"고 했다.

그리스 문화를 절대적으로 숭배했던 알렉산드로스는 전 세계를 그리스 문화로 통일하려 했고, 그래서 그리스 외의 문화에는 잔인했다. 그는 페르시아를 정복한 뒤 수도 페르세폴리스를 철저하게 파괴했다. 당시 오리엔트 세계에서 가장 거대하고 아름다운 도시였던 페르세폴리스는 오늘날 복원을 엄두도 내지 못할 정도로 모든 것이 불에 타고 무너졌다.

알렉산드로스는 그리스 외의 것은 문화는 물론이고 인종까지 말살하려 했다. 그리스 병사 1만 명과 페르시아 처녀 1만 명을 강제로 결혼시키고 페르시아 남자들을 학살했으니, 그의 증오와 차별 의식이 어느 정도였는지 짐작할 만하다.

알렉산드로스는 그렇게 파괴한 도시의 폐허 위에 자신이 꿈꾸는 그리스식 도시를 건설하고 그곳에 자기 이름을 붙이거나 그가 아끼던 애마 부케팔로스의 이름을 붙였다. 그렇게 '알렉산드리아'와 '부케팔로시아'라는 이름을 가진 수많은 도시가 탄생했고, 지중해 동부 연안 및 서아시아 일대에 이르는 거대한 알렉산드로스 제국이 건설되었다.

헬레니즘 문화의 탄생

알렉산드로스의 야망은 끝이 없었다. 마침내 세계를 정복했다고 생각했을 때, 그의 눈앞에 광활한 인도 대륙이 나타났다. 알렉산드로스는 인도를 바라보며 눈물을 흘렸다고 한다. 새로운 정복지를 발견한 기쁨의 눈물이었을까, 아니면 무한한 목표 앞에서 느낀 절망의 눈물이었을까? 아무튼 그는 인도 정벌을 준비하기 위해 회군했다가 얼마 후 열병으로 죽고 말았다. 기원전 323년, 27세의 젊은 나이였다.

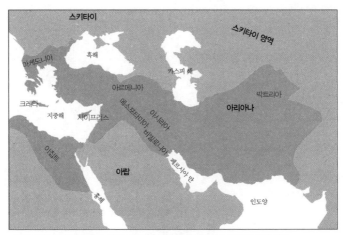

기원전 323년, 27세의 젊은 대왕이 사망할 당시 알렉산드로스 제국의 최대 영토.

그의 사후 제국은 분열되어 로마 제국과 파르티아 왕국에 흡수
되었다. 그리고 그가 강제로 퍼뜨린 그리스 문화는 지역문화와 융
합하여 '헬레니즘'이라는 새로운 문화를 만들어 냈다. 헬레니즘은
인도에서 간다라 미술이라는 동서 융합의 독특한 양식을 낳았고,
중국에까지 영향을 미쳤다. 역사는 그렇게 침략자가 입힌 상처를
담담히 보듬고 나아갔다. 후세 사람들은 그것을 '영향'이라 평가하
겠지만.

021

싯다르타가 왕자로 태어난 이유

싯다르타

BC 563?~BC 483?

교과서 속 한 줄 역사 불교는 고타마 싯다르타가 창시하였다. 그는 브라만교의 지나친 권위주의와 엄격한 신분 차별 등에 반대하고, 인간의 평등과 윤리적 실천을 통한 해탈을 가르쳤다.

기원전 6세기경 인도 북부 히말라야 산기슭에 자리 잡은 작은 나라 '카필라'를 다스리는 정반왕에게는 마야라는 아름다운 왕비가 있었다. 마야 왕비는 아이를 잉태하여 산달이 가까워지자 친정으로 가서 출산하기 위해 길을 떠났다. 그런데 친정에 도착하기도 전에 길에서 산기를 느껴, 하녀의 도움을 받아 나무를 붙잡고 아이를 낳았다. 모진 산통 끝에 마야의 옆구리에서 태어난 아이는 벌떡 일어서더니 사방으로 일곱 걸음을 걷고서 한 손으로 하늘을, 다른 한 손으로 땅을 가리키며 이렇게 외쳤다.

"천상천하 유아독존! 天上天下 唯我獨尊!"

이 아이의 이름이 '싯다르타'이다. 예로부터 위인의 탄생에는 각종 전설이 따르기 마련이니 그러려니 해 두자. 여기서 중요한 것은, 싯다르타가 왕의 아들로 태어났다는 사실이다. 예수가 목수의 아들로, 무함마드가 상인의 아들로, 공자가 평범한 무인의 서자로 태어난 것에 비하면 상당한 신분 차이다. 이는 불교의 탄생 배경과 밀접한 관계가 있다.

알렉산드로스 동방 원정과 불교

기원전 1500년경 중앙아시아 초원 지대의 아리아인이 인더스 강 유역을 정복하고 브라만교를 토대로 인종에 따라 가혹한 계급사회를 구성했다. 이를 '카스트 제도'라 한다. '카스트'는 포르투갈 말이고, 원래 인도에서는 '바르나'라고 했다. 바르나는 '색color'이라는 뜻으로 백인종인 아리아인과 원주민을 구분하면서 나온 말이다.

인도 창조신화에 따르면 신이 태초의 거인 푸루샤Purusha로부터 네 계급을 만들었다. 푸르샤의 입에서 브라만(승려), 팔에서 크샤트리아(귀족), 허벅지에서 바이샤(농민, 상인), 발에서 수드라(천민)가 나왔다고 한다. 차별을 신의 섭리로 합리화한 것이다.* 브라만의 권

---

* 카스트는 이후 직업과 계층의 분화에 따라 점점 나뉘어 3천여 개까지 분화되었다. 그럴수록 신분 간 차별은 심해지고 그로 인한 갈등과 불행도 심화되었다. 가장 고통 받은 이들은 카스트 틀 밖에 놓여진 최하층민인 '불가촉민'이었다. 말 그대로 접촉해서도 안 되는 불결한 존재인 불가촉민은 하층민이라기보다는 사회적 '왕따'에 가까운 존재였다. 세계 10대 공업국가로 꼽히는 오늘날까지도 카스트 제도의 잔재로 고통 받는 인도 사람들이 있으니, 지금으로부터 2,500년 전 카스트의 차별이 얼마나 깊고 잔인했는지 미루어 짐작할 수 있을 것이다.

력 독점과 횡포에 제2신분인 크샤트리아의 불만이 매우 컸다. 그래서 크샤트리아를 중심으로 브라만에 대항하는 새로운 정치제도와 새로운 종교에 대한 갈망이 커졌다. 바로 이즈음에 크샤트리아의 아들 싯다르타가 태어났다.

불교 탄생의 배경에는 또 하나의 동기가 존재했으니, 바로 알렉산드로스의 동방 원정이다. 알렉산드로스의 군대가 짧은 기간 동안 인더스 지역의 여러 소국들을 멸망시켰고, 그들이 돌아간 뒤 그 지역에 정치적 공백이 발생했다. 이때 인도 북부 지역에 새로운 질서를 만들고자 하는 흐름, 장차 인도 통일국가를 만들려는 운동이 일어났다. 싯다르타 역시 그런 고민의 중심에 놓인 당사자였다.

브라만교의 대항마

크샤트리아 신분의 싯다르타에게 세속의 영화는 브라만에게 사육당하는 원숭이의 바나나와 같이 덧없는 것이었다. 그는 브라만이 설명하는 윤회의 굴레를 깊이 고민한 끝에 마침내 윤회의 굴레를 깨고 해탈에 도달하는 길을 깨달았다. 브라만교에 의한 카스트의 굴레를 깨는 것, 그리고 새로운 세상으로의 길을 여는 것이었다.

싯다르타의 교리를 적극 받아들인 것도 크샤트리아였다. 당시 여러 개의 소왕국으로 분열되어 있던 인도에는 많은 왕과 왕자, 귀족이 있었다. 싯다르타는 자기 나라뿐만 아니라 마가다 국, 코살라 국 등의 왕과 지배층에게 가르침을 전파하고 이들을 제자로 삼았다. 또 수다타를 비롯한 유력한 상인들, 즉 바이샤 계급의 지지도 얻고 그들 또한 제자로 받아들였다. 싯다르타는 여자들도 제자로 삼았는데, 이는 다른 종교에 비해 불교에서 여성의 지위가 상대적으로 높다는 근거로 거론되곤 한다.

싯다르타는 처음 가르침을 전파할 때 철저한 무소유를 주장했다. 하지만 그가 죽은 뒤 사리를 봉안할 곳이 만들어지고, 그의 제자들이 거처할 곳을 헌사 받으면서 절이나 탑 등 불교 관련 건축과 물품이 생겨났다. 또 완전한 무소유를 주장하다 보니 출가자들이 일반인들에게 밥과 묵을 곳을 얻는 과정에서 민폐도 발생했다. 결국 출가자들이 집단 거주하며 숙식을 해결하는 절과 탑이 정식으로 인정받게 되었다.

제자, 절, 기타 양식과 의식이 생겨나고, 싯다르타가 죽은 뒤 그 가르침을 문자화한 경전이 생기고 그에 따라 교리가 정리되면서 교단이 생겨나는 등 불교의 모든 것이 체계화되었다. 이제 불교는 크샤트리아와 바이샤의 종교로서 브라만교에 대항하는 새로운 시대의 신앙으로 성장하기 시작했다.

◈ '아리아'가 무엇이기에

아리아인은 인도-유럽어족에 해당하는 남부 아시아의 종족으로 '고귀한 자'란 의미이다. 이 아리아인이 유럽 백인의 총체로서 다른 인종에 비해 우월하다는 주장이 19세기 유럽에서 등장하였고, 이를 가장 적극적으로 수용한 이가 바로 히틀러다. 히틀러는 순혈 아리아인의 혈통을 지켜야 한다며 결혼법을 제정하여 타 인종과의 결혼을 금했으며, 혼혈에 따라 피가 열등해진 비아리아계 유럽인들을 멸종시키려 했다. 가장 큰 피해자가 유대인과 집시이다. 많은 유대인이 대학살(홀로코스트)로 목숨을 잃었으며, 집시족 역시 출산 금지·집단 수용·학살 등 가혹한 처분을 받았다.

022

전륜성왕을 자처하다

아소카 왕

BC 273~BC 232

교과서 속 한 줄 역사 인도의 마우리아 왕조는 아소카 왕 때 전성기를 맞이했다. 아소카 왕은 적극적으로 불교를 장려하였으며 경전을 정리하고 주변국에 전파하여 불교가 세계종교로 발전하는 데 크게 기여하였다. 마우리아가 쇠퇴하자 북부에서 이란계 쿠샨 왕조가 성립되어 카니슈카 왕 때 전성기를 구가하였다. 대승불교와 간다라 미술은 중국을 거쳐 한국과 일본에까지 전파되었다.

불교가 전래되기 시작할 때, 아리아인을 중심으로 수많은 소국들로 분열되어 있던 인도는 전쟁을 통해 조금씩 정복·통합되면서 큰 나라로 발전해 갔고, 마침내 기원전 3세기경 찬드라굽타의 마우리아가 인도 전역을 통일하였다. 찬드라굽타의 뒤를 이어 마우리아 왕조를 반석에 올린 이는 제3대 아소카 왕이다.

피로 이룩한 마우리아 왕국

수많은 소왕국들을 하나로 통합하여 건설된 마우리아 왕조는 많은 도전 세력에 둘러싸여 있었다. 독립하고 이탈하려는 내부 불만 세력들, 이러한 내부 혼란을 이용하여 마우리아에 도전하는 주변 국가가 한둘이 아니었다. 일찍이 찬드라굽타는 마가다 왕국의 후예로 알려졌지만, 그의 적대자들은 그가 미천한 출신이라거나 어머니가 수드라 출신이라고 떠들었다. 2대 왕인 '반두사라' 역시 살육자라는 별명으로 불렸다. 마우리아 왕조는 이처럼 끊임없는 도전과 응전 속에 피가 흘러넘치는 정치를 해야 했다.

아소카 왕(아육왕阿育王) 역시 집권 초기부터 적대자들과 싸워야 했으므로 잔인한 정복군주의 면모가 강했다. 그는 왕위를 노리는 수많은 이복형제들의 음모 속에 죽임을 당할 뻔했다가 반격을 가해 왕위를 쟁취했다. 그 과정에서 형 수시마 등 많은 형제들을 죽여야만 했다.

인도 동부의 칼링가와 전쟁을 할 때는 최후의 일인까지 저항하는 적들을 쳐부수느라 수만 명을 죽였다. 이후 전염병이 창궐해 수십만 명이 죽어 이 지역은 폐허가 되고 말았다. 끊임없는 살육이 이어지면서 아소카 왕은 여느 정복군주들과 마찬가지로 점점 두려움과 허무함에 빠졌다. 복수와 전쟁의 반복에 지쳐 고뇌하던 아소카 왕은 인도와 자신을 구원할 길을 찾았으니, 그것이 바로 불교였다.(아소카의 할아버지 찬드라굽타는 말년에 자이나교에 귀의했다. 자이나교는 일체 불살생을 주장하여 말년에 단식 끝에 죽는 것을 선호하는데, 찬드라굽타가 바로 이 죽음을 선택했다고 한다.)

"인도와 나를 구원할 길"

아소카 왕은 스스로를 '전륜성왕轉輪聖王'이라고 일컬었다. 전륜성왕은 절대 위력을 가진 바퀴를 굴리며 악을 물리치고 부처의 가르침을 전파하는, 불교의 전설적 존재이다. 아소카 왕은 전륜성왕을 자처하며 기존의 억압과 미신으로부터 백성을 구원하기 위해 노력했다고 주장하며 자신의 정복 활동을 정당화시켰다. 당연히 그의 정복지에서는 불교가 널리 퍼졌다.

아소카 왕은 불교의 경전을 정리하고 교리도 체계화했다. 이 과정에서 다신교인 인도 전통 신앙이 흡수되어, 금강역사나 사천왕·가루다 같은 많은 인도 신들이 부처의 호위신이 되었다. 인도의 신들이 부처의 뜻을 따르고 그를 호위하기로 결심했듯, 마우리아에 정복당한 지역들도 이전의 편협하고 속세에 물든 마음을 버리고 해탈의 경지에 오르기 위해 함께 용맹정진하며 부처와 전륜성왕을 떠받들어야 한다는 것이다.

불교 교리는 이렇게 수많은 인도 문화들을 포용하면서 보편성을 획득하여 세계종교로 발전할 토대를 마련하고, 이후 동아시아로 퍼져 나갔다. 아소카 왕은 많은 사절단을 각처에 보내 불교를 포교하였다. 불교 포교는 다른 종교와 달리 강력한 통일국가의 힘을 바탕으로 평화적으로 이루어졌다. 남미에서 이루어진 폭력적인 기독교 전파나 '한 손에 칼 한 손에 코란'으로 대표되는 강압적 방식의 이슬람 전파와 대별된다. 우리 역시 중국의 전진前秦, 동진東晉과의 외교 관계 속에서 평화로이 불교를 받아들였고, 이를 다시 일본에 전해 주었다. 그 최초의 모습이 바로 아소카 시대였다.

가장 대표적인 것이 스리랑카(실론 섬)로의 불교 전파였다. 아소카 왕은 동생 마헨드라와 여동생 상가미트라를 스리랑카에 파견했고, 두 남매는 죽을 때까지 왕을 비롯하여 스리랑카의 많은 사람들에게 불교를 포교하였다. 오늘날 남아시아에서 스리랑카가 거의 유일하게 불교를 믿는 것은 그런 영향이 클 것이다.

혼란 잠재울 희망으로 등장한 대승불교

그러나 아소카 사후 불교는 브라만의 반격에 고전을 면치 못했다. 살생을 금지하는 불교 교리 때문에 마우리아는 전체적으로 문약해졌고, 이 때문에 알렉산드로스를 계승한 박트리아 등 오리엔트 지역 국가들의 침략에 시달렸다. 내부적으로 '반反불교 친親브라만적' 세력의 반란에도 단호하게 대처하지 못했다. 또한 불교가 국가 차원의 종교가 되면서 권력에 가까워지고 물질적 여유가 생기면서 승려들의 부패가 심해졌으며, 여성의 출가는 일반 인도인들의 눈에 음란과 타락으로 비춰졌다.

　이래저래 마우리아와 불교는 쇠퇴의 길을 걷다가 브라만 세력의 반란으로 마우리아는 멸망하고 인도 대륙은 다시 분열되었다. 오랜 분열기 동안 몇몇 주요 국가들이 등장하는데, 이 중 북인도의 쿠샨 왕조가 주목할 만하다. 인도 북부 유목민족 중 하나인 유치족 일파가 세운 쿠샨은, 제3대 카니슈카 왕 때 전성기를 이루었다. 이때 대승불교가 등장하였다.

　카니슈카 왕은 인도의 혼란을 종식시키고 쿠샨을 강력한 나라로 만들기 위해 많은 인재를 등용하였는데, 그중에 '대승불교大乘佛敎'의 이론가 나가르주나(용수龍樹)도 있었다. 카니슈카 왕은 종교회의를 열어 나가르주나의 이론을 토대로 대승불교를 정립하고 적극적으로 포교하였다.

　부처를 절대화하고 해탈을 위한 출가를 추구하는 기존의 불교(상좌부불교)와 달리, 대승불교는 현실적으로 출가가 어려운 일반 중생들의 구원을 더 중시하였다. 즉, 누구나 팔정도八正道(정견正見·정사유正思惟·정어正語·정업正業·정명正命·정념正念·정정진正精進·정정正)를 실천하여 해탈하고 열반에 들 수 있는 것은 아니므로, 세속의 계율을 실천하면서 해탈한 보살들에 의해 구원받는 길을 열어 둔 것이다. 이로써 동남아의 상좌부불교와 동북아의 대승불교가 정립되었고, 본격적인 불교의 역사가 전개된다.

023

1퍼센트 부족한 최초의 통일

진시황제

BC 259~BC 210

교과서 속 한 줄 역사 진시황제는 전국을 통일하고 군현제, 도량형과 문자 통일 등을 단행하였으며 분서갱유를 통해 사상을 통제하였다.

기원전 250년경 춘추전국시대 막바지 전국 7웅이 중국 대륙의 패권을 놓고 각축을 벌이고 있을 때, 조나라 수도 한단에 매우 외로운 처지에 놓인 모자母子가 살고 있었으니, 어머니의 이름은 '조희', 그 아들의 이름은 '조정趙政'이었다. '조나라의 희', '조나라의 정'이라는 지극히 평범한 이름을 가진 모자였지만, 그들은 범상한 사람들이 아니었다. 조정의 아버지는 바로 진나라의 장양왕이었다. 초강대국인 진나라 왕의 아들이 왜 적국 수도에서 방황하고 있었을까?

힘겨운 인질 생활로 터득한 덕목

진나라와 조나라가 전쟁 끝에 평화협정을 맺으면서 인질을 교환하기로 했는데, 진실로 화친할 의사가 없었던 진나라는 언제든 포기할 수 있는 떨거지 왕족을 인질로 보냈다. 그가 바로 조정의 아버지 영자초(훗날의 장양왕)였다.

젊은 시절을 조나라 수도 한단에서 불행하게 보내고 있던 영자초에게 어느 날 여불위라는 대상인이 찾아와 교유를 청했다. 영자초는 여불위의 후원으로 조와 진의 유력 인사들과 어울리며 인맥을 쌓고 정치적으로 성장해 갔다. 이때 한단의 유명한 기생 조희와 사귀고 아들 정을 낳았으니, '영정嬴政' 혹은 조정은 이렇게 태어났다.

그로부터 얼마 뒤 영자초와 여불위가 진나라로 건너갔는데, 그 직후 전쟁이 나는 바람에 조희와 조정은 조나라에 억류당하고 말았다. 모자는 적국의 인질 신세로 바람 앞의 등불처럼 생사가 오락가락하는 불안하고 비참한 생활을 이어 갔다.

다행히 진과 화친을 원하는 조나라 중신들의 노력으로 두 나라 사이에 다시 평화협정이 맺어지고 조희와 조정은 진으로 돌아가게 되었다. 태어난 지 10년 만에 처음 조국 땅을 밟은 조정은 순식간에 지위가 높아졌다. 조정에서 영정으로 이름이 바뀌면서 태자가 되었고, 13세의 어린 나이로 진의 왕에 즉위하였다.

영정은 적국에서 힘겨운 어린 시절을 보내며 제왕이 갖추어야 할 많은 자질을 터득하였다. 그것은 바로 목적을 향한 멈춤 없는 전진과 대의를 위한 희생이었다. 무자비하고 잔인해 보이지만, 천하통일에 필요한 난세의 덕목이기도 했다. 진나라 최고 두뇌들의 교육과 보필을 받으며 성장한 청년 영정은 전국 7웅 중 가장 강한 군주로 거듭났다. 이제 그에게 남은 것은 통일전쟁뿐이었다.

진시황릉 병마용갱. 중국 산시 성 시안에 위치한 진시황릉에서 1킬로미터쯤 떨어진 곳에서 발굴된 부장품 갱도이다. 흙으로 구워 만든 수많은 병사와 말, 전차 모형 등이 장관을 이룬다.

책을 불태우고 유학자들을 생매장하다

영정은 39세의 젊은 나이에 천하를 평정하고 통일국가를 건설했다. 그는 자신의 큰 업적을 기리고자 '황제皇帝'를 칭하였다. 이로써 진왕 영정은 중국 최초의 황제 시황제始皇帝가 되었다.

통일 이후 6국은 급속히 하나로 동화되어 갔다. 북방의 연은 요하 문명에 가깝고, 남쪽의 초는 양저良渚 문명에 가까운 이질적 존재였지만, 춘추전국시대를 거치며 오랜 전쟁과 교류를 통해 점차 중원 문명으로 통합되어 가고 있었다. 이것이 마침내 진시황제에 의해 통일되어 하나의 '중국'으로 탄생한 것이다. 그런 의미에서 진시황제는 중국의 진정한 창시자인 셈이다.

그러나 멸망한 6국은 아직 완전히 복종하지 않은 상태였다. 많은 이들이 조국의 독립을 위해 진에 저항했다. 한나라의 한신과 장량, 초나라의 항우 등이 대표적 인물이다. 이 과정에서 진시황제는 두 차례 암살 위협을 겨우 모면한다. 장량의 자객이 던진 철퇴가 위장 마차(황제가 탄 것처럼 위장한 마차)로 향하는 바람에 목숨을 건졌고,

연 태자가 고용한 자객 형가의 칼에 소매 단이 잘렸다.

시황제는 반反진 세력 색출에 나섰다. 반진 세력의 중심에는 유가儒家가 있었다. 법가 통치의 약점인 인간에 대한 존중이 유가에 의해 구현되고 있었기 때문이다. 시황제는 유가를 봉쇄하는 금령을 내려 수많은 유가 서적을 압수하고 유학자들을 체포하였다. 압수한 서적을 모두 불태우고 유학자들을 생매장했다. 이것이 그 유명한 '분서갱유焚書坑儒'이다.

하지만 법가의 비인간성과 여섯 나라 백성들이 받는 소외를 억압으로만 해결할 수는 없었다. 정복과 통치는 법가로도 충분하겠지만, 민심을 잡는 것은 좀 더 고차원적인 사상과 종교의 역할이었다. 분서갱유는 시황제를 폭군의 대명사로 만들었을 뿐 문제 해결에는 아무런 도움도 되지 못했다. 마침내 시황제 사후 2대 황제 호해가 즉위하면서 진은 대분열을 일으켰다.

분서갱유는 통일의 완성을 위한 화룡점정의 과정이었다. 시황제는 99퍼센트를 이루었으나 가장 결정적인 하나를 빠뜨림으로써 완전한 승리를 이루지 못했다. 그것은 또 한 사람의 야심만만한 지도자, 한 무제武帝의 몫으로 남았다.

024

토사구팽으로 이룬 나라

한 고조 유방

 BC 266/247?~BC 195

교과서 속 한 줄 역사 한나라를 세운 유방은 봉건제와 군현제를 혼합한 군국제를 시행했다. 하지만 유방은 유 씨 이외의 제후들을 숙청하고 유 씨만이 제후 왕이 된다는 원칙을 세웠다.

진나라 말 항우의 초나라와 유방의 한나라가 천하의 패권을 두고 겨루던 그 유명한 《초한지》의 시절, 한나라군의 총사령관 한신이 옛 제나라 땅을 비롯한 중원의 주요 지역을 점령하자 괴통이 나서서 간하기를, 한신이 자립하여 항우·유방과 함께 천하를 셋으로 나누어 가지면 평화가 올 것이라고 했다. 한신이 자신은 유방에 충성할 것임을 밝히며 거절하자, 괴통이 말했다.

"한 왕(유방)이 당신을 해하지 않을 것이라는 믿음은 틀렸습니다. 옛날 (월나라의) 대부大夫 범려는 (월왕) 구천을 패자로 만들었지만 결국 죽거나 도망쳐야 했습니다. 들짐승을 다 잡으면 사냥개는 솥에 삶기는 법입니다."

과연 얼마 후 한이 천하를 통일하고 유방이 한 고조에 즉위한 뒤, 한신은 역모죄를 뒤집어쓰고 처형당하게 되었다. 한신은 처형장으로 끌려가면서 괴통의 말을 듣지 않은 것을 한탄했다. '교토사주구팽狡兎死走狗烹', 즉 교활한 토끼를 잡으면 사냥개를 삶아 먹는다는 고사가 이로부터 유명해졌다.

군국제, 봉건제의 부활

진시황제가 죽고 제2대 황제 호해가 즉위한 후 진나라는 더 이상 지탱하지 못하고 분열되었다. 과거 6국의 수많은 지사들이 자립했는데, 이 중 가장 유력한 자가 초나라 항우였다. 항우는 초나라 왕족을 초 회왕에 즉위시켜 명분을 갖춘 뒤, 유능한 부하와 강력한 군대를 이끌고 곳곳을 정복하며 진을 압박했다.

한편 농민 출신 유방은 죄를 짓고 도망쳐 산적이 되었다가 장량·소하 등 유능한 부하들을 끌어들여 곧 유력한 세력으로 성장했다. 그는 덕德으로 진나라 백성들을 회유하여 마침내 진나라 수도를 함락했다. 하지만 곧 초의 항우에게 패하여 한중으로 쫓겨 가니, 항우의 세상이 열린 듯했다.

한중으로 쫓겨 간 유방에게 희망을 준 사람이 바로 한신이었다. 그는 뛰어난 군사적 재능으로 군사를 조련하고 방심한 항우를 기습함으로써 기선 제압에 성공하여 한나라를 일으켰다. 그로부터 수년간 유명한 '초한대전'이 치러진다. 이 전쟁은 유방의 덕치와 한신의 군사적 재능, 장량·소하의 뛰어난 통치술이 어우러져 마침내 한나라의 승리로 돌아갔다.

새롭게 중국을 통일한 한나라는 철저한 반진反秦 정책을 추구했다. 우선 진의 기본 통치 제도인 군현제를 폐지하고 대신 주 대의 봉건제를 부활하였으니 이것이 '군국제郡國制'이다. 군국제란, 왕의 직할지는 군현제로 다스리고 나머지는 공신들을 제후로 봉해 영지를 나누어 주고 봉건제로 다스리는 체제이다. 사실상 주 대의 봉건제로 돌아간 셈이다.

희생양이 된 공신들

봉건제는 거대한 제국을 통치하는 데 적합한 제도는 아니었다. 게다가 한나라는 이질적인 7국을 통합하여 하나의 '중국'을 만들어야 했으므로 강력한 중앙집권이 필요했다. 아직 구심력이 없는 중국 땅을 잘게 나누어 제후들에게 나누어 주면, 제후들이 자립할 것은 자명한 이치였다. 결국 한 고조는 제후들의 영지를 몰수하기에 이른다.

가장 먼저 희생양이 된 자가 초왕楚王(초나라 땅의 왕)으로 봉해진 한신이었다. 한신은 항우의 본거지를 물려받아 가장 강력한 제후가 되었지만, 곧 왕에서 폐위되고 회음후淮陰侯(회음 땅의 후侯)로 격하된 뒤 아예 역모 죄에 걸려 처형당하고 말았다.

이어서 희생당한 이는 팽월이다. 그는 유방이 뜻을 세운 초기부터 관계를 맺었고, 많은 공을 세워 양왕梁王에 봉해졌다. 하지만 그도 모함을 받아 처형당했고, 그의 시체는 젓갈로 담겨져 제후들에게 돌려졌다. 영포도 마찬가지였다. 원래 항우의 부하였던 영포는 항우를 배신하고 유방 밑으로 들어갔고, 이는 유방이 초기 불리한 처지를 극복하는 데 큰 도움이 되었다.

회남왕淮南王에 봉해졌던 영포는 팽월이 죽은 뒤 한 고조를 의심했고, 부하가 이를 고발하자 반란을 일으켰다가 처형당했다. 장도, 진희도 마찬가지 운명이었다.

제후가 되지 않고 낙향한 장량, 역시 제후가 되지 않고 공신 제거에 협력한 소하, 그리고 처남이자 여태후(유방의 부인)의 오빠인 무양후 번쾌 정도가 살아남았을 뿐이다. 그나마도 소하는 감옥에 갇혔다 풀려났고, 번쾌는 처형당하려 압송되던 도중 한 고조가 죽는 바람에 여태후에 의해 석방되어 겨우 목숨을 건졌다.

◈ 마왕퇴, 일개 승상 부인의 무덤

1971년, 옛 초나라 땅이었던 중국 후난성 창사 시 마왕퇴 언덕 주변 공사장에서 큰 무덤이 발견되었다. 무덤의 주인공은 한나라 장사국의 관료인 승상 이창의 부인이었다. 발굴 당시 시신이 완벽하게 보존되어 있어 세계적으로 큰 관심을 불러일으켰다. 무덤에서는 시신 외에도 화려한 백화帛畵(비단에 그린 그림)와 목간木簡(글이 기록된 나무 조각), 각종 생활용품과 장신구 등 많은 유물들이 나왔다.

장사국은 한 고조가 군국제를 시행하며 건국 공신 오예에게 봉한 제후국으로서, 승상 이창은 한나라 5대 왕인 문제文帝 때 사람이다. 어마어마한 크기의 무덤이 한낱 제후국 관료 가족의 것이었다는 사실, 그리고 함께 매장된 수많은 유물들의 화려함은 당시 제후국의 권력과 규모가 어느 정도였는지, 이 문제가 중앙정부에 얼마나 큰 골칫거리였는지를 짐작케 한다.

건국 동지들을 숙청한 업보

토사구팽은 혁명 동지가 건국 이후에는 함께할 수 없음을 이르는 말이다. 중국 춘추시대 패자 월나라 구천의 모사 범증이 한 말로서 조조와 순욱, 송 고조와 건국 공신, 쿠바의 카스트로와 체 게바라의 관계에까지 오랫동안 회자되었다. 그중에서도 한 고조의 토사구팽은 그 대상의 광범위함과 잔인함에서 비교할 수 없을 정도여서 대표 사례로 꼽힌다.

한 고조가 잔인하게 건국 동지들을 숙청할 수밖에 없었던 것은, 한나라의 태생적 한계에서 비롯된 것이었다. 반진을 원칙으로 건국하다 보니 지방 통치에 적극적일 수 없었고, 그로 인한 문제를 수습하는 과정에서 지방의 제후들을 제거할 수밖에 없었다. 한 고조는 결국 모든 동지들을 잃고 쓸쓸히 죽었고, 나라는 부인 여태후의 손아귀에 넘어가 혼란을 거듭했다. 한의 건국이 져야 할 업보였던 것이다.

025

중국 고대국가의 완성

한 무제

BC 141~BC 87

교과서 속 한 줄 역사 무제가 즉위하여 제후 권력을 통제하니 진시황제 시대와 다름없는 중앙집권 국가가 되었다. 유학을 국가의 통치 이념으로 삼고 '향거리선鄕擧里選'이라는 관리 선발 제도를 시행하였으며, 흉노와의 싸움으로 재정이 악화되자 전매제, 균수법, 평준법 등을 시행하였다.

한나라 제7대 왕 무제武帝 때 '동방삭東方朔'이란 사람이 있었다. 동방삭은 다재다능한 재사才士이자 천문 지리에 능통한 도사로 무제의 총애를 받았다. 여신 서왕모(사람 얼굴에 호랑이 이빨 혹은 호랑이 몸, 표범 꼬리를 하고 하늘의 재앙을 주관하는 무서운 여신)를 흠모한 한무제가 도술에 능한 동박삭에게 서왕모를 모셔 오라고 지시했다.

동방삭은 서왕모가 사는 곤륜산에 가서 천도복숭아 3개를 훔쳐 먹었다. 천도복숭아는 한 개를 먹으면 1천 갑자(6만 년)를 살 수 있는 신들의 보물이었다. 서왕모가 노하여 추궁하자 동방삭이 말하기를, 자기는 한 무제가 보낸 사자이니 무제가 복숭아 값을 치러 줄 것이라고 했다. 이에 서왕모가 무제를 만나러 떠났다. 동방삭은 재치로 임무를 완수했을 뿐 아니라 더하여 3천 갑자의 수명까지 얻었다.

불로장생에 관한 전설이나 신과 소통하는 왕의 이야기는 여럿 전하지만, 그중 진시황제와 한 무제의 전설이 특히 유명하다. 진시황제가 불로초를 얻기 위해 신선의 술법을 닦는 '서불'이란 자와 동남동녀 3천 명을 동방으로 보냈다는 전설이나, 옛 개그 프로그램의 소재가 되었던 "김 수한무 거북이와 두루미 삼천갑자 동방삭…"의 장황한 이름에 등장하는 '동방삭'처럼 말이다. '서불'과 '동방삭'만큼이나 한 무제와 진시황제는 비슷한 점이 많다.

군현제와 유교를 부활시키다

무제가 왕위에 오를 때 한나라는 여러 어려움에 처해 있었다. 한 고조 유방이 죽은 뒤 즉위한 혜제는 어머니 여태후에게 전권을 빼앗겨 허수아비에 지나지 않았고, 뒤를 이은 소제도 마찬가지였다. 여태후 사후 이어진 문제와 경제의 시대에는 군국제 문제가 덧나면서 '오초 7국의 난'이 일어났다. 오초 7국의 난은 경제가 제후국을 약화시키기 위해 봉토를 삭감하자 이에 반발하여 일어났다.(봉토 삭감 정책을 추진한 어사대부 조조는 《삼국지》에 등장하는 위왕 조조와 다른 사람이다.)

계속되는 제후의 반란, 중앙 권력 약화 등의 문제를 안고 즉위한 한 무제는 먼저 군현제를 실시했다. '오초 7국의 난'으로 제후들이 대거 숙청된 틈을 노린 전격적인 시행이었다. 이로써 진시황제의 군현제가 완전히 부활하였으며, 많은 지방 제후들이 정부의 직접 지배 아래 놓이게 되었다.

한 무제는 또한 동중서의 건의를 받아들여 유교를 국교로 선포했다. 반진 사상의 중심이었던 유교는 진시황제의 분서갱유로 많은 유학자가 죽고 경전이 소실되어 교리적으로 매우 빈약한 상태였다. 한 고조 이후 유학을 부활시키려는 시도가 꾸준히 이어지고, 경전을 복원하고 교리를 정리하기 위한 토론과 연구가 활발해지면서 훈고학訓詁學(경전 해석학)이 발전했다. 동중서는 훈고학의 권위자로서 무제의 지원 속에 사서삼경 체제를 완성하고 심오한 이치의 유학을 부흥시켰다.

흉노와의 전쟁이 낳은 전매제

한 무제는 대외적으로는 집권 기간 내내 흉노와 전쟁을 벌였다. 일찍이 초와 한이 대립하던 혼란기에 흉노가 강성해져 한 고조가 흉노와 전쟁을 벌였지만 참패하고 조공을 바치는 신세가 되었다. 무제는 이 굴욕을 되갚고자 복수전을 벌였는데, 우리 역사의 중요한 사건인 위만조선과 한의 전쟁도 그 일환으로 발생한 것이었다.

흉노와 한의 전쟁은 일진일퇴의 공방전이 수십 년간 이어진 장기전이었다. 어느 한쪽도 확고한 우위를 점하지 못했고, 결국 한나라가 흉노에 바치는 조공만 폐지 혹은 축소하는 선에서 마무리되었다.

중앙아시아의 광대한 초원을 배경으로 전진과 후퇴가 용이한 흉노와 달리, 만리장성 이남에 갇힌 한은 전쟁이 장기화되면서 큰 고통을 받았다. 특히 장기전을 치르느라 민생이 피폐해지고 많은 전사자가 나와 세금 징수가 어려워지면서 재정 적자가 심각했다. 이 문제를 해결하기 위해 무제는 전매제를 단행했다. 생필품인 소금과 철을 국가가 독점 판매하여 물가를 관리하고 재정도 확보한 것이다.

이후 전매제는 중국의 대표적인 경제정책의 하나가 되었다.

한 무제가 추진한 군현제, 사상 통일, 대 흉노 전쟁은 진시황제의 그것과 흡사하다. 이는 고대 중국의 국가 체제를 형성하는 데 필수적인 요소였다. 오늘날 많은 이들이 한나라 시대를 중국 고대국가 체제의 완성기, 또는 동아시아 고대 문명의 완성기로 평가하는 것도 이 때문이다. 같은 과업을 이루고자 했던 두 사람이었기에, 그 고민의 흐름도 비슷했고 불로장생의 전설조차 공통적으로 나타난 것 아닐까?

◈ **사마천이 그럼에도 《사기》를 쓴 이유**

사마천의 《사기史記》는 오늘날 동아시아의 대표 역사서이자 한 무제의 대표적인 문화 업적으로 꼽힌다. 《사기》는 왕의 역사인 '본기本紀'('왕력王歷'), 제후의 역사인 '세가世家', 경제·사회·문화 등을 주제별로 정리한 '지志'('서書'), 각 시대의 역사를 연표 및 월표로 일목요연하게 정리한 '표表', 인물의 역사인 '열전列傳' 등으로 구성되어 있다. 이처럼 역사적 인물의 전기를 이어 가는 식으로 한 시대의 역사를 구성하는 기술 방법을 '기전체紀傳體'라 한다. 《사기》에서 비롯된 기전체 서술은, 이후 중국 정사正史를 기록하는 기본 서술 체제로 자리 잡았다.

《사기》는 중화주의를 최초로 체계화한 이념 서적이라는 평가와 함께 역사 왜곡의 효시라는 비판을 받기도 한다. 하지만 당대 역사서가 신화와 사실을 구분하지 못하던 데 비해, 객관적 역사학을 진일보시켰다는 점은 분명 높이 평가받을 만하다.

사마천은 아버지에 이어 천문학을 연구하는 '태사령'이었다. 당시 천문학은 오늘날 천문학과 달리 천문을 연구하여 천명을 분석하는 역할, 곧 점성학적 요소도 있었다. 일찍이 한 무제가 천명을 받은 황제임을 드러내는 의식인 봉선 의식을 행할 때 사마천의 아버지가 참례하지 못한 것을 한으로 여겨 병사할 정도로 중화주의와 밀접하게 연관된 분야였다. 사마천은 아버지를 계승하여 태사령에 오르고, 그 유지를 받들어 역사서도 집필했다. 2대에 걸친 노력 끝에 《사기》가 탄생한 것이다. 사마천은 흉노 토벌 전쟁 때 투항한 장군을 옹호하다가 한 무제의 노여움을 사 궁형(거세형)을 당했는데, 당시 사형과 궁형 중 사형을 택하던 관례에 비하면 치욕스럽고 엉뚱한 선택이었다. 《사기》 편찬이 그만큼 중요한 집안의 대업이었던 것이다. 그처럼 각고의 노력이 있었기에 이후 《사기》가 중국사에 절대적 영향을 끼칠 수 있었던 것이다.

026

한족의 포카혼타스

왕소군

BC 1세기경

교과서 속 한 줄 역사 진시황제는 흉노를 몰아내고 만리장성을 쌓았다. 한 무제는 흉노와의 화친을 파기하고 공세에 나서 위청, 곽거병 등이 크게 활약하였고, 장건의 노력으로 비단길이 개척되었다.

오랑캐 땅에는 꽃이 없어	胡地無花草
봄이 와도 봄 같지 않구나	春來不似春
허리띠가 저절로 느슨해짐은	自然衣帶緩
사슴 같은 몸매를 원한 탓이 아니리.	非是爲鹿身

한나라의 궁녀 출신으로 흉노의 선우單于(흉노의 우두머리를 일컫는 칭호)에게 시집간 왕소군이 자기 마음을 읊은 시로, 황량한 초원에서 고향을 그리며 하루하루 야위어 가는 여인의 모습을 잘 그려 낸 작품이다.

왕소군은 아름다운 용모와 마음으로 오랑캐들에게 중국 문화를 전파하고 한나라와 흉노의 평화 관계 정립에 공헌한 천사로 기려지고 있다. 하지만 이는 어디까지나 한족의 입장에서 하는 이야기다.

중국의 골칫거리 흉노

흉노가 본격적으로 중국 역사에 등장한 것은 진나라 때부터이다. 전국을 통일한 진시황제가 만리장성을 쌓고 북쪽 지방의 유목민족을 몰아내자, 이에 대항하면서 흉노 제국이 역사에 모습을 드러냈다. 흉노가 그전부터 존재했는지, 아니면 그로 인해 생겨났는지는 알 수 없다. 중요한 것은 중국이 그들의 강력한 공격을 막아 내느라 상당히 어려움을 겪었다는 사실이다.

흉노가 중국을 공격한 것은 초원 지대에서 자급자족이 불가능했기 때문이다. 초원의 유목민족들은 교역을 통해 서로 부족한 것을 교환하며 생존했는데, 농경사회에 어떤 변동이 일어나 교역이 막히게 되면 어떻게든 그것을 뚫어야 했다. 그들의 전쟁은 이처럼 약탈과 정복이 아니라 교역 재개를 목적으로 하였으므로, 엄격한 의미에서 침략적 전쟁이라고 보기 어렵다. 중국이 물질로 달래면 유목민족들이 전쟁을 중단한 것도 바로 이런 이유 때문이다.

진나라의 뒤를 이은 한나라 역시 건국 초부터 흉노와 대규모로 충돌했다. 한 고조 유방이 한왕韓王 신信을 흉노 접경 지역의 왕으로 봉했는데 그가 불만을 품고 흉노에 투항했고, 전쟁을 예감한 흉노의 묵특 선우가 선제공격을 가한 것이다. 이에 한 고조는 30만 대군을 거느리고 흉노를 공격했다. 하지만 이 한겨울의 무리한 작전은 흉노의 작전에 말려든 것이었다.

흉노군은 거짓으로 패한 척하여 한 고조와 기병대를 백등산으로 유인하여 몰아넣었다. 강추위 속에 고립된 한 고조는 흉노와 형제 관계로서 결혼동맹을 맺으며 많은 조공을 바친다는 내용의 굴욕적인 협정을 체결하고 겨우 풀려났다. 원하는 것을 얻은 흉노는 전쟁을 중지했다.

무제의 과장된 업적

흉노를 다시 공격한 것은 그로부터 100년가량 흐른 뒤인 한 무제였다. 한 무제의 흉노 전쟁은 장건의 비단길 개척이라는 뜻밖의 성과를 냈지만, 20년 가까운 전쟁에도 불구하고 끝내 흉노를 굴복시키는 데는 실패했다. 오히려 고조선 등 다른 지역에서 왕을 칭하는 등 도전해 오는 바람에 곤경을 치러야 했다. 흉노와의 전쟁으로 한무제는 중국에서 위대한 정복군주로 칭송받지만, 과장된 업적이라는 비판의 목소리도 높다.

무제 이후에도 한나라는 여전히 교역과 조공으로 흉노와 평화를 유지할 수밖에 없었다. 한나라와의 갈등이 완화되면서 흉노 역시 통치 체제가 느슨해졌다. 내부적으로 권력투쟁이 빈번히 일어나

7세기경 그려진 〈장건출사 서역도張騫出使西域圖〉. 둔황 막고굴 제323굴 북벽에서 발견되었다. 무릎을 꿇고 있는 장건에게 한 무제가 말 위에서 손을 들어 명령을 내리고 있다.

핵심 권력자가 한나라로 투항하는 일도 벌어졌다. 사실 유목국가가 항상적으로 중앙 권력을 유지하는 것은 불가능한 일이다.

왕소군은 바로 이러한 시기, 곧 한 무제가 죽고 40여 년 뒤에 즉위한 원제 시대 인물이다. 원제는 유교정치를 장려하며 애민 정책을 취했지만, 내부적으로 환관들의 전횡과 국가재정 약화 등으로 어려움을 겪었다.

한편, 한과 흉노의 갈등은 흉노가 동서로 분열된 뒤 선우 중 한 사람인 호한야 선우가 한에 항복하면서 한결 부드러워졌다. 호한야 선우는 스스로 한의 신하를 칭하면서 원제에게 한나라의 사위가 되겠노라 청했다. 이에 원제가 궁녀 중에 한 명을 뽑아 시집보내기로 했다.

전설에 따르면, 원제는 수많은 궁녀들의 초상화를 보고 맘에 드는 여인을 골랐다고 한다. 그러다 보니 궁녀들이 앞다투어 초상화를 그리는 화공에게 뇌물을 바쳤고, 화공은 뇌물의 많고 적음에 따라 예쁘게도 그리고 추하게도 그려 주었다. 고지식한 왕소군은 화공에게 뇌물을 바치지 않아 실물보다 추하게 그려졌다.

뛰어나게 예쁘지도 추하지도 않은 여인을 선택하려 한 원제는 그 초상화를 보고 왕소군을 호한야의 배필로 뽑았다. 뒤늦게 사실을 알게 된 원제가 노하여 화공을 죽이고 초상화들을 불살랐지만, 왕소군의 운명을 뒤집을 수는 없었다.

왕소군은 호한야 선우의 '연지'(흉노의 왕비를 칭하는 말)가 되어 아들 하나를 낳고 살다가, 남편이 죽자 다른 선우와 재혼하여 해로했다고 한다. 그녀는 어진 마음의 연지로 흉노 사람들의 칭송을 받으며 행복하게 살다 늙어 죽었으며(전설에 따르면 70세까지 살았다고 한다.), 그 무덤이 지금까지 전하고 있다.

아메리카에 영국인들이 처음 이주할 때 인디언 추장의 딸 포카혼타스가 영국인들의 포로가 되어 양측의 화해를 이끌고, 후에 영국인과 결혼하여 평화의 사도 역할을 하였다고 한다. 왕소군 역시 흉노의 연지로서 오랜 세월 동안 그들의 땅에 살며 어진 마음으로 평화를 이끌었으니 행복한 삶을 살았다고 할 수 있지 않을까? 중국 기록에서처럼 야만의 땅에서 고향을 그리다 쓸쓸히 생을 마감한 한 많은 여인이 아니라.

◆ **흉노 선우의 특별한 조련법**

두만 선우의 아들 묵특은 아버지가 후처의 아들을 후계자로 앉히려 하자 반역의 마음을 품었다. 그는 휘하 병사들에게 명하기를 자신이 '명적鳴鏑', 즉 소리 나는 화살을 쏘면 그 방향으로 따라서 화살을 쏘라고 했다. 얼마 후 묵특은 사냥터에서 짐승에게 명적을 쏘고 따라 쏘지 않은 병사들을 처형했다. 그는 또 이어 자신의 말에 명적을 쏜 뒤 차마 쏘지 못한 병사들을 처형했으며, 그 다음에는 자신의 애첩에게 명적을 쏘고 또 쏘지 못한 병사들을 죽였다. 마침내 그가 아버지 두만 선우의 말에 명적을 쏘니 모든 병사들이 따라 쏘았다.

자신감을 얻은 묵특은 두만 선우가 사냥을 나간 날 두만 선우에게 명적을 쏘았고, 결국 두만 선우는 고슴도치가 되어 죽고 말았다. 마침내 선우의 자리에 오른 묵특은 중국이 가장 두려워하는 흉노의 지도자로 이름을 떨쳤다.

이 이야기는 흉노 연합 내부에서 강력한 충성심이 생겨나는 과정, 곧 느슨한 유목민족이 국가를 이루는 과정을 보여 주는 상징적인 장면이다.

027

환관의 두 얼굴

채륜과 십상시

BC 221~BC 1644

교과서 속 한 줄 역사 후한 대에 대토지 소유가 계속 확대되어 농민들이 토지를 잃어 갔다. 결국 농민들은 태평도의 지도로 반란을 일으켜 후한을 멸망으로 이끌었다.

20세기 전반 중국 청나라 마지막 황제 '푸이'의 일생을 통해 격동의 중국사를 그린 베르나르도 베르톨루치 감독의 〈마지막 황제〉(1987)를 보면, 신해혁명(1911년(신해년辛亥年)에 일어난 중국의 민주주의 혁명. 신해혁명으로 청나라가 무너지고 쑨원을 임시대총통으로 하는 중화민국이 탄생하였다.)으로 환관들이 궁에서 추방되는 장면이 나온다. 환관들이 각자 상자를 하나씩 들고 나가는 모습을 보고 부의의 가정교사인 존스턴이 궁금해하자, 중국 사람이 이렇게 설명해 준다.

"그들 신체의 중요한 부분을 가져가는 거야."

환관이 거세한 사람임을 의미하는 말이다.

〈마지막 황제〉는 1988년 제60회 아카데미 시상식에서 작품상과 감독상을 수상하면서 작품성을 인정받았지만, 서양인 존스턴의 회

고록을 토대로 만들어져 '오리엔탈리즘 논쟁'에 휘말리기도 했다. 서양인의 눈에 비친 낯선 중국의 모습 중에서도 특히 '환관'은 매우 특이한 존재로서 눈에 띄었을 것이다.

지록위마, 왕을 농락한 환관

궁에서는 왜 거세한 남성이 필요했을까? 환관은 어떤 존재이며 동양 역사에서 어떤 의미가 있는 것일까? '환관'은 궁궐 내에서 각종 잡일을 하는 남성 공무원을 말한다. 보통 거세한 남자들일 거라고 생각하는데, 수만 명에 이르는 환관을 모두 거세된 남자들로 채우는 것도 보통 일이 아니어서 종종 거세하지 않은 남자들도 고용했다.

그래도 왕실 여자들과 접촉하는 공간에는 거세된 남자만을 배치했는데, 간혹 그렇지 않은 남자가 들어가 물의를 일으켰다. 대표적인 사례가 진시황제의 어머니 조희의 애인 '노애'이다. 노애는 진시황제에게 반란을 일으켰다가 죽임을 당하고 조희는 유폐당했다.

측근에서 왕을 모시는 역할을 맡은 환관은 지금으로 치면 청와대 비서실에 해당하니, 황제의 권력이 강할 때는 환관들 역시 강한 권력을 휘둘렀다. 특히 중국의 환관은 그 수가 많고 조직적이어서 환관의 우두머리인 태감이 왕의 권력을 가릴 만큼 위세를 떨치기도 했다. 진나라 제2대 호해 황제 때의 환관 조고가 대표적이다.

조고는 진시황제의 유언을 위조해 호해를 황제의 자리에 올린 공으로 총신寵臣(임금의 총애를 받는 신하)이 되었다. 조고는 호해를 끼고 국정을 주무르면서 자신을 견제하는 승상 이사를 반역죄로 몰아 제거했다. 자신에게 맞서는 세력이 어느 정도인지 궁금했던 조고는 일을 하나 꾸몄다. 그는 사슴 한 마리를 끌고 와 호해에게 바치며 말이라고 했다. 호해가 왜 사슴을 보고 말이라고 하냐며 웃자, 조고는 정색을 하며 신하들에게 말인지 사슴인지 물었다. 신하들은 조고의 위세에 눌려 말이라고 답했다. 사슴을 가리켜 말이라고 한다는 뜻의 '지록위마指鹿爲馬' 고사가 이로부터 유래했다. 조고는 호해를 죽이고 황제의 자리를 노리다 제거되었다.

채륜·정화의 위대한 업적

물론 모든 환관이 조고와 같았던 것은 아니다. 대다수 환관은 지혜롭고 충성스러웠다. 환관이 되려면 남다른 충성심에 복잡한 궁중 예법을 익혀야 하고, 정치적 음모가 난무하는 궁에서 생존해야 하니 보통 머리로는 어림도 없었다. 환관들 중에는 황제의 고민을 덜어주는 정책을 생산하거나 스스로 위대한 업적을 쌓은 이들도 있다.

후한後漢˙ 대 궁궐에서 문서 사무를 담당했던 환관 '채륜'은 목간木簡(문자를 기록하는 데 사용하던 나뭇조각)이나 비단에 글씨를 쓰는 것이 너무 비효율적이라는 문제의식을 품게 되었다. 책 한 권을 제작하는 데 너무 많은 비용과 노력이 들었기 때문이다. 그는 비단보다 싸고 쉽게 쓸 수 있는 무언가를 만들기 시작했다. 여러 옷감과 섬유질들을 삶고 말리고 건조하며 여러 해 동안 연구를 거듭한 끝에 글

˙ 한 고조 유방이 세운 한나라는 서기 9년 외척 왕망의 정변으로 무너진다. 왕망이 새로 신新나라를 건립하였으나 서기 25년 한나라 왕조의 후예인 유수가 신나라를 무너뜨리고 다시 한나라를 건립했으니, 그가 광무제光武帝이다. 신나라 이전의 한나라를 전한前漢, 신나라 이후의 한나라를 후한後漢이라 한다.

씨를 쓸 수 있는 것을 만들어 냈으니, 그것이 바로 종이다. 그래서 종이를 처음에는 '채륜지'라고 불렀다.

명나라 때 환관 '정화'도 채륜 못지않게 역사에 큰 족적을 남긴 인물이다. 이슬람교도의 아들로 태어났으나 명나라의 포로가 되어 궁형을 당한 뒤 명나라 군대의 전령이 된 정화는, 이후 영락제가 황제의 자리에 오르는 데 큰 역할을 하고, 군인으로서 뛰어난 능력을 보여 해외 원정 함대의 사령관직을 맡았다. 정화가 이끈 함대의 활약은 15세기 서양의 신대륙 발견과 함께 대항해 시대 가장 중요한 업적으로 손꼽힌다.

한을 멸망으로 이끈 열 명의 환관, 십상시

채륜·정화와 정반대의 이유로 역사에 이름을 떨친 환관으로 후한 말 영제 때 권력을 잡고 조정을 주무른 '십상시十常侍'를 꼽을 수 있다. 한나라 말기 외척이 발호하여 태후가 섭정하고 그 가족이 횡포를 일삼자 위협을 느낀 영제는, 환관의 도움을 받아 외척을 제거하고 황권을 안정시켰다. 이로써 권력을 잡게 된 환관들이 점차 교만해져 국정을 농단하기에 이르렀으니, 그들 중 가장 악명 높은 열 명의 환관을 일컬어 '십상시'라 한다.

십상시의 횡포로 나라가 혼란스러워지자 민중들이 봉기를 일으켰다. 바로 '황건적의 난'이다. 황건적의 난과 연이은 이민족의 침입으로 한은 멸망의 길에 접어들고, 이어 유비·조조·제갈량 등이 활약을 펼친 삼국시대가 시작된다. 결국 환관들이 나라를 멸망으로 이끈 셈이니, 그리고 보면 환관은 중국 정치사의 '야누스'적 존재인 셈이다.

028

유럽 최초의 대제국

로마의 성립과 발전

 BC 8~BC 1세기

교과서 속 한 줄 역사 기원전 6세기 초 로마에서는 귀족들이 힘을 합쳐 왕을 몰아내고 공화정을 시작했다. 평민들의 '성산 철수'*를 계기로 호민관 제도, 12표법 등 평민권을 위한 법률이 제정되었다. 이를 토대로 기원전 3세기 포에니 전쟁에서 승리하여 지중해 지역의 패권을 장악하고 제국으로 성장하였다.

기원전 13세기경 트로이 전쟁에서 패하고 난 뒤 수많은 트로이인들이 학살을 피해 탈출했는데, 그중 미의 여신 아프로디테의 아들 아이네이아스도 있었다. 그는 동족을 이끌고 모험을 하며 곳곳을 떠돌다가 이탈리아 반도에 정착하여 도시국가를 건설했다.

로마 최고의 시인 베르길리우스(기원전 70~기원전 19)의 서사시 〈아이네이스〉에 담겨 있는 초기 이탈리아 왕국 성립에 관한 전설이다.

* 아테네와 마찬가지로, 로마 역시 계속되는 전쟁으로 중장보병의 근간을 이루는 평민의 몰락이 가속화되었다. 이에 기원전 494년 평민들이 전쟁을 거부하고 성산聖山이라는 곳으로 철수하는 파업을 일으켰다. 이 사건을 계기로 12표법, 호민관 제도 등이 만들어졌다.

그로부터 수백 년 뒤, 몇몇 로마 연대기에 따르면 군신軍神(전쟁의 신) 마르스가 아름다운 왕녀 실비아에게 반하여 사랑을 나누었고, 그 결과 쌍둥이 형제 로물루스와 레무스가 태어났다. 쌍둥이 형제는 분노한 왕에 의해 버려져 늑대들의 젖을 먹으며 자랐고, 이후 사람의 세상으로 돌아와 청년들의 지도자가 되어 도시국가 로마를 세웠다.(기원전 753)

늑대 전설에서 알 수 있듯 사납고 모험심이 강했던 로마인들은, 훗날 유럽 세계를 지배하는 최초의 대제국을 건설한다.

정벌을 뒷받침한 공화정

로마는 초기부터 수많은 전쟁을 치르며 성장했다. 초기 로마는 그리 풍족한 땅은 아니었던 것 같다. 전설과 기록 모두 전쟁과 관련된 일화가 많이 전한다. 대표적인 것이 '사비니 처녀 약탈 전설'이다. 로마를 건설하는 과정에서 병사들이 결혼할 여자들이 부족하자 인근 사비니를 공격해 처녀들을 납치해 왔다는 것이다. 이후에도 로마는 주변 소국들을 차근차근 정복하며 성장했다.

로마의 정치체제는 공화정(로마 공화정은 '콘술'이라 불린 2명의 집정관(임기 1년), 300명의 귀족으로 구성된 원로원, 시민 모임인 민회가 권력을 분점하고 정치를 이끌어 가는 체제였다.)으로서 정벌의 이익을 공평하게 나누어 가졌는데, 팽창을 거듭하면서 로마 내부의 귀족과 평민, 정복지의 속주민 등 사회 구성원의 관계가 점점 복잡해졌다. 이 때문에 각종 관계를 규정한 법이 발전했고(로마법은 이후 근대법의 모델이 되었다.), '호민관 제도', '12표법' 등의 개혁 법안•이 마련되었다.

로마의 팽창으로 귀족은 점점 부유해졌지만, 평민들은 점점 가난해졌다. 귀족들은 정복지에서 잡아 온 노예들로 대농장(라티푼디움)을 경영하여 필요한 물자를 생산했으므로, 정복으로 노예가 늘어남에 따라 귀족의 부富도 기하급수적으로 늘어났다. 반면 평민들은 전쟁에 동원되느라 생업에 전념하기도 어렵고, 노예제 생산으로 점점 경제활동에서 소외되면서 가난해졌다. 귀족과 평민의 갈등이 점차 첨예해졌지만 일시적으로 봉합되었을 뿐, 대외 전쟁을 통해 갈등을 해결하려는 경향이 더 강해졌다.

포에니 전쟁, 진정한 제국의 출현

기원전 200년대 지중해 세계는 남쪽의 카르타고와 북쪽의 로마로 나뉘어져 있었다. 기원전 264년 로마가 지중해를 독점하기 위해 카르타고를 상대로 전쟁을 일으키니 바로 '포에니 전쟁'이다. 해군력과 경제력이 우세한 카르타고가 유리해 보였지만 로마가 그리스에게 해군력을 전수받은 뒤 막상막하의 양상으로 전개되었고, 기원전 218년 카르타고 장군 한니발의 로마 출정이 실패로 돌아가면서 포에니 전쟁은 로마의 승리로 끝났다.

포에니 전쟁 이후 로마의 빈부 격차와 귀족 - 평민의 갈등은 돌이키기 어려울 정도로 극심해졌다. '스파르타쿠스의 난' 등 대규모

• '호민관'은 평민회에서 선출하는 관직으로서 평민의 생명과 재산을 지키는 것을 임무로 하였다. 그 신분은 신성불가침이며, 집정관과 원로원의 결정에 거부권을 발동할 수 있었다. '12표법'은 기원전 450년경 제정된 로마 최초의 성문법이다. 귀족과 사제 계급이 해석과 운영을 독점하던 관습법을 명문화시킴으로써 평민도 법의 보호를 받게 되었다.

로마 건국신화에 등장하는 쌍둥이 형제 로물루스와 레무스. 마르스 신과 인간 왕녀 사이에 태어난 쌍둥이가 늑대의 젖을 먹고 자라 도시국가 로마를 세웠다는 내용이다.

노예 반란이 여기에 기름을 끼얹었다. 로마 시민들은 혼란을 극복할 강력한 지도자를 원했고, 전쟁에서 공을 세운 장군들이 영웅으로 떠올랐다. 결국 3명의 실력자가 권력을 독점하는 1차, 2차 삼두정치를 거치면서 마침내 로마 공화정은 무너지고 황제가 통치하는 '제정帝政'이 시작되었다. 이후 로마는 화려한 제정 시대를 누리게 된다.

포에니 전쟁 이후 약 400여 년간, 로마는 유럽 세계를 지배하며 유례없는 영화를 누렸다. 그 성장 과정은 전형적인 제국의 모습을 보여 준다. 초기 정복 전쟁, 내부 갈등, 갈등의 외부 전환, 중앙집권적 권력 출현, 세계적 팽창과 그로 인한 단일 문화권 형성은 예나 지금이나 초강대국이 등장했을 때 예외 없이 나타나는 모습이다.

그래서인지 로마 역사를 다룬 책들을 읽다 보면, 이것이 로마의 역사인지 근대 유럽의 역사인지 헷갈리곤 한다. 그런 점에서 로마는 역사의 새로운 측면, 곧 역사가 과거 사실을 통해 교훈을 주는 것에 그치지 않고 미래를 위한 멘토 역할도 할 수 있음을 보여 주는 좋은 사례라고 할 수 있다.

029

십자가에 못 박힌 노예들

스파르타쿠스의 난

BC 73

교과서 속 한 줄 역사 노예를 이용한 라티푼디움(대농장)이 발달하면서 평민이 몰락하였다. 그라쿠스 형제의 개혁은 실패로 돌아가고, 군인 정치가들이 성장하는 계기가 되었다. 게다가 동맹국 전쟁과 스파르타쿠스의 난으로 혼란이 가중되자 삼두정치가 시작되었다.

'스파르타쿠스', 누구나 한번쯤은 들어 봤을 법한 꽤 익숙한 이름이다. 1960년 스탠리 큐브릭 감독, 커크 더글러스 주연의 영화 〈스파르타쿠스〉도 유명하고, 2010년 미국에서 방영된 동명의 드라마도 상당한 인기를 끌었다. 발레 〈스파르타쿠스〉는 국립발레단의 주요 레퍼토리이기도 하다. 그 외에도 스파르타쿠스의 이름을 딴 예술 조직이나 상품도 상당히 많다. 도대체 그가 누구이기에 이토록 유명한 것일까?

노예제도의 전성기

기원전 70년대 어느 날, 오늘날 불가리아 남부 지방쯤에 위치한 트라키아에서 끌려온 한 노예가 이탈리아 남부 카푸아의 검투사 훈련장에 들어섰다. 검투사 훈련소를 운영하던 아티쿠스는 이 노예에게 '스파르타쿠스'라는 이름을 붙여 주고 훈련을 시켰다. 훈련소에 소속된 100여 명의 검투사 노예들은 목숨을 건 쇼에 출전하기 위해 가혹한 훈련을 받았다.

스파르타쿠스의 시대는 로마 노예제도의 전성기였다. 포에니 전쟁 이후 로마는 지금의 스페인에서 터키에 이르는 지역까지 동서로 폭넓게 영토를 넓히고, 정복지에서 엄청난 수의 노예들을 잡아들였다. 노예가 풍부해지면서 그 값어치는 떨어졌고, 떨어진 만큼 귀족들은 가혹하게 그들을 대우했다. '말하는 가축'에 지나지 않았던 노예들은 중노동과 열악한 환경, 비인간적 처우 속에서 자유로웠던 과거를 그리워하며 탈출을 꿈꿨다.

스파르타쿠스도 마찬가지였다. 당시 광산 노예와 검투사 노예가 노예 중에서도 가장 열악한 처지였다. 특히 검투사는 경기장에 나가 살상 무기를 들고 전투를 벌이는 오락 노예로서, 부상을 입는 것은 기본이고 목숨을 잃을 수도 있었다. 늘 죽음을 곁에 두고 살아가는 검투사들에게 자유는 곧 생명과 같았다.

로마를 뒤흔든 노예들의 반란

마침내 기원전 73년, 스파르타쿠스와 그의 동료 74명이 반란을 일으켰다. 반란 노예들은 로마군을 피해 험준한 베수비오 산으로 도망쳤다. 훗날 대폭발을 일으켜 폼페이 시를 통째로 생매장시킨 바로 그 산이다. 로마군은 산으로 들어간 반란 노예들을 진압하는 데

애를 먹었다. 그러나 원로원 등 로마 귀족들은 지방 일부 노예들의 반란에 별 관심이 없었다. 수만 명의 노예 중 74명은 '새발의 피'에 불과했다.

그것은 스파르타쿠스에게 행운이었다. 스파르타쿠스의 반란 소식은 자유를 갈망하는 주변 지역 노예들에게 빠르게 퍼졌고, 탈출해서 산으로 들어오는 노예들이 늘어났다. 뒤늦게 사태의 심각성을 깨달은 원로원은 진압군을 추가로 파병했지만, 이미 진압군보다 반란군이 더 빠르게 늘어나고 있었다. 로마군은 곳곳에서 반란군에 패했다. 일부 빈민들까지 반란에 합세하면서 반란군은 9만 명으로 늘어났다.

스파르타쿠스가 이끄는 반란 노예들은 로마를 탈출하여 각자의 고향으로 흩어지기로 결정하고 남부 해안으로 진군하기 시작했다. 거대한 자유의 파도, '엑소더스'의 물결이 로마 전역을 휩쓸며 남쪽으로 향했고, 이 과정에서 로마의 도시와 시민들이 피해를 입었다.

복수심에 불타는 노예들의 거친 행동은 귀족과 시민들을 자극했다. 로마인들은 하나로 뭉쳐 대규모 진압군을 편성하고 반란군 진압에 나섰다. 로마 최고의 부자인 크라수스도 사재를 털어 군대를 조직하고 스파르타쿠스와 맞섰다.

위기감으로 하나가 된 세계 최강의 로마군을 반란군이 당해 낼 수 없었다. 반란군은 참

19세기 프랑스 조각가 드니 푸아이아티에가 제작한 〈스파르타쿠스상〉. 파리 루브르 박물관에 있다.

패했고, 스파르타쿠스는 실종되었으며, 6천여 명이 포로로 붙잡혔다. 로마는 6천 명의 포로를 모두 십자가에 못 박아 로마로 가는 길에 세워 본보기로 삼았다.

강력한 지도자를 원하는 시민들

스파르타쿠스의 난으로 로마는 엄청난 변화를 겪게 된다. 많은 노예가 죽음으로써 노예제 생산이 타격을 입었다. 완만한 변화였지만, 노예노동보다 계약제로 노동자를 구하는 제도가 발전하기 시작했다. 또 진압 과정에서 두각을 나타낸 크라수스와 폼페이우스가 강력한 지도자를 원하는 시민들의 열망을 등에 업고 카이사르와 함께 1차 삼두정치(3명의 실력자가 동맹하여 국가권력을 독점한 정치형태)의 주역이 된다. 이는 2차 삼두정치와 로마 제정으로 이어지는 로마 정치 변화의 서막을 알리는 것이었다.

영화 〈스파르타쿠스〉에서 스파르타쿠스는 순교자의 이미지로 그려지며, 그의 추종자들이 십자가에 못 박혀 죽는 장면은 예수의 죽음을 암시하는 듯하다. 스파르타쿠스의 난은 예수 탄생 70년 전에 일어났지만, 마치 압제에 저항하여 사랑과 자유를 외치다 순교한 예수의 등장을 예언하는 듯하다. 그래서 서양인들에게 스파르타쿠스가 중요한 존재가 된 것 아닐까?

030

정말 황제가 되려 했을까?

카이사르

BC 100~BC 44

교과서 속 한 줄 역사 크라수스, 폼페이우스, 카이사르가 1차 삼두정치를 행하였으
나 결국 카이사르가 승리하고 독재정치를 하다 귀족들에게 암살당했다. 카이사르
사후 옥타비아누스 등이 2차 삼두정치를 행하여 귀족들을 제거하였다. 2차 삼두정
치의 승리자 옥타비아누스는 '아우구스투스'라는 칭호를 받고 황제가 되었다.

1차 삼두정치의 주역으로 로마의 개혁과 대외 원정에서 혁혁한
공을 세우며 최고 권력자로 우뚝 선 카이사르는, 기원전 44년 3월
15일 원로원 앞에서 귀족들이 휘두른 칼에 찔려 살해당했다. 그를
찌른 사람 중에 카이사르가 아끼던 브루투스도 있었다. 카이사르는
쓰러지면서 "브루투스, 너마저⋯."라고 외쳤다. 카이사르가 죽고 난
뒤 암살자들을 향한 비난의 목소리가 높아지자 브루투스가 직접
변명에 나섰다.

"로마 시민 여러분, 여러분은 카이사르가 사는 대신 로마인들이 노예
가 되기를 원합니까, 아니면 카이사르가 죽는 대신 로마인들이 자유

를 유지하기를 원합니까? 카이사르가 로마 황제가 되려는 야심을 가졌기에 저는 눈물을 머금고 그를 죽일 수밖에 없었습니다."

공화정을 지키기 위한 어쩔 수 없는 선택이었다는 주장이었다. 그러자 카이사르의 심복 안토니우스가 나섰다.

"나는 축제의 자리에서 그분에게 세 번 왕관을 바쳤네, 하지만 그분은 세 번 모두 거절하셨네. 우리 모두 그걸 보았지. 브루투스여. 그대는 아직도 그분을 야심가라 하는가, 그 고귀한 분을."

브루투스는 성난 시민들에게 쫓겨났다가 안토니우스에 대항하여 군대를 일으켰지만 패전한 뒤 자살했다. 카이사르는 황제가 되려다 죽은 걸까? 아니면 오해로 인해 억울한 죽음을 당한 걸까?

제국의 발판 마련한 개혁가

카이사르는 젊은 시절부터 여러 모험을 겪으며 유능한 장군으로 성장했다. 로마의 속주 스페인에서 일하다 총독에 임명된 카이사르는, 로마 공화정이 혼란에 휩싸이자 장군 폼페이우스와 크라수스를 끌어들여 1차 삼두정치를 시행하면서 집정관(콘술)이 되었다.

카이사르는 집정관으로서 개혁 정치를 이끄는 한편, 당시 로마가 관심을 갖지 않았던 켈트족의 땅 유럽 내륙으로 진출을 시도했다. 그는 오늘날의 프랑스인 갈리아를 정벌했는데, 이로써 서유럽이 로마 문명의 세례를 받기 시작했고 로마의 영역이 지중해를 벗어나면서 명실공히 대제국으로 성장하는 기틀이 마련되었다. 또 카이사르가 남긴《갈리아 전기》는 기원전 유럽 대륙의 문화와 풍속을 전해 주는 역사 기록으로서 매우 중요한 평가를 받는다.

카이사르가 갈리아와 지금의 영국인 브리튼, 그리고 지중해 남쪽의 이집트까지 정벌하며 명성을 드높이자, 원로원과 폼페이우스 등은 그를 두려워하기 시작했다. 원로원은 카이사르를 제거할 음모를 꾸몄고, 카이사르는 첩자를 통해 이 사실을 알게 되었다.

원로원의 음모를 알고 고심하던 카이사르는 마침내 반란을 일으킨다. 기원전 49년 1월, 그는 이탈리아의 경계선인 루비콘 강에서 잠시 망설이다 유명한 말을 남긴다. "주사위는 던져졌다." 카이사르의 군대는 강을 건너 로마로 쳐들어갔다.

카이사르에 저항하던 폼페이우스의 군대는 싱겁게 패배했고, 폼페이우스는 이집트로 도망쳤다가 프톨레마이오스 13세에게 죽임을 당한다. 이후에도 카이사르에 저항하는 군대는 무참한 패배를 당했다. 카이사르는 거듭되는 승전 속에서 "왔노라, 보았노라, 이겼노라."라는 또 하나의 명언을 남긴다.

마침내 카이사르가 로마로 돌아왔을 때, 원로원의 두려움은 극에 달했다. 그들은 카이사르의 개혁 정책과 계속되는 대외 원정이 그가 황제로 가는 수순이라고 여겼다. 카이사르는 몇 번이나 자신은 황제가 될 생각이 없다며 원로원 지지자들을 달래고 설득했다. 하지만 아무리 관용을 베풀어도 갈등은 치유되지 않았다. 결국 카이사르는 또다시 원로원을 안심시키러 갔다가 암살당하고 만다.

역사의 우연과 필연

카이사르는 정말로 700년 공화정의 전통을 깨고 황제가 되려 했을까? 영화 〈스타워즈〉에서 은하계의 기사 제다이들이 공화정을 지키기 위해 노력하지만 분열된 의회는 반란 세력을 진압할 군대를 원하고, 결국 그 군대를 이용한 다크 로드가 황제 자리에 앉으며 은하 제국이 탄생한다. 다크 로드가 황제 자리에 오른 것은 그의 음모지만, 그 음모를 가능하게 만든 것은 분열을 잠재우고 싶어 한 의회였다.

카이사르도 마찬가지였다. 귀족과 평민의 갈등, 그에 따른 내부 분열과 내전은 강력한 권력의 출현을 요구하고 있었다. 그가 로마의 문제를 해결할 의지를 가질수록 그의 권력은 강화되었고, 권력이 강화될수록 황제 출현에 대한 의심은 높아졌으며, 의심하는 자들의 음모에 맞설수록 황제의 자리는 점점 더 가까워졌다.

파리 루브르 박물관에 있는 〈율리우스 카이사르상〉.

로마에서 황제의 출현은 시대적 흐름이었고, 강력한 개혁 의지를 갖고 있던 카이사르가 그 적임자임은 자명했다. 설령 그가 정말 황제의 자리에 오르려는 생각을 하지 않았더라도, 그는 암살을 피할 수 없었다. 이는 이후 역사가 증명한다. 카이사르의 후계자 옥타비아누스는 2차 삼두정치를 거쳐 라이벌 안토니우스를 제거하고 결국 황제(아우구스투스 황제)의 자리에 올라 500년 로마 제정 시대를 열었다.

역사에는 우연과 필연이 있다. 우연 중 가장 큰 요소가 바로 사람이다. 과연 그 사람이 없었어도 그런 일이 일어났을까? 하지만 역사의 큰 흐름은 주인공이 바뀌더라도 결국에는 일어날 수밖에 없는 필연성을 갖고 있다. 카이사르건 옥타비아누스건 로마의 제정은 피할 수 없었으며, 브루투스의 의지 혹은 카이사르의 의지로는 바꿀 수 없는 것이었다.

031

아프리카의 고귀한 '팜므 파탈'

클레오파트라

BC 69~BC 30

교과서 속 한 줄 역사 2차 삼두정치에서 옥타비아누스가 이집트 여왕 클레오파트라와 손을 잡은 안토니우스를 물리치고 최후의 승자가 되었다.

기원전 300년대 중엽, 마케도니아 궁정에서는 배다른 형제라는 수군거림 속에 두 소년이 뛰어놀고 있었다. 한 소년은 필리포스 왕의 아들로 훗날 헬레니즘 세계를 건설한 정복자 알렉산드로스이고, 나이 많은 소년은 프톨레마이오스였다. 기록에 따르면 열 살 이상 차이가 났던 두 소년은 어릴 적 함께 뛰어놀며 우의를 다졌다. 그리고 알렉산드로스가 왕이 되었을 때 프톨레마이오스는 그의 충성스러운 장군이 되었다.

프톨레마이오스, 이집트 왕이 된 마케도니아인

프톨레마이오스는 알렉산드로스의 원정길에 동행하며 혁혁한 전공을 세우고, 대왕의 명에 따라 페르시아의 귀족과 결혼하고 이집트 총독에 임명되었다. 그러나 얼마 후 알렉산드로스 대왕이 죽고 제국은 대분열을 일으켰다. 대왕의 섭정으로 임명된 자들 사이에서 내전이 벌어져 이집트 역시 정적들과 공격을 주고받았다. 혼란 속에서 훌륭하게 이집트를 지켜 낸 프톨레마이오스는 자립하여 이집트의 왕이 되었고, 이로써 프톨레마이오스 왕조가 시작되었다.(기원전 305)

이집트인들은 마케도니아 혈통의 프톨레마이오스 왕조를 그들의 왕조로 받아들였다. 이후 왕들은 파라오를 칭하였으며 알렉산드로스가 건설한 도시 알렉산드리아를 수도로 하여 300여 년간 번영을 누렸다. 당시 프톨레마이오스 왕조의 번영을 상징하는 것이 프톨레마이오스 2세를 기념하기 위해 기원전 3세기에 만들어진 높이 135미터의 파로스 섬 등대이다.

프톨레마이오스 왕조의 왕들은 남자는 프톨레마이오스, 여왕은 클레오파트라라고 불렸다. 20여 명의 파라오 중 '클레오파트라' 칭호를 받은 여왕은 모두 4명인데, 이 중 마지막 클레오파트라, 즉 클레오파트라 7세로 알려진 여인이 우리에게 널리 알려진 '콧대 높은 미녀'이다.

카이사르와의 운명적 만남

클레오파트라의 아버지 프톨레마이오스 12세는 기원전 80년부터 30년간 이집트를 통치했다. 프톨레마이오스 12세는 선왕이 암살되어 이집트가 혼란에 빠졌을 때 계승권자가 아님에도 파라오에 즉위한 탓에 무기력했다. 그는 로마에 의존하여 권력을 지키려 했고

이집트 프톨레마이오스 왕조 최후의 여왕 클레오파트라. 이집트 단다라 지역에 있는 하토르 신전 부조.

산적한 정치 현안에도 안이하게 대처하여 비난을 받았다. 로마가 사이프러스 섬을 빼앗아 가는 것을 방치했다가 봉기가 일어나 축출 당했던 그는, 로마 장군 폼페이우스의 도움으로 다시 파라오의 자리를 차지했다. 이후 이집트는 로마에 속박된 처지가 되었다.

프톨레마이오스 12세는 죽을 때 아들과 딸의 공동 통치를 유언으로 남겼다. 그리하여 열한 살의 프톨레마이오스 13세와 열여덟 살의 클레오파트라 7세 필로파토르가 즉위하였고, 정치 주도권은 섭정 포티우스에게 넘어갔다. 자존심 강하고 야심만만한 클레오파트라는 유약하고 로마에 의존적인 포티우스와 프톨레마이오스 13세에게 불만이 컸다. 상대적으로 강한 이집트를 추구한 클레오파트라는, 이를 위험하게 여긴 포티우스에 의해 권력을 잃고 추방당했다.

그로부터 얼마 후, 기원전 47년(혹은 48년) 카이사르와의 내전에서 패배한 폼페이우스가 프톨레마이오스 12세와의 인연을 믿고 이집트로 망명했다가 로마의 보복을 두려워한 프톨레마이오스 13세에게 죽임을 당했다. 그런데 이것이 오히려 카이사르의 분노를 샀다. 카이사르는 배신과 음모를 용납하는 것은 자신과 로마에게 좋지 않다고 판단했다.

그때 스물두 살의 아름다운 여인 클레오파트라가 카이사르 앞에 나타났다. 그녀는 정적의 감시를 피해 선물 상자 속에 숨어 들어가 카이사르를 만났다. 기회주의적이고 배신에 능한 프톨레마이오스 13세에게 실망한 50대의 노련한 정치가 카이사르는 이 당찬 여인을 썩 마음에 들어 했다.

카이사르는 그녀를 여왕의 지위에 올려 주고 이집트의 공동 통치를 복원시켰다. 분노한 프톨레마이오스 13세는 카이사르를 습격했다가 살해되었고, 카이사르는 어린 프톨레마이오스 14세를 즉위시킨 뒤 실질적인 권력을 클레오파트라에게 모두 넘겨주었다. 클레오파트라의 시대가 열린 것이다.

로마 내전에 휩쓸려 침몰하다

클레오파트라는 이시스 여신의 현신을 자처하며 이집트의 진정한 여왕이 되고자 했다. 그리스계인 프톨레마이오스 왕조의 파라오 중 가장 완벽하게 이집트어를 구사했으며, 대외적으로 이집트의 자주성을 확보하려고 노력했다. 백성들 사이에서도 인기가 높아 이집트는 일시적으로 안정을 찾았다. 하지만 시간이 너무 없었다. 그녀는 마지막 여왕의 운명을 피해 갈 수 없었다.

기원전 44년 카이사르가 암살당하면서 유력한 동맹이 무너졌다. 그녀의 권좌는 다시 위협받았고, 보수적 귀족들도 불온한 움직임을 보이기 시작했다. 그때 그녀에게 다가온 사람이 로마의 권력을 놓고 옥타비아누스와 쟁투를 벌이던 카이사르의 측근 안토니우스였다.

클레오파트라보다 10여 년 연상으로 카이사르의 총애를 받았으며 카이사르를 암살한 브루투스를 응징한 그 사람이다. 클레오파트라는 안토니우스와 동맹을 맺었을 뿐만 아니라 사랑에 빠졌다. 이로써 이집트는 공화정에서 황제 정치로 넘어가던 로마의 마지막 내전에 휘말리게 된다.

12년간의 달콤한 동맹 관계는, 악티움 해전(기원전 31)에서 안토니우스와 클레오파트라의 연합군이 옥타비아누스군에게 패전함으로써 깨지고 말았다. 클레오파트라는 옥타비아누스(훗날 아우구스투스 황제)가 이집트의 독립을 보장해 주지 않자 자살하였다. 이로써 이집트는 멸망했고, 이후 로마와 이슬람 제국의 한 지방으로서의 역사를 이어 간다.

프톨레마이오스 왕조는 이집트인과의 혼혈을 막기 위해 철저한 근친혼을 유지했다. 300년 동안 남매 간 결혼이 이어졌고, 클레오파트라 역시 남동생인 프톨레마이오스 13세 및 프톨레마이오스 14세와 결혼했다. 이집트 속의 그리스 왕조였던 것이다.

그러나 클레오파트라는 망해 가는 프톨레마이오스 왕조를 지켜낼 임무를 수행하면서 이집트의 여왕이 되고자 했고, 그것은 일정 부분 성공적이었다. 비록 최후에는 실패하여 자살로 생을 마감하고 후대 유럽인들에게 아프리카의 '팜므 파탈'로 조롱받았지만, 여왕으로서 그녀의 행적과 업적은 존경받아 마땅하다.

032

폭군 이후의 평화

로마 5현제

37~180

교과서 속 한 줄 역사 서기 2세기 로마에서 '5현제'로 칭해지는 황제들이 등장하여 지중해 세계는 평화로운 시대를 맞이하였다.

옥타비아누스가 '존엄한 자'라는 뜻의 '아우구스투스'라 불리며 로마의 황제 통치 시대를 연 뒤, 로마 역사상 가장 성대하고 위대했던 시대 '팍스 로마나Pax Romana'(로마의 평화)를 이끈 5명의 황제를 '5현제'라고 한다. 네르바(96~98 재위), 트라야누스(98~117 재위), 하드리아누스(117~138 재위), 안토니누스 피우스(138~161 재위), 마르쿠스 아우렐리우스(161~180 재위)가 그들이다.

물론 로마의 황제가 모두 5현제와 같았던 것은 아니다. 로마를 파멸로 이끈 폭군도 등장했으니 칼리굴라(37~41 재위)와 네로(54~68 재위)가 대표적이다. 이들은 폭정과 억압으로 로마를 도탄에 빠뜨렸고, 마침내 부하들에게 살해당했다.

그런데 뭔가 앞뒤가 맞지 않아 보인다. 네로와 칼리굴라가 5현제보다 앞 시대 사람들인데? 로마는 네로의 폭정으로 망한 것이 아니라, 네로 폭정 이후 전성기를 맞이했다. 어떻게 된 일일까?

불안한 왕권이 낳은 폭군

기원전 27년경 시작된 옥타비아누스의 로마 제정은 황제의 강력한 권력과 전통적인 로마 민주주의의 전통 사이에서 중심을 잡지 못하고 표류했다. 혼란은 후계자 선정에서도 드러났다. 옥타비아누스에 이어 제2대 황제에 오른 티베리우스의 아버지는 원래 옥타비아누스의 정적인 안토니우스 휘하의 장군이었다.

그래서 티베리우스는 방랑하는 아버지를 따라 어린 시절부터 불안정한 생활을 했고, 성인이 되어서도 정치적으로 위태로운 상태였다. 그가 옥타비아누스의 양자가 되어 황제의 자리에 오르는 과정은, 얼핏 소설인지 사실인지 구분이 안 갈 정도로 너무 복잡하고 아슬아슬하다.

티베리우스의 장기간 통치에 이어 새롭게 황제가 된 칼리굴라 역시 즉위 과정이 순탄하지 않았다. 티베리우스가 사고로 죽은 줄 알고 미리 즉위를 선포했다가 티베리우스가 깨어나는 바람에 결국 살해하는 웃지 못할 일까지 벌어졌다. 칼리굴라 역시 정치적으로 선택되어 티베리우스의 양자로 입양된 후계자였기에 권력 동향에 민감하게 움직일 수밖에 없었고, 그러다 보니 이런 일까지 벌어진 것이다.

칼리굴라와 네로는 불안정한 왕권을 강화하려고 황제를 신격화하기 시작했다. 칼리굴라는 자신을 신성화하며 성전을 세우라는 지시를 내리는가 하면, 사랑하는 여동생이 죽자 그녀를 여신으로 승격시키려 했다. 네로 역시 자신의 신성을 내세우며 거대한 신전을 건축하고 스스로를 초월적인 시인으로 미화시켰다.

이처럼 신격화를 추구하는 황제들에게 다른 신을 믿는 것은 절대 용납할 수 없는 일이었다. 가장 가혹하게 탄압받은 이들은 기독교도들이었다. 네로는 64년 7월 로마에서 일어난 대화재가 기독교인들의 방화 때문이었다고 몰아붙이고 그들을 무자비하게 처형했다.

하지만 네로도 칼리굴라도 불안한 왕권을 확고히 하지는 못했다. 칼리굴라가 근위대에게 살해당하고, 네로가 철저하게 버림받고 도망치다가 자살(혹은 살해)한 사실이 이를 잘 보여 준다. 로마의 황제는 동양의 황제와 달리 그저 인간이었기에, 간질을 앓거나(칼리굴라) 과대망상(네로)에 빠져 있으면 가차 없이 제거당했다.

영광 뒤 시작된 멸망의 길

네로 사후 몇 십 년이 흐른 뒤 로마 황제들은 가장 유능하고 이성적인 인물을 선발하여 후계자로 정하기 시작했다. 그렇게 왕위 계승이 이어진 시기가 바로 5현제 시대이다. 이 시대 로마는 가장 광대한 영토와 발달한 도시, 그리고 화려한 귀족들의 생활과 안정적인 평민들의 삶이 유지되었다. 그 시대의 잔영이 오늘날 로마의 콜로세움과 목욕탕을 비롯한 화려한 유적들에 남아 있다.

하지만 '정점에 올랐을 때가 바로 멸망의 시작'이라는 말처럼, 5현제 시대 말기부터 로마는 서서히 병들어 갔다. 이 시기를 잘 보여 주는 영화가 리들리 스콧 감독의 〈글래디에이터〉(2000)이다. 영화에서 5현제의 마지막 왕 마르쿠스 아우렐리우스는 아들 코모두스 대신 충성스러운 장군 막시무스에게 제위를 물려주려 하지만, 코모두스가 막시무스를 제거하고 황제의 자리에 오른다. 폭정을 일삼던 코모두스는, 죽은 줄 알았는데 검투사로 다시 나타난 막시무스에게 죽임을 당한다.

실제 역사에서는 코모두스부터 로마 황제의 세습이 시작된다. 현인賢人을 골라 황제로 추대하던 전통을 깨고 마르쿠스 아우렐리우스가 자기 아들 코모두스에게 황제 자리를 물려준 것이다. 코모

◈ 로마는 사치해서 망했다?

흔히 로마가 사치와 타락으로 멸망했다고 이야기한다. 귀족들이 산해진미를 즐기고자 배불리 먹고 일부러 토하여 위를 비우며 계속 먹었다던가, 대목욕탕에서 남녀노소가 함께 목욕하며 부정한 짓을 저질렀다던가, 화장을 즐겨하여 그 속에 포함된 중금속 때문에 출산율이 떨어졌다는 등의 이야기들이다.

하지만 사치와 타락 때문에 제국이 무너졌다는 이야기는 설득력이 없다. 거대한 제국이 되면 당연히 물질적으로 풍요로워지고, 이는 이민족에게 사치로 보인다. 또, 제국 사람들이 누리는 자유는 억압된 자의 눈에 방종과 타락으로 비춰진다. 오늘날 미국에 대해서도 비슷한 비판적 시각이 있지만, 그로 인해 미국이 멸망할 거라고 주장하는 사람은 거의 없다.

로마 멸망의 원인을 사치와 타락의 관점에서 보는 것은 중세 기독교의 주장이다. 로마의 박해 속에서 살아남아 유럽의 종교로 발전한 기독교는, 로마의 멸망을 기독교의 승리와 대비하며 사람들을 경계시켰다. 중세 농노들의 가난을 금욕과 절제로 포장하면서 로마에 빗대어 합리화시킨 것이다. 목욕, 화장, 육식 금지는 다분히 로마를 의식한 것이었다.

로마가 사치와 타락 때문에 멸망했다기보다는, 멸망으로 가면서 더욱 사치와 타락이 심해졌다고 하는 게 맞다.

두스는 폭정을 일삼다가 반대파 귀족들에게 암살당했다. 이때부터 황제의 지위를 노리는 반란이 연이어 일어나고, 마침내 코모두스 사후 40년 뒤 로마는 군인황제 시대라는 대혼란에 접어든다.

정치적 혼란과 함께 사회경제적 문제도 심각해지고 있었다. 팍스 로마나의 평화는 로마 경제의 주요 원천인 노예 수입을 감소시켰다. 풍요와 안정에 물든 로마인들의 출산율 저하와 전염병의 창궐로 인구도 줄어들었다. 인구 저하는 군인의 감소, 곧 국방력 약화로 나타났다. 당연히 넓어진 영토 너머 게르만족 등 이민족 침입에도 효과적으로 대응하지 못하게 되었다. 마침내 로마 멸망의 길이 시작된 것이다.

033

용맹한 검투사와 자비로운 황제

콜로세움 개막 경기

80

> **교과서 속 한 줄 역사** 로마인들은 실제 생활과 관련이 깊은 실용적인 문화를 발전
> 시켰다. 도로망을 건설하여 제국의 통일성을 유지하려 했고, 상하수도, 목욕탕, 원
> 형극장, 경기장 등을 건설하여 시민들에게 충분한 복지를 제공함으로써 국가에 대
> 한 충성심을 유지하려 했다.

콜로세움, 고대 로마 제국의 영화와 뛰어난 건축 기술을 엿볼 수 있는 기념비적 건축물이다. 베스파시아누스 황제가 착공하여 80년 그의 아들 티투스 황제 때 완성되었으며, 정식 명칭은 '플라비우스 원형경기장'이다. 콜로세움은 그 화려하고 웅장한 외관만큼이나 그곳에서 벌어진 검투사들의 경기에 관한 수없이 많은 전설적 이야기를 품고 있다. 그중에서도 가장 성대하고 화려했을 개막 경기(서기 80년)의 현장으로 가 보자.

검투사가 된 채석장 노예

78년 베스파시아누스 황제가 사망하고 로마 황제의 자리에 오른

티투스는 곧 정치적 위기에 빠졌다. 그해 남부 최대 도시인 폼페이가 화산 분화로 파묻힌 데 이어, 이듬해인 79년 로마에서 대화재가 일어나 수많은 사상자가 났다. 불운한 티투스는 제위를 노리는 야심가들의 암살 음모 속에서 황제 자리를 오래 유지하지 못할 것 같았다.

티투스에게는 로마 시민의 지지와 사랑이 절실했다. 그것만이 그의 제위와 목숨을 지켜 줄 유일한 희망이었다. 그는 아버지와 함께 지난 수년간 정성스레 지어 온 콜로세움에 희망을 걸고 온 힘을 다해 콜로세움 개막 경기를 준비했다.

로마 최고의 검투사 중 한 사람인 베루스는 원래 속주에서 끌려온 채석장 노예였다. 그가 채석장에서 중노동에 시달리며 서서히 죽어 가던 어느 날, 검투사 매니저가 훈련생을 고르러 채석장을 방

고대 로마의 원형 투기장 콜로세움. '거대하다'는 의미대로, 둘레 527미터에 외벽 높이가 48미터에 이른다.

문했다. 베루스는 매니저의 눈에 들기를 간절히 원했지만 안타깝게도 그렇지 못했다.

매니저가 선택을 마치고 채석장을 떠나려 할 때, 베루스는 옆에 있던 강인한 켈트족 출신 노예 프리스쿠스를 두들겨 패기 시작했다. 두 사람의 싸움 솜씨를 본 매니저는 두 사람을 모두 검투사 훈련생으로 발탁했다. 사람들은 죽으러 간다며 비아냥댔지만, 베루스는 기회를 잡았다고 생각했다.

먼저 두각을 나타낸 사람은 프리스쿠스였다. 프리스쿠스는 연전 연승을 거듭하여 네메시스 신상과 자신만의 조그만 숙소도 구하게 되었다. 베루스는 결투에서 지기도 하고 이기기도 하면서 조금씩 이름을 알렸다.

검투사에게는 뒤를 밀어 주는 후원자가 있어서, 그들이 투자한 돈을 보호하기 위해서라도 검투사들을 함부로 죽이지 않았다. 또한, 검투사들은 시합 중에 사망할 수 있으므로 상조회를 만들어 서로 도왔다. 검투사가 죽으면 상조회에서 남은 가족의 뒷바라지를 해 주었다. 베루스도 79년 로마 화재 때 죽은 친구의 아내를 화마에서 구해 냄으로써 친구와의 약속을 지켰다.

얼마 지나지 않아 베루스에게도 행운이 찾아왔다. 그에게 호감을 가진 귀족들 중에는 고위 귀족의 미망인이 있었고, 그녀 덕분이었는지 귀족들의 파티에서 시범 경기를 할 기회를 잡은 것이다. 베루스는 용감하게 싸워 상대를 죽였다. 최초의 살인이었다. 이 일로 귀족들 사이에서 베루스의 평판이 높아졌다.

5만 관중 앞에서 펼친 개막전

마침내 콜로세움 개막식 날, 첫 시합은 죄수들과 맹수의 대결이었다. 며칠 전부터 인육을 먹으며 훈련받은 사자들이 골골대는 죄수들을 먹어 치울 거라고 다들 예상했지만, 5만 관중의 함성에 기가죽었는지 사자들은 경기장을 빙빙 돌 뿐 죄수들에게 덤벼들지 않았다. 관중들이 야유를 퍼붓자, 황제는 대신 조련사를 죽였다.

두 번째 시합은 검투사들의 집단 대결이었다. 수십 명의 검투사가 짝을 지어 붙은 뒤 승부를 가리는 것이었는데, 그날 패배자들은운이 나빴다. 관중들이 첫 시합에서 적당히 피를 봐야 좀 순해질 텐데, 첫 시합의 해프닝으로 오히려 더 사나워졌기 때문이다. 관중들은 패배자의 피를 원했고, 황제는 더 이상의 야유를 견뎌 낼 수 없었다.

15세기 이탈리아 르네상스 시대에 그려진 〈콜로세움 개막일 모의 해전〉. 서기 80년, 투기장안을 물로 채우고 해전까지 연출할 정도로 티투스 황제는 개막식 볼거리에 신경 썼다.

세 번째 시합은 최고 검투사들이 우승을 놓고 벌이는 일대일 게임이었다. 먼저 베루스가 선택받았다. 베루스는 일이 꼬인다고 생각했다. 패배자는 반드시 죽을 것 같았다. 무조건 상대를 죽여야 한다는 마음으로 경기장에 들어선 베루스는 맞은편에 선 상대를 보았다. 상대는 프리스쿠스였다. 자신이 죽음의 땅으로 끌어들인….

막상막하의 싸움, 승부는 쉽사리 갈리지 않았다. 황제는 싸움을 중단시키고, 방패 없이 칼만 들고 싸우라고 명했다. 다시 싸움이 시작되었다. 베루스의 칼이 프리스쿠스의 칼을 부러뜨렸다. 승리감에 환호하던 베루스가 마지막 일격을 날리려던 찰나, 프리스쿠스가 필사의 주먹을 날렸다. 그 통에 베루스도 칼을 잃었다. 두 사람은 이제 주먹에 작은 손칼을 끼운 채 육박전을 벌였다.

치열한 육박전 도중, 황제가 갑자기 싸움을 중지시키더니 판정으로 승자를 가리겠다고 발표했다. 사람들이 침을 삼키며 판정을 기다릴 때, 황제는 두 사람 모두 승자라고 선언했다. 최초의 무승부였다. 5만 관객은 최고의 실력을 보여 준 검투사와 자비로운 황제에게 환호했다.

콜로세움 개막전은 기록으로 남은 유일한 검투사 시합이다. 이 기록 덕분에 그날 경기장의 분위기와 상황, 그날의 스타, 그리고 검투사들의 삶에 대해 알 수 있게 되었다.

베루스는 우승의 대가로 자유인이 되어 로마에서 가정을 꾸리고 행복하게 살았다. 그리고 역사상 가장 시민의 사랑을 받은 황제로 기록된 티투스는 개막전 6개월 후 의문의 죽음을 맞았다.

034

콘스탄티노플, 콘스탄티누스의 도시

콘스탄티누스 황제

 280?~337

교과서 속 한 줄 역사 3세기 게르만과 페르시아의 흥기로 로마의 지배권이 흔들리기 시작했다. 3세기 말 로마는 4등분되었으나, 콘스탄티누스가 다시 제국을 통일하고 밀라노 칙령을 내려 기독교를 공인하였다. 4세기 말 테오도시우스 황제가 기독교를 국교로 정하였지만, 그의 사후 로마는 동서로 분열되었다. 교회 역시 서로마의 로마교회와 동로마의 그리스정교로 분열되었다. 서로마는 5세기 말 몰락했지만, 동로마(비잔티움 제국)는 1천 년 이상 유지되었다.

5현제 시대의 전성기 이후 로마는 약 50여 년간 쿠데타와 암살로 18명의 황제가 나타났다 사라지는 '군인황제 시대'의 혼란기를 겪는다. 284년 즉위한 디오클레티아누스 황제는 혼란을 수습하고자 제국을 4등분하고 2명의 '아우구스투스'와 2명의 '카이사르'가 분할통치토록 했다.

하지만 디오클레티아누스 황제 사후 분할통치는 곧 내전으로 이어졌고, 서방의 카이사르였던 클로루스의 아들 콘스탄티누스가 통일전쟁에서 승리함으로써 로마를 다시 하나로 통일하고 황제 자리에 올랐다.

기독교를 공인한 로마 황제

황제의 자리에 오른 콘스탄티누스는 이후 서양 문명 형성에 커다란 영향을 미친 몇 가지 변화를 이끌었는데, 그중 가장 중요한 것으로 기독교 공인을 꼽을 수 있다.

콘스탄티누스 대제는 어떻게 기독교를 믿게 되었을까? 여러 견해가 있지만, 그의 어머니 헬레나가 큰 영향을 끼친 듯하다.(전설에 따르면 헬레나가 순례 도중 예수가 못 박힌 십자가를 발견했다고 한다.) 하지만 선제인 디오클레티아누스가 기독교를 박해했기 때문에 선제에 충성한 콘스탄티누스 집안에서는 드러내 놓고 기독교를 믿기 어려웠고, 콘스탄티누스 역시 기독교 신앙에 대한 망설임을 안고 있었을 것이다.

하지만 콘스탄티누스 대제는 점차 자신의 승리가 모두 하나님 덕이라는 믿음을 갖기 시작했다. 무엇보다 제우스 등 여러 신을 믿는 다신교는 제국을 통치하는 데 한계가 많았다. 혼란스러운 세상을 이끌려면 절대적인 유일신과, 그 유일신의 보호를 받는 절대 권력자가 필요했다.

마침내 콘스탄티누스 대제는 313년 기독교를 공인하고(밀라노 칙령), 이어 320년 수도를 비잔티움(콘스탄티누스 사후 '콘스탄티누스의 도시'라는 뜻의 콘스탄티노플로 개명)으로 옮겼다. 이후 로마 정치의 중심은 로마에서 콘스탄티노플로 넘어가고, 이곳에서 기독교는 황제들의 보호 아래 번성을 누리며 유럽을 지배하는 종교로 성장하게 된다.

비잔티움 제국의 탄생

그런데 콘스탄티누스의 뒤를 이은 테오도시우스 황제가 395년 사망하자, 두 아들 아르카디우스와 호노리우스가 황제 자리를 놓고 한 치의 양보도 없이 대립했다. 결국 동생 호노리우스가 자립하면서 서로마가 탄생하고, 기존의 콘스탄티노플의 로마는 동로마가 되었다. 이로써 로마는 완전히 분리되어 이후 다시는 하나로 합쳐지지 않았으며, 기독교도 동로마의 기독교와 서로마의 기독교로 나뉘었다. 이후 로마를 기반으로 한 서로마는 무기력하게 이어지다, 475년 게르만족의 침입을 받아 멸망한다.

서로마가 멸망한 뒤 동로마를 전성기로 이끈 황제는 6세기 유스티니아누스 대제다. 그는 게르만에 빼앗긴 서로마의 영토 대부분을 회복하고 로마의 부활을 선언했다. 또, 광대한 제국을 통치하기 위해 기존의 법전을 수정하여 '유스티니아누스 법전'을 완성했다. 이로써 로마법은 시민법에서 보편성을 추구하는 만민법으로 발전하였으며, 로마 법치주의가 '나폴레옹 법전'으로 대표되는 근대 유럽 법치주의로 이어지는 데 크게 공헌했다.(중세 유럽은 로마와 같은 법치주의 국가가 아니었다.)

하지만 유스티니아누스 사후 동로마의 서로마 지역 영토는 곧 이슬람과 프랑크 왕국에 넘어갔고, 이후 동로마의 영토는 두 번 다시 지중해 중부와 서부로 넘어가지 못했다. 대략 이 시기부터를 '비잔티움 제국'이라고 부른다. 고대 그리스 시대 지중해 동부 지역을 지칭하는 명칭 '비잔틴'에서 따온 이름이다.

동로마의 기독교 '그리스정교'

비잔티움 제국, 곧 동로마의 공용어는 로마어였고, 동로마 황제는
기독교의 수호자였다. 지명과 인명도 로마식으로 기독교의 정통이
라는 자부심도 대단했다. 그러나 서유럽에 중세 사회가 성립되면서
동로마는 유럽과 다른 존재, 아시아에 가까운 존재이자 유럽 고대

◈ 같은 기독교도에 파괴당한 콘스탄티노플

비잔티움 제국의 중요한 힘의 원
천은 수도 콘스탄티노플이었다.
난공불락의 3중 성벽 안에 중세
시대 가장 아름다운 성당으로 꼽
히는 성소피아 성당이 웅장하게
서 있고, 높이 12미터의 기둥 위에
서 고행하는 사제가 기도하고, 유
럽과 아시아의 사치품이 거래되는
수십만의 시민과 여행객들로 붐비
는 그곳에 거대한 황제의 궁궐이
위압적인 모습으로 외교사절들을
맞이했다.

〈십자군의 콘스탄티노플 함락〉. 1204년 4월 14
일 벌어진 제4차 십자군의 침탈을 묘사한 그림
이다. 18세기 프랑스 낭만파 화가 들라크루아의
작품으로, 루브르 박물관에 있다.

비잔티움 제국은 1천 년의 기나긴 시간 동안 여느 제국처럼 정치적 안정과 혼란을 번갈
아 겪었는데, 제국은 조금 위축되어도 지정학적 요충지에 위치한 도시의 경제적 · 군사
적 힘 덕분에 쉽사리 몰락하지 않았다.

도시의 몰락을 부른 첫 사건은 '십자군 전쟁'이었다. 자금 부족으로 허덕이던 제4차 십
자군(1202)은 베네치아 총독 엔리코 단돌로에게 의존했는데, 단돌로가 당시 비잔티움
제국의 수중에 놓여 있던 동방무역의 주도권을 빼앗을 욕심으로 제국의 수도인 콘스탄
티노플 약탈을 제안하였다. 뒤통수를 맞은 콘스탄티노플은 단 한 차례의 공격으로 함
락되었고, "모든 역사를 통틀어 이렇게 많은 약탈을 자행했던 군대는 없었다"(어느 프
랑스 십자군의 기록)고 할 정도로 철저하게 파괴되었다. 이후 도시는 힘을 회복하지 못
했고, 1453년 오스만튀르크의 공격을 받아 함락되었다. 제국과 도시가 함께 멸망함으
로써 파란만장한 1천 년 동로마의 역사와, 로마 2천 년의 역사가 비로소 막을 내렸다.

사의 중심인 로마와 별개의 존재로 인식되기 시작했다. 우리에게도 '로마의 멸망'은 475년 서로마 멸망을 의미하지 1453년 동로마 멸망을 뜻하지 않는다. 유럽이 로마를 관념적으로 계승하면서, 실제 로마를 계승한 나라는 정작 로마와 분리된 것이다.

동로마는 훗날 프랑크 왕국의 카롤루스 황제를 수호자로 하는 로마 가톨릭과 대립하게 되었고, 이 대립은 오늘날까지도 그리스정교(동로마 제국에서 발달한 기독교는 로마 가톨릭과 다른 독자적 교리와 조직을 갖춘 교회로 성장하였다. 이를 '그리스정교'라고 한다.)와 기독교의 대립으로 이어지고 있다.

동로마의 그리스정교는 동유럽 슬라브족에게 퍼져 나갔다. 9세기 중엽 모라비아 왕국이 선교사를 요청하자, 동로마의 미카엘 3세는 키릴로스와 메토디오스를 파견하였다. 이들은 능통한 슬라브어로 그리스정교를 전파하는 한편, 그리스 문자에 기반을 둔 새로운 문자를 만들었다. 이 문자를 키릴로스의 이름을 따 '키릴 문자'라 한다. 이를 계기로, 히브리어와 라틴어를 고집한 서유럽 선교사들이 별 성과를 얻지 못하고 있는 동안, 그리스정교는 동유럽의 지배적 종교가 되어 오늘날까지 이어지고 있다.

035

평범한 군웅들의 시대

삼국시대

 220~280

교과서 속 한 줄 역사 한나라 때부터 호족들이 계속 성장하여 소농민들을 지배하면서 대토지 소유를 확대해 나갔다. 한이 멸망한 후 중국은 위, 촉, 오 삼국으로 분열되었다.

복숭아꽃이 흐드러지게 핀 아름다운 봄날, 유비, 관우, 장비 세 사람은 복숭아나무 아래서 형제의 연을 맺고 한날한시에 죽을 것을 맹세했다.(도원결의桃園結義) 세 사람은 혼란에 빠진 한나라를 구하기 위해 지방 상인의 후원을 받아 수백 명의 의병을 무장시키고 자신들도 '쌍고검'(유비), 80근의 '청룡언월도'(관우), 18척의 '장팔사모'(장비)를 들고 길을 떠났다. 그 뒤 세 사람은 전설의 무용을 뽐내며 한나라 왕실의 부흥을 내걸고 영웅적 활약을 펼친다.

나관중의 소설 《삼국지연의》의 줄거리다. 익히 알려진 이야기인데 좀 비현실적이라는 생각이 들지 않는가? 평범한 사내들이 무기를 손에 들고 나아가 천하를 주무른다? 평범한 남자가 거미에 물린 뒤 세상을 구하는 영웅이 된다는 할리우드 영화 〈스파이더맨〉과 얼핏 비슷해 보이기도 한다. 유비, 관우, 장비 그들은 어떤 사람들이기에 그런 힘을 갖게 된 걸까?

망해 가는 한나라, 강력한 호족들

세 사람이 활약한 때는 한나라 왕실이 힘을 잃어 각 지방의 힘 있는 호족들이 패권을 놓고 다투던 군웅할거의 시기였다.

한나라 때부터 성장하기 시작한 호족은 지방 대토지 소유자로서 지방 농민들을 지배하고 독자적인 무력을 보유하기도 했다. 이들이 소농민의 토지를 빼앗고 지역민들을 억압하고 수탈하면서 점차 사회 불만이 고조되었지만, 한 무제 사후 지방 통치가 느슨해지면서 중앙정부가 이를 통제하지 못했고, 오히려 정부의 실정이 더해지면서 상황이 더욱 악화되었다.

호족의 횡포로부터 백성을 구하겠다며 외척 '왕망'이 황제를 독살하고 신新나라를 건국하였다. 왕망은 토지개혁을 실시하여 호족 문제를 일소하려 했지만 비현실적 개혁으로 오히려 혼란을 가중시켰다. 결국 신나라는 망하고 다시 혼란에 빠진 나라를 한나라 왕족 유수('광무제光武帝')가 나서서 수습하고 한나라 왕실을 복원하니 이때부터를 '후한後漢'이라 한다.

하지만 광무제 이후에도 딱히 호족 문제를 해결할 방도는 나오지 못했다. 외척의 발호로 중앙 정치가 어지러워지면서 나라는 다시 흔들렸고, 급기야 후한 영제 때 환관 '십상시'의 전횡으로 상황은 최악으로 치달았다. 결국 분노한 민중들이 도교의 일파인 오두미도五斗米道에 빠져 '황건적의 난'을 일으키면서 한나라는 멸망의 길로 접어들었다.

'황건적의 난'을 토벌하기 위해 지역에서 호족들이 의병을 일으켰고, 난을 진압하는 과정에서 일부 무장 세력이 독립하기 시작했다. 이들은 한 지역에 둥지를 틀고 정착한 뒤 인재를 모으고 군대를 양성하여 점차 자립하였으니 허창의 '조조', 기주의 '원소', 화남의 '원술', 강남의 '손권', 서촉의 '유장', 서주의 '여포' 등이 대표적이다. 이들은 지방의 유력한 호족이거나 중앙의 무장 출신이었다. 마치 신라 장군 견훤이 후백제를 건설하고 개성 호족 왕건이 고려를 건설한 것과 마찬가지다.

유비의 한계, 과거로의 회귀

유비, 관우, 장비도 지방 호족 출신이었을까? 세 사람의 출신은 정확히 알 수 없다. 정사는 도원결의 이후부터 다루고 있다 해도 과언이 아니고, 야사는 통일된 내용 없이 제각각이며, 소설에서도 작가의 상상력에 따라 다양하게 그려진다.

다만, 유비는 한나라 황실의 황족이라는 점에서 호족이었을 가능성이 높다. 관우와 장비는 높은 무예로 볼 때 호족 집안에서 양성된 무인이었던 것 같다. 그래서 동탁을 토벌하러 나선 '호로관 전투' 때 두 사람이 '마궁수' '보궁수' 같은 평민 병사의 직책을 받았을 것이다. 그들이 호족이었다면 미관말직이라도 장교의 직책을 받지 않았을까?

출신이야 어떻든 유비는 형주와 서촉을 중심으로 자립하였다. 진晉나라 때 진수가 지은 정사《삼국지》에 따르면 서촉의 지배자 유장의 신하들이 그를 지지하였다고 하는데, 아마도 이들은 유장에게 반기를 든 호족 세력이었을 것이다. 마치 후고구려의 호족들이 궁예에게 반기를 들고 왕건을 옹립한 것처럼 말이다. 그러고 보면 유비의 자애로운 이미지는 호족을 향한 일종의 제스처였을 것이다.

난립하던 세력이 어느 정도 정리되고 유비가 손권의 오나라와 연합하여 적벽대전에서 위나라에 승리를 거둔 후 조조의 위魏나라·유비의 촉한蜀漢·손권의 오吳나라 삼국이 정립하였다. 촉한은 한때 위를 공격하여 번성을 점령할 정도로 강했다. 위나라는 수도

◈ 제갈량이 울면서 마속을 죽인 이유

유비 사후 제갈량은 위나라를 공격하면서 보급로의 요충지를 마속에게 지키도록 했다. 마속은 제갈량의 후계자 중에서도 각별한 총애를 받은 인물이다. 제갈량은 마속에게 산 아래에 진을 치라고 주문했는데 마속은 이를 어기고 산 위에 진을 쳤고, 이 때문에 전투에서 패배하고 말았다. 제갈량은 '울면서 마속을 죽였으니', 이를 '읍참마속泣斬馬謖'이라 한다.

마속의 명령 불복종은 현지 사령관의 재량권 문제로 볼 수도 있지만, 문제는 이런 일이 반복되었다는 것이고 이는 제갈량에게 큰 고민거리였다. 제갈량은 형주의 장수로서 항복해 온 위연을 의심했고, 유장의 휘하 장수였다가 항복한 법정의 배신으로 큰 낭패를 겪기도 했다. 유력한 장수와 신하의 배신이 거듭 일어난 것은 그만큼 촉의 권력이 취약했음을 의미한다. 제갈량이 호족의 지지를 받지 못했거나 혹은 그의 정치적 신념에 따라 그들과 충돌했음을 뜻하는 것으로 볼 수도 있다.

를 옮길 것을 고려할 정도로 궁지에 몰렸다.

하지만 위나라가 구품중정제(지방 출신 중정관이라는 관리가 출신 지역의 인재를 9등급으로 나누어 추천하면 국가에서 등급에 맞는 관직을 주는 제도) 등을 통해 인재를 등용하고 제도를 정비할 때, 유비는 제갈량 등 유가를 등용하며 복고적 통치를 하였다. 한나라 황실을 계승한 황족의 한계일까? 유비의 촉한은 미래로 나가려 하기보다 과거의 좋았던 시절로 되돌아가려 했다.

제갈량의 엄격한 통치, 끊임없는 부하들의 동요와 불복종, 유비 사후 뒤를 이은 아들 유선의 무능함을 하나로 묶어 보면 결국 촉은 서측·형주 호족 세력들의 지지를 잃은 것으로 볼 수 있다. 즉, 위가 호족을 중앙 귀족으로 등용하여 통제한 반면, 촉은 호족과의 관계를 푸는 데 실패한 것이다. 결국 촉은 삼국 중에서 가장 먼저 멸망하고 말았다. 이는 호족의 시대라는 시대적 배경을 고려할 때 당연한 결과였다.

036

물질적 쾌락을 노래하다

위나라와 진나라

 265~589

교과서 속 한 줄 역사 위진남북조 시대의 정치적 혼란은 노장老莊사상에 대한 관심을 불러일으켰고, 탈속적인 삶을 동경하던 귀족들은 청담淸談사상을 유행시켰다. 귀족들은 장원 소유 등 풍부한 경제력을 바탕으로 실용성보다 화려하고 품격을 중시하는 다양한 귀족문화를 발전시켰다.

삼국시대 조조가 기틀을 다지고 그 아들 조비가 세운 위나라는 265년 사마씨의 진晉나라에 의해 멸망함으로써 짧은 역사를 마감한다.

처음 사마씨를 일으킨 이는 제갈량과 오장원에서 싸운 사마의이다. 사마의가 정변을 일으켜 권력을 잡았고, 사마의가 죽은 뒤 아들 사마사와 사마소 때 위나라는 서류에만 존재하는 신세가 되었다가 사마염 때 이르러 망하고 진나라 왕조가 시작되었다. 이미 촉은 망한 상태에서 진나라는 오나라를 멸하고 삼국을 통일하여 중원에 또 한 번의 통일왕조를 세웠다.

문벌 귀족의 사치 경쟁

진나라 때부터 문벌 귀족의 시대가 열린다. 위나라는 구품중정제를 도입하여 지방의 중정관에게 인재를 추천하도록 했는데, 호족들이 자신들을 추천하면서 중앙으로 진출하기 시작했다. 이를 통해 중앙 귀족화한 호족들이 문벌 귀족이다. 문벌 귀족들은 통일의 안정적 분위기와 풍부해진 물질을 마음껏 누리며 찬란하기 그지없는 귀족 문화를 발전시켰다.

이 시기의 대표적인 귀족이 '석숭'이다. 석숭은 형주자사 시절 휘하의 군사력을 이용하여 지나가는 상인들의 돈을 빼앗아 재산을 축적하고 권력을 휘둘러 대토지를 소유하여 엄청난 부를 축적했다. 그 돈으로 낙양 서쪽에 금곡원이라는 대저택을 지었는데 어찌나 호화스러웠는지, 변소조차 아름답게 꾸미고 화려하게 치장한 시녀 10여 명을 두어 향수와 화장품을 들고 접대하게 하여 손님들이 침실인 줄 알았다는 기록이 있다.

석숭과 부를 다툰 귀족이 '왕개'이다. 그는 사마소의 처남으로서 황제의 총애를 받았으며 이를 이용해 부를 축적했다. 당시 귀족들이 야외에 나가면 잡인들이 보지 못하도록 장막을 치곤 했는데, 왕개의 비단 장막은 60리에 걸쳤다고 한다. 그는 음악을 연주하던 악사가 음이 좀 틀린 것을 트집 잡아 죽여 버릴 정도로 잔인했다. 석숭과 재산을 다투던 왕개가 석숭에게 밀리자 황제가 보물인 산호수를 내주었다니 귀족들의 사치 경쟁이 가히 점입가경이었다.

자연으로 돌아가다, 죽림칠현

귀족들의 사치는 모두 백성들에게서 빼앗아 온 것이었다. 당연히 그들의 사치가 심해질수록 백성들의 삶은 피폐해지고, 또한 그렇게 사치를 누리고 싶어 하는 자들도 많아졌다. 권력을 잡으려는 사마씨들 사이에서 내란('팔왕의 난')이 일어나 가족과 친족을 멸하는 눈 뜨고 볼 수 없는 골육상쟁이 벌어지기도 했다.

마침내 지각 있는 사람들 중에 물질과 권력을 멀리하고 자연으로 들어가 은둔하려는 이들이 나타났으니, 그 대표적인 일곱 사람을 '죽림칠현竹林七賢'이라 한다. 완적, 상수, 산도, 완함, 유영, 혜강, 왕융이 그 주인공이다.

'혜강'은 위나라 공주의 남편으로 유력한 귀족이었지만 물질의 덧없음을 한탄하며 은둔 생활을 하였다. 거문고와 피리를 잘 연주했다고 하는데, 특히 그가 연주한 〈광릉산〉이 유명하다. 그는 직업의 귀천에 얽매이지 않아 훌륭한 금속 세공 기술을 연마하는 한편, 연금술에도 조예가 깊어 귀족들의 눈살을 찌푸리게 했다. 행동이 괴팍하고 표현이 거침없어 권력자들의 미움을 받았고 결국 모함을 받아 사형당하고 말았다.

'완적'은 '백안시白眼視'(남을 업신여기거나 홀대할 때 눈알의 흰자위로 흘겨봄)라는 말의 주인공으로 유명하다. 그가 모친상을 당했을 때 여러 조문객이 왔는데 그중 아첨을 일삼는 혜희가 오자 흰자위를 드러내며 사납게 노려보았고, 혜희의 형인 혜강이 오자 따스한 눈으로 맞이하고 진심으로 슬픔을 나누어 이로부터 '백안시' '청안시青眼視'라는 말이 나왔다. 귀족 출신에 장교 경력을 가진 완적은 죽림칠현의 중심 인물로서, 특히 비판적이고 우울한 시로 유명하다.

하지만 죽림칠현이라고 다 같지는 않았다. '상수'는 혜강과 함께 대장간 일을 하고 '유영'은 술로 세월을 보냈지만, 능력을 발휘하여 높은 지위를 누린 이도 있다. '산도'는 칠현과 함께 어울리다가 사마씨에게 등용된 뒤 혜강에게 절교를 당했다. 또한 '왕융'은 혜강과 절친한 사이였지만 부친상 이후 출사하여 형주자사·이부상서·중서령 등의 고위 관직을 지냈다.

◈ **사치와 예술의 관계, 남조의 귀족문화**

귀족의 사치와 향락, 그리고 내란에 허우적대던 진晉이 316년 흉노의 침입으로 멸망하고, 사마예가 양쯔 강 남쪽으로 내려가 다시 진 왕조를 재건하니 이를 '동진東晉'이라 한다.(이전의 진나라는 '서진西晉'이라 칭한다.) 동진 이후 남쪽 지역에 한족 왕조인 송宋·제齊·양梁·진陳 네 개 왕조가 교체하여 나라를 세우니 이 시기를 '남조 시대'라 한다.

대영박물관에 소장된 〈여사잠도〉 부분.

귀족문화는 동진의 수도 건강을 중심으로 남조 시대에도 계속 맥을 이어 갔다. 이 시대 귀족들의 후원을 바탕으로 주옥같은 예술 문화가 발전하니 왕희지, 고개지, 도연명이 대표적 인물들이다.

왕희지는 최고의 서예가로 훗날 당 태종이 그의 작품을 모두 무덤으로 가져갔다고 할 정도로 명성이 높아 '서성書聖'이라 불렸다. 굽이돌아 흐르는 물에 찻잔을 띄우고 시를 읊는 '유상곡수流觴曲水'를 즐긴 것으로도 유명하다.

고개지는 박력 있는 필치로 〈여사잠도〉 등 남조 시대를 대표하는 미술 작품들을 남겼으며, 도연명은 〈귀거래사〉 같은 자연적 시로 사랑을 받았다. 이들은 모두 전쟁과 사치로 얼룩진 남북조 시대에 은둔 생활을 하며 철학적이고 격조 높은 작품들을 남겼다. 그런데 이들의 문예가 화려하게 꽃피울 수 있었던 것은, 그들의 작품을 사 주는 귀족들의 수요가 있었기에 가능했으니 역사의 아이러니라고 할까?

위·진 교체기에 혼란한 정치에 등돌리고 거문고와 술로 청담사상을 꽃피웠다고 알려진 '죽림칠현'. 그러나 산도와 왕융은 현실 정치에 적극 참여하였다.

이 시기 한족의 문벌 귀족들이 누린 화려하고 사치스러운 문화는, 이후 수·당 대 중국의 전성기를 맞아 한층 더 빛이 났다. 시선詩仙으로 추앙받는 당나라 이백李白의 시, 당삼채(백색 바탕에 다양한 색의 유약으로 무늬를 그린 도기)의 화려한 색채, 당 태종 능의 웅장함은 이런 배경에서 나온 것이다.

하지만 한편으로 물질문화를 경계하고 자연으로 돌아가고자 하는 노력도 함께 나타났으니, 죽림칠현의 '청담淸談'(노장사상을 기초로 세속적 가치를 초월한 형이상학적 사유와 정신적 자유를 중시하는 철학 풍조)이나 두보杜甫의 시는 그래서 더욱 빛이 나는 것이다.

037

당나라가 누구 덕분에…

수나라

581~618

교과서 속 한 줄 역사 남북조 시대를 통일한 수는 과거제를 시행하였으며, 중국 남북을 연결하는 대운하를 건설하는 등 대규모 토목사업을 벌였다. 하지만 무리한 토목사업과 고구려 원정으로 농민의 반란이 일어나 멸망하였다.

진이 망하고 사마예가 강남(양쯔 강 이남)으로 내려가 '동진東晉'을 건설하면서 양쯔 강 이북 지방은 유목민족의 세상이 되었다. 흉노·선비鮮卑·저氐·갈羯·강羌 다섯 유목민족(5호)이 세운 16개 나라가 난립하였다고 하여 이 시기를 '5호 16국' 시대라 한다. 대부분의 나라들이 30년 전후의 역사를 끝으로 단명하였고, 창건자가 죽으면 나라도 따라 망한 경우가 많아 딱히 기록할 만한 것이 없는 혼란의 시대였다.

유목민족 국가, 혼란의 북조 시대

그래도 이 중 국가로서 상당한 수준에 오른 나라가 저족이 세운

'전진前秦'이다. 유능한 지도자 부견이 한족 왕맹을 등용하여 북쪽 지방 대부분을 장악하면서 통일의 기운이 무르익었다. 하지만 383년 남쪽의 동진을 공격하다 '비수대전'에서 패하고 지역 지배권을 상실하면서 혼란이 지속되었다.

전진은 비록 통일에는 실패했지만 상당한 국력을 축적했고, 이후 등장하는 유목민족 국가에 안정적인 통치의 모범을 보였다. 비수대전 3년 후인 386년 산서성 대동에서 '북위'가 건국하여 선비의 '후연', 흉노의 '북량'과 '하', 한족의 '북연' 등을 차례로 멸망시키고 화북華北 지방(황허 강 중·하류 유역)을 통일했으니 이때부터를 본격적인 '북조 시대'라 한다.

북위는 국가 난립의 혼란을 극복하고 유목민족 국가를 발전시켰다. 특히 북위의 효문제孝文帝는 한화漢化 정책을 통해 문물을 발달시키고 불교를 장려하는 등 전성기를 이끌었다. 이 시기 북조의 힘은 고구려와의 치열한 전쟁과 불교의 수용을 통해 알 수 있다.

6세기 중엽 북위의 국력이 쇠퇴하면서 동위와 서위, 북제와 북주 등으로 분열되었지만, 결국 북주가 북제와 남조의 마지막 왕조인

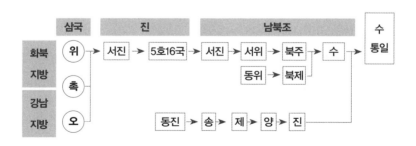

후한 이후 위·촉·오의 삼국시대를 거쳐 수나라가 성립하기까지 왕조표.

'진陳'을 정복하여 통일을 이룩하였다. 통일 이후 북주가 국호를 '수隋'로 바꾸면서 수나라의 시대가 시작된다.

37년 만에 망한 나라

수나라는 불과 37년 만에 망한 단명한 왕조이다. 우리에게는 무모하게 고구려를 공격했다가 살수대첩에서 대패한 어리석은 수 양제煬帝로 기억되는 나라이다. 수 양제는 거대한 궁궐을 짓고, 개인 유람을 위해 대운하를 팠으며, 고구려 정벌에 113만 명의 대군을 동원하는 등 무모한 대역사를 일으켜 멸망을 자초했다. 수나라에 대한 역사적 평가가 박하기는 중국도 마찬가지다. 한족을 자처했지만 선비족에 더 가까운 혈통 탓인지 특히 수 양제의 실정에 대해 가혹하다.

하지만 수나라가 중국사에 커다란 족적을 남긴 것만큼은 부정할 수 없다. 수 양제의 폭정이 너무 도드라져서 그렇지, 수나라 자체가 심각한 문제를 안고 있었던 것은 아니다.

먼저 수나라 제1대 황제인 수 문제文帝는 기존의 군현제를 폐하고 '주현제'를 실시하여 지방제도를 간소화하고 중앙집권을 강화하였다. 또한 북위 때 시작된 균전제를 토대로 '조용조租庸調'(조租는 토지에, 용庸은 사람에게, 조調는 호戶에 부과하는 조세 체계)와 '부병제'(병농兵農일치의 군사 제도)를 만들었으니, 당나라의 기본 제도를 미리 마련했다고 볼 수 있다. 무엇보다 중요한 업적은 동아시아 1천 년 역사를 규정하는 제도 중 하나인 '과거제'를 실시한 것이다.

수 문제의 뒤를 이은 수 양제의 가장 큰 업적은 대운하 건설이다.

수나라의 수도 장안이 위치한 황허 유역은 중국 문명의 탄생지이지만, 추운 북쪽 지방이고 비옥한 곳도 아니다. 봄마다 우리를 괴롭히는 황사의 발원지가 황하 상류 지방인 데서 알 수 있듯 건조하고 굴곡이 많은 지역이다.

그에 비해 양쯔 강 유역의 강남 지방은 따뜻하고 비옥하고 강수도 풍부한 곡창지대로서 경제적 가능성이 무궁무진하다. 이 지역은 남북조 시대 남조 정권에 의해 이미 개발되어 있었다. 북쪽에 중심을 둔 정권으로서는 수단 방법을 가리지 않고 남쪽의 물산을 끌어와야만 했다. 이를 가능하게 한 것이 바로 수 양제의 대운하이다. 수 건국 당시 정부에 등록된 농지가 1,940만 경庚(1경은 60리)에서 20년 뒤 5,580만 경으로 늘어난 것이 이를 대변한다.

수나라의 멸망 원인

수나라가 멸망한 원인은 크게 세 가지다.

첫째는 고구려 원정 실패이다. 심혈을 기울인 국가적 사업이 실패로 돌아갔고 수십만 명의 인명이 희생되었다. 이는 신생 국가에 치명적이었다.

둘째, 민생을 제대로 돌보지 못한 탓이다. 대운하로 얻은 경제적 이익은 전쟁 준비와 귀족의 사치로 들어갔다. 그 이익이 민생으로 환원되는 것은 당나라 때에야 가능했다.

셋째, 정치 내부의 권력투쟁이다. 수나라 건국 이전인 북주 시절, 한족과 유목민족이 결합하여 형성한 정치 세력 '관롱關隴 집단'(관중 지방 출신 중심의 지배층)이 수나라 건국 초기 숙청당한 데 앙심을 품고 고구려 원정 실패 이후 반란에 앞장섰다.

결국 국가적 사업 실패와 정치권의 내부 분열이 민생 정책 실패와 맞물려 대규모 반란 사태로 이어지면서 신생 국가의 느슨한 통치 체제를 깨뜨린 것이다.

618년 수는 결국 멸망했고 이어 당唐이 건국되었다. 당은 균전제와 과거제, 대운하의 안정적 기틀 위에서 소소한 위기들을 극복하고 전성기를 이룩했다. 외부적으로도 숙적 고구려와 돌궐을 무너뜨리는 데 성공했다. 물론 당 태종과 측천무후 등 유능한 지도자의 힘이 컸지만, 역시 수가 마련한 기틀을 잘 활용한 덕분이다.

038

불교판 '인디애나 존스'

현장

602?~664

교과서 속 한 줄 역사 당나라 시대에는 남북조 시대 이래 발달한 귀족문화와 활발한 대외 교류로 국제적 성격의 문화가 발달하였다. 또한 당 대 정토종, 선종 등의 불교 종파가 성립되었다.

'북조 시대', 특히 북위의 효문제孝文帝가 불교를 적극 장려하면서 중국에서 불교는 기존의 제자백가를 제치고 국가적 종교로 성장했다. 중국 불교는 서기 1세기경 유목민족에 의해 비단길을 통해 처음 들어왔는데, 특히 6세기 남북조 시대에 달마대사가 참선 수행을 중시하는 '선종禪宗'을 개창한 것이 주목할 만하다. 하지만 유가나 도가에 밀려 교리 발전이 더뎠고, 수·당 대에 이르러서야 불교 발전을 위한 연구에 본격적으로 정진했다.

당시 중국 불경은 대부분 한자로 번역된 것들이었다. 경전은 번역하는 과정에서 종종 왜곡이 일어난다. 왜곡을 바로잡으려면 원문을 확인해야 하므로 7세기 이후 많은 동아시아의 승려들이 인도에 가고자 했다. 대표적인 인물이 중국의 '현장玄奘'이다.

당에서 인도까지, 경전 찾아 5만 리

수 문제 말기인 602년 유가 집안에서 태어난 현장은 불가에 뜻을 두어 13세에 출가했다. 현장은 유가 집안 출신답게 경전 연구에 열과 성을 다했는데, 그 과정에서 경전들의 모순을 확인하고 심각하게 고민하여 장안에까지 가서 불교를 공부했다. 하지만 어느 책도, 누구의 가르침도 그를 만족시키지 못했다. 현장은 인도로 직접 가서 경전을 구하고 고승을 만나 배우기로 결심했다.

현장이 인도행을 결심한 것은 620년 즈음으로, 수가 망하고 당이 건국하였으나 돌궐과의 전쟁, 왕자들의 왕위 계승 다툼으로 흉흉하기 그지없던 시절이었다. 마침내 626년 '현무문의 변'(당 고조의 후계자 자리를 놓고 벌어진 장남 이건성과 차남 이세민의 다툼)으로 황태자 건성과 왕자 원길이 죽고 이세민(당 태종)이 새로 황태자에 오르면서 실권을 장악했다. 현장은 인도행을 몇 번이나 청했지만 중국 조정에서는 승려의 출국을 엄격히 제한하여 불허했다. 정치적 혼란으로 신청마저 어려워지자, 현장은 그대로 중국을 탈출했다.

당시 인도행은 국경의 검문을 피하고 험한 사막을 건너야 하는, 그야말로 목숨을 건 일이었다. 현장은 사막의 오아시스를 연결하는 길을 따라 인도로 향했다. 아슬아슬한 줄타기 같은 여정이었다. 자칫 길을 잃으면 그대로 사막에서 죽을 수도 있었다. 현장이 인도까지 가는 동안 겪은 숱한 위험은 한 편의 모험영화나 다름없다.

마침내 인도에 도착한 현장의 감격이 어떠했으랴! 그는 훗날 《대

당서역기大唐西域記》에 자신이 본 인도의 불교와 풍속을 세세히 남겼다. 그중 부처가 처음 설법한 '녹야원'에 대한 설명을 보자.

"여러 층의 처마와 누각은 아름다운 구상이 더할 나위 없다. 승도는 1,500명으로 소승小乘을 학습하고 있다. 큰 담장 안에 높이 2백여 척 되는 정사가 있으며, 위에는 황금으로 조각된 암라과菴羅果가 만들어져 있다. 돌로 기단과 계단이 만들어져 있고, (중략) 그 계단은 1백을 헤아릴 정도인데 모두 황금 불상이 조각되어 있다."

혜초와 엔닌, 서유기까지

당시 인도는 굽타 왕조 말기로 힌두교가 성하고 불교는 쇠퇴할 때이지만, 그래도 많은 불교 유적과 경전과 고승들을 만날 수 있었다.

물론 인도 여행도 평안하지는 않았다. 배를 타고 인더스 강을 지나다 폭풍에 휩쓸려 어렵게 구한 불경 50여 편을 잃어버리기도 했고, 산적 떼에게 가진 것을 모두 빼앗기고 강물에 버려져 하마터면 익사할 뻔했다.

고생 끝에 645년 현장은 당나라로 돌아왔다. 당시 고구려와의 전쟁을 눈앞에 두고 있던 당 태종

수 문제 말기에 출가하여 경전을 구하러 인도로 떠나는 현장.

은 현장의 탈출죄를 사면하고, 그가 인도에서 가져온 경전을 연구하고 인도에서 보고 들은 것을 기록으로 남길 수 있도록 도와주었다. 현장은 불교의 모든 경전에 도통하다 하여 '삼장三藏'이라고도 불렸으며, 법상종을 창건하여 동아시아 불교에 큰 족적을 남겼다.

현장의 인도 구법 여행은 훗날 많은 스님들에게 영감을 주었다. 신라 '혜초'의 인도 여행이나 일본 '엔닌'의 당나라 유학은 현장이 열어 놓은 구법의 길을 따라 실천한 것이었다. 특히 혜초가 현장 사후 100년 뒤 인도를 여행하고 쓴《왕오천축국전》은 오늘날의 불교와 인도 불교의 변화를 살펴볼 수 있는 귀중한 자료이다.

명나라 때 완성된 소설《서유기》도 현장의 여행을 주요 소재로 한 것이다. 삼장법사가 인도로 구법 여행을 떠나며 손오공·사오정·저팔계와 함께 겪은 모험담은 현장의 여행에 대한 우화이다. 그렇게 현장의 여행은 동북아 3국 불교의 역사적 사건으로 후대에 길이길이 계승되었다.

039

힌두는 어떻게 인도를 정복했나

굽타 왕조

320~550

교과서 속 한 줄 역사 4세기 인도 대륙에 굽타 왕조가 등장했다. 이 시대에는 불교가 쇠퇴하고 힌두교가 크게 융성하기 시작하였으며, 브라만이 사용하는 산스크리트어가 인도의 대표 언어가 되고 〈마누 법전〉이 편찬되어 카스트제 중심의 사회규범이 체계화되었다.

태초에 브라흐마가 세상을 창조하고 영원한 휴식에 들어갔으니, 이후 세상은 평화의 신 '비슈누'가 보존하고 보호한다. 그가 세상을 수호하기 위해 지상으로 내려오니 이를 '아바타'(분신·화신을 뜻함)라 한다.

비슈누는 이미 아홉 번의 아바타를 거쳤다. 최초의 아바타는 대홍수로부터 인류의 조상 마누를 보호했고, 아직 출현하지 않은 열 번째 아바타(칼기)는 현세의 마지막에 모든 악행과 불의를 멸망시키기 위해 나타날 것이라고 한다. 부처도 비슈누의 화신 중 하나라고 한다.

'시바'는 이 세상을 파괴하는 신으로서 아직 나타나지 않았다. 시바가 나타날 때가 바로 우주 종말의 순간이다. 그가 세상을 파괴하면 새로운 세상이 탄생하므로 시바는 재생, 혹은 부활의 신으로도 불린다.

우리에게는 조금 생소한 힌두교 신들의 이야기다. 오늘날 8억 이상의 신도 수를 자랑하는 힌두교는 어떻게 인도 대륙을 정복했을까?

불교의 실패, 브라만교의 부활

브라만교와 카스트 제도에 대항하여 불교가 탄생했지만, 불교는 브라만교의 벽을 넘어서지 못했다. 인도 불교가 안고 있는 여러 한계 중 가장 중요한 것은 교리 문제였다. 구체적으로 브라만교의 '윤회'와 불교의 '카르마'(업業)가 다르지 않다는 것, 또한 해탈과 열반을 강조하다 보니 일반 중생들이 믿기 어려워 승려 중심으로만 교단이 운영되었다는 점 등이다.

승려가 절대적 권위를 갖다 보니 그들의 타락과 부패를 견제할수 없었고, 대승불교의 산스크리트어 경전은 극소수 지식인들만 해독할 수 있었다. 결국 낮은 사람들에게 임하지 못하여 배척당하고만 것이다.

불교가 실패하면서 인도에서는 《베다》 경전을 근거로 한 브라만교가 다시 융성했다. 이를 힌두교 교단으로 이끈 인물이 '상카라'이다. 9세기 초에 활동한 상카라는 부처 다음 가는 위대한 설법자로 꼽힌 철학자로서, 힌두교단의 성립과 남부 아시아에서의 포교에 큰역할을 하였다. 이렇게 힌두교는 브라만교뿐 아니라 불교·자이나교 등 다른 종교들을 유연하게 흡수·융합하면서 4세기경부터 '인도의 종교'로 자리 잡았다. 오늘날 8억 이상의 신도 수를 자랑하는 인도 힌두교는 이렇게 인도 대륙을 정복하였다.

카스트 옹호한 '마누 법전'

불교에 대한 힌두교의 반격은 굽타 왕조 때인 4~6세기부터 시작되었다. 쿠샨 왕조 이후 갠지스 강 유역의 마가다 지역을 중심으로 찬드라굽타 1세가 일으킨 굽타 왕조는, 무굴 제국 성립(16세기) 이전에 마지막으로 번성한 인도 왕조였다. 찬드라굽타 1세 이후 몇 명의 왕을 거쳐 즉위한 찬드라굽타 2세는 북인도뿐만 아니라 중부 인도까지 장악하면서 전성기를 이끌었다.

찬드라굽타 2세는 젊은 시절 샤카족과 싸울 때 여장을 하고 가서 샤카의 왕을 죽이고 돌아올 정도로 용감했다. 그는 샤카 등 북인도의 주요 국가를 정복하는 한편, 결혼동맹을 통해 인도 중부 데칸 고원의 지배자 '바카타카 왕조'까지 흡수하였다.

아리아족 전통이 강한 지역에서 일어난 굽타 왕조는 아리안 문화의 부활을 추구했다. 따라서 브라만교와 카스트 제도, 그리고 브라만 전통 문학을 정리하는 작업을 적극 추진했고, 그 과정에서 나온 것이 카스트 제도를 법제화한《마누 법전》이다. 전설 속 성자인 마누의 법에서 따왔다는《마누 법전》은 왕권을 신에게 부여 받은 권한과 의무로 규정하고, 브라만 계급의 면책특권 등을 명시한 카스트 제도를 옹호하는 형벌 제도를 정리하였다.

또, 힌두 설화를 산스크리트어로 정리하여 기록했는데, 대표적인 작품이《마하바라타》와《라마야나》이다. 이 중《라마야나》는 아

'굽타 양식'을 잘 보여 주는 아잔타 석굴. 인도 마하라슈트라 주의 아잔타 시에 있다.

요디야 왕국 라마 왕자의 모험담을 기록한 대서사시다. 라마 왕자
는 시바 신이 내려주었다는 화살을 구부린 덕에 자나카 왕의 딸 시
타와 결혼하였다. 이후 정치적 음모와 각종 시련을 겪으며 시타와
이별하고 다시 만나며 겪은 이야기들을 담고 있다. 힌두교가 동남
아시아로 퍼질 때《라마야나》도 함께 퍼져 캄보디아 등에서도 널리
읽혔다. 이처럼 굽타 시대에는 아리안의 고전 문화를 중심으로 힌
두와 관련한 여러 가지가 융성했다.

힌두 시대에 발달한 불교예술, 굽타 양식

그렇다고 불교가 당장 망한 것은 아니었다. 힌두교가 불교를 배척

204

하지 않았고, 굽타가 쇠약해졌을 때 푸시아부티 가문의 하르샤 왕이 불교를 적극 장려하는 등 일부 불교 후원 세력들이 있었기 때문이다. 그래서 굽타 시대에도 아름다운 불교예술이 발달하였는데, 이를 '굽타 양식'이라 한다. 대표적인 것이 '아잔타 석굴'과 '엘로라 석굴'이다. 굽타의 불교는 히말라야 산맥을 우회하여 '사막길'을 거쳐 중국 북조에 전해졌고, 북조 정권은 둔황 등에 유명한 석굴사원을 건립했다.

굽타 시대는 불교의 시대를 마무리하고 힌두교의 시대를 일으킨 시대이며, 동남아에는 힌두문화를, 동북아에는 불교문화를 전파한 국제 교류의 시대였다. 하지만 이를 끝으로 인도의 한 시대는 막을 내리고 전혀 다른 시대, 정복 이슬람의 시대를 맞이한다.

040

튀르크로 군림한 유목민족

돌궐

6~8세기

교과서 속 한 줄 역사 남북조 시대 말기에 돌궐이 제국을 건설하였다. 돌궐은 화북 왕조들로부터 막대한 물자를 획득하여 세력을 더욱 키웠으나, 수와 당의 공격을 받아 점차 쇠퇴하였다.

610년 수 양제가 돌궐 계민啓民가한(가한可汗, 곧 '칸'은 유목국가 군주를 일컫는 칭호이다.)의 장막에 들렀을 때, 마침 고구려 사신이 그곳에 와 있었다. 수 양제는 일찍이 수의 신하를 칭하며 투항한 계민가한에게, 고구려가 함께 수에 대항하자는 사신을 보낸 일이 있다는 보고를 받은 바 있었다. 그런데 고구려에서 돌궐에 또다시 사신을 보냈단 말인가?

가한과 고구려 사신의 당황한 기색을 보며 수 양제는 하루빨리 고구려를 정벌해야겠다고 생각했다. 고대 전쟁 사상 최대 규모 전투로 꼽히는 고구려와 수나라의 '여수대전'의 원인 중 하나가 바로 돌궐과 고구려의 연합이었던 것이다.

수 양제가 두려워한 돌궐 · 고구려 연합

한자로 '돌궐突厥'이라 일컬어지는 유목민족은, 6세기 중엽부터 중앙아시아 지역에서 활약하다가 이후 이슬람 세계로 내려와 셀주크 튀르크와 오스만튀르크를 건국하여 유라시아를 호령하고 현재의 터키 공화국을 세운 주인공, 바로 그 튀르크족이다.

튀르크는 알타이 산 부근 초원 지대의 조그만 부족이었다가 6세기부터 강력한 유목민족들 사이에 전쟁이 일어난 틈을 타 성장하였다. 철광석 자원 개발을 특징으로 하는, 약간 독특한 이력의 유목민족이다.

돌궐은 처음에 중앙아시아로 진출하여 유목민족 간 전쟁을 겪으며 약화된 세력들을 정복하고, 점차 유연 등 강력한 유목국가들까지 격파하면서 서쪽으로는 남부 러시아 지방, 동쪽으로는 몽골과 만주 지방에까지 세력을 미쳤다. 유라시아 전역에 이르는 또 하나의 대제국을 건설한 것이다.

돌궐 제국은 다양한 인종과 종교를 가진 연합체였고 소그드인을 중심으로 동서 교역을 적극 장려하며 번영을 이루었다. 그러다 6세기 말 동돌궐과 서돌궐로 분열하여 동돌궐은 몽골 고원을 중심으로 하는 지역을, 서돌궐은 중앙아시아와 그 서부 지역 일대를 지배했다.

남북조시대 돌궐의 번영에 커다란 위협을 느낀 중국의 북조는 돌궐의 분열에 일단 한숨을 돌리며 내부 통일에 전력을 기울였고, 그리하여 탄생한 중국의 수나라는 계민가한의 동돌궐을 복속시킨 뒤 이를 토대로 고구려 등을 멸망시키고 대제국을 건설하려 했다.

계민가한의 장막에서 일어난 에피소드는 이러한 시대 분위기를 반영하는 것이다.

수와 당을 흔든 '북쪽 세력'

수 양제의 고구려 원정 실패로 중국이 혼란에 빠지자, 동돌궐은 '당국공 이연'(훗날 당 고조)을 도왔다. 그 덕에 이연이 혼란을 수습하고 당나라를 건국할 수 있었고, 동돌궐은 당의 건국 세력으로서 상당한 기세를 올렸다. 하지만 당은 돌궐 세력이 중국을 위협하자 제거할 기회를 노렸다.

마침 동돌궐 내부의 갈등으로 철륵 등이 이탈하면서 약화되자, 당의 이세민(훗날 태종)이 이를 놓치지 않고 공격하여 동돌궐을 격파하고 가한을 포로로 잡았다. 당 태종은 여세를 몰아 토번(티베트)과 화친하면서 서돌궐 공격의 기반을 마련했다. 마침 서돌궐도 내부 세력 이탈로 상당한 혼란에 빠져 있었다. 결국 당 태종 사후 서돌궐마저 고종의 공격을 받아 해체되었다. 당은 돌궐 문제를 해결한 뒤 고구려 등을 정벌하면서 아시아 대제국 건설에 박차를 가한다.

하지만 유목국가는 연합의 구심력이 회복되면 언제든 다시 뭉칠 수 있다. 7세기 후반 다시 연합을 이루어 부활한 동돌궐이 중앙아시아 일대에서 상당한 세력을 형성하니, 이슬람 세계에서는 이들을 '북쪽 세력'이라고 에둘러 언급했다. 이슬람 영역에서 보았을 때 돌궐이 북쪽에 위치했기 때문이다. 당시 아시아 세계는 서부의 이슬람, 동부의 중국, 북부의 돌궐, 남부의 인도 네 세력이 각자의 영역에서 제국을 형성하고 부흥하는 형세를 이루었다.

이슬람 세계 장악한 셀주크튀르크

동돌궐은 당과 원만한 관계를 맺었으며, 돌궐족 중 일부는 당에 투항하여 살기도 했다. 그런 사람들 중에 이란계 아버지와 돌궐계 어머니 사이에서 태어난 '안녹산'(원래 이름은 '알락산')이란 자가 있었다. 안녹산은 돌궐계였으므로 변방을 지키는 장수로 안성맞춤이었다. 당에서도 그를 신임하여 절도사에 임명하고 병권을 부여했다. 하지만 정부와 불화가 생기자 안녹산은 즉각 반기를 들고 일어나 돌궐계 기병 중심으로 꾸려진 반란군을 이끌고 그 유명한 '안사의 난'을 일으킨다. 755년, 현종 말엽이었다.

이처럼 동돌궐과 당이 내부 문제로 각자 쇠퇴해 갈 때, 돌궐 계통의 위구르족이 일어나 동돌궐을 멸망시켰다. 위구르는 안사의 난을 진압하는 데 도움을 준 이후 당으로부터 막대한 물질을 제공받으

6~7세기 돌궐 제국 지도. 튀르크, 곧 돌궐은 서쪽으로는 러시아, 동쪽으로는 만주까지 이어지는 대제국을 건설했다.

며 세력을 확장했다.

위구르는 당의 물질적 후원을 받으려고 당의 옆구리를 공격하는 토번(티베트)의 군대와 여러 차례 맞서 싸웠다. 당나라가 말기적 혼란에도 불구하고 수명을 연장한 데에는 위구르의 도움이 컸다. 하지만 위구르는 연합체가 해체되면서 곧 몰락했고, 당 역시 '황소의 난'(875) 이후 멸망하면서 중국은 5대 10국의 혼란기로 빠져 들었다.

한편 서부의 돌궐족은 아바스 왕조 후기부터 이슬람 세계 동부 지역의 '맘루크'(용병)로 유입되면서 이슬람 사회에 속하게 되고, 마침내 셀주크계를 중심으로 이슬람 세력의 패권을 장악하면서 '셀주크튀르크'의 시대가 시작된다. 이후 튀르크는 이슬람 세계를 지배하며 몽골족이 유라시아를 통일할 때까지 서아시아의 강자로 군림한다.

041

당의 전성기를 이끈 여황제

측천무후

624~705

교과서 속 한 줄 역사 당 태종은 동돌궐을 멸망시켰고, 고종은 서돌궐을 복종시키고 백제와 고구려를 멸망시켰다. 그러나 곧이어 신라를 제압하지 못한 채 한반도에서 물러났고, 토번의 공격과 부활한 동돌궐의 위협을 받았다. 이 틈을 타 발해가 건국되었다.

한국사에서는 여왕의 시대가 매우 드물지만, 유럽에서는 일반적인 일이고, 중국에서도 종종 여_女태후·여_女황제가 등장했다. 대표적인 인물이 당나라의 '측천무후'이다. 중국에서는 측천무후와 한나라 유방의 아내 '여태후', 19세기 청나라 말기의 '서태후' 세 사람을 중국 역사의 '3대 악녀'라고 일컫는다. 세 사람 모두 잔인한 숙청으로 이름을 날린 때문이다. 하지만 당나라의 전성기를 이끌었다는 점에서 측천무후는 여태후나 서태후와 동급으로 평가받는 것이 좀 억울할 듯싶다.

일찍이 한 고조 유방이 미미한 지방 세력에 불과하던 시절, '여공'이란 자가 유방에게 반해 큰딸을 시집보냈다. 이 여인이 여태후이다. 여공은 나아가 유방을 따르던 부하 번쾌에게 둘째 딸을 시집보내 유방과 번쾌를 동서지간으로 엮었다. 결국 유방은 황제가 되고, 번쾌도 토사구팽의 소용돌이 속에서 목숨을 보존하고 영화를 누렸으니 여공의 딸 혼사는 최고의 성공을 거둔 셈이다.

여태후는 유방이 세가 미약할 때부터 고락을 함께했다. 유방이 죄를 짓고 도망쳐 산속에 은거할 때 그 뒷바라지를 했고, 유방이 항우에게 굴복했을 때는 인질로 잡혀 있기도 했다. 그 과정에서 그녀도 정치적 감각을 익혔고, 마침내 유방이 천하를 통일했을 때에는 정치적 야심가가 되어 있었다.

황후가 된 뒤 토사구팽의 필요성을 절감한 여태후는, 남편 고조에게 일등공신 한신을 제거하라고 졸랐다. 한신을 잡아 가두고도 처형을 망설이던 고조가 외정外征에 나간 틈을 타 전격 처형한 것도 그녀였다. 여동생의 남편인 번쾌를 제외한 모든 공신의 처형에 직간접적으로 간여할 만큼 그녀는 통일 이후 정치에 관심이 많았다.

여태후는 고조 사후 황제의 자리까지 넘봤던 모양이다. 그래서 자신이 낳은 아들 외에 다른 후계자를 생산할 가능성이 있는 후궁들에게 엄청난 적대감을 보였다. 후세 사람들은 그것을 질투라 하였지만, 그녀의 야망과 후궁들을 대한 태도로 볼 때 그것을 질투라고 보기는 어려울 듯하다.

여태후는 고조가 죽은 뒤 아들을 둔 척부인을 가장 큰 위협이라 여겨 잔인하게 제거했다. 이것이 유명한 '인간돼지' 이야기다. 태후는 먼저 척부인의 아들을 독살하고, 척부인의 눈과 귀를 멀게 하고 손발을 자른 뒤 돼지우리에 넣어 짐승처럼 살게 했다. 이런 잔인한 행동은 질투라기보다 자신의 권력에 도전하는 자들에 대한 경고로 보인다.

권력을 잡은 여태후는 아들 '혜제'가 통치에 환멸을 느껴 술과 여자로 소일하다 22세의 젊은 나이로 죽자, 손자 '소제'를 즉위시키고 외척인 여씨 집안 사람들을 중심으로 한나라를 통치했다. 고조 사후 15년간 여태후의 통치 아래 한나라는 대외 원정 없이 평화로운 시기를 보냈다. 고조가 흉노 정벌에서 참패한 뒤 복수심에 불타 군사력을 증강하며 키운 세력을 여태후가 제거한 덕분이었다. 여태후는 또한 민심을 얻고자 민생 안정책을 펼쳐 사회경제적으로 큰 문제없이 나라를 이끌었다.

여태후 사후 유씨 세력이 난을 일으켜 여씨 세력을 제거하고 소제를 폐한 후 '문제'를 즉위시킴으로써 다시 유씨의 세상이 되었다. 이후 한은 '문제'와 '경제' 시대를 거치면서 내치를 안정화하고, '무제武帝'가 즉위하여 강력한 중앙집권을 이루어 흉노 정벌 전쟁에 나서게 된다. 여태후는 건국 초기 한나라를 피로 물들게 만든 악녀의 대명사로《사기》에 기록되었다.

중국 황제 자리에 오른 유일한 여성

무사확의 둘째 딸로 태어난 '무조武曌'(훗날의 측천무후)는 원래 당 태종의 후궁이었다. 그녀는 당 태종이 고구려 원정의 후유증으로 병

중국 간쑤 성에 있는 오아시스 도시에 만들어진 '둔황
석굴'(막고굴)에는 측천무후를 모델로 한 것으로 보이
는 불상(가운데)이 있다.

석에 눕자 정성스레 간호
했는데, 그때 태자(훗날 고
종)의 눈에 들어 당 태종
사후 비구니로 출가했다
가 고종의 후궁으로 다시
입궁했다. 얼마 후 황후가
부덕으로 폐위되자 황후
의 자리에 오른 무씨가 폐
황후와 그 측근을 잔인하
게 살해하니, 많은 이들이
이 모든 일을 무씨가 꾸몄다고 생각했다.

무씨는 황후의 자리에 오른 뒤 우유부단한 고종을 대신하여 정
사를 주물렀다. 그녀는 여러 아들을 차례로 황태자에 올렸다가 마
음에 들지 않으면 갈아치우고, 고종이 죽은 뒤에도 중종과 예종을
차례로 즉위시키며 통치권을 행사했다. 마침내 690년 당의 국호를
'주周'로 바꾸고 스스로 황제의 자리에 올랐다. 그녀는 중국에서 공
식적으로 황제의 자리에 오른 유일한 여성이다.

측천무후의 치세는 고종 시기인 660년경부터 병사한 705년까지
45년이나 되는데, 이 시기 당은 최전성기를 누렸다. 660년 백제에
이어 668년 숙적 고구려를 멸망시키는 등 대외적으로 힘을 과시했
고, 내부적으로는 농민반란이 한 차례도 없을 정도로 민생이 안정
되었으며, 문화적으로 불교 융성과 함께 국제적 문화를 이루었다.
오로지 잔인한 정치적 숙청만이 후세의 비난거리였다.

하지만 해석하기에 따라서는 이 또한 긍정적으로 볼 수 있다. 낡은 공신 세력을 제거하여 새로운 인재 등용의 계기를 마련한 측면이 있기 때문이다. 측천무후가 죽고 불과 7년 뒤 즉위한 당 현종이 '개원의 치開元之治'('개원'은 당 현종 시기의 연호로서 현종이 다스리던 당의 전성기를 가리킨다. 태평성대를 비유하는 말로도 쓰인다.)를 이끌 수 있었던 것도, 젊은 황제가 마음껏 통치할 수 있는 환경이 조성된 덕분일 것이다.

2010년 개봉한 중국 영화 〈적인걸 : 측천무후의 비밀〉에서 측천무후는 미래를 준비한 성군으로 그려진다. 측천무후를 긍정적으로 묘사한 최초의 작품인 듯싶은데, 남녀평등 시대 새롭게 나타나는 역사 해석의 단면이라고 할 수 있을까?

042

이들이 있어 '당시唐詩'

이백과 두보

720~770

교과서 속 한 줄 역사 당 대의 과거제는 문인문화를 발전시키는 데 공헌하였다. 특히 시가 크게 유행하여 이백, 두보, 왕거이 등 걸출한 시인들이 배출되었다.

세상을 비판하며 자연을 노래하다, 이백

당나라 제6대 황제 현종이 이끈 '개원의 치'가 막 꽃필 무렵인 720년대, 서쪽 지방에 시와 칼에 능한 협객 한 사람이 이곳저곳을 여행하며 벗을 사귀고 재능을 맘껏 뽐냈으니, 그 이름은 '이백李白'이며 자는 '태백太白'이다. 바로 아시아의 대표 시인 이태백이다. 그는 문과 무에 모두 뛰어난 천재로서 시를 짓는 데 멈춤이 없고, 의를 보면 망설임이 없어 이름을 날렸다.

그의 이름은 어느새 장안에까지 알려져 당 현종의 부름을 받았다. 현종은 그의 문재文才를 높이 평가하여 관직을 주고 궁중에서 시를 짓도록 했다. 하지만 야심만만한 이태백은 궁중시인의 자리를 노리개처럼 여길 뿐이었다. 궁에서 받는 많은 보수로 친구를 사귀고 그들과 술을 마시면서 시를 짓고 세상을 비판하며 자연을 노래했다.

40대 중년의 나이에 이태백은 장안을 나왔다. 그의 거침없는 행동을 못마땅하게 여긴 일부 권신들의 모함과, 그의 시가 양귀비를 빗대 조롱했다는 의혹을 받은 탓이었다. 홀가분해진 이태백은 권력에 대한 꿈을 접고 이곳저곳을 방랑하며 지냈다. 그보다 열 살쯤 어린 두보杜甫와도 이 시기에 만났다. 이태백은 장차 함께 당 대를 대표할 위대한 시인과의 교우에 많은 시간을 할애했다.

말년의 태백은 불행했다. '안사의 난'이 일어나자 애국 충정으로 군대에 가담했지만 오히려 적도로 몰렸다. 겨우 사면을 받았으나 이미 몸은 병들어, 친척에 의지하여 술로 마음을 달래다 쓸쓸히 생을 마감했다. 향년 61세였다.

그의 시는 세상을 풍자한 것부터 자연을 노래한 것까지 다양하다. 물줄기가 날아올라 3천 척이나 떨어진다는 뜻의 '비류직하삼천척飛流直下三千尺', 천금짜리 좋은 술이 금 술잔에 그득하다는 뜻의 '금준청주두십천金樽淸酒斗十千' 등의 표현은 한국의 유명 문학작품에도 많이 인용되었다. 하지만 역시 그의 시에는 술과 달이 있어야 제맛일 것이다. 그의 시 〈봄날 취중에서 깨어나 적다春日醉起言志〉에서 조금이라도 그 맛을 느껴 보자.

세상살이 큰 꿈과 같으니	處世若大夢
어찌 그 삶이 수고롭지 않을까	胡爲勞其生
이것이 종일토록 취하게 하는 까닭이네	所以終日醉

(중략)

그를 감탄하며 탄식하려는데	感之欲嘆息
술을 대하니 다시 술잔을 기울이네	對酒還自傾
밝은 달을 기다리며 호탕하게 노래하니	浩歌待明月
노래가 끝나고 그 마음도 잊었노라	曲盡已忘情

고단하게 살다 간 열혈 청년, 두보

생활은 하루하루 더 어려워지고	生活一天比一天難過
신체는 하루하루 더 야위어 간다	身體也一天比一天攘

이백이 화려한 삶과 기백을 뽐냈다면, 두보는 소박하고 고단한 삶을 영위했다. 어릴 때 어머니를 잃고 숙모 손에서 자란 두보는 술을 좋아하고 사람과 잘 어울리는 열혈 청년이었다. 시를 잘 지어 유명했고, 이백과 우정을 나누며 많은 것을 배웠다.

하지만 과거에서 떨어지고 생활은 궁핍을 면치 못했다. 당 현종 치세가 기울면서 민생이 어려워지고 관리들의 부패가 심해지자, 이를 비판하는 시를 쓰고 세상을 구할 정치사상을 논하기도 했다. 오늘날로 치면 '참여시인'으로서 "궁궐 문 안에는 술과 고기 냄새가 넘치는데, 길에는 얼어 죽은 시체들이 넘쳐난다(주문주육취朱門酒肉臭 노유동사골路有凍死骨)"고 일갈하기도 했다.

'안사의 난'이 일어나자 황제를 구하겠다며 장안으로 달려가다 포로가 되어 8개월 동안 갇혀 있었고, 이후 숙종 때 궁에 들어가 관

직 생활을 했지만 참여시인의 뜻
을 펼칠 곳은 아니었다. 그는 지
방관으로 좌천되어 임지로 가는
길에, 또 관직을 버리고 고향으로
가는 길에 목격한 민생의 참혹함
을 시로 남겼다.

화집 《만소당죽장화전晚笑堂竹莊畫
傳》(1743)에 실린 두보 초상.

이후에도 끊이지 않는 지방의
반란과 궁핍 속에서 두보는 죽을
때까지 이곳저곳을 방랑하며 지
냈다. 가난과 질병으로 고단한 삶
을 살았고, 죽은 뒤에는 돈이 없어 한동안 그의 관이 객지에 방치되
었다. 그의 시가 여럿 있지만 말년의 〈등악양루登岳陽樓〉를 걸작으로
꼽는 이들이 많다.

예로 듣던 동정호	昔聞洞庭水
오늘에야 악양루에 올랐네	今上岳陽樓
오나라와 초나라가 동남으로 갈리고	吳楚東南拆
온 세상이 그 위에 떠 있네	乾伸日夜浮
벗은 글 한 자 보내지 않고	親朋無一字
늙은 몸을 외로운 배에 실었네	老去有孤舟
융마(군마)는 아직도 관산 북쪽에 있으니	戎馬關山北
난간에 기대어 눈물지을 뿐이네	憑軒涕泗流

제국의 위엄 떨친 불교국

토번

 7~9세기

교과서 속 한 줄 역사 나당羅唐전쟁(670~676) 중에 토번이 당을 공격하였다.

석가모니가 열반을 기다릴 때 관세음보살이 말하기를 아직 티베트를

가 보지 못하셨으니 죽지 마시라고 했다.

"북쪽 눈의 땅은 아직 동물만이 있는 왕국입니다."

그러자 석가모니가 말했다.

"그곳에는 인간의 이름을 가진 존재조차 없습니다. 보살님께서 그 왕

국을 바꾸어 주십시오. 우선 보살로 태어나시어 당신을 따르는 인간의

세계를 지켜 주시고, 그 후에는 종교로 그들을 단결시켜 주십시오."*

이로써 관세음보살의 비호를 받는 나라 '티베트'가 탄생하였다.

중국 남서부에 위치한 자치구(시창西藏자치구)로서 면적은 남한의

* 토머스 레어드,《달라이 라마가 들려주는 티베트 이야기》, 2008, 웅진지식하우스.

12배인 122만 제곱킬로미터, 인구는 270여만 명, 지역민의 93퍼센트가 티베트족으로 구성되어 있고 분리 독립 문제로 중국 정부와 격렬하게 대립하면서 세계의 이목을 끌고 있는 티베트의 창조신화 이야기다.

불교 지도자 '달라이 라마'가 다스리는 신정神政국가로서 1천 년 이상의 역사를 가지고 있는 티베트는, 18세기 강희제 때 청나라에 복속되었다가 19세기 영국의 침략으로 중국에서 분리된 뒤 계속 독립 의지를 불태웠으나 1959년 중국에 강제 복속되었다. 이에 달라이 라마가 인도로 망명하여 국제사회에 티베트 독립을 호소하였고, 내부에서도 독립운동이 끊임없이 이어지고 있다.

관음보살의 화신, 손챈감포

티베트는 한자로 '토번吐蕃'이라 한다. 그들의 창조신화에서도 보이듯 토번은 춥고 인구가 희박한 고원지대에서 농업과 목축으로 생을 영위해 갔다. 처음에 여러 소왕국들이 생겨났다가, 7세기 들어 관음보살의 화신으로 일컬어진 얄룽 왕조의 손챈감포(608~649 재위) 왕이 소국들을 통합하며 토번 제국을 건설했다.

손챈감포는 주변 왕국을 정복하거나 동맹을 맺으며 티베트 고원과 그 주변 지역에 강력한 국가를 건설했으며, 수도를 라싸에 두고 티베트 문자를 만드는 등 하나의 국가 체제를 갖추기 위해 노력을 기울였다.(티베트 문자는 인도 계열의 문자로서 중앙아시아 호탄 문자의 영향을 받아 만들어졌다.) 토번의 전통적 야금술은 매우 수준이 높아 훌륭한 무구武具를 제조했는데, 특히 전신을 덮는 쇠사슬 갑옷은 매우

토번 제국을 건설한 손챈감포상(가운데). 오른쪽이 문성공주이고, 왼쪽이 또
다른 왕비였던 적존공주이다.

위협적이었다.

손챈감포는 토번의 번영을 위해 당과 화친 정책을 취하며 결혼
동맹을 제안했으나, 거절당하자 군대를 보내 당의 서부 국경 지방
을 유린하였다. 돌궐과 토번 양쪽에서 동시에 공격을 받은 당나라
는 위기에서 벗어나기 위해 토번과 동맹을 맺지 않을 수 없었다. 마
침내 당나라 황실의 문성공주가 토번의 제2왕비가 됨으로써 양국
의 평화가 이루어졌다. 중국 측 기록에서는 문성공주가 미개한 토
번에 여러 지식을 전파하여 티베트 문자와 야금술 등을 완성시켰
다고 하지만, 토번 측에서는 문성공주가 손챈감포의 다섯 왕비 중
한 명으로서 다른 후궁들과 화목하게 지냈다고만 기록했다.

손챈감포의 또 하나의 업적은 불교 장려이다. 문성공주와 네팔 인
공주가 가져온 불상을 토대로 각각 '라모체 사원'과 '조캉 사원'을 건
립했는데, 이 사원은 지금도 티베트 불교의 중심 역할을 하고 있다.

불교국가 건설, 티송데첸

손챈감포 이후 또 한 사람의 위대한 왕은 티송데첸(755~797 재위)이다. 그는 당 현종이 토번을 무시하는 정책을 취하자 763년 대군을 보내 당의 수도 장안을 함락하고 보름간 점령했다. 안사의 난을 겨우 수습한 당나라는 토번의 대군을 막지 못하여 굴욕적인 조약을 체결한다. 티송데첸은 당뿐만 아니라 위구르와 서역의 여러 군대를 격파하며 토번의 전성기를 이끌었다. 티송데첸 치세에는 아무도 토번을 넘보지 못했다.

◈ **토번판 '임금님 귀는 당나귀 귀'**

9세기 토번에서 폭군 '랑 다마'가 등장하여 불교를 억압하고 폭압적인 정치를 하였다. 랑 마다는 이마에 뿔이 난 악마의 화신으로서, 밤마다 여자를 들여 자기 머리를 빗기게 한 뒤 뿔을 보았다는 이유로 찔러 죽였다. 밤마다 여자가 죽어 나간다는 소문이 돌자 모두 두려워했지만, 왕의 명령은 지엄한 것이기에 거스를 수 없었다. 하루는 시녀가 랑 다마의 머리를 빗겨 주며 서럽게 울었다. 랑 다마가 이유를 묻자, 시녀는 머리를 다 빗기고 나면 죽임을 당할 것을 안다고 대답했다. 측은한 마음이 들었는지 랑 다마는 뿔을 보았다고 말하지 말라는 다짐을 받고 시녀를 살려 주었다. 그런데 비밀을 발설하지 못해 답답해진 시녀가 대나무 숲에 들어가 "랑다마 이마에 뿔이 달렸네."라고 속삭였다. 이후 그 숲의 대나무로 만든 피리를 불 때마다 피리에서 "랑 다마 이마에 뿔이 달렸네." 라는 소리가 났다.

이와 유사한 이야기는 그리스·로마를 비롯하여 세계 전역에서 나타난다. 《삼국유사》 〈경문왕조〉에도 '임금님 귀는 당나귀 귀' 이야기가 실려 있다. 왜 비슷한 이야기가 세계 곳곳에서 나타나는 것일까? 어디에서 시작되어 퍼져 나간 것일까? 정확히 알 수는 없지만 메소포타미아나 인더스 문명에서 퍼져 나간 것으로 짐작된다. 불교 전파와 관련된 각종 전설들이 나라마다 비슷하게 나타나듯, 특정 신앙에 속한 문화와 전설이 신앙이 전파되면서 같이 퍼져 나가기 때문이다. 이 이야기도 불교 시대 왕과 관련하여 종종 나타나는 것으로 보아, 인도나 인도에 영향을 미친 오리엔트 지방 전설이 아닐까 싶다.

티송데첸은 인도의 승려 '파드마삼바바'(연화생蓮華生, 곧 '연꽃에서 태어난 자'라는 뜻)와 '산타라크쉬타'를 초청해 티베트 불교의 중흥을 이루었다. 당시 토번에는 인도 불교와 중국 불교의 두 흐름이 있었는데, 불교 학자들을 모아 토론을 일으켜 인도 불교로 정리하였다. 티베트 불교가 중국·한국의 대승불교와 다른 맥락에서 발전하여, 오늘날 인도 불교에 매료된 유럽인들에게 큰 호응을 얻는 것은 이 때문이다.

당시만 해도 토번에는 불교를 반대하는 세력들이 많았다. "산타라크쉬타가 설교를 시작하자 신들이 노하여 폭풍과 홍수를 내렸으며 사람들은 이를 불교에 대한 신들의 계시로 이해했다."고 하며, 또한 삼예에 절을 지으려고 석공들이 벽을 세우면 "밤에 성난 정령들이 내려와 벽을 허물어 버리니", 이에 파드마삼바바가 와서 수많은 기적을 이루며 불교를 전파했다는 이야기가 전한다. 달라이 라마를 비롯한 티베트 승려들은 파드마삼바바가 아직도 살아 티베트 불교를 지켜 주고 있다고 믿는다.

토번은 중국과 인도 사이의 고원지대를 중심으로 불교국가로서 강력한 힘을 발휘하며 이후에도 번영을 이루었다. 원나라 때는 몽골 정부와 밀접한 관계를 유지하여, 티베트 불교 계통의 라마교가 원나라의 중심 종교이자 지배 이데올로기로 큰 활약을 하게 된다.

1천 년 이상 강력한 국가로 존재했던 기억은 오늘날까지도 티베트인들의 가슴속에 남아 변함없는 독립 의지의 원천이 되고 있다.

044

중세 유럽의 문을 열다

카롤루스 대제

742~814

교과서 속 한 줄 역사 훈족의 서진으로 압박을 받은 게르만족이 국경을 넘어와 서로마 제국에 정착하여 여러 나라를 세웠다. 이들 나라는 로마의 선진 문명을 수용하였다. 로마교회와 프랑크 왕국의 제휴는 중세 유럽의 출범을 알리는 신호가 되었다.

고대 유럽의 역사는 곧 그리스와 로마의 역사이다. 특히 로마는 유럽 남부와 서부, 중동 및 북아프리카에 이르는 광대한 영토를 다스리며 포에니 전쟁 이후 동로마 유스티니아누스 대제 전성기까지 거의 800년 동안 번영을 누렸다. 그렇다면 320년 로마의 중심이 콘스탄티노플로 넘어가고 서로마와 동로마가 나뉜 뒤 동로마가 번성을 누리고 있을 때, 오늘날 유럽의 중심인 중부와 서부 유럽은 어떤 상태였을까?

유럽 중서부에서 일어난 켈트족과 게르만족의 충돌

고대 유럽의 중부와 서부에는 켈트족이 살고 있었다. 이들은 유목과 농경 생활을 했고, 족장에 가까운 왕의 지배를 받았다. 일부 지역은 카이사르의 정벌 이후 로마의 지배를 받았으나 주요 도시 중심의 거점 지배였고, 대부분 지역에서는 수많은 켈트 부족들이 흩어져 자유롭게 살았던 것으로 보인다.(오늘날 유럽 곳곳에서 켈트족의 유물이 발굴되고 있는데, 종종 놀랍게 정교한 장신구들이 출토되곤 한다.)

중·동부 유럽 지역에는 게르만족이 자리 잡고 있었는데, 이들이 켈트족과 충돌하며 점차 남하하였다. 게르만족은 켈트족과 마찬가지로 열악한 환경에서 살다 보니 호전적이었고, 로마와도 자주 충돌했다. 카이사르가 갈리아를 정벌하고 쓴《갈리아 전기》에도 게르만족에 대한 기술이 보인다.

게르만족은 3세기 말경 훈족의 침입에 밀려 근거지였던 동부 유럽 등지에서 서부와 남부 유럽으로 옮겨와 로마 변방에서 자립하거나 로마의 용병이 되었다. 그리고 475년 마침내 서로마를 멸망시키고 옛 로마 영토에 종족별로 소국을 수립했다. 건국 80년 만에 서로마가 멸망하고 대부분의 유럽이 게르만족의 지배 아래 놓이게 되면서 서로마 기독교 역시 큰 위기에 처하게 된다.

교회와 손잡은 프랑크족

게르만족은 유럽 곳곳에 왕국을 건설했는데, 이 중 이탈리아에는 롬바르드족이 정착했다. 이들은 다신교를 믿으며 기독교를 핍박했다. 고트족이 지배하는 스페인이나 앵글로족의 잉글랜드도 마찬가지였다. 로마교회는 이교도에 둘러싸여 매우 불우한 시절을 보내게 된다.

하지만 라인 강 일대에서 시작하여 지금의 프랑스·독일 등지로 영토를 확장하던 프랑크족은 달랐다. 490년대 프랑크 왕국의 클로비스(481~510 재위)는 기독교와 원만한 관계를 맺었으며, 그의 아내 크로틸다는 독실한 기독교 신자였다. 클로비스는 개종을 권하는 아내에게 전쟁에서의 승리와 기적의 체험이라는 두 가지 조건을 걸었다. 그리고 이후 알라만족과의 전투에서 전멸 위기에 빠졌다가 기적적으로 승리를 거둔 후 클로비스와 프랑크족은 기독교로 개종했다.

클로비스가 기적을 체험했든 안 했든, 중요한 것은 프랑크족이 교회와 손을 잡으면서 교회가 간직하고 있던 로마 문명도 함께 넘어갔다는 사실이다. 로마 제국의 통치술을 비롯하여 각종 제도 및 문화가 야만적인 유목민족에게 전해진 것이다. 서로마가 멸망하고 불과 20여 년 후에 일어난 이 사건으로 프랑크족은 여러 게르만족 중 가장 앞선 문명의 소유자가 된다.

로마 황제의 관을 받은 기독교 수호자

그로부터 200여 년 뒤인 732년, 이슬람 군대가 스페인 땅을 거쳐 프랑크 왕국 깊숙이 쳐들어왔다. 프랑크의 늙은 메로베우스 왕조가 당해 내기에는 너무 강력한 군대였다. 이때 궁재宮宰(궁 행정의 최고책임자) 카롤루스 마르텔이 프랑크 군대를 이끌고 나가 투르·푸아티에에서 기적적으로 이슬람 군대를 격퇴하였고, 이로써 프랑크 왕국의 권력은 카롤루스 집안으로 넘어가게 된다.

카롤루스 마르텔의 아들 피핀은 궁재 자리에 만족하지 않고 왕

프랑크 왕국 카롤루스 왕조의 제 2대 왕인 **카롤루스 대제.** '샤를 마뉴', '카를 대제', '찰스 대제' 등 그가 유럽에 미친 영향만큼이나 다양한 이름으로 불린다.

의 자리를 노렸다. 명분이 필요했던 피핀은 마침 롬바르드족에게 시달리던 교황에게 손을 내밀었고, 교황은 피핀에게 왕위 찬탈의 정당성을 부여해 주었다. 이로써 '카롤루스(카롤링거) 왕조'가 개창되었고, 교황은 그 대가로 롬바르드족의 땅을 교황령으로 받았다.

이어 피핀의 아들 카롤루스 대제가 교황으로부터 로마 황제의 관을 받아 유일한 교회의 수호자임을 선언하고 서부와 중부 유럽을 아우르는 대제국을 건설하였다. 카롤루스 대제는 수도원을 중심으로 교회가 갖고 있던 로마 문화를 더욱 부흥시키며('카롤루스 르네상스') 유럽 중세의 문을 활짝 열었다. (그러나 프랑크 왕국은 오래가지 못하고 동·중·서프랑크로 분열되었고, 이는 오늘날 프랑스·독일·이탈리아의 기원이 되었다.) 로마 멸망 이후 이어진 혼란 속에서 기독교가 새로운 지배자의 이데올로기를 제공함으로써 로마 문화가 유럽의 중세 문화로 이어지는 가교 역할을 수행하게 된 것이다.

민족사와는 다른 문명사

여기서 질문 하나를 던질 수 있다. 그렇다면 고대 유럽과 중세 유럽은 어느 정도 동질성과 연속성을 갖는가? 우리는 로마의 고대사회가 유럽의 중세사회로 발전했다고 배웠고 그렇게 받아들였는데, 정말 로마의 역사와 프랑스·영국의 역사가 연속성이 있다고 할 수 있을까?

사실 우리가 배운 유럽 역사는 고대 로마, 중세 독일, 근대 영국을 나열한 것이다. 하지만 고대 로마와 중세 독일, 중세 독일과 근대 영국은 연속성을 찾기 어렵다. 중세 독일 사회는 로마 사회의 발전이라기보다 게르만족의 전통 사회가 발전한 측면이 더 강하다. 또한, 영국 산업혁명과 근대 의회주의의 발전은 영국 의회의 전통에서 비롯된 것이지 독일 봉건사회에서 비롯된 것은 아니다.

유럽사를 이해할 때 주의해야 하는 것이 이 부분이다. 지역사 혹은 문명사의 관점에서 인과관계를 이해할 때 국가사·민족사와는 다른 논리로 접근해야 하는 것이다. 마찬가지로 문명사를 이해하는 관점에서 민족사를 이해하는 것도 곤란하다. 국가사·민족사는 역사 발전이나 변화의 인과관계가 직접적이지만, 지역사·문명사는 간접적이다.

민족사 중심의 우리 관점에서 본다면 유럽사는 조작된 역사이다. 오늘날 유럽인들이 연속된 하나의 역사로 만들기 위해 퍼즐 맞추듯 끼워 맞춘 흔적이 역력하기 때문이다. 그러나 오히려 이것이 문명사의 장점이 될 수도 있다. 큰 흐름의 발전을 이해하는 데는 문명사의 관점이 훨씬 유용하기 때문이다.

045

절대반지와 토르의 세계

중세 신화와 문학

6~13세기

교과서 속 한 줄 역사 기독교 신앙과 함께 중세에는 기사도 정신과 같은 봉건적 규범이 문학작품을 통해 강조되었다. 프랑스의 〈롤랑의 노래〉, 독일의 〈니벨룽겐의 노래〉, 영국의 〈아서왕 이야기〉 등 영웅적인 기사들의 무훈과 충성을 노래한 기사문학이 발달하였다.

옛날 독일에는 신비한 황금의 반지가 있었다. 이 반지를 갖는 자는 세상을 지배할 권력을 차지할 수 있었다. 반지가 여러 존재의 손을 거쳐 거인족의 왕 파프너의 손에 들어가자, 신들의 왕 보탄은 반지를 빼앗아 라인 강에 돌려주고 세상의 평화를 찾으려 했다.

결국 보탄이 인간 세상에 내려가 낳은 아들 지크프리트가 파프너를 죽이고 반지를 빼앗았다. 지크프리트는 돌아가는 길에 저주를 받아 잠에 빠진 브륀힐트 공주를 발견하고 키스를 하여 그녀를 깨운 뒤 사랑의 언약을 맺고 그 증표로 반지를 주었다. 다시 여행을 떠난 지크프리트는 부르군트의 왕 군터를 만나 함께 세상의 평화를 위해 싸웠다. 그런데 군터의 여동생 크림힐트가 지크프리트를 보고 한눈에 반했다. 그녀는 지크프리트에게 마법의 약을 먹여 과거의 기억을 지우고 사랑을 나누었다.

기억을 잃고 크림힐트의 노예가 된 지크프리트는 군터의 부탁을 받고 브륀힐트를 찾아가 반지를 빼앗고 브륀힐트와 군터가 결혼하도록 했다. 브륀힐트는 배신감에 치를 떨며 군터의 동생으로 하여금 지크프리트를 죽이게 했다. 뒤늦게 자신이 속았음을 깨달은 브륀힐트는 지크프리트의 시신을 껴안고 오열하다가 시신을 화장하는 불길에 뛰어들어 함께 죽고 말았다. 신비한 황금 반지는 범람하는 라인 강에 휩쓸려 들어갔다.

북유럽 신화와 〈니벨룽겐의 노래〉

중세 독일문학의 대표작 〈니벨룽겐의 노래〉의 줄거리다. 대부분의 전설이 그렇듯 '니벨룽겐의 노래'에 얽힌 전설도 여러 개의 판본이 존재하며, 브륀힐트가 아니라 크림힐트를 주인공으로 하여 지크프리트와의 사랑과 그 비극적 결말을 노래한 것도 있다.(1980년대 우리나라에서 크게 유행한 만화 〈올훼스의 창〉을 통해 '니벨룽겐의 노래' 이야기를 접한 사람들은 크림힐트의 사랑을 중심으로 기억하고 있을 것이다.) 위 이야기는 바그너의 오페라 〈니벨룽겐의 반지〉를 바탕으로 다른 전설을 참고하여 각색한 것이다.

〈니벨룽겐의 노래〉는 기사도 문학의 일종이지만, 기독교가 아닌 독일과 북유럽 신화를 바탕으로 했다는 점에서 〈롤랑의 노래〉나 〈아서 왕 이야기〉와 구별되며 후대 예술에 많은 영향을 미쳤다.

눈치 빠른 독자는 알겠지만, 마법의 반지를 둘러싼 영웅들의 활약은 20세기 톨킨의 베스트셀러《반지의 제왕》의 모티브가 되었다. 또, 용을 퇴치하고 저주를 받아 브륀힐트 공주가 잠에 빠지는 이야기 등은 〈니벨룽겐의 노래〉만의 독창적 이야기라기보다는 〈잠자는 숲 속의 공주〉 같은 독일 민담의 깊은 역사가 담긴 것으로 볼 수 있다.

농담 같은 신 '로키'

이외에도 노르만족들 사이에서 향유되던 북유럽 신화와 전설들이 오늘날 문화계에서 주목을 받으면서 특히 영화의 소재로 많이 이용되고 있다. 대표적인 것이 영화 〈토르〉와 〈베오울프〉이다. 그중 영화 〈토르〉에는 북유럽 신화에 등장하는 여러 신들이 등장하는데, 신화에서 독특한 위상을 갖는 '로키'가 중요한 역할을 담당하고 있는 것이 흥미롭다.

로키는 북유럽인들이 만들어 낸 농담 같은 신으로서, 장난꾸러기 같지만 사실 신들의 세계를 종말로 이끄는 사자使者이다. 로키는 신들이 탐내는 보물을 훔쳐 오거나 신들의 보물을 훔치기도 하고, 토르의 아내 '지프'의 머리카락을 잘라 고통을 주는 등 못된 짓을 많이 저지른다. 그러면서도 토르가 마법의 망치 몰니르를 잃어버렸을 때 함께 나서서 찾아 주는 등 고지식한 신들이 어려움에 처했을 때 기지와 재치로 도움을 주고 문제를 풀기도 한다. 하지만 결국 로키는 신들의 최후 전쟁 때 헤임달과 싸우다 같이 죽고 만다.

중세에 탄생하여 오랜 시간 구전되다 마침내 문학으로 정착한 많은 전설들이 오늘날 전 세계에 퍼져 문학과 예술의 소재로서 널리 사랑받고 있다.

046

아서 왕을 만난 양키

기사도

 12세기 전후

교과서 속 한 줄 역사 중세 봉건제는 정치적으로 주종제와 지방분권제, 경제적으로는 장원제로 이루어졌다. 주종제는 쌍무적 계약관계인데, 봉토를 받은 제후는 주군의 간섭을 받지 않고 영주로 행세하였다. 장원의 농노는 혼인권, 농지 보유권 등을 가져 노예보다는 나았지만 임의로 장원을 떠날 수 없고 영주의 예속을 받는 부자유민이었다. 서유럽에 봉건제가 도입되었을 때 신도들이 기증한 많은 토지를 기반으로 교회 자체가 강력한 봉건 세력이 되었다. 교회가 부, 권력과 관계를 맺고 현실 세계에서 힘을 갖게 되면서 여러 가지 부작용이 생겼다.

화려한 샹들리에 장식이 불빛을 흩뿌리는 커다란 홀에, 아름다운 드레스 차림에 곱게 화장한 여인들이 부채로 얼굴을 살짝 가리고 작은 소리로 수다를 떤다. 여인들의 눈부신 미모와 기품 있는 자태에 반한 기사들이 당당한 몸매와 탄탄한 근육을 뽐내며 조심스레 다가가 춤을 청한다. 파티 분위기가 한창 무르익을 무렵, 갑자기 세찬 바람이 불어와 샹들리에에 불이 꺼지고 화염을 내뿜는 용이 나타난다. 어둠속에서 혼란에 빠진 여성들이 비명을 내지르는 순간, 용감한 기사들이 칼과 창을 뽑아들고 용맹하게 나서 용과 맞서 싸운다.

　서양 중세를 배경으로 한 이야기에 등장할 법한 장면이다. 용감한 기사와 아름다운 여인의 이미지로 기억되는 중세 기사도 이야기는, 〈아서 왕 이야기〉 〈롤랑의 노래〉 등 기사도를 다룬 고전과, 이를 모티브로 발전한 각종 소설과 연극·영화를 통해 오늘날에 이르렀다. 이러한 이미지는 중세 기사도를 얼마나 충실히 재현하고 있을까?

중세 사회의 지배자, 영주

서로마 멸망 이후 유럽은 여러 민족들의 각축장이 된다. 초기에는 게르만족이 우세했지만, 프랑크 왕국이 멸망한 이후에는 노르만족이 우세했다. 노르만족은 현재의 덴마크·영국·이탈리아 등지에 왕국을 건설했으며 심지어 아메리카에도 진출했다. 동유럽에서는 마자르족이 맹위를 떨쳤고, 남쪽에서는 이슬람이 쳐들어왔다. 서양사 교과서에는 노르만과 마자르가 유럽을 침략했다고 기술하지만, 사실 누가 누구를 쳐들어갔다고 이야기하기조차 어려운 혼란의 시대가 바로 중세 유럽이었다.

　'암흑시대'라 일컬어진 중세 유럽에서 그나마 문명의 빛을 유지한 곳은 교회였다. 그래서 게르만이든 노르만이든 일단 점령하고 정착하면 기독교로 개종하고 교회의 수호자를 자처하며 문명의 혜택을 받으려 했고, 그렇게 얻은 문명을 지키기 위해 강력한 군대를 유지하는 데 힘을 쏟았다. 하지만 숨 돌릴 틈 없이 이어지는 전쟁의 소용돌이 속에서 안정적으로 국가 체제를 유지하며 군대를 양성하

15세기에 처음 영어로 아서 왕과 원탁의 기사 이야기를 쓴 영국 작가 토머스 맬러리의 책 《아서 왕의 죽음》 삽화. 17세기 판본에 실린 삽화이다.

는 것은 불가능했다. 그래서 여기저기 난립한 왕국에서는 '프로페셔널 전사'를 고용하는 용병 체제를 선호했으니, 이 용병들이 바로 '기사'다.

왕은 유력한 기사에게 영지를 하사하고 그 대가로 충성을 요구했다. 왕과 기사의 관계는 군사력과 영지를 주고받는 계약관계였으며, 이 계약은 하나님의 이름으로 맺어진 신성한 것으로 절대 배신할 수 없었다. 이런 주종 관계를 '봉건제'라 한다. 봉건제는 유럽 사회를 지배하는 가장 기본적인 제도였고, 그래서 이 시대를 '중세 봉건사회'라고 일컫는다.

왕에게 영지를 하사받은 기사는, 곧 영지의 제후로서 지배자가 되었다. 그는 영지 내의 왕 같은 존재로서, 영지의 백성인 농노에게 세금과 각종 공물을 징수하며 하급 기사들을 고용하고 사법권 등을 행사하며 실질적으로 영지를 통치했다. 그러다 전쟁이 일어나면 왕을 위해 부하 기사들을 거느리고 출전한다. 기사들의 제1 임무는 영지의 원만한 지배, 특히 농노를 지배하는 것이었고, 이를 위해 공권력이 동원되었다.

농노의 판타지 '레이디 고다이바'

당시 영주의 역할을 잘 보여 주는 일화가 있다. 19세기 화가 존 콜리어의 그림 〈레이디 고다이바〉의 실제 주인공인 '고다이바 부인' 이야기다.

11세기 영국 코번트리 지방의 영주 레오프릭이 농노들에게 혹독하게 세금을 걷어 불만이 고조되자 레오프릭의 아내 고다이바가 세금을 감면해 줄 것을 청했다. 화가 난 레오프릭이 "당신이 발가벗은 채 말을 타고 영지를 한 바퀴 돌면 소원을 들어주겠다."고 했는데, 고다이바 부인이 정말 알몸으로 말을 타고 영지를 도는 것이 아닌가. 농노들은 모두 집으로 들어가 문과 창을 걸어 잠갔고, 마침내 텅 빈 거리를 한 바퀴 돌고 온 아내에게 레오프릭은 두 손 들고 말았다.

하지만 실제 중세 농노들이 고다이바 부인처럼 자상한 영주 부인을 만날 기회는 거의 없었다. 중세의 빈번한 전쟁과 그에 드는 엄청난 비용을 감당하려면 농노의 처지를 돌봐 줄 여력이 없었기 때문이다.

그렇다면 약자의 편에 선 정의로운 기사들은 정녕 없었을까? 중세 기사도 이야기는 완전히 거짓일까? 어느 세상에나 소수의 멋진 사람과 소수의 악한은 존재하는 법이다. 중세 어딘가에 그런 멋진 기사들이 분명 있었을 것이다. 다만, '기사도'로 대표되는 정의롭고 멋진 기사의 이야기는 대부분 12세기 전후에 유럽이 전쟁에서 벗어나 안정을 찾고 왕권이 자리를 잡으면서 형성된 것이다.

예컨대 기사도 문학의 대표작인 〈아서 왕 이야기〉는 6세기경 영국 켈트족의 지도자, 혹은 영국에 주둔한 로마군 대장이 게르만족(앵글로족)의 공격을 막아 냈는데, 이때의 영웅담이 시간이 흐르면서 조금씩 각색되었을 것으로 추정된다. 그 과정에서 처음에는 없던 '원탁의 기사'가 덧붙여지고, 기네비어 왕비와 부하 랜슬롯 경의 불륜 이야기, 프랑스 원정, 성배 찾기 등의 이야기가 포함되었다. 마침내 12~13세기경 유럽에서 왕권이 강화되면서 바람직한 기사의 모습으로 요구되던 기사도 이야기가 자리 잡으면서 〈아서 왕 이야기〉가 완성된 것으로 보인다.

중세 시대 아름다운 여인과 기사의 판타지는 이렇게 만들어졌다. 어릴 적 산타클로스의 정체를 알아챘을 때처럼 뒷맛이 씁쓸할 수도 있을 것이다. 그러나 유럽 중세사회에 대한 이해는 그 이상의 인식의 전환을 요구한다. 유럽의 중세는 그만큼 '암흑시대'였다.

아서 왕 궁전의 코네티컷 양키

집은 다만 넓기만 할 뿐이며, 일일이 조각한 큰 의자 역시 보기에는 좋으나 막상 앉으면 기분이 나쁘기로는 이루 말할 수 없다. 게다가 얼마나 불편한지 비누도 성냥도 없다. 거울도 없다. … 물론 가스등도 촛불도 없다. 하숙집에서 볼 수 있는 접시에 싸구려 버터 같은 기름을 담아 방 안 벽 곳곳에 걸어 놓고, 그것에 누더기를 넣어 불을 붙이면 조명이 된다. … 책도, 종이도, 펜도, 잉크도 없다. 놈들이 창문이라고 말하는 것에는 유리 한 장 끼어 있지 않다. … 가장 곤란한 것은 설탕도, 차도, 커피도, 담배도 없는 것이다. 마치 무인도의 로빈슨 크루소와 별로 다름이 없었다.

19세기 미국 소설가 마크 트웨인의 작품 《아서 왕 궁전의 코네티컷 양키》의 한 대목이다. 이 소설은 불의의 사고로 6세기 아서 왕의 시대로 가게 된 19세기 미국의 공장 노동자가 경험한 각종 에피소드로 구성되어 있다. 그중에 이런 이야기도 있다. 무술 수업을 하러 길을 떠난 주인공이 도중에 성스러운 골짜기의 수도사들을 만났다.

고행을 행하는 수도자들을 보았다. 참으로 기묘한 구경거리였다. 한마디로 말해 어느 것에도 뒤떨어지지 않는 비위생의 견본이었다. 그들은 벼룩과 모기를 배양하는 경쟁을 하고 있었는데, 모두 만족스러운 얼굴을 하고 있었다. 알몸으로 진흙탕 속에 누워 벌레들에게 찔리면서도 자랑스러워하는 사제, 바위에 기대어 하루 종일 기도하는 사제, 서 있는 채로 잠든 사제, 47년 동안 한 방울의 물도 사용한 적이 없다는 수녀님. 이러한 미치광이들 주위에 눈을 휘둥그렇게 뜬 순례자들이 둘러서서 존경하는 마음으로 엎어질 것 같은 모습을 하고 있었다.

마크 트웨인은 현대인의 시각에서 중세 수도사들의 모습을 묘사하고 비판함으로써 중세 암흑시대 종교적 광신의 문제점을 지적하고 있다. 이 소설에서 언급된 수도사는 수도원에서 근로하는 수도사들로 보인다. 유럽의 수도원 운동은 성 베네딕트가 529년 수도원을 세우고 회칙을 정하면서 본격적으로 발전했다. 이 회칙에 따라 수도사들은 노동을 성스럽게 여겨 직접 농사를 지으며 연구에 매진하여 신앙 발전에 큰 영향을 미쳤다.

수도원 운동은 특히 교회의 세속화와 타락을 비판하고 극복하는 대안운동으로서 중요시되었다. 영지와 도시를 떠나 깊은 산속에 은둔하면서 청빈과 신앙을 강조한 수도원은 기독교 정신의 보루와 같았다. 하지만 시간이 흐르면서 수도원도 교회 세속화와 타락을 비켜 가지 못했다.

베네딕트 수도회마저 타락하자, 다시 새로운 수도원 운동이 일어났으니 대표적인 것이 프란체스코 수도회였다. 하지만 결국 교회는 중세 시대의 종말과 함께 종교개혁의 전환기를 맞이하게 된다.

047

아라비아에 예언자의 나라가 서다

무함마드

570~632

교과서 속 한 줄 역사 아라비아 반도 메카에서 태어난 무함마드가 알라를 유일신으로 삼는 이슬람교를 포교하기 시작했다. 무함마드는 622년 메카를 떠나 메디나로 이주한 뒤 '움마'라는 신정국가 체제의 이슬람 공동체를 건설하였다. 630년 무함마드는 다시 메카에 입성하였고, 이슬람교의 영향은 아라비아 반도 전체에 미쳤다.

"천사가 나타나 내게 말씀하셨어요. '무함마드야, 나는 가브리엘이다. 너는 신의 사자使者이니라. 그러니 암송하라.' 내가 물었지요. '무엇을 암송하란 말인가요?' 가브리엘께서 말씀하셨어요. '암송하라. 창조주이신 주님의 이름으로.'"

615년 어느 날 저녁, 메카의 평범한 상인 무함마드는 인척 40여 명을 모아 식사를 대접하면서 자신의 경험을 이야기했다. 무함마드는 자신이 본 환상과 신의 말씀을 전하고, 전지전능하신 하나님(아랍어로 '알라')만을 믿고 다른 신을 숭배하지 말라고 했다. 그의 첫 전언이 끝나자 인척들은 침묵에 빠졌다.

평범한 상인 출신의 예언자

하지만 곧 비웃음이 식탁 위를 채웠다. 식사 자리가 파하고 인척들은 뿔뿔이 흩어졌다. 오직 한 사람, 열세 살 난 사촌 '알리'만이 무함마드를 따르겠다고 했다. '알라에 대한 복종'(아랍어로 '이슬람')을 맹세한 '복종하는 자'(아랍어로 '무슬림')는 그렇게 어색하게 탄생했다.

무함마드(찬양받을 자)의 삶은 평범했다. 그는 메카의 가난한 유목민 가정에서 유복자로 태어났다. 불모지인 탓에 농사를 지을 수 없어 장사를 해서만 살 수 있는 메카에서 무함마드는 신용 좋은 유능한 상인으로 성장했고, 스물다섯 살에 중년의 과부 '하디자'와 결혼하여 6명의 아이를 낳았다.

마흔 살까지 그는 안정적인 가정의 자상한 남편이자 아버지였다. 붓다처럼 왕자로 태어나 세속의 쾌락에 대한 번뇌에 빠지지도 않았고, 예수처럼 비범한 탄생 배경이나 젊은 시절 고뇌에 찬 방황을 경험한 것도 아니었다.

그런 그가 40대가 되어 신의 계시를 받고 180도 바뀐 삶을 살게 되었다. 주변에서 그를 사기꾼이나 미친 사람 취급하는 것도 무리가 아니었다. 무함마드 본인도 신 내림을 받은 사람처럼 고통스러워했다. 신의 계시를 받고 나면 온몸을 벌벌 떨며 힘들어해서 그때마다 아내 하디자가 꼭 껴안아 주곤 했다. 더군다나 무함마드는 2년 정도 계시를 받지 못한 공백기도 겪었다. 그 기간 동안 얼마나 힘들었겠는가.

메카를 떠나 메디나로

당시 메카에는 '카바'라는 정육면체 모양의 성스러운 곳이 있었다. 카바는 '후발'을 비롯하여 360여 신을 모신 아랍 토착 신앙의 중심지로서, 상인들은 물론 많은 이들이 순례하고 경배하는 장소였다. 이런 장소에서 유일신만 경배하고 우상을 숭배하지 말 것이며 하루에 다섯 번 기도하라고 설교하면 맞아 죽기 딱 좋았다.

어려움 속에서도 무함마드는 열심히 포교했지만, 자신을 따르는 무슬림들이 공격을 당해 메카를 떠나고 아내 하디자마저 병사하자 더 이상 의지할 데가 없었다.(하디자는 공식적인 첫 무슬림이다.) 결국 그는 622년 메카를 떠났다. 이슬람력의 시작인 '헤지라'는 바로 이 날을 기념한 것이다.

무함마드가 옮긴 곳은 메디나였다. 그곳에는 메카에서 그의 설교를 듣고 개종한 무슬림들이 정착해 있었다. 그는 그곳에서 무슬림 군대를 조직하여 알라를 조롱하고 핍박하는 이교도를 공격했다.•

630년 마침내 무함마드의 군대가 메카를 점령하고 카바의 이교 신물들을 파괴했다. 무함마드는 이곳을 알라의 성소로 선언하고 메디나에서 카바를 향한 순례를 조직했다. 그는 이 순례를 마치고 심한 열병으로 죽고 말았다. 63세, 9명의 미망인과 4명의 딸이 유족이었다.

• 전사자가 속출하면서 과부와 미혼자가 양산되어 아랍의 관습인 다처제가 무분별하게 확장되자, 무함마드는 아내를 4명까지만 두도록 제한하고 아내들을 평등하게 대하며 함부로 아내의 재산을 빼앗지 못하게 했다.

사우디아라비아 메카에 있는 이슬람 신전 '카바al-Kaba'. '정방형 건물'이라는 뜻이다. 세계의 이슬람교도들이 카바를 향해 예배를 한다.

우마이야 왕조의 성립

무함마드 사후 지도자를 잃은 무슬림들은 분열되었다. 새로운 지도자가 절실히 필요했다. 여러 분파들은 회의 끝에 무함마드의 장인인 '아부 바크르'를 칼리프(계승자)로 선출했다. 아부 바크르는 이슬람 통일을 위한 내전을 치른 뒤 그 여세를 몰아 이슬람 포교 전쟁에 나섰다. 수많은 무슬림 군대가 무서운 기세로 페르시아와 오리엔트 지방 전역으로 퍼져 나갔다.

아랍인들은 무슬림 군대에 적대적이지 않았다. 무슬림 군대는 그들에게 《코란》과 '지즈야(세금)' 중 하나를 선택하라고 요구했다. 이슬람 경전 《코란》을 선택하면 이슬람교도가 되어 알라 아래 모두 평등해지고, '지즈야'를 선택하면 무슬림보다는 많지만 그래도 이전보다는 저렴한 세금을 내고 자신의 신앙을 지킬 수 있었다. 어느 쪽이든 기존 지배자들 아래 있는 것보다는 좋은 조건이므로 적대적일 이유가 없었다. 다만, 이슬람에 적대적인 다른 종교인들은 전쟁을 선택할 수밖에 없었다.

아부 바크르가 죽은 뒤 칼리프 자리는 '우마르', '우스만'에 이어 무함마드의 사촌 '알리'로 이어졌고, 알리가 암살당하고 칼리프 자리에 오른 '무아위야'가 칼리프직의 세습을 결정하면서 '우마이야 왕조'가 성립된다.

이제 이슬람은 제국이 되었다. 초기 정통 칼리프 시대(1~4대 칼리프)의 종교적 열정이 사라지고 이슬람 세계가 종교와 정치가 결합된 거대한 제국으로 변모하면서, 오리엔트 지방에 새로운 역사가 시작된 것이다.

048

여인의 이름을 한 이슬람 왕조

파티마 왕조

7~10세기

교과서 속 한 줄 역사 무함마드 사후 그의 계승자는 '칼리프'라는 공식 직함을 갖고 종교와 정치를 모두 지배하였다. 제4대까지는 칼리프가 선출되었으나, 5대 우마이야 가문이 권좌에 오른 뒤부터 세습되었다.

서기 909년, 이슬람의 한 분파인 '시아파' 전사들이 북아프리카에 '파티마 왕조'를 세웠다. 그들은 자신들이야말로 진정한 이슬람의 칼리프(계승자)라며 정의는 마침내 승리했다고 선언하고, 수도 이름도 '승리'라는 뜻의 '카히라'라고 지었다. 카히라의 영어식 발음이 카이로이다. 현재 이집트의 수도인 '카이로'는 이렇게 탄생했다.

왜 시아파 전사들은 국호를 여인의 이름을 따서 '파티마'라고 정했을까? 그들은 왜 자신들이 진정한 칼리프라고 주장한 걸까? '파티마'라는 이름의 여인이 도대체 누구이기에?

무함마드 가족과 부하의 갈등

처음 무함마드가 신의 계시를 전할 때 최초로 남자 무슬림이 된 사람은 열세 살의 조카 알리였다. 알리는 그때부터 무함마드에 한결같이 충실했고, 무함마드가 암살 위협에 시달려 메카에서 메디나로 피신할 때에는 목숨을 걸고 무함마드를 구하기도 했다. 알리가 무함마드인 척 침대에 누워 있었던 덕에 무함마드가 무사히 피신할 수 있었던 것이다. 암살자들은 분노했지만 침대 위의 알리를 죽이지는 않았다.

알리는 무함마드와 첫 번째 부인 사이에서 태어난 딸 '파티마'와 결혼하여 무함마드의 사위가 되었다. 알리는 항상 무함마드의 가장 가까운 곳에서 그의 계시를 전해 듣고 그의 명령에 따랐다. 그래서 무함마드가 죽고 후계자인 칼리프를 추대할 때 알리가 가장 유력한 후보로 거론되었다. 하지만 무슬림들은 사위 알리가 아니라 장인 아부 바크르(무함마드가 총애한 또 다른 부인 아이샤의 아버지)를 칼리프로 추대했다. 알리는 추대는커녕 추대 논의가 있다는 것조차 알지 못했다. 그것은 의도적 배제였다.

무함마드의 딸 파티마는 아부 바크르에게 강력히 항의했지만, 받아들여지지 않자 이후 칼리프에 협조하지 않았다. 아부 바크르는 파티마를 달랬으나 둘의 관계는 호전되지 않았고, 얼마 후 파티마가 병들어 죽는 바람에 화해는 실패로 돌아갔다.

알리로 대표되는 무함마드의 가족들과 아부 바크르로 대표되는 무함마드의 충직한 부하들 사이에 미묘한 견해 차이가 존재했던 모양이다. 아마도 무함마드의 역할과 신의 계시에 대한 이해가 달랐을 것이다. 딸 파티마와 무함마드의 임종을 지킨 마지막 아내 아이샤, 그리고 알리 등은 무함마드와 그 혈연에 특별한 의미를 부여하고, 그 혈연이 신의 계시와 관련하여 특별한 능력을 부여받았다고 생각한 듯하다. 실제로 알리를 예언자처럼 받아들인 세력이 존재했으며, 반대로 알리의 행동과 연설에 불만을 가진 사람도 상당히 많았다.

그에 비해 아부 바크르 등은 무함마드의 '예언'에 충실하려 했다. 무함마드가 죽으면서 더 이상의 예언자는 없다고 했으므로 어떤 사안이 생기면 무함마드의 가르침에 따랐고, 무함마드의 가르침이 없는 경우에는 사람들을 모아 비슷한 사례를 수집한 뒤 가장 가까운 사례에 따라 결론을 내렸다. 이것들이 모여《코란》이 되었고, 모든 권위는 오직《코란》과《코란》을 놓고 토의하는 칼리프 및 무함마드의 부하들에게 있을 뿐이었다.

시아파의 탄생

아부 바크르는 632년 칼리프의 자리에 올랐으나 2년 만에 사망했다. 그 뒤를 이어 무함마드의 충직한 부하 장수 '우마르'와 알리 중에서 우마르가 제2대 칼리프가 되었고, 644년 우마르가 죽은 뒤에는 무함마드의 경제적 지원자였던 '우스만'과 알리 중에서 다시 우스만이 제3대 칼리프가 되었다. 하지만 우스만은 자기 집안인 우마이야 가문을 중용하여 권력과 부를 독점하다 656년 폭도들의 손에 살해당했다. 그제야 비로소 알리가 제4대 칼리프가 되었다.

하지만 알리는 추대된 것이 아니라 반란에 편승하여 칼리프의 자리에 오른 것이었기에, 이에 불만을 품은 우마이야 집안의 '무아위야'가 반란을 일으켰다. 그런데 이때 무함마드의 아내인 아이샤가 처음에는 무아위야를 지지하다가 알리와 만난 후 알리와 타협하기로 결정했다. 알리는 이 결정의 연장선에서 무아위야와도 타협했다. 이것이 알리 추종자 중 일부를 분노케 했고, 결국 알리는 암살당하고 말았다.

그 뒤 칼리프 자리에 오른 무아위야가 칼리프직을 세습하기로 결정하면서 '우마이야 왕조'가 탄생하게 된다. 우마이야 왕조의 세습 칼리프들은 알리의 자손을 가장 위험한 세력으로 여겨 제거하려 했다. 실제 알리의 지지자들은 알리의 아들이자 무함마드의 손자인 후세인이야말로 진짜 칼리프라고 생각했다. 후세인은 당당히 죽음을 맞겠다고 결심하고, 72명의 추종자(아내와 아이들을 포함하여)와 함께 우마이야 왕조에 도전을 선언하고 순례를 떠났다. 그를 맞이한 것은 400명이라고도 하고 4만 명이라고도 하는 우마이야의 군대였다. 후세인과 72명의 추종자는 모두 살해당했다.

후세인의 죽음은 알리 추종자들과 우마이야에 불만을 가진 자들의 가슴에 불을 질렀다. 이들이 '시아파'이다. 시아파는 우마이야 왕조에 불만을 가진 세력을 대표하며 제국 곳곳에 존재했는데, 얼마 후 그들에게 기회가 왔다.

아바스 왕조와 수니파

우마이야 왕조는 이슬람과 비이슬람 세계를 구분하고, '지하드'(성전)의 이름으로 비이슬람 지역 정복에 적극 나섰다. 처음에는 정복의 열매를 무슬림들과 골고루 나누다가 점차 국고로 들어가는 비율이 높아졌고, 풍부해진 재정으로 공공사업을 벌이고 빈민 구제에 나서면서 아랍 지역민들의 삶이 풍요로워졌다. 하지만 비아랍 지역, 특히 과거 페르시아 지역은 그렇지 않았다. 차별에 분노한 이들은 시아파와 손을 잡으면서 힘을 키워 갔다. 마침내 무함마드의 삼촌 아바스의 후손인 '아부 알 아바스'를 중심으로 모인 군대가 우마이야 왕조의 수도인 다마스쿠스를 함락하고 새로운 '아바스 왕조'를 세우게 된다.

그러나 아바스 왕조는 바그다드를 수도로 정한 뒤 우마이야의 풍요와 번영에 동참하기로 하고 우마이야 왕조의 교리와 제도를 그대로 따랐으니, 이들이 '수니파'이다. 이제 수니파가 이슬람 제국의 주류 세력이 되었고, 비주류들은 변방으로 쫓겨났다. 우마이야의 후손들은 이베리아 반도에 정착하여 '후後우마이야 왕조'를 세우고, 시아파는 북아프리카의 이집트로 가 파티마 왕조를 세웠다.

시아파가 여성의 이름인 '파티마'를 국호로 내세운 것은 알리를 계승한 시아파의 나라임을 뜻하는 것이다. 이 이름은 이슬람이 세속화되고 나라를 건설하는 과정에서 겪은 진통을 고스란히 담고 있다. 《코란》은 영원하고 신의 가르침은 불변이지만 믿는 사람은 변할 수밖에 없다는 것, 이것이 세상 이치 아니겠는가?

049

세계를 분할한 두 전투

투르푸아티에 전투, 탈라스 전투

732~751

교과서 속 한 줄 역사 이슬람 세력은 정통 칼리프 시대에 이집트에서 페르시아에 이르는 대제국을 건설하였다. 우마이야 왕조는 동쪽으로 인더스 강 유역, 서쪽으로 아프리카 북부를 거쳐 이베리아 반도까지 이르렀으며, 소아시아에서는 비잔티움 제국과 접경을 이루었다.

이슬람의 우마이야 왕조가 동쪽으로는 페르시아를 정복하고 인더스 강 유역까지 진출하고 서쪽으로는 북아프리카를 지나 지브롤터 해협을 건너 이베리아 반도에 상륙한 뒤 피레네 산맥을 넘어 지금의 프랑스 중부 지방에까지 진출하면서 거침없는 기세로 뻗어 나가고 있을 때, 그들 서쪽과 동쪽에 그들만큼이나 강력한 전성기를 누리는 두 나라가 버티고 있었다. 바로 프랑크 왕국과 당나라였다.

마침내 732년과 751년, 이들과 이슬람 세력의 운명을 가르는 전투가 투르·푸아티에와 탈라스에서 벌어졌다.

이슬람으로부터 유럽을 지킨 투르·푸아티에 전투

732년 남프랑스 아키텐 지역의 지도자이자 메로베우스(메로빙거) 왕조의 일원인 외드 공작은 곤혹스러운 처지에 빠졌다. 라이벌 카롤루스 마르텔에게 요청한 구원이 허사로 돌아갔기 때문이다. 프랑크 왕국의 건설자 클로비스가 개창한 메로베우스 왕조는 지난 250여 년간의 역사를 뒤로하고 서서히 종말을 향해 가고 있었다.

왕은 존재했지만 사실상 실권 없는 허수아비였고, 신하들의 우두머리인 궁재가 모든 권력을 장악하고 있었다. 특히 당시 궁재인 카롤루스 마르텔은 클로타르 4세를 허수아비로 만들어 놓고 정치적 반대파를 제거하였는데, 그 정적 중 한 사람이 바로 외드 공작이었다.

외드 공작은 피레네 산맥 남부의 무슬림 군대와 연합하여 마르텔의 군대를 막으려 했지만 번번이 실패했다. 오히려 우마이야 왕조의 무슬림 군대가 외드 공작의 딸을 하렘에 팔아 버리는 일이 벌어져 마르텔에게 구원을 요청하는 신세가 되어 버렸다. 하지만 마르텔은 들은 척도 하지 않았다.

외드 공작은 아키텐을 지키기 위해 굴욕을 무릅쓰고 다시 무슬림 군대와 동맹을 맺고 마르텔을 처단하기 위한 원정길에 나섰다. 기록에 따르면 두 군대가 비슷하거나 무슬림 군대가 더 많았다고도 하는데, 아마도 비슷한 전력이었을 것이다. 하지만 한쪽은 무패를 자랑하는 기마병이었고, 다른 한쪽은 고향을 지키려고 나선 보병들이었다.

732년 10월 초, 이미 투르 지방을 약탈한 우마이야 왕조의 이슬람 군대와 마르텔의 프랑크군이 파리에서 남서쪽으로 340킬로미터 떨어진 푸아티에 인근 평원에서 마주했다. 일주일 동안 숨 막히는 대치가 이어진 끝에 마침내 10월 10일 이슬람 군대의 공격이 시작되었다. 무시무시한 속도의 기병대가 방패로 장벽을 친 밀집보병들에게 달려들었다.

하루 종일 엄청난 공격이 계속되었고, 겉으로 보기에는 프랑크 보병들이 일방적으로 얻어터지는 것 같았다. 하지만 프랑크군의 방패 장벽은 무너지지 않았고, 오히려 한두 차례 반격을 가하기도 했다. 어떤 기록에 의하면, 외드 공작의 군대가 배신하여 후방에서 무슬림 군대를 공격했다고도 한다. 아무튼 저녁 무렵 전투는 끝났다.

다음 날 아침, 무슬림 군대는 총퇴각을 단행했다. 전날 전투 중에 무슬림군의 총지휘관인 스페인 총독 압둘 라흐만이 전사했기 때문이다. 카롤루스 마르텔은 퇴각하는 무슬림 군대를 뒤쫓아 피레네 산맥 이남으로 완전히 몰아냈다. 외드 공작은 마르텔의 부하가 되었고, 마르텔은 이슬람교로부터 유럽을 지킨 영웅이 되었다.

이 전투의 승리로 서유럽은 기독교 사회를 유지할 수 있게 되었다. 만약 이때 무슬림 군대가 승리했다면 역사는 크게 바뀌었을 것이다. 서유럽의 로마 가톨릭은 붕괴하고 동유럽의 그리스정교만 남았을지도 모른다. 유럽이 이슬람 지배 아래 놓이게 되었다면 지금과 같은 유럽과 아시아의 구분 자체가 없고 서부 이슬람권, 동부 중화권 식으로 나뉘지 않았을까? 그런 점에서 '투르·푸아티에 전투'는 동서를 분할한 역사상 가장 중요한 전투로 꼽힌다.

당의 기세 꺾은 탈라스 전투

그로부터 19년 뒤, 또 하나의 중요한 전투가 이번에는 동쪽에서 벌어졌다. 당시 고구려 유민 고선지가 이끄는 당군이 중앙아시아 지역을 휩쓸고 있었다. 70개가 넘는 소국이 당에 항복하여 그 영향력이 지금의 우즈베키스탄 지역까지 미쳤다. 당군의 서진은 이슬람 세계를 긴장에 몰아넣었다. 그 와중에 당이 항복한 중앙아시아 소국의 왕을 죽인 것은 최악의 실책이었다. 마침내 이슬람 세력이 대규모 군대를 일으키면서 두 세력이 충돌하게 되었으니, 바로 탈라스 전투이다.

탈라스 전투는 지야드 장군이 지휘하는 아바스의 군대와 고선지 장군이 지휘하는 당군이 주도하였지만, 양 군대는 각각 중앙아시아 소국들의 지원군을 거느리고 있었다. 그래서 양측의 군대 수는 기

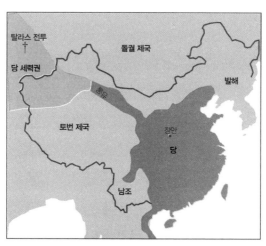

751년 탈라스 전투가 일어날 무렵의 당 영역도. 당나라군과 아랍군은 중앙아시아 서남부, 지금의 카르기스스탄 지역에서 충돌했다.

기록마다 차이가 있다. 하지만 아바스 군대에 비해 당군은 소국 군대와의 결합이 느슨하고 내부 갈등이 존재했다.

탈라스 전투는 5일간 이어졌다. 탈라스 성에 웅거한 이슬람군을 당군이 공격하는 형세였는데, 시간이 흐르면서 당군과 소국 군대 사이에 갈등이 심화되었고 마침내 카를룩족이 반란을 일으켜 당군의 배후를 공격했다. 당군은 괴멸적 타격을 입고 겨우 수천 명만 살아 돌아갔다. 아바스 왕조는 제지술을 포함하여 소중한 당의 기술과 문화를 전리품으로 챙기고 그들의 동쪽 경계를 명확히 할 수 있었다.

투르·푸아티에 전투와 탈라스 전투를 계기로 이슬람 세계는 중앙아시아와 인더스 유역에서 북아프리카 일대에 걸친 영역을 확정하였고, 이를 통해 이슬람과 다른 문명권의 공존이 가능해졌다. 이후 다양한 문명권들은 바다를 이용한 무역을 통해 평화적으로 교류하며 찬란한 문명을 꽃피웠다.

050

스페인에 남은 이슬람의 추억

후우마이야 왕조

756~1031

교과서 속 한 줄 역사 우마이야 왕조가 멸망하고 아바스 왕조가 건립되었다. 아바스의 대학살을 피해 탈출한 우마이야 왕자가 이베리아 반도의 코르도바에 후우마이야 왕조를 세웠다. 후우마이야 왕조에서 이슬람, 비잔티움, 그리스의 문화가 어우러진 수준 높은 문화가 탄생하였다.

스페인의 대표적인 기타 연주곡 〈알람브라 궁전의 추억〉을 들어 본 적이 있는지? 1970년대에는 텔레비전 방송조정시간 배경음악으로 사용되었고, 요즘에도 학교 기타반 대표 레퍼토리로 여전히 사랑받고 있는 곡, 〈알람브라 궁전의 추억〉은 멜로디를 들으면 누구나 알 만큼 익숙한 곡이지만 막상 '알람브라 궁전'이 스페인의 대표 명소인 것을 아는 사람은 많지 않다.

아바스의 추격을 피해 이베리아 반도로

750년 소수의 아바스 군대와 다수의 우마이야 군대가 소아시아 북서부의 자브 강(리코스 강)에서 맞섰다. 이슬람의 전투는 유·불리를 떠나 신의 결정에 따라 승패가 좌우된다는 말처럼, 이 전투에서도 유리해 보였던 우마이야의 군대가 패하고 칼리프도 전사했다. 이로 써 아바스의 시대가 시작되었다.

아바스 왕조의 창시자 '아부 알 아바스'가 칼리프에 오른 뒤 제2 대 칼리프에 오른 그 동생 알 만수르에 이르기까지, 아바스의 지도 자들은 건국의 가장 큰 공신 '아부 무슬림'을 처단하는 등 장차 위 협이 될 만한 세력을 숙청하였다. 그리고 얼마 후 우마이야 왕족들 이 아바스의 저녁 식사 자리에 초대되었다. '화해와 협력의 자리'라 이름 붙여진 이 만찬은, 음식을 나르던 시종들이 돌연 칼을 휘두르 면서 대학살극으로 마무리되었다.

우마이야 왕족 중 오직 한 사람, '압둘 라흐만'만 살아남았다. 그 는 아바스 군대의 추격을 피해 다마스쿠스에서 북아프리카를 횡단 하여 모로코까지 간 뒤 지브롤터 해협을 건너 지금의 스페인인 이 베리아 반도 남단 코르도바까지 도망쳤다.

그는 거기서 자신처럼 도망쳐 온 우마이야 왕조의 지지 세력을 규합하여 '후後우마이야 왕조'를 세웠다. 이때부터 코르도바는 이베 리아 반도의 이슬람 중심지로서 무려 700여 년 동안 번영을 누렸 다. 후우마이야는 아바스 왕조가 쇠퇴하자 자신들이 진정한 칼리프 의 나라라고 선언했다.

서방의 이슬람 국제도시

기독교와 접해 있던 후우마이야에서는 알게 모르게 유럽 문화와 이슬람 문화가 섞였다. 기독교 세계와 후우마이야의 이슬람 세계는 각자 자기 세계와 교역했지만 서로 완전히 외면하고 살 수만은 없었다. 기독교 세계는 레온·카스티야·포르투갈 등의 나라를 건설하며 이슬람 세력을 이베리아 반도 남쪽으로 조금씩 밀어붙였는데, 그 와중에도 레온의 왕 산초가 우마이야 압둘 라흐만 3세의 코르도바를 방문하여 병을 치료하기도 했다.

코르도바는 인구 50만이 넘는 당대 최대 도시 중 하나였다. 그곳에서 귀족들은 과거와 달리 그들만의 문화를 발전시켰다. 예를 들어 황금 잔 대신 크리스털 컵을 선호하고, 음료는 한 번에 마시지 않고 나누어 마시며, 음식을 식탁 위에 한꺼번에 올려놓지 않고 차례차례 코스로 먹는 식이었다.

코르도바에는 아랍인은 물론이고 북아프리카 베르베르족과 기독교인·원주민 등이 어울려 살았고, 항구에는 가까운 카이로부터 멀리 중국까지 항해한 상선들이 가득했다. 또한 중국의 비단 제조 기술이 들어와 서방의 비단 중심지가 되면서 패션을 주도하는 사람들이 넘쳐났다.

코르도바의 화려함과 번영은 칼리프의 궁전 도시 '마디나트 알자흐라'로 구현되었다. 936년 시공되어 완공까지 25년이 걸린 이 궁전은 칼리프가 자신에게 허용된 국가재정을 최대한 사용하여 만든 걸작이라고 한다.

기록에 따르면, 모스크(이슬람 사원)·상업 지구·정부 기관·정원·궁전 등을 갖추었고, 구리 관으로 만든 상수도, 거대한 지하수로 및 아치형 수도교, 대리석 저수지 등을 설치하여 물을 풍부하게

에스파냐(스페인) 남부 그라나다에 있는 알람브라 궁전. 14세기, 에스파냐 지역의 마지막 이슬람 왕조 나스르 왕조가 세운 이슬람 궁전이다.

사용할 수 있도록 했다. 이를 바탕으로 목욕탕, 수도 시설, 화장실, 분수대와 연못 등이 치밀하게 배열되어 이곳에 방류된 물고기들의 먹이로만 매일 빵 1만2천여 개를 사용했다고 한다.

가장 화려한 건축물은 역시 궁전이었다. 로마와 카르타고에서 옮겨 온 대리석 기둥 4,300여 개를 세우고 접견실 바닥은 콘스탄티노플의 대리석을 사용했다. 방은 보석과 금으로 장식한 조각으로 둘러싸고 문은 상감 처리된 흑단과 상아로 장식했으며, 심지어 수은으로 채운 연못도 있었다. 이 궁전은 훗날 기독교도에 의해 파괴되었지만, 기록 곳곳에 그 찬란함에 대한 경탄이 남아 있다.

스페인 이슬람 시대의 의미

오늘날 우리가 스페인에서 볼 수 있는 알람브라 궁전은 13세기 후

우마이야 왕조가 기독교 세력에 의해 멸망한 뒤, 이베리아 반도 남단에 마지막으로 남은 이슬람 왕국인 나스르 왕국의 수도 그라나다에 세워진 궁전이다. 나스르 왕국은 후우마이야의 영광을 재건하기 위해 '마디나트 알 자흐리'를 본떠 궁전을 만들었다. 붉은 점토로 성벽과 탑을 만들어 '알람브라'('붉은 요새')라고 이름 붙여진 이 궁전은, 지중해의 노을 속에서 최고의 풍광을 자랑한다.

1492년 카스티야 왕국의 기독교 세력에게 그라나다가 함락됨으로써 700년 이상 이어 온 이베리아 반도의 이슬람 역사는 막을 내렸다. 이후 이베리아 반도의 스페인 왕조는 종교개혁 이후 가톨릭

◈ **압둘 라흐만 3세의 '위엄' 외교**

후우마이야 왕조의 전성기를 이끈 제8대 칼리프 압둘 라흐만 3세(889~961)와 관련하여 많은 이야기가 전해 내려오는데, 그중 외교에 대한 일화들이 흥미롭다. 압둘 라흐만 3세의 일화는 대국의 정상외교가 어떠해야 하는지, 또 이슬람 세계의 칼리프가 어떤 존재인지를 잘 보여 준다.

압둘 라흐만 3세는 대규모 외국 사절단을 맞이할 때, 도열한 병사들이 칼을 높이 치켜들어 만든 아치 안쪽으로 5킬로미터를 걸어오게 했다. 엄청난 무력시위 속에서 공포감을 느낀 사절들은 화려한 마디나트 알 자흐리 궁전에 들어서서 곧 찬란한 옷을 갖추어 입고 화려한 의자에 앉아 있는 사람들을 마주했다. 사절들이 칼리프인 줄 알고 절을 하려 하면 그들은 한사코 말리면서 자기들은 노예일 뿐이라고 고개를 저었다. 그곳을 거쳐 마침내 모래뿐인 정원에 도착했을 때, 사절들은 거친 옷을 입고 모래 위 《코란》 앞에 무릎 꿇고 앉아 묵상 중인 칼리프를 만날 수 있었다고 한다.

또 신성로마제국의 사절이 순교를 각오하고 이슬람과 칼리프를 모욕했을 때, 압둘 라흐만 3세는 그를 몇 년간 가택 연금시켰지만 일단 알현을 허락한 뒤에는 최대한 관용을 베풀었다. 그가 칼리프에 대한 예의로 깨끗한 옷을 입으라는 제안을 거절하고 기독교의 남루한 수도복을 고집하는 것도 받아들였다. 그날 압둘 라흐만 3세는 가장 화려한 옷을 입고 가장 화려한 접견실에서 수도사를 만나 그의 손에 입을 맞추고 옆자리에 앉힌 뒤 성의를 다해 대접했다. 수도사의 마음이 녹아내렸음은 물론이다.

의 수호자로서 500년의 역사를 이어 간다.

오늘날 스페인에서 이슬람이 번영했던 흔적을 찾기는 어렵다. 또 스페인 이슬람 시대를 역사적으로 평가하는 것도 쉬운 일이 아니다. 스페인 국민들은 이 시대를 '자신의 역사'로 받아들이고 있을까? 한때 이슬람의 중심지를 자처했던 스페인의 중세 역사는, 우리에게 지역사와 국가사의 의미에 대한 심각한 질문을 던진다.

19세기 후반 스페인 작곡가 프란시스코 타레가가 실연의 아픔에 잠겨 달빛에 물든 알람브라 궁전을 보며 만들었다는 〈알람브라 궁전의 추억〉에서 어떤 단서를 찾을 수 있지 않을까?

051

천 년간의 모험 이야기

《아라비안나이트》

7~17세기

교과서 속 한 줄 역사 〈신드바드의 모험〉은 《아라비안나이트》에 실린 이야기다. 《아라비안나이트》에는 10세기 인도양 세계를 무대로 펼쳐진 아랍 페르시아계 해상 상인들의 활약상이 담겨 있다.

사산조페르시아(226~651, 페르시아 지역을 지배한 왕조)의 위대한 왕 샤흐리야르는 우연히 왕비의 부정을 목격하고 폭군으로 돌변한다. 왕은 아름다운 여자를 왕비로 간택하여 첫날밤을 보낸 뒤 다음 날 아침 처형해 버렸다. 나라 안에 딸을 가진 모든 부모들은 전전긍긍했지만 죽음의 결혼식은 끝나지 않았고, 마침내 최고 대신의 딸을 제외한 모든 처녀들이 죽거나 도망가고 말았다. 최고 대신은 충성과 부성애 사이에서 갈등했으나 결국 딸 샤흐라자드를 왕비로 바쳤다.

아름다운 여인 샤흐라자드는 왕과의 첫날밤 재미있는 이야기를 시작했다. "옛날 여러 도시와 거래하는 부유한 상인이 살았습니다.…" 샤흐라자드의 이야기는 그로부터 1,001일 동안 이어졌다.

《아라비안나이트》의 광대한 시공간

이슬람 문학의 정수라 할 《아라비안나이트》(천일야화千一夜話)는 한 사람의 천재 작가가 하루아침에 쓴 것이 아니다. 또한 사산조페르시아 시대의 왕과 왕비가 주인공이지만, 이야기 속 시대 배경은 이슬람 시대 전체에 해당한다. 《아라비안나이트》는 이슬람 세계의 여러 단편들이 시대를 거치면서 하나로 통합된 것으로 볼 수 있으며, 이 중 우리가 알고 있는 《아라비안나이트》는 18세기 이후 유럽에서 번역된 것이다.

《아라비안나이트》가 포괄하는 지역과 시간은 광대하다. 이슬람 제국은 북아프리카와 서아시아, 남부 유럽 일대에 퍼져 있었고, 이슬람 상인들은 '바닷길'(남중국에서 동남아시아와 믈라카 해협을 거쳐 인도양과 페르시아 만에 이르는 해상 교역로)을 통해 중국·고려·일본과 동남아·서태평양의 섬들, 인도를 거쳐 동아프리카와 유럽에 이르기까지 아메리카 대륙을 제외한 지구 전역에서 활약했다.

이슬람 상인들의 활동은 7세기부터 유럽 함대에게 바다를 내준 16~17세기까지 활발하게 이루어졌다. 1천 년 동안 이슬람인들이 광활한 대륙과 바다에서 활약하면서 겪은 모험과 전설을 모두 아우르고 있으니 《아라비안나이트》가 얼마나 광대한 시공간을 포괄하고 있는지 짐작할 만하다.

이슬람 상인들의 흥미진진한 모험담

《아라비안나이트》 중에서 가장 유명한 이야기는 〈알라딘의 요술 램프〉일 것이다. 함정에 빠진 알라딘이 우연히 낡은 램프를 얻었는데, 그 램프에 깃든 요정 지니가 모든 소원을 들어준다는 이 이야기의 배경은 중국이다. 중국에서 홀어머니와 함께 살던 알라딘이 아프리카에서 온 마법사의 꾐에 빠지면서 시작되는 알라딘의 모험담은, 곧 궁전을 아프리카로 옮기는 등 대륙과 대륙을 건너뛰며 흥미진진하게 전개된다. 아마도 중국에서 활약한 이슬람 상인의 모험담에서 유래하였을 것이다.

이슬람 상인들의 모험담이 많은 소재를 제공한 만큼, 바닷길을 장악한 이슬람 뱃사람들의 이야기가 중요한 소재가 되었다. 대표적인 것이 〈신드바드의 모험〉이다. 신드바드는 모험을 즐기는 뱃사람으로 중국, 아프리카, 실론 섬 등 세계 각지를 항해하며 다양한 모험을 하고 막대한 재산을 벌어들인다. 그의 모험 이야기에는 섬만 한 고래, 코끼리를 삼키는 거대한 새, 사람을 잡아먹는 큰 뱀 등 온갖 기이한 동물들이 등장하여 흥미를 자극한다. 이는 당시 바닷길을 오가던 뱃사람들의 경험에 약간의 과장이 섞여 만들어진 것이다.

예컨대, 인도양의 바닷길을 항해하다 난파하면 뉴질랜드에 미치게 되는데, 뉴질랜드에는 모아 새라는 타조같이 생긴 거대한 새가 있었다. 발굴된 유골 중에 키가 3미터나 되는 것도 있다. 이 모아 새가 〈신드바드의 모험〉 두 번째 항해에 나오는 거조巨鳥 로크의 모델이 되었을 것이다. 아마도 난파되어 뉴질랜드 인근에서 표류하다 기적적으로 구출된 뱃사람이 고국으로 돌아와 친구들에게 들려준 경험담이 퍼져 〈신드바드의 모험〉 이야기를 만든 작가의 귀에 들어가지 않았을까?

바닷길의 전성기를 이끈 것은 아바스 왕조였다. 아바스 왕조 시대 이슬람 상인들은 세계 곳곳을 돌며 숱한 모험담을 만들어 냈다.(우리나라 신라의 '처용설화'도 여기에 속한다.) 그 수많은 모험담이 양피지에 아름답게 기록되어 널리 읽혔으며, 그중 일부가 '아라비안나이트'라는 이름으로 오늘날까지 남게 되었고, 덕분에 우리도 중세 시대 바다를 지배한 위대한 사람들의 흥미진진한 이야기를 전해 듣게 된 것이다.

◈ 《아라비안나이트》와 서구 낭만주의

18~19세기 유럽에서는 낭만주의의 물결 속에 이슬람에 대한 관심이 크게 일어났다. 프랑스 화가 들라크루아의 '이슬람 연작'을 통해 알 수 있듯이 자유주의의 고조는 다른 세계에 대한 호기심과 우호적 감성으로 나타났다. 이런 유행에 불을 지른 사람 중 한 명이 18세기 프랑스의 동양학자 앙투안 갈랑이다. 그는 터키 등지를 여행하며 이슬람 지역 문화에 많은 관심을 가졌고, 이 과정에서 13~14세기경 씌어진 《아라비아나이트》 필사본을 구해 번역했다. 이것이 최초의 《아라비안나이트》였다. 그런데 이 최초의 《아라비안나이트》에는 〈신드바드의 모험〉을 비롯하여 유명한 일화들은 빠져 있었다. 그 무렵 시리아 사람인 한나 디아브가 프랑스 귀족들에게 〈신드바드의 모험〉 등을 이야기해 주며 큰 인기를 끌었고, 《아라비안나이트》에 대한 관심이 점차 확산되다가 19세기 낭만주의의 절정기에 리처드 F. 버튼 경이 영어 번역판을 내면서 유명해졌다.

19세기 전반 프랑스 화가 외젠 들라크루아가 그린 〈알제의 여인들〉(왼쪽)과 약 120년 후 피카소가 재해석한 동명 작품(1955).

052

일본 고대국가 체제의 성립

아스카 시대

7세기

교과서 속 한 줄 역사 3세기에는 야마타이 국이 중국 위魏나라에 조공하였고, 4세기에는 야마토 정권이 발전하여 전국을 통일해 나갔으며, 5세기에는 중국 남조에 조공 사절을 보냈다. 7세기에는 당의 율령 체제를 모방하여 중앙집권 체제를 세우는 '다이카 개신'을 단행하였다.

나라 시대에 만들어진 일본의 역사서《일본서기》(니혼쇼키)에는 일본 초대 천황인 진무천황이 기원전 7세기에 최초로 천황에 올랐다고 기록되어 있다. 하지만 이를 그대로 믿는 사람은 거의 없다. 기원전 7세기라면 고고학적으로 신석기 시대에 해당하는 '조몬 시대'인데, 역사학계에서는 신석기를 토대로 한 국가 건설을 정설로 인정하지 않고 있다. 일본의 청동기 시대인 '야요이 시대'가 기원전 4세기부터 시작되므로, 이때부터 소규모 권력체가 출현했다고 주장한다면 큰 무리는 없을 것이다.

4~6세기 일본 고분 시대를 대표하는 '닌토쿠 천황릉'. 오사카와 간사이 사이에 위치한 사카이 시에는 이 무덤을 비롯한 '모즈百舌鳥 고분군'이 남아 있다.

위나라에 조공한 히미코 여왕

서기 3세기부터는 '전방후원분'이라는 거대한 무덤이 나타나, 이 시기를 '고분(코훈古墳) 시대'라고 한다. 고분 시대를 대표하는 무덤은 4세기 말경의 '닌토쿠仁德 천황릉'(다이센 고분)이다. 이 무덤은 둘레가 무려 2.7킬로미터, 길이 480미터에 달하며 무덤 주위에 3중 해자가 둘러싸고 있다.

거대한 경기장 크기의 고분들은 대규모 권력 집단의 출현을 의미하지만, 그 실체가 어느 정도인지는 알 수 없다. 고대국가 체제가 안정되면 무덤이 작아지는 추세를 보이므로, 아직 일본 정권의 수준이 미약했음을 역설적으로 보여 주는 것으로도 볼 수 있다. 다만, 이때 중국에 사신을 파견하고 백제에게 '칠지도七支刀'를 선물 받은 것을 보면, 외교 관계를 맺을 정도로는 발전한 듯 보인다.

이 시기 역사적으로 가장 논쟁적인 인물은 야마타이 국의 '히미코 여왕'이다. 243년 야마타이의 여왕 히미코가 사신 '난쇼마이'를 중국 위나라에 보내 조공하고 '친위왜왕親魏倭王'이라는 칭호를 하사받았다. 중국에서는 이때 얻은 정보를 토대로 《삼국지》〈위지〉 '왜인전'을 편찬했는데, 그에 따르면 야마타이 국은 구나 국과 전쟁을 하며 후한이 설치한 대방군에 구원을 요청하기도 하고, 히미코 사후 혼란에 빠졌다가 새로운 여왕 이요가 즉위하면서 안정을 되찾

왔다고 한다. 학자들 사이에 의견이 분분하지만, 대략 이 시기 일본은 여러 소국들로 분열되어 있었고, 그중 야마타이 국은 무녀巫女적 성격의 여왕이 다스리는 제정일치 나라였을 것으로 생각된다.

일본에 관한 기록은 이후 중국 남북조 시대 남조의 송나라 기록에 다시 나타난다. 찬·진·제·흥·무 다섯 명의 왜왕이 송나라에 조공하고 책봉을 받았다는 내용이다.(421~478)(다섯 왕 중 제·흥·무는 《일본서기》에 등장하는 인쿄·안코·유랴쿠 천황과 동일 인물임이 밝혀졌다.) 일본이 북조가 아닌 남조하고만 교류한 것은 백제의 영향 때문으로 생각된다.

5세기경에는 백제와의 관계를 통해 점차 국가권력이 강화되었음을 알 수 있다. 백제 및 중국의 책봉을 받아 권위를 인정받음으로써, 일본 내 여러 세력 중 훗날 천황 권력을 이루는 세력이 지배적 지위를 차지하게 된 것이다.

쇼토쿠 태자, 불교를 일으키다

본격적으로 일본의 국가 체제가 발전한 것은 6세기 후반 '쇼토쿠聖德 태자' 때부터이다. 긴메이 천황이 사망한 뒤 정치가 혼란한 가운데 그 딸인 스이코 천황이 즉위하였는데, 통치에 한계를 느낀 스이코 천황이 남동생인 쇼토쿠 태자에게 섭정을 맡겼다. 태자는 593년부터 약 30여 년간 일본을 통치하며 불교를 일으키고 제도를 정비하였다.

쇼토쿠 태자는 '아스카 시대'(592~709)를 개막한 인물로서 '호류지'(法隆寺법륭사), '시텐노지'(四天王寺사천왕사) 등 주요 사찰을 건립했

일본의 국보인 목조 '미륵보살 반가사유상'. 우리나라의 불상은 금동이고 일본의 것은 목조라는 점만 다를 뿐, 거의 유사한 형태이다.

다. 이때 건립된 사찰을 쇼토쿠 태자의 '불교 7대사'라 부른다. 일본의 나라·오사카·교토 지역 사찰을 둘러보면 쇼토쿠 태자의 흔적을 확인할 수 있는데, 개인적으로 가장 인상 깊은 유적은 '고류지'(廣隆寺광륭사)였다.

당시 교토 지역에는 신라에서 이주한 사람들이 '하타秦 씨'를 중심으로 거주하고 있었다. 603년 신라에서 나무로 만든 '미륵보살반가사유상'이 들어오자 쇼토쿠 태자가 이 불상을 받들 자가 누구인지 물었고, 이에 하타 가와카츠가 나섰다. 그가 불상을 모셔 와 지은 절이 바로 7대사 중 하나인 고류지이다.

하타가 모셔 온 미륵보살반가사유상은 일본의 국보로서, 한국의 국보 미륵보살반가사유상과 쌍둥이처럼 똑같다. 일찍이 독일의 철학자 야스퍼스가 "진실로 완성된 인간 실존의 최고 이념이 남김없이 표현되어 있다."고 극찬했을 만큼 세계적으로 유명한 불상이다.

고대국가 체제 완성한 '다이카 개신'

'아스카 시대'는 백제가 일본에 끼친 영향을 이야기할 때 가장 많이 언급되는 시기이기도 하다. 이때 가장 중요한 역할을 한 이들이 '소가蘇我 씨'이다. 소가 씨는 처음에는 '모노노베物部 가문'과 함께 조정을 좌우했는데, 불교 수용을 두고 모노노베 가문과 대립하다가 마침내 승리하여 645년 몰락할 때까지 친親백제계 불교 세력의 핵심으로 일본을 주도했다.

7세기 중엽, 소가 씨의 전횡이 심해지자 사이메이 천황의 아들인 나카노오에 황자가 난을 일으켜 소가 씨를 제거했다. 충격을 받은 사이메이 천황이 고토쿠 천황에게 양위했고, 고토쿠 천황이 사태를 수습하며 율령을 반포하니 당시 연호를 따서 이를 '다이카大化 개신'이라 한다.

고토쿠 천황의 율령 반포는 일본 고대국가 체제 완성에 큰 획을 긋는 사건이었다. 이 율령을 통해 '2관 8성제'의 중앙 관직이 완성되고, 호족 등 지방 세력과 백성들을 통치하는 기본 체제가 구축되었다. 비록 당이나 신라처럼 강력한 왕정은 아니었지만, 이로써 일본이라는 국가가 만들어진 것이다.

◈ **역도산과 배용준의 차이**

한반도에서 일본으로 건너가 대륙 문화를 전파한 사람들을 '도래인渡來人'이라고 부른다. 도래인이란 이주민을 뜻하는데, 도래인을 백제인으로 볼 것인지에 대해서는 견해차가 상당히 크다. 일본에서는 이들을 한반도와 완전히 단절된, 한반도 출신 일본인으로 본다. '백제인'과 '한반도 출신 일본인'은 충성을 바치는 대상이 다르다는 점에서 완전히 다른 개념이다. 한국 출신의 전설적인 일본 프로레슬러 역도산과 한류 배우 배용준의 차이와 비슷하다고 볼 수 있다.

우리는 백제나 고구려가 일본에 문화를 전파해 주었다고 생각한다. 이 경우 일본은 한반도의 영향을 받은 것이 된다. 반면 도래인이 문화를 전파했다면 일종의 기술 유출로서, 한반도와 일본이 대등한 관계였고 경우에 따라 일본이 기회의 땅이었다고 볼 수도 있다. 양국 간 역사적 자존심이 걸린 논쟁인 셈이다. 하지만 유럽이나 미국 학계에서는 도래인으로 보는 견해가 좀 더 우세하다고 하니, 우리가 좀 더 분발해야 할 것 같다.

053

일본의 정체성을 빚다

나라 시대

8세기

교과서 속 한 줄 역사 야마토 정권은 8세기 초 나라 지역으로 수도를 옮겼다. 국호를 '일본'으로 하고 견신라사와 견당사를 파견하여 신라와 당의 문물을 받아들였다. 수도 헤이조쿄를 중심으로 귀족적이고 국제적인 문화가 발달하였다.

일본 나라奈良에 있는 '도다이지'(東大寺동대사)는 엄청난 크기의 비로자나불을 모신 대불전과 일본 왕실의 유물 창고인 '쇼소인'(正倉院 정창원)으로 우리나라 사람들에게도 꽤 유명한 절이다. 특히 대불전에 모셔져 있는 철불은 손가락 한 개 길이가 어른 키만 할 정도로 어마어마한 크기를 자랑한다. 앉은키 16미터, 얼굴 길이 5미터, 총무게는 380톤 정도로 기록상 한국에서 가장 큰 불상인 황룡사 장육존상의 세 배 정도 될 것으로 추정된다.

철불이 너무 커서 먼저 불상을 만들고 그 위에 절을 지었고, 그러다 보니 절이 소실된 후 재건하는 것도 고역이었다. 모두 세 번 재건했는데, 각 시기 절의 모형이 대불 뒤에 전시되어 있다.

도다이지는 아스카 시대의 뒤를 이은 '나라 시대'(710~793) 대표적인 불교 건축물이다.

고립 선택한 덴지 천황

668년 다이카 개신의 주역인 나카노오에 황자가 '덴지天智 천황'으로 즉위했다. 일본은 덴지 천황 즉위 직전 백제부흥운동을 지원하기 위해 대규모 군대를 파견했다가 참패하여 심각한 위기를 겪고 있었다. 백제계 망명객들의 도움을 받아 해안 지대에 대규모 방어성, 특히 한반도식 산성을 대거 구축하였으나, 백제와의 단절과 나당연합군의 침략 위협으로 정치적으로 곤란한 상황에 처했다. 하지만 그런 어려움 속에서도 발달된 신라와 당의 문화를 수용하여 국가를 발전시켰고, 그러면서 하나의 국가로서 일본에 대한 고민이 깊어졌다.

기존의 동아시아는 다원적 세계였다. 즉, 돌궐 등의 유목 문명권, 수·당의 중화 문명권, 삼한의 한반도 문명권, 왜의 일본 문명권 등이 친선과 대립을 반복하며 공존했다. 하지만 당의 대외 원정으로 돌궐과 고구려가 멸망하면서 점차 중화 문명권이 확장되어 갔고, 이는 일본에게 큰 위협이었다. 중화 문명 중심의 단일 문명권에 편입될 것인지, 아니면 고립 속에서 일본 문명권을 지킬 것인지 선택해야 했다. 일본은 고립을 선택했다.

하지만 덴지 천황의 시대는 오래가지 않았다. 덴지는 동생 오오야마와 아들 오오토모를 놓고 고민한 끝에 아들에게 천황 자리를 넘겨주었으나, 야심만만한 동생 오오야마가 반란을 일으켜('진신壬申

의 난') 조카를 몰아내고 덴무 천황에 올랐다.

이때부터 천황은 덴무天武계가 계승한다. 덴무 천황은 여러 제도를 개혁하는 등 일본화에 노력하는 한편, 수도 역시 좀 더 방어에 용이한 나라 지역의 '헤이조쿄平城京'로 옮겼다. 이로써 아스카 시대가 마무리되고 새로운 나라 시대가 개막했다.

최초의 수도, 헤이조쿄

헤이조쿄로의 천도는 아스카의 구세력에게서 벗어나 자유롭게 국가 체제를 강화하는 계기가 되었다. 이때 국호를 '일본'으로, 왕호를 '천황'으로 바꾸고 《일본서기》를 편찬하는 등 독자적인 문화를 구축하려고 노력하면서, 당의 문화를 직접 수용하여 국제적이고 귀족적인 문화를 발전시켰다.

대외적으로는 동북 지방으로 진출하여 토착민인 에미시 부족과 전쟁을 치러 지금의 도쿄 지방 이북까지 영토를 확대했다. 이 시기 천황은 덴무 천황의 후손들로서 백제계 도래인 출신 왕비들과 함께 강력한 왕권을 휘둘렀으며, 불교를 중흥시켜 도다이지 등 대규모 불교 건축도 이루었다.

헤이조쿄는 일본에서 수도 개념이 정착하는 계기가 되었다는 점에서 중요하다. 이전의 일본 왕들은 즉위할 때마다 거처를 옮겼다. 미약한 왕권을 지키기 위한 방편이었는데, 708년 겐메이 천황이 당의 수도 장안을 모방하여 헤이조쿄를 건설하고 100년 이상 그곳에서 통치하면서 비로소 수도가 확정된 것이다.

헤이조쿄에는 북쪽 중앙에 궁이 있고 남북으로 주작대로가 놓였

일본의 나라 시대를 대표하는 건축물인 도다이지의 대불전(왼쪽)
과 대불전 안에 모셔진 대형 철불.

으며, 4대 사찰인 '다이안지大安寺', '고후쿠지興福寺', '간고지元興寺', '야
쿠사지藥師寺'와 그 외 '사이다이지西大寺', '도다이지東大寺' 등 많은 절
들이 있었다.

경제적으로는 '공지공민제'를 수립하였다. 공지공민제公地公民制는
왕토王土사상에 입각하여 나라의 토지를 모두 천황 소유로 선포하
고 농민들에게 토지를 나누어 주어 그 대가로 세금과 부역을 징발
하는 제도이다. 농민이 죽으면 토지를 반납해야 하는데 실제로는
이루어지지 않아 서류상 제도일 뿐이라는 비판도 있지만, 이러한
경제정책 역시 중앙집권을 강화하는 계기가 되었다.

나라 시대는 '후지와라가家'로 대표되는 귀족 가문, 특히 외척 가
문이나 권신의 횡포로 정치적 혼란을 겪다가 794년 헤이안쿄平安京
(현재의 교토)로 천도하면서 짧은 역사를 마감한다. 하지만 율령 체
제와 토지제도 확립, 불교를 비롯한 고대 문화의 융성 등, '일본'이
하나의 나라로 정립된 중요한 시대로서 역사적 평가를 받는다.

054

'가나'와 '모노가타리'의 탄생

헤이안 시대

794~1185

교과서 속 한 줄 역사 8세기 말 정치를 개혁하기 위해 헤이안쿄(교토)로 천도하면서 헤이안 시대가 시작되었다. 헤이안 시대에는 귀족인 후지와라 집안이 대대로 왕의 외척으로서 섭정을 실시하였다. 문화적으로 당의 영향에서 벗어나려는 움직임이 강해지면서 국풍문화가 발달하여 일본 문자 '가나'가 만들어지고 '겐지 이야기'라는 소설도 편찬되었다.

1022년 8월 교토 '호조지法靜寺'에서 금당金堂(본존불을 안치하는 가람의 중심 건물) 헌당식이 열렸다. 호조지는 당시 권력자인 후지와라 미치나가가 후지와라 가문을 위해 지은 절이다. 헌당식은 수많은 사람들이 운집하여 성대하게 치러졌는데, 이날의 하이라이트는 고이치조 천황의 방문이었다. 천황은 황태자, 황비와 함께 불상에 절하고 미치나가가 바치는 음식을 먹고 성대한 연회를 즐기다 돌아갔다.

'헤이안 시대'는 바로 후지와라 가문의 시대였다.

후지와라 가문의 권력 독점

770년 여왕 쇼토쿠 천황이 죽으면서 덴무계 천황의 맥이 끊기고 다시 덴지계 천황이 즉위했다. 이 중 두 번째 천황인 간무는 781년 불교와 귀족의 횡포에서 벗어나기 위해 헤이조쿄에서 나가오카쿄 長岡京를 거쳐 헤이안쿄로 천도하였다. 이때부터를 '헤이안 시대'라 한다.

헤이안 시대에는 나라 시대와 몇 가지 다른 모습이 나타나는데, 정치적으로 천황의 권력이 약해지고 경제적으로 공지공민제가 무너지고 장원제가 등장하면서 중세적 성격이 드러나기 시작한다.

이 시대를 지배한 가장 유력한 귀족 집안은 나라 때부터 권력가였던 후지와라藤原가였다. 후지와라 가문의 권력사는 8세기 초 겐메이 천황 때부터 시작한다. 후지와라 후히토가 딸을 천황의 후궁이나 황비로 들여보내 외척으로서 권력을 장악한 뒤 율령 제정 등을 주도하였다. 후히토가 죽고 잠시 천황가에 넘어간 권력을 네 아들 무치마로·후사사키·우마카이·마로가 합심하여 되찾았으니, 이들의 자손을 각각 남가南家·북가北家·식가式家·경가京家라 한다.

네 아들이 공교롭게도 거의 동시에 천연두로 죽은 뒤 756년에는 남가의 나카마로, 770년에는 식가의 모모카와가 권력을 장악했다. 하지만 810년 식가와 북가가 충돌한 '구스코의 변'을 계기로 헤이안 시대는 북가의 시대가 되었다.

북가의 권력은 섭정직에서 나왔다. 섭정은 천황이 어리거나 여자일 경우 임명되는데 그전까지는 황족이 취임하였다. 아스카 시대 쇼토쿠 태자나 나카노오에 황자가 대표적인 인물이다. 그런데 866

년 후지와라 요시후사가 황족이 아닌 자로서 최초로 섭정이 되면서 결정적으로 권력이 귀족에게 넘어갔다. 이후 후지와라 가문이 섭정이나 간파쿠關白(관백, 성인 천황의 섭정)를 독점하면서 200년 가까이 실권을 장악하였다.

후지와라 가문이 섭정을 독점할 수 있었던 것은 외척이었기 때문이다. 8명의 황후와 그 외 많은 후궁이 후지와라 가문에서 배출되었다. 천황가와 미나모토가 등 일부 유력 귀족들이 후지와라가를 견제했지만 번번이 실패했고, 969년 '안나安和의 변'으로 미나모토 가문이 몰락하면서 그마저도 막을 내렸다. 그러자 후지와라가 내부에서 권력투쟁이 벌어졌는데, 이때 최종 승자가 된 사람이 바로 후지와라 미치나가이다.

미치나가는 4명의 딸을 황비로 들임으로써 3대에 걸쳐 천황의 외척 지위를 유지하며 간파쿠로서 위치를 공고히 했다. 그 아들 요리미치 역시 천황의 처남이자 간파쿠로서 절정의 영화를 누렸다. 이 시기가 바로 후지와라 가문의 전성기였으며, 호조지와 '뵤도인平等院' 같은 절 건축에서 그 영화의 흔적을 확인할 수 있다.

대륙문화의 일본화, 국풍문화

헤이안 시대에 주목할 만한 것은 '국풍國風문화'이다. 백제와 단절된 뒤 신라와 당·발해에서 문물을 수입했으나, 9세기 이후 대륙이 쇠퇴하면서 이마저 여의치 않게 되자 대륙문화를 일본화하는 풍조가 나타났다. 이를 국풍문화라 한다. 국풍문화를 주도한 것은 일본 문자 '가나假名'의 완성이다.

'헤이안(교토) 시대' 황궁의 여인들. 모두 54편으로 이루어진 《겐지 모노가타리》의 내용을 54첩의 두루마리(에마키繪卷) 형태로 만든 필사본 속 그림이다.

가나는 나라 시대 일본 음운을 표현하려는 노력에서 시작되었다. 일본의 최고最古 시가집 《만요슈萬葉集》를 만들면서 한자의 음과 훈을 차용한 '만요가나'를 사용하였는데, 이것이 헤이안 시대에 한층 간략해져 '히라가나'로 발전했다. 또 '가타카나'도 만들어져 불교 경전 훈독 등에 사용되면서 완성을 보았다.

가나의 완성은 '모노가타리物語'의 발전으로 이어졌다. 헤이안 시대 대표적 문학 양식으로 일종의 소설인 모노가타리는 특히 궁정 여성들에 의해 발달했다. 《겐지 모노가타리》(겐지 이야기)가 이 시대를 대표하는 작품이다.

《겐지 모노가타리》는 후지와라 미치나가의 딸인 쇼시 황비의 시중을 들던 무라사키 시키부가 쓴 장편소설로, 전설에 따르면 일종의 연재소설이었다고 한다. 고귀한 왕족 겐지가 여러 여자들과 사랑을 나누는 내용인데, 단순한 연애 이야기가 아니라 일본 전통 신앙과 정신세계가 풍부하게 녹아 있어 헤이안 시대 일본을 이해하는 데 큰 도움이 된다.

헤이안 시대는 후지와라 가문에서 더 이상 딸을 궁으로 보내지 못하고 몰락하면서 서서히 무너졌다. 이후 12세기 일본은 후지와라가에 도전하는 세력들의 시대였다. 그 최후의 승자가 열어젖힌 새로운 시대가 바로 '막부幕府 시대'(바쿠후 시대)이다.

◈ **교토에 가면 꼭 봐야 할 '뵤도인'**

후지와라 미치나가가 지은 뵤도인의 대표 건물 '봉황당'은 극락정토의 부처 아미타불을 모신 아미타당이다. 후지와라 가문 전성기 때는 내세에 극락에 갈 것을 기원하는 정토종이 유행하여, 정토종의 아미타불을 모신 아미타당이 많이 세워졌다. 헤이안 시대까지는 교종이 유행하여 불교 건축이 매우 화려하고 웅장했다. 귀족 불교로서 귀족의 사치와 권력을 조각과 건축에 반영했기 때문이다. 그에 비해 막부 시대 이후 선종이 들어오면서 절은 소박해지고 아기자기해진다.

뵤도인에는 절이 보유하고 있는 각종 보물들을 전시한 박물관이 있는데, 당에서 수입한 옥구슬 등 당과 직접 교류한 흔적들을 곳곳에서 확인할 수 있다. 박물관 정면 높은 벽에는 봉황당을 수놓았던 목조 비천상들이 전시되어 있다. 수많은 보살과 신들이 구름을 타고 오르내리며 신성한 악기를 연주하고 강력한 무기를 휘두르는 모습을 새긴 비천상은, 목조로 표현할 수 있는 섬세한 표정과 질감을 1천 년 넘게 생생하게 간직하고 있다.

055

중원의 골칫거리 연운 16주

5대 10국

907~979

교과서 속 한 줄 역사 당 멸망 이후 중국은 여러 나라로 분열되어 서로 경쟁을 벌였는데 이를 5대 10국이라 한다. 주변 유목민족들 사이에서도 세력 재편이 이루어져 거란의 야율아보기가 여러 부족을 통합하여 요를 세웠다. 요는 발해를 멸망시키고 만리장성을 넘어 중원으로 진출하여 화북 북부의 연운 16주를 차지하였다.

8세기 중반 절도사 안녹산이 일으킨 난으로 기울기 시작한 당나라는, 875년 최대 농민반란인 '황소의 난' 때 황제가 장안성을 버리고 도망가는 상황까지 몰린다. 당 황실의 권위는 땅에 떨어졌고, 결국 황소의 난을 진압한 절도사 주전충이 907년 당나라를 무너뜨리고 양梁나라를 세우니 이를 '후량後梁'(이전에 존재했던 같은 이름의 왕조와 구별하기 위해 사가史家들이 '후後' 자를 붙인 것이다. 5대 10국의 다섯 왕조 앞에는 모두 '후' 자가 붙는다.)이라 한다.

후량 시대부터 중국은 대분열을 일으킨다. 이 시대를 화북華北(황허 강 중·하류 유역)의 다섯 정권과 강남江南(양쯔 강 이남)의 열 개 정권을 통틀어 '5대 10국' 시대라 한다. 하지만 10국이 주도권을 잡은 적이 없어 사실상 화북의 5대 정권과 수많은 지방 소국의 난립 시대라고 볼 수 있다.

5대 정권의 시작인 후량은 돌궐계 유목민족인 사타족이 세운 '후당後唐'에게 멸망당하고, 후당 역시 왕위 쟁탈전과 내부 분란으로 인해 13년 만에 단명하고 마는데, 후당 말기 일어난 왕위 쟁탈전에서 이후 역사의 전환점이 되는 사건이 일어난다. 바로 거란에게 '연운 16주'를 할양한 것이다.

석경당과 거란의 잘못된 만남

후당은 제2대 왕 이사원의 통치 시기에 잠시 평화를 맞이했다. 그러나 이사원이 죽고 아들 이종후와 양아들 이종가가 왕위를 놓고 다투다가 이종후가 죽고 이종가가 즉위하였다. 하지만 이사원의 사위 석경당이 이종가의 왕위 계승에 정통성이 없다고 지적하며 반란을 일으키는 바람에 2차 쟁탈전이 벌어진다. 이때 석경당이 불리해지자, 당시 중국 북방에서 나라를 건국하고(916) 세를 떨치던 거란(요遼나라)을 끌어들였다.

석경당은 죽느냐 사느냐의 기로에서 급하게 거란의 태종에게 편지를 썼다. 거란 왕을 '아버지 황제', 자신을 '아들 황제'라 칭하면서 비단 30만 필과 '연운 16주'(지금의 베이징 일대)를 할양하는 조건으로 군대를 요청했다. 마침내 연합이 이루어져 거란의 기병대가 노도와 같이 후당을 덮쳤다.

이종가는 도저히 막을 수 없음을 알고 현무루에 올라 불을 질러 타 죽었다. 그렇게 후당이 망하고 석경당의 '후진後晉'이 건국하였으

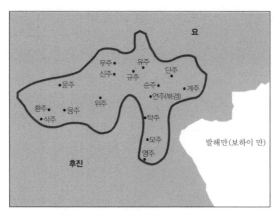

936년 석경당이 거란의 도움으로 후당을 멸망시키고 후진을 건국
할 당시 거란에 내준 '연운 16주'.

며, 약속대로 거란은 연운 16주를 차지했다. 이때 거란이 만리장성
이남에 영토를 확보함으로써 이후 중원의 나라들은 두고두고 국방
에 큰 짐을 지게 된다.

후진은 건국 이후 거란에 바치는 물자 때문에 재정적으로 큰 어
려움을 겪었다. 결국 석경당의 뒤를 이어 황제에 오른 석중귀가 거
란과의 관계 청산을 주장하며 세 차례나 전쟁을 치렀고, 거란의 군
대가 쳐들어와 수도를 점령한 뒤 석중귀를 체포하여 끌고 감으로
써 후진은 6년 만에 단명하고 말았다. 석중귀는 유배지에서 쓸쓸히
죽었다.

거란은 후진을 정복한 뒤 한동안 중원을 차지했지만, 곧 유지원
이 '후한後漢'을 건국하고 거란을 연운 16주까지 몰아냈다. 하지만
유지원이 죽은 뒤 즉위한 유승우가 폭정을 일삼자 곽위가 반란을
일으켜 후한을 멸망시키고 '후주後周'를 세웠으며, 이에 유지원의 동
생 유숭이 '북한北漢'을 세운 뒤 거란과 손을 잡고 후주에 대항했다.

북한·거란 연합군은 곽위가 죽고 양자 세종이 즉위하는 왕위 교체의 혼란을 틈타 후주를 공격했다. 강력한 공격에 건국 4년밖에 안 된 신생 정권은 큰 위기를 맞이했지만, 다행히 조광윤 등 몇몇 장군들의 분전과 세종의 리더십으로 승리를 거두었다.

이로써 후주는 중국 통일의 기틀을 마련할 수 있었다. 후주 세종은 5대 10국 시대 최고의 명군으로 평가받는다. 그러나 세종이 황제의 자리에 오른 지 불과 6년 만에 병사하고, 조광윤(송 태조太祖)이 왕위를 찬탈하여 960년 새로운 나라를 건국하니, 바로 송宋나라이다. 이렇게 5대 10국 시대는 송의 통일로 마무리되었다.

돈으로 평화를 사다

송나라는 태종 때 연운 16주를 되찾으려고 979년과 986년 두 차례 거란을 공격했지만 모두 패배했다. 그러자 이번에는 거란의 성종이 송을 공격했다. 1004년 송과 거란은 황허 강 유역에서 격렬하게 맞붙었고, 그 결과 두 나라는 영구 평화조약인 '전연지맹澶淵之盟'을 체결했다. 조약의 내용은 송이 해마다 비단 20만 필과 은 10만 냥을 거란에 지급하고, 연운 16주를 거란의 영토로 확정하는 대신 양국이 대등한 관계로 영원히 평화를 유지한다는 것이었다. 송은 막대한 돈으로 평화를 사는 형편이 되었다.

이후 송은 여진족이 세운 신흥 강국 금金나라의 도움을 받아 연운 16주를 되찾고자 연합 작전을 펼쳤다. 앞뒤에서 적을 맞이한 거란은 버티지 못하고 건국 200여 년 만인 1125년 멸망했다. 하지만 송은 연운 16주를 되찾지 못했다. 금이 연운 16주를 차지해 버린 것이다.

게다가 송나라는 금의 공격을 받아 수도 변경(지금의 카이펑)이 함락되고 나라가 일시 멸망하는 비운을 겪는다. 이후 화북 지방은 금의 통치 하에 들어갔고, 송은 강남 정권으로 지탱하다가(이를 '남송南宋'이라 한다.) 훗날 몽골이 세운 원나라에 멸망당했다.

석경당이 후진 건국 과정에서 건네준 '연운 16주'는 이후 200여 년간 거란의 국방과 경제적 요충지로서 국력의 한 축을 이루었고, 이는 중원의 나라들에게 커다란 근심거리가 되었다. 그리고 이를 해결하기 위한 모든 시도는 오히려 상황을 더욱 악화시켜 끝내 나라의 멸망으로 이어졌다. 석경당의 오판이 200년 동안 만리장성 남쪽을 혼란으로 몰아넣은 것이다.

056

'아버지의 나라'가 된 유목민족

거란

10~11세기

교과서 속 한 줄 역사 요는 1004년 송과의 전쟁에서 '전연의 맹약'이라는 조약을 체결하였다. 이 조약으로 요는 연운 16주를 확보하고 송과 형제관계를 맺었다. 송의 서북 지역에 있던 탕구트족도 서하를 세우고 송과 대립하였다. 송은 서하와 싸웠지만 큰 성과를 거두지 못하고 평화조약을 체결하였다. 서하가 송에 신하의 예를 취하는 대신, 송이 매년 세폐를 주고 교역을 약속하였다.

"신 석경당 걸안 국왕에게 글을 올립니다. 이종가라는 자가 황제를 폐하고 스스로 제위에 오르는 횡포를 저지르고 있습니다. 신은 이종가의 죄를 규탄하기 위하여 군사를 일으켰으나 애석하게도 수하에 거느린 군사가 적어 승패를 예측할 수 없습니다. 이에 귀 왕을 아버지라 받들고 자식의 예를 다할까 합니다. 부디 군사를 남쪽으로 보내어 반역의 무리를 소탕하게 해 주시기를 간절히 바라옵니다. 이종가를 토벌하는 날 저는 거용과 안문 이북의 땅을 귀 왕에게 바쳐 그 은혜에 보답할까 하옵니다."

'거용과 안문 이북의 땅'이 바로 '연운 16주'이다. 200여 년간 중원을 괴롭힌 '아버지의 나라' 거란의 탄생은 이 한 장의 편지에서 비롯되었다.

거란의 영웅 야율아보기

10세기 초, 당의 멸망과 토번·발해의 쇠퇴 등으로 동아시아 전체가 격동하는 가운데 오늘날 네이멍구 자치구와 요서 지방 일대에 해당하는 시라무렌 강 유역 초원 지대에서 거란족이 일어섰다. 원래 호칭은 '키타이' 혹은 '키탄'이며, 한자로는 '契丹(글단)'이라 쓰고 우리는 '결안'·'글안'·'거란' 등으로 읽었다. 거란은 원래 여러 개(대략 8개)의 부족으로 나뉘어 유목 생활을 했는데, 이 시기 영웅 '야율아보기'가 나타나 요나라를 건국하였다.

야율아보기는 한족 지식인을 받아들여 중국식으로 나라의 기틀을 잡고 부족들을 통합한 뒤 916년에 황제를 칭했다. 이어 주변 지역 정복에 나서, 926년 해동성국 발해를 멸망시키고 만주를 장악하면서 중국 북부의 강자가 되었다. 얼마 후 야율아보기는 죽었지만, 마침 당이 멸망하고 5대 10국의 혼란이 찾아오면서 거란에게 더 큰 기회가 찾아왔다.

석경당의 사신이 제 발로 찾아와 '아버지의 나라'로 모시겠다며 도움을 요청한 것이다. 거란은 석경당의 제안을 받아들여 '후진' 건국을 돕고 '연운 16주'를 차지했다. 만리장성 이남의 땅을 확보했다는 것은 언제든 중국 깊숙이 쳐들어갈 수 있음을 의미했다. 중국은 거란의 침략 공포에 전전긍긍하는 처지가 되었고, 실제로 많은 사건이 일어났다.

중국이 5대 10국의 혼란을 수습하고 송나라로 통일한 뒤에도 가장 큰 문제는 거란이었다. 송 태종이 연운 16주를 되찾기 위해 공격했으나 실패했고, 오히려 송 진종 때 거란의 20만 대군이 반격에 나섰다. 여러 차례의 격전 끝에 양국은 '전연의 맹'을 맺고, 거란에게 해마다 비단과 은 등 막대한 세폐歲幣를 바치는 조건으로 평화조약을 체결했다.

한족은 한족 법으로, 이중 지배 체제

이후 거란은 한족 지방은 '남면관'을 두어 한족 법으로 통치하고, 거란 지역은 '북면관'을 두어 거란의 관습법으로 통치하는 이중 지배 체제를 구축하여 100여 년간 번영을 이루었다. 이런 점에서 거란의 요나라는 유목민족 국가의 역사에서 중요한 위치를 차지한다.

이전의 '5호 16국'이나 남북조 시대 '북조'는 '침투 왕조'라 하는데, 만리장성을 넘어 중국 내륙에 그들의 국가를 건설한 데 지나지 않았다. 이와 달리 거란은 농경 지역에 영토를 갖고 농민들을 통치하려 했다. 이런 나라를 '정복왕조'라 하는데, 요나라 이후 여진의 금나라, 몽골의 원元나라, 만주족의 청淸나라가 여기에 해당한다. 즉, 거란은 기존 유목국가의 한계를 넘어선 것이다.

이중 지배 체제와 함께 또 하나 주목할 것이 바로 도시다. 거란은 수도 상경, 거란족 일파인 해족 지역에 중경, 옛 발해 지역에 동경, 사타족 지역에 서경, 한족 지역에 남경 등 5경을 두고 이를 거점으로 광대한 영토와 다양한 이민족을 통치했다. 이로써 기존의 유목

286

국가가 안고 있던 통치 상 단점을 극복하고 새로운 시대를 열 수 있었다. 이러한 요의 통치가 있었기에 금과 원의 대제국 건설이 가능했다고 볼 수 있다.

거란은 여진의 금나라에게 멸망당한 뒤 일부는 금에 흡수되고 또 일부는 중앙아시아 지역으로 근거지를 옮겨 '서요'(이슬람에서는 '카라키타이'라고 한다.)를 건설했다. 이후 거란은 서서히 역사에서 사라진 존재가 되었지만, 그들이 10세기부터 12세기 사이 동아시아 역사에 가장 중요한 변화를 일으킨 존재임을 잊어서는 안 될 것이다.

◈ **대륙의 서북부를 호령한 또 다른 유목민족, 서하**

티베트 고원 북부 칭하이 지방에 거주하던 티베트계 탕구트족은, 당나라 시절 토번이 강성해지자 북부로 밀려나 오르도스 지방(지금의 중국 서북부 간쑤 성 지역)에 정착하였다. 이들은 '황소의 난'이 일어났을 때 당을 도와 하국공에 봉해지고 이씨 성을 하사받았으나, 송이 건국한 뒤 반송파와 친송파로 나뉘었다. 처음에는 친송파가 우세했지만 거란의 공격으로 송이 고전을 면치 못하자 반송파가 득세하여 1038년 '서하西夏'를 건국한 뒤 송을 공격하였다. 서하는 전성기 때 오르도스 일대 약 40만제곱킬로미터의 영토를 아우르며 50만 대군을 동원할 정도로 세를 불렸다. 서하의 건국자는 이원호이다. 그는 거란을 모델로 하여 서하 문자를 제정하고 관료 제도를 수립하는 등 국가의 기틀을 다졌으며, 송이 토벌하려 하자 송의 국경 지방을 공격하기도 했다. 마침내 1040년 송이 100만 대군을 이끌고 서하를 공격했으니, 유명한 '호수천 전투'이다.

임복 등 송의 주요 장수들은 서하군이 송군에 패하여 도주하고 있다는 정보를 듣고 3일을 강행군하여 호수천변에 다다랐다. 호수천 인근 골짜기에 도달한 송군은 자신들이 함정에 빠졌음을 알았다. 길가에 수많은 상자들이 놓여 있고 그 안에서 이상한 소리가 들렸다. 임복이 수상히 여겨 열어 보니 비둘기들이 일제히 날아올랐다. 자신들의 위치를 고스란히 서하군에게 알려준 것이다. 결국 사방에서 쏟아져 나오는 서하군에게 휩쓸려 송나라 군대는 임복이 전사하는 등 참패를 당하고 말았다.

이후 송은 더 이상 서하를 공격하지 않고 방어에 치중하였다. 전선이 교착되면서 양측 모두 국방비로 큰 고통을 받았다. 마침내 1044년 서하에게 막대한 세폐를 바치는 조건으로 평화조약이 체결되었다. 서하는 이후 몽골에 의해 멸망할 때까지 200여 년간 번영을 누렸다.

057

새로운 만주의 지배자, 금金

여진

11~12세기

교과서 속 한 줄 역사 12세기 초 만주 동부에 살던 여진족이 아구다의 통솔 아래 흥기하여 금을 건국하였다. 금은 요를 멸망시킨 뒤 남하하여 북송의 마지막 황제를 포로로 잡고 화북 전역을 점령하였다.

"금의 조상은 고구려 사람이다. 처음에 평주의 승려 금준의 아들 극수가 여진에 들어가 아지고촌에 살다가 여진 여자를 얻어 아들을 낳으니 고을태사이다. 고을이 활라태사를 낳고 활라는 아들이 많았는데 맏이는 핵리발이고 다음이 영가이다. … 핵리발의 아들 오아속이 왕위를 계승하였고, 오아속이 죽자 아우 아골타가 섰다." — 김교헌, 《신단실기神壇實記》

'대종교大倧教'의 제2대 교주 김교헌이 쓴 《신단실기》의 한 대목이다. 금나라의 시조 아구다(한자로 아골타阿骨打)가 고구려나 신라 출신이고 금이 고구려를 계승했다는 것으로, 오늘날 재야 사학에서 많이 주장하는 내용이다. 그러나 역사학계에서는 그 계승 관계를 크게 중요시하지 않는다.

여진 통일의 영웅 우야소

여진족은 농경과 유목을 병행하며 만주와 한반도 북부 등 고구려와 발해의 영역에서 오랫동안 살아왔다. 그러다 발해가 망한 뒤 거란의 지배가 느슨해지면서 점차 반+독립적 지위를 갖게 되었다. 거란의 지배로부터 자유로운 북부의 '생여진'과 거란의 지배 아래 농경 생활에 적응해 가던 '숙여진'으로 나뉘는데, 금나라는 생여진의 '완안부'라는 부족에서 비롯되었다.

완안부가 두각을 드러낸 것은 11세기 '우야소烏雅束' 때부터이다. 우야소는 생여진을 통합하는 한편 남하하여 동부 해안 지대의 숙여진 세력을 정복하였다. 마침내 우야소의 군대가 함경도 지방까지 내려오니 위협을 느낀 고려가 별무반을 만들어 윤관으로 하여금 동북 9성을 쌓도록 하였다. 하지만 만주와 연해주 동부 지방 전체를 아우르는 완안부의 힘을 그 정도로 꺾을 수는 없었다.

여진의 힘이 강해질수록 거란의 감시와 통제도 심해졌다. 가혹하게 공물을 징발하여 경제성장을 막고 공녀貢女를 요구하여 출산도 통제했다. 여진 부족들 간의 내부 분열도 유도했다. 하지만 이는 오히려 여진의 통일을 더욱 촉진했고, 그 과정에서 결정적인 사건

● 나철이 단군을 신격화하여 만든 종교. 제1대 교주 나철은 일제 지배에 항거하여 자살하였다. 제2대 교주 김교헌은 《신단민사》, 《신단실기》 등 오늘날 재야 사학에 영향을 미친 역사책 등을 저술하며 적극적으로 포교하다 1923년 병사하였다.

이 터졌다.

70만 거란군을 물리치다

1114년 거란(요나라)의 황제 천조제天神帝가 쑹화 강까지 행차하여 낚시를 했다. 여진족을 시찰하고 충성도를 확인할 목적이었다. 당연히 모든 여진족의 족장들이 천조제의 막사에 모였다. 그날 저녁 족장들에게 베푼 연회 자리에서 천조제는 취흥이 도도해지자 족장들에게 자신을 위해 춤을 추라고 했다. 지금으로 치면 미국 대통령이 한국 대통령에게 춤을 추라고 한 셈이니, 여진 족장들로서는 이만저만한 굴욕이 아니었다. 하지만 족장들은 천조제가 두려워 춤을 추었고, 마침내 완안부의 새로운 족장 '아구다阿骨打'의 차례가 왔다.

"나는 춤을 못 춥니다."

아구다가 춤추기를 거부하자 연회장은 찬물을 끼얹은 듯 싸늘해졌다.

"춤을 추어라."

천조제가 불쾌한 얼굴로 다시 명령해도 아구다는 요지부동이었다.

"저는 춤을 알지 못합니다."

마침내 노한 천조제가 고함을 질렀다.

"저놈을 당장 죽여라!"

그러자 족장들의 분위기가 일순 험악해졌다. 신하 한 사람이 급히 황제에게 간했다.

"이곳은 여진 땅입니다. 여기서 피를 보는 것은 불리합니다. 좋은 말로 타이르십시오."

천조제는 화를 참고 연회장에서 아구다를 쫓아내는 것으로 마무리했다. 아구다는 완안부로 돌아와 군대를 소집했다. 더 이상 참을 수 없었다. 수천의 여진 군대가 거란 주둔군을 격파했고, 이어 여진의 1만 군대가 거란 10만 대군을, 2만 여진 군대가 천조제가 직접 거느린 70만 대군을 격파했다. 오랜 평화와 정치의 문란함으로 기강이 해이해진 거란 군대는 유목 기병의 생생함이 살아 있는 여진 군대를 당해 내지 못했다.

금이 고구려를 계승했다고?

이듬해인 1115년 아구다는 국호를 '금金'으로 정하고 스스로 황제에 올랐다. 아구다는 금이 고구려의 계승국임을 천명함으로써 자신이 만주의 지배자임을 정당화하였다. 이 과정에서 아구다 가문과 완안부를 미화하는 여러 전설이 탄생했는데, 그 중 아구다가 신라의 왕손이라는 전설도 있었다.

그 근거로 우선 국호가 '금'인 것이 바로 김金 씨의 후손이기 때문이라는 것이다. 훗날 금을 계승한 후금, 즉 청의 황제들이 성을 '애신각라愛新覺羅'(만주어로 '아이신지오러')라 했는데, 이를 직역하면 '새로움을 사랑하고 널리 깨달음을 추구한다'는 뜻이지만 '신라를 사랑

금나라의 태조 아구다(아골타阿骨打). 여진족 완옌부의 추장이었던 그는 1115년 여진을 지배하던 거란의 요나라군을 몰아내고 황제에 올랐다.

하고 그 의미를 깨닫는다' 혹은 '신라인임을 깨닫고 그 건국이념을 널리 퍼뜨린다'는 의미로도 해석할 수 있다는 것이다.

아구다와 고구려의 관계를 서술한 앞의 기록처럼, 여진 왕조는 특히 고구려나 한반도와 연관된 전설들이 많았다. 그러나 이를 과대평가할 필요는 없다. 고구려는 만주를 지배한 다민족국가로서 여러 민족들의 국가적 기원이기 때문이다. 즉, 고구려는 우리만의 고구려가 아니라 여진의 고구려, 거란의 고구려이기도 하다.

그런 점에서 여진의 고구려 계승이나 한반도와의 관련성을 민족주의적 관점에서 보는 것은 타당하지 않다. 그보다는 과거 고대국가 시절의 개방성과 다원성, 즉 열린 측면으로 이해하는 것이 바람직하지 않을까?

058

동아시아 '태종'의 평행이론

송 태종

7~17세기

교과서 속 한 줄 역사 960년 후주의 금군대장이었던 조광윤이 정변을 일으켜 송을 건국하였다. 문인들을 중시하는 문치주의를 확립하고, 정규군은 모두 금군에 편입 시켜 군사권을 장악하였다. 또, 과거제를 개선하여(전시) 황제권 강화에 활용하였다.

동아시아 역사에 자주 등장하는 '태종太宗'은 묘호廟號(왕이 죽은 뒤 그 공덕을 기려 올리는 이름)로서 태조太祖에 비견할 만한, 즉 건국에 비견할 정도로 나라의 기틀을 잡은 왕에게 올린다. 우리 역사에서는 조선시대 '태종'이 유일하다.(신라의 태종 무열왕은 중국식 묘호를 쓰기 전이므로 제외한다.)

중국에는 태종이 여럿이지만 이 중 주목할 만한 인물은 당 태종, 송 태종, 청 태종 정도이다. 모두 강력하고 오랜 역사의 왕조를 중흥시킨 왕이다.

그런데 이들에게는 또 하나의 공통점이 있으니, 모두 정상적으로 왕위 계승을 한 왕이 아니라는 것이다.

형을 죽이고 왕위에 오르다, 당 태종

당 태종은 당 고조 이연의 차남으로 이름은 '세민'이다. 원래는 장남 이건성이 당 건국과 함께 태자에 올라 고조의 뒤를 이어 왕위를 계승하게 되어 있었다.

차남 이세민은 타고난 무장으로서 수나라 말기에 숱한 전쟁을 승리로 이끌고, 당 건국 이후에도 돌궐 등 외적의 침입과 내부의 반란을 모두 물리쳐 신망이 높았다. 이처럼 이세민의 이름이 높아지고, 그의 수하에 장손무기·이정 등 뛰어난 부하들이 포진하면서 태자 이건성의 지위가 불안정해졌다.

이에 이건성과 3남 이원길이 위징 등의 지지 세력과 함께 이세민을 제거할 음모를 꾸몄다. 이 사실을 알게 된 이세민은 선수를 치기로 결심하고 고조에게 형제들이 자신을 죽이려 한다고 고했다. 놀란 고조가 태자와 이원길을 불러들였는데, 그들이 현무문을 지날 때 이세민이 군사를 매복해 놓고 기다리다 모두 살해했다.('현무문의 난') 창졸간에 두 아들을 잃은 고조는 이세민을 태자로 삼았고, 결국 이세민이 왕위에 올라 태종이 되었다.

조카를 죽이고 왕위에 오르다, 송 태종

송 태종 조광의는 송 태조 조광윤의 동생이다. 그는 형인 태조 조광윤이 후주의 장군일 때 후주의 어린 황제를 폐위하는 것을 망설이자, 군심을 선동하여 일을 만들었다. 태조가 즉위한 뒤에는 대륙을 평정하기 위한 통일전쟁에 함께 힘썼지만, 형제가 정치적 라이벌이라는 소문이 돌았다.

마침내 태조가 죽고, 장성한 태조의 적장자가 있음에도 불구하고 조광의가 태종에 즉위하면서 흉흉한 소문들이 퍼졌다. 대표적인 것이 독살설이다. 태조가 급사했기 때문인데, 이는 태종의 정통성과 관련하여 두고두고 논쟁거리가 되었다.

즉위한 태종은 북으로 연운 16주를 회복하는 데 진력하고, 남으로 남아 있는 몇몇 나라들을 정

송 태종 조광의. 태조 조광윤의 동생으로, 976년 태조가 죽자 송나라의 제2대 황제로 즉위했다.

복하여 5대 10국 시대를 종결시켰다. 내부적으로는 당나라 절도사 제도의 잔재를 폐하고 문치주의를 완성하였다.

송 태종은 비록 연운 16주를 되찾지는 못했지만, 중국 통일과 문치주의 확립으로 통일왕조 송의 기틀을 확립했다. 하지만 그는 조카인 태조의 적장자들과 태조의 측근 신하들을 제거한 뒤 결국 자기 아들에게 왕위를 물려줌으로써 혈족 살해의 오명을 뒤집어썼다.

아버지의 부인을 죽이고 왕위에 오르다, 청 태종

청 태종 홍타이지는 청 태조 누르하치의 여덟째 아들이다. 홍타이지는 아버지 누르하치가 만주족의 칸으로서 후금을 세우고 명과 전쟁을 할 때 형제들과 함께 맹활약하여, '4대왕四大王' 중 한 사람으로서 강력한 파벌을 형성하였다.

홍타이지는 누르하치가 죽자 후비였던 오랍나랍 씨가 권력을 장악할 것을 우려하여 그녀를 강제로 순장시켰다. 모든 아들에게 동등하게 상속권이 있으므로 그녀의 아들이 칸의 자리를 계승할 것을 우려한 것이다.

오랍나랍 씨가 죽자 부족회의에서는 홍타이지를 새로운 칸으로 추대하였다. 홍타이지는 국호를 '대청大淸'이라 고치고, 조선을 정벌하고 명군을 격파하는 등 제국의 기반을 닦았다. 하지만 그는 명나라 정복의 뜻을 이루지 못하고 뇌출혈로 급사했는데, 공교롭게도 오랍나랍 씨의 아들 도르곤이 홍타이지의 아들 푸린을 황제로 옹립하고 섭정이 되어 명을 멸망시켰다. 홍타이지가 칸의 자리에 오르기 위해 죽인 여인의 아들이, 그의 아들을 도와 홍타이지의 숙원이었던 명을 멸망시켰으니 참으로 묘한 인연이 아닌가.

조선의 태종 이방원 역시 '왕자의 난'으로 아버지를 유폐시키고 이복동생을 죽인 뒤 형까지 왕위에서 몰아내고 왕이 되었으니, '태종'들의 역사는 험하기 그지없다. 그러나 그 '태종'들이 수백 년 역사의 기초를 완성하였으니, 이를 국가 창업의 어려움으로 이해해야 할까? 이해는 한다 해도 참으로 받아들이기 어려운 것이 또한 국가의 탄생이 아닌가 싶다.

059

헝클어진 머리로 역사를 논한 위선자

왕안석

1021~1086

교과서 속 한 줄 역사 11세기 후반 왕안석의 개혁 정치(신법)가 실시되었다. 이 개혁의 직접적 목적은 재정 적자 회복이었지만, 행정·사회 개혁의 목적도 담겨 있었다. 신법이 시행된 뒤 재정이 크게 개선되고 농업과 상공업이 진흥되었지만, 농민 부담 경감이란 측면에서는 실효성이 거의 없었다. 구법당이 정권을 장악하고 신법을 폐지한 이후 신법당과 구법당이 번갈아 정권을 장악하며 국력을 낭비하였다.

얼굴이 더러우면 씻고자 하고, 더러운 옷은 빠는 것이 사람의 자연스러운 본성이다. 그런데 그는 오랑캐의 옷을 입고 돼지와 개의 음식을 먹으며 죄인처럼 헝클어진 머리와 씻지 않은 얼굴로 시와 역사를 논한다. 사람의 본성에 따르지 않는 자야말로 커다란 위선자이며 음모가임이 분명하다.

도대체 그 대상이 누구이기에 이처럼 거침없는 비판을 쏟아 낸 것일까? 개니 돼지니 하는 것으로 보아 보통 증오하는 대상이 아닌 듯하다. 이 글에서 비판하는 자는 송나라의 개혁가 '왕안석王安石'이다. 아무리 그가 예절을 알지 못하고 청결에 관심이 없었다 해도 좀 심한 비판 아닐까? 그러나 왕안석 지지자와 반대자 사이의 대립이 60년 가까이 지속되었던 것을 생각하면 이 정도 비난은 약과일 수도 있겠다.

《수호지》에 담긴 백성들의 염원

960년 조광윤이 세운 송나라는, 지방을 다스리던 군장軍將인 절도 사 때문에 망한 당을 극복하고 세워진 왕조이다. 당연히 문치주의에 입각하여 무인 세력을 엄격히 규제했고, 그래서 국방 문제는 돈으로 해결하려 했다. 거란과도 '전연의 맹'을 맺어 비단 20여만 필등을 바치는 것으로 불가침 약속을 맺었다. 얼마 후 탕구트족이 송의 서북부에 '서하'를 건국하고 국경을 위협하자, 서하와도 비단 13만 필과 은 5만 냥 등 막대한 재물을 주는 조건으로 불가침 약속을 맺었다.

거란과 서하에 바치는 막대한 재물로 송은 적자에 시달렸고, 백성에 대한 수탈이 심해질 수밖에 없었다. 게다가 서서히 기강이 문란해지면서 관리들의 부정부패도 심해졌다. 판관 '포청천包青天' 같은 청백리가 엄청난 칭송과 기림을 받은 것도, 다른 시대에 비해 관리의 부패가 백성들에게 훨씬 큰 타격을 주었기 때문이다.

백성들은 영웅을 갈구했다. 거란과 서하와 송, 세 나라를 지탱하면서 탐관오리의 횡포까지 감당해서는 도저히 살아갈 수 없었다. 이처럼 어려운 시대 영웅의 출현을 바라는 백성들의 마음이 담긴 전설이 여럿 나왔고, 이것이 훗날 소설로 정착한 것이 《수호지》이다. 하늘의 별들이 내려와 양산박 108두령이 되어 의적으로서 탐관오리를 벌주고 외적의 침입을 막는다는《수호지》의 내용은 바로 송나라 백성들의 기원 그 자체였다.

신법의 성과와 한계

백성들이 어려움을 겪고 있던 1069년, 젊은 신종神宗이 즉위하면서 강력한 개혁 의지를 천명하고 왕안석을 등용하여 개혁 정치를 맡겼다. 왕안석은 지방관으로서 백성들을 위한 경제정책을 펼쳐 높은 평가를 받았고, 중앙 관료로서 공정하게 일을 처리하여 전임 황제의 신임을 받은 바 있었다. 이제 그는 송나라의 구조적 문제를 해결할 막중한 임무를 맡았다.

　왕안석이 추진한 일련의 개혁 정책을 '신법新法'이라 한다. 신법의 핵심은 '강병强兵'이었다. 거란과 서하를 굴복시켜 가장 큰 재정 지출 요인을 제거하려 한 것이다. 그는 '보갑법'으로 민병을 양성하여 이를 토대로 군대를 강화하고, '보마법'으로 기마대를 육성하여 유목민족의 기마병에 맞서고자 했다. 하지만 이러한 정책은 농민들에게 국방비라는 또 다른 부담을 줄 수 있었다. 그래서 대상인이나 지주의 횡포로부터 농민을 보호할 방법을 강구하고, 가난한 서민들을 위한 일자리를 만들며, 물가를 안정시켜 서민 경제를 활성화시킬 새로운 법률들을 잇달아 발표했다.

　그러나 그것만으로는 부족했다. 귀족들의 고통 분담이 필요했다. 왕안석은 귀족들에게 세금을 부담시켰고, 이것이 귀족들의 격렬한 반발을 불러일으켰다. 국방비 증가로 부담이 가중된 백성들의 불만이 귀족들에게 좋은 명분이 되었다. 그들은 신법이 백성을 구제하는 것이 아니라 백성을 죽이는 법이라고 비난했다.

실패한 개혁이 부른 혼란

현실에서도 강력한 군대를 갖추는 것보다 민생 파탄이 더 빨리 나타났다. 귀족의 협조 없이는 신법을 추진하기 어려웠고, 귀족의 비협조로 인한 민생 파탄이 귀족들에게 명분으로 활용되었다. 결국 왕안석은 물러나고 신법은 폐지되었다.

왕안석이 물러났으니 재정 적자와 백성들의 고통도 과거 상황으로 되돌아갔다. 신법을 지지하던 세력, 곧 '신법당'은 집권 세력을 비판했고, 신법에 반대하던 세력, 곧 '구법당'은 신법이 무모하다며 비판했다. 양당이 당쟁에 몰두하면서 지배층은 점점 더 민생에 소

◈ **소동파가 구법당?**

왕안석의 신법에 반대한 구법당의 주요 인물 중 한 사람인 '소동파蘇東坡'는 ('동파'는 호이고 이름은 '식軾'이다.) '당송 팔대가'로 꼽히는 뛰어난 시인이다. 아버지 소순, 동생 소철과 함께 '3소'라 불리는 유명한 문인 집안 출신인 그는, 21세의 젊은 나이에 과거에 급제하여 관리 생활을 하다가 왕안석의 신법이 시행되자 이에 반대하여 지방관을 자청하였으며 신법으로 고통 받는 백성들을 대변하다 탄핵받았다.

그는 정치적으로 자유로운 비판 정신의 소유자로서 고려와의 무역이 손해라며 무역 보복을 주장하기도 했다. 구법당의 주요 인물로서 신법에 반대했지만, 구법당이 귀족의 기득권을 옹호할 때는 비판을 가했다. 하지만 백성들에 대한 일관되고 맹목적인 애정으로 많은 사랑을 받아 '동파육'이라는 유명한 음식의 주인공이 되었다.

홀해지고 탐관의 횡포도 극심해졌다. 곳곳에서 대규모 농민반란이 일어나자 이를 진압하기 위해 지방 군사 세력도 다시 등장했다. 몇십 년 동안 이런 상황이 지속되면서 송은 더 이상 나라를 지탱하기 어려운 지경이 되었다. 남은 것은 멸망의 길뿐이었다.

개혁은 성공했을 때만 의미가 있다. 개혁은 올림픽이 아니어서 참가에만 의미를 둘 수 없다. 기득권을 타도하고 민생을 확고히 하며 새로운 제도를 만들지 못하면 오히려 혼란을 가중시킬 뿐이다. 그 대표적 실패 사례가 바로 왕안석의 신법이다.

060

중국공산당도 인정한 '절의'의 대명사

악비

1103~1141

교과서 속 한 줄 역사 여진족의 금나라가 화북을 점령하자, 송 지배층은 강남으로 도피하여 남송을 건국하였다. 남송은 악비의 선전으로 여진의 남하를 막아 냈지만, 화의파가 대두하여 악비를 모함하여 죽이고 화의를 맺었다.

'정충보국精忠報國'.

송나라의 명장 악비岳飛가 등에 새긴 문구이다. 나라에 지극히 충성을 바치겠다는 굳은 의지를 몸소 실천한 악비는, '관우'와 함께 충과 의의 화신으로 숭배를 받게 된다.

금나라 군의 예봉을 꺾다

송나라가 당쟁과 농민반란으로 쇠약해져 가고, 거란의 요나라 역시 잦은 왕위 다툼과 한족과의 마찰로 혼란을 겪고 있을 때, 만주에서 여진족의 나라 금金이 새롭게 일어섰다. 추장 '우야소'를 중심으로 한반도 함흥평야 일대에서 조금씩 성장해 가고 있던 여진족은,

고려와의 전쟁(윤관의 동북 9성 건설)을 겪으면서 부족 통합을 이루고 농경민족의 전쟁 기술과 제도 등을 수용하며 비약적으로 발전했다. 우야소가 죽은 뒤 새로 추장이 된 '아구다'는 부족을 통일하여 금나라를 건설하고 만주를 장악하며 거란을 몰아붙였다.

송은 금을 이용하여 거란을 격파하고 '연운 16주'를 되찾을 속셈이었다. 하지만 막상 금과 연합군을 결성했을 때 송군은 무력한 모습만 금에게 보여 주었을 뿐이다. 금은 거란을 멸망시킨 여세를 몰아 송을 공격하여 수도 변경(지금의 카이펑)을 함락시키고 휘종과 흠종 두 황제를 사로잡았다. 송의 지배층은 휘종의 아홉째 아들 조구를 고종에 즉위시키고 수도를 양쯔 강 이남의 임안(지금의 항저우)으로 옮겨 송의 명맥을 이었다. 이를 '남송南宋'이라 한다. 하지만 양쯔 강 이남도 안전하지는 않았다.

금의 기병들은 강을 건너 거침없이 진군하여 1129년 임안을 점령했다. 송 고종은 금군을 피해 온주로 도망쳤다. 이때 절도사로 임명되어 금군을 막을 임무를 맡은 이가 '악비'였다. 20대 후반의 젊은 나이인 악비는 1130년 금군의 예봉을 꺾는 데 성공했다.

126전 126승의 불패신화

악비는 어릴 때부터 훌륭한 스승을 만나 무술을 연마하고 병법을 연구했다. 아마도 불우한 어린 시절 가난을 극복하기 위한 방편이었을 테지만, 전설에 따르면 그는 천년에 한 번 나올까 말까 한 타고난 장재將材였다고 한다. 126번 싸워 모두 이길 만큼 무술 실력이 대단해, 훗날 무협소설의 영웅 캐릭터로 자주 활용되곤 했다.

그러나 그의 진정한 재능은 군대 운용에 있었다. 그의 부대를 '악가군岳家軍'이라 했는데, 엄격한 규율과 민중을 위하는 군대로 이름을 떨쳤다. 특히 '얼어 죽더라도 백성의 집 재목을 뜯어 불을 피우지 않으며, 굶어 죽더라도 백성의 재물을 약탈하지 않는다'는 규율이 유명하다.

이러한 규율은 엄격한 집행을 통해 완성되었다. 악비는 병사들과 동고동락하면서도, 추위를 견디다 못해 민가에서 나무를 훔친 병사를 참수형에 처했다. 이처럼 엄하게 확립된 규율은 이후 민중 군대의 기본 규율이 되었고, 훗날 마오쩌둥의 공산군이 차용하여 장제스의 국민당 군대에게서 민중의 지지를 빼앗아 오는 원동력이 되었다.

악가군의 활약으로 남송 군대 전체가 활력을 찾았다. 유광세, 장준, 한세충 등이 양쯔 강 하류 일대에서 금군을 격파하고 북쪽으로 밀어붙였다. 이로써 남송은 양쯔 강 이북 회수淮水(화이허 강) 이남의 땅을 되찾았고 금은 어려운 지경에 몰렸다. 하지만 이것이 오히려 악비에게는 독이 되고 말았다.

전설이 된 장군

금은 포로로 잡아 두고 있던 진회를 남송으로 돌려보냈다. 금과의 전쟁을 주장하는 주전파였던 진회는, 금에 포로로 잡혀 있는 동안 화친을 주장하는 주화파로 변신했다. 진회는 남송 정권에서 고종의 신임을 얻은 뒤 금과의 전쟁에 반대하며 화친조약 체결을 강력히 주장했다. 그는 전쟁을 막기 위해 악비에게 하루 12차례나 후퇴 명령을 내리기도 했다.

결국 진회 등 주화파가 정권을 잡고 악비 등 주전파는 몰락했으며, 얼마 후 악비는 투옥되었다. 악비는 모진 고문을 받았지만 등에 새긴 문신만큼이나 그의 의지는 투철했다. 결국 남송 정권은 1141년 악비를 처형하고, 그해 금과 평화협정을 맺었다. 이를 '소흥紹興의 화의'('소흥'은 고종의 두 번째 연호)라 한다. 협정의 주 내용은 남송이 금에게 신하의 예를 취하고 은 25만 냥

남송 '4대가'로 꼽히는 유송년이 그린 〈중흥사장도中興四將圖〉 중 악비.

과 비단 25만 필을 해마다 바친다는 것이었다.

악비가 죽고 나서 진회는 역적의 대명사가 되었다. 악비의 사당에는 진회 부부가 사슬에 묶인 채 무릎 꿇고 있는 동상들이 세워졌고, 참배객들은 동상에 침을 뱉어 증오를 표현했다. 반면 악비는 관우와 함께 절의의 대명사로 추앙을 받아 전국 곳곳에 사당이 세워졌으며, 지금도 중국에서는 구국의 혼이 필요할 때 악비를 불러내곤 한다. 타이완에서는 악비 사당을 세우고 본토 회복을 꿈꾸기도 했다.

그러나 역사적으로 악비의 업적은 과장된 측면이 있다. 과연 당시 남송의 군사력이 금나라를 격파할 수준이었는지에 대해서는 회의적이다.

북방 유목민족의 기마병은 논 같은 울퉁불퉁한 진흙 지대에 매우 취약하므로, 논농사 지역에 자리 잡은 남송은 금군을 방어할 수는 있었다. 하지만 지리적 이점을 포기하고 공격에 나선다면 남송 군대에게 금나라 군대는 결코 만만한 상대가 아니었다. 당시 남송의 정치 상태나 금의 군사력을 고려할 때 진회의 선택이 현실적이고 현명했을지도 모른다. 실제로 1206년 남송은 금나라를 공격했지만 참패했다.

　악비에 대한 존경과 숭배는 다분히 그의 개인적 능력에서 비롯된 것이다. 그의 높은 인품과 탁월한 용병술과 지략이 그의 군대와 나아가 송의 군사력까지 과대평가하게 만든 것이다. 그러니 진회를 위해 변명할지라도 악비에 대한 평가에 인색할 이유는 없다. 오히려 그럴수록 그의 위대함은 더욱 빛나지 않을까?

061

이데올로기에서 종교로, 유학의 정신혁명

성리학

 11~13세기

> **교과서 속 한 줄 역사** 훈고학은 송나라 때 주도적 학문으로서의 활력을 상실하였다. 이에 유학자들이 불교와 도교의 장점, 특히 형이상학적 측면을 흡수하여 이른바 '신유학'을 만들었다. 신유학은 우주와 인간 세상에 존재하는 보편적 진리를 찾으려 한 것으로, 이 중 이理를 추구하는 학문을 폭넓게 '이학理學'이라 하고, 또 '성즉리 性卽理'라는 말에서 성리학이라는 명칭이 생겨났다.

    기원전 206년 진나라를 멸하고 한나라를 건국한 한 고조는 법가 대신 유가를 중심으로 국가 체제를 정비하려 했다. 하지만 진시황의 '분서갱유'로 경전이 모두 불타고 저명한 유학자들도 모두 죽어 유가 교리에 대해 제대로 아는 사람조차 드물었다. 가장 시급한 일은 경전을 복원하는 것이었다.

    파편처럼 남은 경전을 모으고 정리하는 작업은 보통 어려운 일이 아니었다. 평범한 사람들의 말도 '아' 다르고 '어' 다른데, 하물며 경전은 글자 하나에 따라 그 뜻이 전혀 달라질 수 있다. 살아남은 유학자들은 각자의 지식과 이론을 바탕으로 치열하게 토론하고 연구하여 경전을 복원하고 글자 하나하나에 주석을 달았다. 이런 유가의 흐름을 '훈고학訓詁學'이라고 한다.

훈고학을 딛고 일어난 신유학

훈고학은 한나라 때부터 당나라 때까지 고대 중국 유가 사상의 주된 흐름이었다. 이 시기 중요한 인물이 '동중서'와 '공영달'이다. 동중서는 한 무제를 설득하여 유교를 국교화하고 유가들이 주요 관직을 차지하도록 했다. 이로써 유가는 법가보다 우위에 서게 되었다. 한편 공영달은 '안사고' 등과 함께 유학 5경의 주해서인《오경정의五經正義》를 편찬하여 훈고학을 집대성하였다. 이로써 '사서오경四書五經'으로 대표되는 유가의 경전이 완성되었다.*

그런데 훈고학의 완성은 유가가 안고 있는 기본적인 한계를 부각시켰다. 즉, 자구 해석 중심의 훈고학은 인간과 세계의 심오한 이치를 밝히는 불가와 도가를 따를 수 없었다. 그래서 유가는 정치 이념으로서만 기능할 뿐 사상이나 철학으로서는 인기가 없었다. 훈고학 완성 이후 유가의 사상적 측면에 대한 문제의식이 본격적으로 토론되기 시작하였으니, 이렇게 발전한 유가 사상을 '신유학新儒學'이라 한다.

신유학이 성장할 수 있었던 배경에는 과거제가 있다. 과거제가 발전하면서 시험 과목인 유교 경전을 전문적으로 연구하고 공부하

---

* '사서四書'는《논어論語》·《맹자孟子》·《대학大學》·《중용中庸》, '오경五經'은《역경易經》·《서경書經》·《시경詩經》·《예기禮記》·《춘추春秋》이다.

는 사람들이 늘어났다. 과거에 합격하려면 오랜 시간 학업에 전념해야 하므로 일반 평민들은 감당할 수 없었다. 과거에 응시하는 사람들은 대개 지역에서 지주 이상의 경제적 능력을 가진 이들이었다. 이렇게 안정적인 경제생활을 토대로 유교 연구에 전념하는 사람들을 '사대부士大夫'라 하며, 송나라 때부터 이들 사대부가 신유학을 발전시켰다.

신유학은 오경보다는 사서를 강조하고, 경전보다는 인성이나 우주 같은 심오한 세계를 연구 주제로 삼았다. 많은 학파가 생겨나 다양한 견해를 제시하는 가운데, 북송 말기 '정호程顥'와 '정이程伊' 형제가 주창하고 '주희朱熹'가 완성한 성리학性理學이 주류를 이루게 된다.(그래서 성리학은 주창자들의 이름을 따서 '주자학朱子學', 혹은 '정주학程朱學'이라고도 불린다.)

중세 동아시아의 선진 사상

성리학은 우주 운동의 이치를 '이理'와 '기氣'로 설명하는 이론이다. '기'는 만물을 구성하는 요소이며, '이'는 만물에 내재하는 정신적 진리로 일종의 보편적인 법칙성이다. 인간에게도 '이'라는 보편적 측면이 내재하므로 인간성 역시 일종의 법칙성으로 설명할 수 있다고 보고, 이에 따라 인간과 우주를 논증하고 해명하는 것이다. 여기에는 불교의 선禪 사상과 변증법적 논리학 등 여러 기존 철학과 논리학이 영향을 미쳤다.

성리학은 유교를 이데올로기에서 사상 혹은 종교로 발전시킨 정신적 혁명이었으며, 동아시아 중세 사회에서 가장 발전된 철학이었다. 따라서 고려 등 유교를 수용한 주변 국가들에게 큰 영향을 미쳤으며, 일종의 유물 철학에 가까운 성격 때문에 불교나 기독교처럼 신의 의지를 강조하는 신앙을 강하게 배척하여 억불숭유抑佛崇儒 정책의 이론적 근거가 되었다.

성리학의 발전과 관련하여 중요한 사람 중 한 명이 남송 황제 '이종理宗'(1224~1264 재위)이다. 이종은 묘호를 성리학의 '이'에서 따왔을 정도로, 성리학자를 적극 등용하고 국가적 차원에서 아낌없이 배려하였다. 주희가 성리학을 집대성한 이후 영종寧宗 시대에 주화파의 '사마원'이 성리학을 배척하는 바람에 어려운 시기를 겪었지만, 사마원 사후 이종이 그 어려움을 풀어 준 것이다.

사마원이 성리학을 억압한 것은, 성리학이 정치 이념적으로 '중화주의'를 강조했기 때문이다. 성리학자들은 성리학이 북방 유목민족의 전통 신앙이나 불교보다 우월한 고등 종교라고 생각했다. 중국의 정신문명이 가장 앞서고 주변 지역은 열등하다고 보는 존화尊華적 세계관이 평화를 주장하는 주화파에게는 부담스러웠던 것이다.

성리학은 이후 명나라 대까지 유교의 대표 흐름으로 존재했다.

◈ **남송 신유학의 집대성자, 주희**

주희(주자)는 북송 멸망 직후인 1130년 중국 강남 지방인 복건성에서 태어났다. 과거에 급제하였으나 관직 생활보다는 학문 연구에 전념하여 여러 책을 쓰고 육구연 등 당대 학자들과 교유하고 토론하였다. 효종 시대 남송의 국력이 강해져 안정이 찾아왔을 때 정부에 직언을 올리고 학자로서 이름을 떨쳤다. 말년에 관직을 여러 번 받았지만 현실 정치와 불화를 겪다가 결국 불명예 퇴진하고 말았다. 1200년 영종 시대에 죽었으며, 사후 명예 회복과 함께 여러 시호를 받았다.

그러나 점차 실천적 측면이 결여되었다는 비판을 받았고, 지나친 중화주의가 고립을 자처하여 여러 부작용을 일으켰다. 이에 실천을 강조하는 새로운 학풍이 명나라 때 등장하니 바로 '양명학'과 '실학'이다. 그 속에서 유가 혹은 유학은 유교로서 발전을 거듭한다.

062

사무라이의 시대

가마쿠라 막부

12세기

교과서 속 한 줄 역사 12세기 말 미나모토 요리토모가 귀족 세력을 제압하고 가마쿠라 막부를 개창함으로써 일본 최초의 무가 정권이 탄생하였다. 막부는 토지를 매개로 쇼군과 주종 관계를 맺은 무사가 농민을 지배하는 체제를 구축하였다. 가마쿠라 막부는 몽골군의 침입을 물리쳤으나 이후 재정난이 심화되면서 점차 쇠퇴하였다.

사이코 : 85세, 거동할 수 없음.

아들 나가히데 : 65세, 무기들을 갖추고 있음.

쓰레히데 : 38세, 무기·갑옷·말을 갖추고 있음.

마쓰지로 : 19세, 무기와 부하 2명을 거느리고 있음.

다카히데 : 40세, 무기와 갑옷, 말과 부하 1명을 거느리고 있음.

주군께서 명령만 내리시면 언제든지 충직하게 복무할 수 있음.

사이코라는 사무라이가 주군主君에게 보낸 일종의 명세서이다. 헤이안 말기, 바야흐로 사무라이 시대가 도래한 일본에서 일어난 일대 변화를 살펴보자.

권력 집단이 된 무사들

헤이안 시대 공지공민제가 무너지고 장원제가 발전하면서, 농민 징발을 바탕으로 한 군사 제도도 붕괴하였다. 해적과 산적이 날뛰어도 진압할 수 없게 되자, 중앙정부는 지방에 군사 지휘관을 파견하여 지방 치안을 담당하도록 했다. 이들이 지방 관리가 되어 세습하면서 무사 집단을 이루었다. 사무라이의 시조이다.

10세기 중엽 중앙정부에 불만을 가진 무사 집단이 반란을 일으키자 중앙정부는 다른 무사 집단을 이용하여 반란을 진압했고, 이 과정에서 무사 집단이 교토로 올라와 궁궐과 귀족의 경비를 담당했다. 이들을 처음 '사무라이侍'라고 칭했고, 그것이 그대로 하나의 계층으로 굳어졌다.

이들은 처음에는 무예가 뛰어난 하급 귀족 같은 존재였는데, 이후 군사 전문가이자 토지 관리자로 성격이 확대되었고, 나중에는 지방의 영주로 발전했다. 이 과정에서 무사 내부에서 주종 관계가 형성되었으며, 이러한 무사단의 수장들 중 일부가 중요한 권력 집단이 되었다. 대표적인 인물이 '다이라 기요모리'이다.

12세기 중엽이 되면 천황가와 최대 권력가인 후지와라 가문 내부에서 복잡한 내분이 일어난다. 내전으로 비화된 이 내분에 여러 무사 계급이 참가하는데, '호겐保元의 난'으로 후지와라 가문이 몰락하고 미나모토 가문과 다이라 가문이 실권을 장악했다. 하지만 논공행상에 불만을 품은 미나모토 가문이 난을 일으키면서 두 집안의 싸움이 시작되었고, 결국 '우지가와 다리 전투'에서 다이라 가문이 패배하고 미나모토 집안이 최후의 승리를 거둔다.

승리자인 미나모토 요리토모가 가마쿠라에서 '쇼군將軍'(막부의 수
장)의 지위에 올라 천하를 호령하면서, 가마쿠라 막부 시대가 열렸
다.(1185) 이때부터 메이지 유신(1868)까지 680여 년간 일본은 막
부의 시대였다.

가마쿠라는 현재 일본 이즈 반도 인근 토카이도東海道 지역(에도
(도쿄의 옛 이름)에서 교토에 이르는 바다에 면한 15개 지방)의 요충지로
서, 남쪽은 바다이고 나머지 삼면은 구릉에 둘러싸인 천혜의 요새
이다. 가마쿠라에 들어가려면 구릉 사이의 7개 통로를 거쳐야 했으
므로, 이곳을 근거로 오랫동안 막부가 존재할 수 있었다.

그런데 가마쿠라 막부 시대 권력을 잡은 세력은 미나모토 가문
이 아니라 '호조 가문'이었다. 미나모토 요리토모 사후 그 아들 요
리이에가 권력을 잡자, 외조부 '호조 도키마사' 등이 반발하여 새로
운 쇼군을 추대한 뒤 새로 '집권' 직책을 만들고 호조 가문이 권력
을 장악한 것이다. 이후 호조 가문과 쇼군직의 미나모토가, 천황가,
'섭관' 직을 맡은 후지와라가 등 여러 가문이 권력을 장악하는 분권
의 시대가 이어졌다.

가마쿠라 막부 시대에는 농업과 상공업이 발달하고, 특히 송나
라와의 무역이 활발하게 이루어졌다. 이 시기 유통된 송나라 동전
이 무려 2억 관(1관은 3.75킬로그램)이나 되고, 유적에서 전화錢貨가
10만 매 단위로 발굴될 정도로 유통 규모가 컸다. 문화적으로는 귀
족 중심의 불교가 쇠퇴하면서 다양한 종파가 발달하였다. 일본의
대표 불교 종파 중 하나인 니치렌종日蓮宗(남묘호렌게쿄南無妙法蓮華經)도

이 시기 확산되어 가마쿠라를 중심으로 번성했고, 12세기 말 송에서 선종禪宗도 전래되어 임제종 중심으로 번성하였다.

몽골 침략과 가마쿠라 막부의 쇠퇴

그러나 가마쿠라 시대는 1274년부터 시작된 쿠빌라이 칸(원 세조)의 침략 이후 전쟁 대비에 따른 사회적 긴장을 이기지 못하고 붕괴하고 만다. 즉, 전쟁 대비를 명분 삼아 독재 권력이 강화되고 국방비를 조달하느라 농민과 장원의 부담이 가중되었다. 권력에서 소외된 사무라이들도 점점 곤란을 겪기 시작했다.

앞의 문서에 나온 것처럼 사무라이들은 일족이 알아서 무장을

◈ **1,001구의 천수관음상, 산주산겐도**

'산주산겐도三十三間堂'는 33칸의 집이란 뜻으로, 겐(칸)은 기둥과 기둥 사이를 말한다. 즉, 한 칸은 두 기둥 사이만 한 집, 두 칸은 세 기둥 사이만 한 집이란 의미이다. 산주산겐은 34개의 기둥이 늘어선 집으로, 그 길이가 무려 120미터에 달한다. 산주산겐도는 헤이안 시대 말기의 실력자 다이라 기요모리가 1164년에 만들었다. 그는 '호겐의 난' 당시 다이라 집안의 우두머리였다. 산주산겐도는 80년 후에 소실되어 1266년 가마쿠라 막부 시대에 재건되었고, 이후 네 차례의 대대적인 수리를 거쳐 700년간 보존되었다. 이 불당에는 1,001구의 천수관음이 모셔져 있다. 중앙에 중존이라는 거대한 천수관음 좌상이 있고, 좌우에 등신대의 천수관음 입상이 각 500구씩 늘어서 있다.

이 1,001구의 관음이 횡대로 120미터에 걸쳐 33간당을 채우고 있는 것이다. 그 풍경은 한마디로 압도적이다. 흡사 거대한 관음의 군대와 같다. 자애롭고 전지전능한 부처가 아니라 힘 있고 무서운 부처이다. 이 또한 이 시대의 한 모습일 것이다.

갖추고 대기하다 명령이 내려오면 참전하였다. 자기 돈으로 무장하고 전쟁에 나간 것이다. 평소에는 전쟁에서 승리하여 얻는 영지나 각종 재산으로 비용을 충당하고 재산을 늘렸지만, 몽골과의 전쟁은 침략자를 물리쳐도 몰수할 영지나 재산이 없었다. 당연히 사무라이들은 손해를 볼 수밖에 없다.

많은 사무라이들이 막부에 전쟁 포상을 청원했지만, 권력과 거리가 먼 사무라이들은 소외되었다. 당시 몽골과의 전쟁을 기록한 유명한 그림 〈몽고습래회사蒙古襲来絵詞〉(1293)의 의뢰자이자 주인공 다케자키 스에나가 역시 용감하게 싸워 전공을 올렸으나, 1차 전투 때는 말 한 마리를 받았을 뿐이고 그나마 2차 전투 때는 아무것도 받지 못했다.

게다가 영지는 상속이 거듭될수록 잘게 쪼개지고, 상업이 발달하면서 군사밖에 모르는 사무라이들은 더욱 궁지에 빠졌다. 이때 천황이 반反호조가 반란을 일으키고, 호조 가문의 가신인 아시카가 다카우지 장군까지 배신하면서 가마쿠라 막부와 호조가는 멸망하

해변에 진을 치는 일본군 대장과 그 수하들. 가마쿠라 시대에 일본을 침략한 원나라군과 이를 막는 일본군의 싸움을 담은 〈몽고습래회사〉.

였다.

일본 중세 사회를 연 가마쿠라 막부 시대에는 봉건제와 장원제가 시작되면서 정치·사회·경제 모두 변화했지만, 사실 외국인의 눈에는 그 변화가 정리되지 않고 혼란스럽게 보인다. 이후 시작된 무로마치 막부 시대에는 더욱 그렇다. 그런 측면에서 유럽 중세처럼 특별한 중앙 권력이 없는 분권적 혼란의 시기로 이해하면 될 것 같다. 즉, 막부 시대란 유명무실한 중앙 권력 아래 사무라이로 대표되는 지방 영주들이 봉건적 관계에 따라 자급자족하던 시대 정도로 정리할 수 있을 것이다.

063

이슬람 세계로 간 돌궐

셀주크튀르크

 11세기

교과서 속 한 줄 역사 11세기 셀주크튀르크가 아바스 왕조, 파티마 왕조 등으로 분열된 이슬람 세계를 통일하였다. 아바스 왕조의 칼리프에게 '술탄'의 칭호를 받아 통치하였는데, 제3대 말리크샤 때 전성기를 누렸다. 하지만 셀주크의 팔레스타인 점령으로 인해 십자군 전쟁이 일어났다.

《아라비안나이트》를 소개하는 글을 보면 주인공인 왕 샤흐리야르를 종종 '술탄'이라고 칭한다. 이외에도 '술탄'이라는 칭호는 흔하게 사용된다. 아라비아의 왕도 술탄, 인도의 왕도 술탄, 수많은 모험 이야기 속에 등장하는 왕들도 다 술탄이다. 술탄이란 호칭은 언제, 어떻게 나온 것일까?

위대한 술탄, 알프 아르슬란

이슬람 제국 아바스 왕조의 칼리프들은 '맘루크'라는 호위대를 거느리고 있었다. 맘루크는 노예였지만 상당한 전투력을 가진 정예 병사였는데, 대개 아바스의 북쪽 중앙아시아 초원 지대에 거주하는 튀르크족 출신들이었다. 맘루크는 칼리프의 권세를 등에 업고 백성들에게 권위적으로 다가갔다.

아바스 왕조의 힘이 점차 약화되면서 페르시아 지역 등은 작은 소국들로 분열되었고, 이 소국들은 침입해 오는 튀르크족을 막기 위해 튀르크족 맘루크를 동원해야 하는 모순된 상황에 처했다. 이때 '사만'이라는 나라의 맘루크가 반란을 일으켜 그들만의 이슬람 왕조를 세웠으니, 바로 '가즈나 왕조'이다. 가즈나 왕조 전성기를 이룩한 마흐무드(998~1030 재위)가 스스로를 '술탄'이라 칭했다. 술탄은 '검을 쥔 오른팔'이란 뜻으로 가장 무슬림다운 군주를 뜻했다. 즉, 이슬람의 창시자 무함마드의 계승자가 '칼리프'라면, 무함마드의 뜻을 가장 잘 실천하는 세속 군주가 '술탄'인 것이다.

가즈나의 마흐무드는 인더스 강 유역에서 이란에 이르는 제국을 세우고 인도와 페르시아의 여러 세력과 대립하였다. 마흐무드의 뒤를 이은 아들 마수드도 직접 코끼리에 올라타 군대를 지휘하는 용맹한 술탄이었다. 하지만 그의 치세 때 튀르크족의 일파인 셀주크가 쳐들어왔고, 세 번 싸워 세 번 이겼지만 네 번째 전투에서 패하면서 가즈나는 몰락하고 말았다. 셀주크는 튀르크 중에서 가장 강력한 세력으로 부상했다.

셀주크는 이슬람 세계로 들어온 뒤 곧 개종하고 동쪽에서 아바스 왕조를 잠식해 들어갔다. 셀주크의 강력한 기병대는 오랜 평화와 분열에 취한 기존 무슬림 군대를 압도했다. 셀주크의 부족장들은 대개 문맹이었지만 아바스에서 거둔 전리품으로 지식인을 고용해 문제를 해결했다.

마침내 1053년 위대한 셀주크의 통치자가 나타났다. '용맹스러운 사자'라는 뜻의 알프 아르슬란 왕자였다. 위대한 왕자 알프 아르슬란은, 이후 20년간 셀주크의 화려한 정복 활동을 이끈다. 셀주크는 바그다드를 점령하여 아바스 대신 이슬람 세계의 새로운 지배자가 되었으며, 비잔티움 제국 로마누스 디오게네스 황제의 군대를 격파하고 그를 포로로 잡는 등 이슬람이 범접하지 못하던 터키까지 영역을 넓혔다.(이때부터 현재 터키 지역이 '튀르크', 즉 '터키족'의 땅이 되었다.)

이제 이슬람의 지배자는 칼리프가 아니라 술탄이 되었다. 칼리프는 이름뿐인 존재가 되었으며, 나중에는 술탄이 칼리프를 겸하기도 했다. 또한 술탄은 세속의 지배자를 뜻하므로 반드시 한 명일 이유가 없어서, 이후 등장한 인도 등 여러 이슬람 국가의 지배자들도 술탄이란 호칭을 쓰면서 이슬람 세속 지배자의 대명사가 되었다.

위대한 알프 아르슬란이 죽은 뒤 술탄에 즉위한 말리크샤는 셀주크의 영토를 최대로 넓혔다. 하지만 위대한 셀주크의 영화는 두 가지 불안 요인을 안고 있었고, 이것이 결국 이슬람 사회에 큰 재앙을 몰고 왔다. 그것은 바로 암살 집단과 십자군이었다.

이슬람을 분열시킨 암살자 '아사신'

페르시아 지방 ('독수리 둥지'라는 멋진 뜻의) 알라무트라는 곳에 과격한 이슬람 분파의 지도자 하산 사바가 성채를 쌓고 일군의 암살자 집단을 양성하기 시작했다. '아사신'이라 불린 이 암살자 집단은 마르코 폴로의 《동방견문록》에도 등장할 만큼 세계적으로 악명을 떨쳐, 암살을 뜻하는 영어 단어 'assassination'의 어원이 되었다. 이들은 주요 이슬람 정치 지도자들을 암살하였으며, 심지어 자신들이 하지도 않은 살인조차 때때로 자신들의 소행이라고 주장하여 이슬람 사회 전체를 공포로 밀어 넣었다.(이 때문에 아사신의 실체를 파악하는 것이 더욱 어려웠다.)

아사신으로 인해 셀주크 지배 하의 이슬람 사회가 분열을 겪고 있던 11세기 말, 십자군이 쳐들어 왔다.(제1차 십자군) 분열된 이슬람 사회는 십자군에 맞서 제대로 싸울 수 없었다. 무슬림들은 누가 더 정통 이슬람인지를 놓고 싸울 뿐, 비이슬람 세계와의 전쟁에는 무감각했다. 그래서 셀주크가 공격당할 때, 이집트나 예루살렘 쪽의 이슬람 군대는 오히려 십자군에 은밀히 동맹을 제안하기도 했다. 결국 이슬람은 십자군에게 각개격파당하고 말았다.

십자군의 살육은 무자비했다. 그들은 모든 무슬림을 죽였을 뿐만 아니라, 유대인과 그리스정교 등 비非로마 가톨릭 신자들까지 학살했다. 아이들은 불에 구워 먹고 어른들은 끓여서 수프로 먹었다. 유럽인들은 "우리는 심지어 개도 먹었다."라고 말하여 무슬림들을 분노케 했다. 개보다 못한 무슬림이라는 뜻이었으니까.

이슬람 영역 안에 예루살렘을 비롯하여 네 곳에 기독교 왕국이 세워지자, 무슬림들이 단결하여 십자군에 맞서 싸워야 한다는 분위기가 형성되었다. 하지만 무슬림 단결을 주장하는 총독, 성직자, 술탄 등은 기존 이슬람 사회를 멸망시키려는 아사신에게 암살당했다. 이슬람 사회는 위대한 지도자가 나올 때까지 십자군의 그늘에서 공포에 떨어야 했다. 그들이 기다리던 구원자는 그로부터 반세기 이후에야 나타난다. 바로 살라딘이다.

064

어리석은 저의 죄를 사하소서

카노사의 굴욕

1077

교과서 속 한 줄 역사 11세기 말 클뤼니 수도원 출신 교황 그레고리우스 7세는 세속 군주가 성직자를 서임하는 것에 반대하였다. 이는 세속 군주마저 교황의 감독 하에 있어야 한다는 주장이었다. 이 때문에 교황은 신성로마제국의 황제 하인리히 4세와 충돌하였는데, 교황이 황제를 파문하자 결국 황제가 굴복했다.

1077년 1월 25일, 얼마 전 내린 눈으로 사방이 온통 하얗게 뒤덮인 이탈리아 중북부 볼로냐 인근 카노사 성에 초라한 행색의 사나이가 나타났다. 그는 20대의 건장한 몸을 거친 참회복 하나로 겨우 가린 채 눈 위를 맨발로 걷고 있었다. 청년은 마치 천 년 전 예수가 십자가를 지고 골고다 언덕을 걸을 때처럼 침통하고 괴로운 얼굴로 한 걸음 한 걸음 언덕 위의 성을 향해 비틀거리며 나아갔다. 마침내 성문 앞에 당도한 청년은 무릎 꿇고 두 손을 모은 채 외쳤다.

"교황 성하, 교만하고 어리석은 저의 죄를 사하소서. 분수를 모르는 비천한 종을 채찍질하시고, 침을 뱉으소서. 그리고 한 번만 더 신과 성하를 위해 봉사할 수 있도록 파면을 사해 주소서."

중세 교회의 타락

청년은 눈물을 흘리며 차가운 땅바닥에 무릎을 꿇고 살을 에는 칼바람 속에 벌벌 떨며 기도를 올렸다. 청년의 뒤를 따르던 사람들도 함께 기도하며 죄를 사해 달라고 빌었다.

성안에는 교황 그레고리우스 7세가 있었다. 50대 중반의 교황은 이탈리아의 가난한 노동자 집안에서 태어나 성직자가 된 뒤 30대부터 교회 개혁 단체에서 활약한 영적 지도자였다. 귀족의 횡포와 교회의 타락에 맞서 30년을 고군분투해 온 교황은 강인하고 단단한 사람이었다. 자신의 개혁에 도전한 청년을 본보기로 삼겠다고 굳게 결심한 교황은, 밤이 깊어 가는 데도 아무런 말도 하지 않았다. 다음 날 아침, 밤새 기도한 청년의 몸 위로 하얗게 서리가 내려앉았다.

26세 청년의 이름은 하인리히, 바로 독일의 왕이자 장차 신성로마제국 황제(하인리히 4세)에 오르는 인물이다. 중부 유럽의 최고 권력자가 이토록 초라한 처지에 놓인 것은 성직자 서임권 때문이었다.

중세 기독교는 서서히 부패하고 있었다. 교회는 세속 귀족처럼 대토지를 소유하고 농노를 부렸으며 무장한 병사들을 거느렸다. 정신세계를 지배하는 영적 권력에 세속적 권력과 부富를 소유했으며, 강력한 세속 군주가 없는 상태에서 유럽 전역에 교황을 정점으로 일사불란하게 움직이는 조직까지 갖추었다. 교회는 유럽 인간 세상의 최고 권력기관이었다.

1115년 제작된 프랑스 교회 고문서에 실린 '카노사의 굴욕'. 하인리히 4세가 카노사 성의 주인인 토스카나의 마틸다와 클뤼니 수도원장(마틸다의 대부) 앞에 무릎을 꿇고 교황 그레고리우스 7세를 만나게 해 달라고 간청하고 있다.

권력을 맛본 교회의 성직자들은 타락하기 시작했다. 결혼하는 신부, 농노를 가혹하게 착취하는 신부, 그 외에도 입에 담기 어려운 부패와 타락이 교회의 비호 아래 이루어졌다. 그레고리우스 7세는 이런 교회의 타락을 개혁하려는 강력한 의지가 만들어 낸 존재였다.

당시에는 세속 군주가 교회의 성직자를 임명할 권리를 갖고 있었는데(상징적 의식 수준이었다고도 한다.), 그레고리우스 7세는 이 임명권을 교회가 독점해야 한다고 생각했다. 교황이 더 강한 권력을 가지고, 이를 통해 타락한 교회를 개혁해야 한다는 믿음이었다.

교황에 맞선 하룻강아지

국정을 직접 다스린 지 10년 된 26세의 혈기왕성한 독일 왕 하인리히 4세는 교황의 생각에 반대했다. 당시 유럽은 조금씩 사회가 안정되면서 세속 군주의 힘이 강해지고 있었다. 세속 군주들은 수많은 봉건영주들이 분할통치하는 유럽을 강력한 군주가 통치하는 왕국 체제로 바꾸고자 했다. 권력 강화를 추구하는 왕들은 기존 체제를 유지하려는 귀족(영주)이나 보수적 성직자들과 싸우며 천천히 전진하고 있었다.

100여 년 전인 962년 오토 1세가 교황으로부터 서로마 황제의 대관을 받은 이래로, 로마가톨릭교회의 수호자 역할을 자임했던 독일 왕의 전통을 이어받아 하인리히 4세 역시 이탈리아의 교회 문제에 깊숙이 개입했다. 그 과정에서 밀라노 대주교 임명을 놓고 그레고리우스 7세와 충돌했다. 강력한 왕권을 지향하던 하인리히 4세는 로마 가톨릭의 수호자인 자신에게 도전하는 교황을 용납할 수 없었다. 그는 교황 그레고리우스 7세를 폐위시켜 버렸다.

교황 그레고리우스 7세는 교회에 도전하는 어리석은 세속의 왕에 단호히 맞섰다. 그는 하인리히 4세를 파문하고, 자신을 따르는 귀족들이 왕과 맺은 충성 맹세도 해약시켜 버렸다. 중세 유럽의 봉건제는, 제후가 왕에게 충성을 맹세하고(물론 신의 이름으로) 왕은 제후에게 영지를 하사하는 쌍무적 계약관계였다. 충성 맹세가 해지되면 더 이상 왕에게 충성할 이유가 없어지고, 왕은 모든 제후를 잃는 셈이니 결국 폐위당한 것과 다름없었다.

제후들이 모여 새로운 독일 왕의 선출을 의논하자, 하인리히 4세는 다급해졌다. 그는 시간을 주면 교황을 설득해서 파문을 철회시키겠다고 애걸했다. 그러고는 카노사로 달려가 눈 덮인 차가운 땅바닥에서 맨발로 참회의 기도를 드린 것이다. 이것이 바로 그 유명한 '카노사의 굴욕'이다.

교황은 이틀째 되는 날도, 사흘째 되는 날도 아무런 답을 주지 않았다. 젊은 왕은 차디찬 얼음 땅에서 교황의 사면을 기다리며 계속

기도할 수밖에 없었다. 그래도 얼어 죽지 않은 걸 보면 날씨가 좀 풀렸거나 밤에는 실내에서 몸을 녹이지 않았을까 싶다. 아무튼 그렇게 버티다 나흘째 되는 날 겨우 사면을 받았다.

따뜻한 성안으로 들어가 교황을 알현하고 그의 성체에 키스하며 하인리히 4세는 울었으리라. 몇 번이고 감사와 참회와 찬양의 말을 큰 소리로 외치며 죽을 때까지 교황과 교회에 충성을 바치겠다고 다짐하는 그의 아첨을 교황은 흐뭇한 얼굴로 들었을 것이다. 이후 교황은 십자군 원정(제3차) 때 로마 호위를 하인리히에게 맡긴다.

그렇게 카노사의 굴욕은 중세 교회의 절대적 권위를 상징하는 사건으로 역사에 기록되었다. 그리고 그로부터 1천 년 동안 그레고리우스 7세는 중세 교회 권력의 상징으로, 하인리히 4세는 세상 모르고 까불다 박살 난 하룻강아지의 대명사로 길이길이 남았다. 불쌍한 하인리히! 기억하기도 싫은 그 굴욕의 장면을 후손들이 1천 년씩이나 두고두고 우려먹으니, 저승에서도 결코 편하게 지내지 못했을 것이다.

두 번째 파문, 하인리히의 반격

저승에서는 억울해하고 있을지 몰라도, 현실의 하인리히 4세는 굴욕을 참지 않았다. 참을 수 없는 상황이기도 했다. 그가 교황에게 사면을 받았는데도 제후들이 새로운 독일 왕 루돌프를 선출했기 때문이다. 하인리히는 즉각 군대를 일으켜 루돌프를 공격했고, 이로 인해 독일은 수년간 내전에 휩싸였다.

그레고리우스 7세는 독일을 혼란에 빠뜨린 죄를 물어 하인리히를 다시 파문했다. 하지만 그것은 속세의 권력에 대한 지나친 간섭이었다. 두 번째 파문은 그동안 교황에게 호의적이었던 제후들도 반발하게 만들었다. 이 틈을 타 하인리히는 루돌프를 몰아붙이는 한편, 그레고리우스 7세를 폐위시키고 로마를 점령한 뒤 클레멘스 3세를 새로운 교황으로 앉혔다. 그레고리우스 7세는 피난지 살레르노에서 1085년 숨을 거두었다. 그는 죽으면서 "정의를 사랑하고 불의를 미워하였기에 망명지에서 죽노라."라고 말했다고 한다.

교황에게 멋지게 복수한 하인리히 4세는 독일로 돌아가 클레멘스 3세에게 충성하는 주교들로 교회 조직의 주요 자리를 채운 뒤 신성로마제국 황제로서 영광을 누렸다. 하지만 그의 영광은 오래가지 않았다. 1088년 새로 즉위한 교황 우르바누스 2세가 교회 개혁을 위하여 반反하인리히 동맹을 맺은 것이다.

이후 하인리히 4세는 교회와, 자신의 왕위에 도전하는 아들들 때문에 계속 전쟁을 치러야 했다. 20년 가까이 내전에 시달리던 황제는 결국 둘째 아들 하인리히 5세의 군대를 격파한 직후 죽고 말았다. 살해당했는지 병사인지조차 아리송한 죽음이었다. 그때 나이 56세였다.

하인리히 4세는 여섯 살의 어린 나이에 즉위하여 50년간 독일 왕으로 재위하며 대부분의 시간을 교황의 군대와 싸우는 데 보냈다. 그는 세속 군주로서 자신의 권력을 지키려고 평생을 바쳐 싸웠지만, 공교롭게도 싸우면 싸울수록 귀족들이 친교황파와 반교황파로 나뉘면서 교회의 권위만 높아졌다. 몇 차례나 교황 지지자들의 군대에 패배하고 카노사의 굴욕 같은 치욕을 몇 번씩 겪으면서, 그때마다 교회의 권위가 더욱 높아지는 걸 지켜봐야 했다.

그럼에도 그는 분명 서서히 강화되어 가는 세속 왕권의 선구자 같은 존재였다. 이후 유럽은 '백년전쟁'과 '반이슬람 전쟁' 등을 겪으며 왕을 중심으로 하는 국가의 시대를 맞이하게 된다. 그리고 강력한 왕권의 후원 속에 대서양으로 뻗어 나간 함대들이 오늘날 유럽의 세계 지배 체제를 구축하게 된다.

하지만 하인리히 4세 본인은 오히려 교회 권력이 세속 권력보다 우위에 설 수 있는 계기를 계속 제공하였고, 그로 인해 강화된 교황권은 그로부터 200년 후인 1309년 '아비뇽 유수'로 무너질 때까지 유럽 세계를 지배하였다. 그가 교황권 강화를 촉진한 인물인지, 아니면 200년 후의 왕권 중심 국가 건설의 선구자인지에 대해서는 논란의 여지가 있겠지만, 그의 도전하는 삶이 시대에 크게 영향을 끼친 것만은 틀림없는 사실이다.

065

관대한 이슬람 영웅

살라딘

1137~1193

교과서 속 한 줄 역사 이슬람교도들은 십자군 병사의 학살로부터 스스로를 지키고 이슬람의 성지인 예루살렘을 되찾기 위해 싸웠다. 그중 가장 유명한 사람이 이집트의 살라딘이다. 그는 '평화롭고 우호적인 정복'을 명령했는데, 이 때문에 유럽인들에게 "모든 시대를 통틀어 가장 관대한 마음씨를 가진 사람"이라는 칭송을 받았다.

그곳은 나락의 첫 번째 고리였다. 그곳에서 울음소리는 들리지 않았다. 단지 한숨 소리만이 영겁의 허공을 언제까지라도 떨게 하고 있었다. … "그들은 아무런 죄도 짓지 않았고 업적도 있으나 아주 중요한 일을 이루지 못했지. 바로 세례란다." … 거기에는 진지하고 평온한 눈빛에 묵직한 위엄을 갖춘 사람들이 있었다. … 살라딘은 한쪽에 떨어져서 혼자 있었다. … 사람들의 스승(아리스토텔레스)이 보였고, … 소크라테스와 플라톤은 그의 가장 가까운 곳에 있었다. – 단테, 《신곡》〈지옥편〉 4곡

단테의 《신곡》 중 '림보'를 묘사한 대목이다. 림보는 기독교가 전

파되지 않아 세례를 받지 못해 지옥에 떨어진 위대한 인물들이 쉬는 곳이다. 그들은 죄가 없기에 그저 천국에 들지 못하고 지옥 입구에서 살 뿐이다. 그곳에 유럽 문명의 창시자인 그리스 로마의 위대한 영웅들과 함께 이색적인 사람이 한 명 눈에 띈다. 십자군 전쟁을 물리친 이슬람의 영웅 살라딘이다. 왜 그가 림보에 있는 것일까?

이집트 지배자가 된 비범한 청년

십자군에 맞서 이슬람의 단결을 주장한 지도자 중 최초로 성공한 사람은 튀르크 장군 '장기'였다. 그는 십자군에 대항하여 지하드(성전聖戰)을 벌여야 한다고 주장하는 성직자들을 후원하고, 십자군이 점령한 도시 에데사(터키의 우르파)를 탈환하였다. 장기의 뒤를 이은 아들 누르딘도 아버지의 뜻을 계승하여 이슬람 세계의 통일과 지하드를 주장하면서 파티마 왕조가 다스리는 이집트 지배를 추진했다. 누르딘은 이 일을 충직한 장수 아사드 알딘 시르쿠에게 맡겼다.

시르쿠는 손쉽게 이집트를 정복했으나 곧 죽고 말았다. 이집트 정치인들은 시르쿠가 죽자, 그가 이집트에 올 때 데려온 조카 '살라흐 알 딘 유수프 이븐 아유브', 곧 살라딘을 재상에 임명하고 파티마의 실질적인 지배권을 맡겼다. 삼촌의 명에 충실한 스물아홉 살의 내성적인 청년 살라딘을 꼭두각시로 내세워 권력을 장악할 속셈이었던 것이다.

하지만 살라딘은 통찰력과 관대함을 갖춘 비범한 인물이었다. 그는 파티마 왕조를 폐하라는 누르딘의 지시를 받고, 허수아비 칼리프를 가엾게 여겨 그에게 알리지 않고 조용히 처리했다. 그래서 칼리프는 죽을 때까지 자신이 폐위된 사실을 몰랐다고 한다. 또, 누르딘 세력이 점차 약화되는 것을 알고 그가 죽을 때까지 이집트에서 조용히 세력을 키웠다. 누르딘이 몇 차례나 소환했으나 응하지 않았다. 만약 소환에 응했다면 그가 누르딘을 죽여야 했을 것이다.

사자왕 리처드를 굴복시키다

마침내 권력을 잡은 살라딘은 십자군에 대한 반격을 개시했다. 이슬람군에게는 십자군의 검보다 훨씬 단단하고 예리한 다마스쿠스의 강철 검이 있었다. 오랫동안 비밀스럽게 전해지던 강철 검이 대량생산되어 십자군을 무자비하게 베었고, 마침내 이슬람군이 예루살렘을 탈환함으로써 십자군의 성지 회복은 수포로 돌아갔다.(제2차 십자군)

분노한 유럽인들은 다시 십자군을 일으켰지만, 사자왕 리처드 1세가 이끈 십자군(제3차 십자군)은 전력 면에서 절대 열세였다. 오직 신앙심만으로 무장한 이 무모한 군대에 살라딘은 동정을 금치 못했다. 살라딘은 무모한 살육을 피하려고 십자군을 사막으로 유인했다. 마침내 물과 식량이 떨어진 십자군은 사막에서 고립되었다. 이때 살라딘이 십자군에게 제안했다.

"물이냐, 죽음이냐."

물을 택한 자들은 살아남았고, 죽음을 택한 자들은 무자비하게 살육 당했다. 살라딘은 항복한 십자군을 억류했다가 몸값을 받고 풀어 주었다. 몸값을 내지 못한 일부 십자군은 병으로 죽거나 노예로 팔렸다. 십자군에게 대학살을 당한 이슬람 군대 입장에서는 너

19세기 프랑스 화가 귀스타브 도레가 그린 〈살라딘〉.

무나 관대한 처분이었다. 사자왕 리처드에 대해서도 마찬가지였다.

성지를 탈환하려고 예루살렘을 포위한 리처드 왕의 군대는 더위와 갈증에 지쳤고, 리처드 왕마저 병으로 드러누웠다. 살라딘은 리처드 왕에게 얼음물과 과일을 보내 위로하고, 그들이 예루살렘을 탈환하기에는 병력과 물자가 절대 부족하다는 사실을 일깨워 주었다. 그리고 리처드 왕이 현실을 받아들일 때까지 기다렸다.

마침내 리처드가 협상을 제안했다. 훗날 영국문학에서 묘사한 바에 따르면 리처드와 살라딘은 유쾌하게 대화를 나눈 뒤 각자 자신의 애검을 꺼내 들었다고 한다. 리처드 왕이 엑스칼리버를 꺼내 2분의 1인치 두께의 쇠막대기를 두 동강 내자, 살라딘은 다마스쿠스 강철 검 위로 자신이 두르고 있던 숄을 던졌다. 숄은 검날에 닿자마자 두 동강이 나 버렸다.

드디어 휴전협정이 맺어졌다. 기독교인들의 예루살렘 성지 순례를 보장하는 대신 십자군이 철수하기로 했다. 리처드 왕이 고국으로 돌아가 성지를 회복했다고 주장할 수 있을 만큼 체면을 살려 준

협정이었다. 이후에도 여러 차례 십자군이 출병했지만 엉뚱하게 동맹국 비잔티움의 수도 콘스탄티노플을 약탈하는 등 변변한 활동을 펼치지 못했고, 살라딘의 이름만 유럽에 퍼질 뿐이었다.

살라딘은 1193년 평화롭게 죽었다. 그의 유산은 장례를 치르기도 어려울 만큼 소박했다. 독실하고 경건한 신앙인이었던 살라딘은 14세기 이후 유럽에서 위대한 인물로 칭송을 받았고, 단테의 《신곡》에서 그리스 로마의 위대한 스승들과 자리를 함께하였다. 적군마저 감복시킨 위대한 영웅이었다.

066

로빈 후드의 마지막 충성 맹세

십자군 전쟁

11~13세기

교과서 속 한 줄 역사 교황 우르바누스 2세는 클레르몽에서 종교회의를 열고 이슬람과의 전쟁은 성전이라며 성지 회복을 결의하였다. 이에 따라 십자군 전쟁이 시작되었다. 200여 년 동안 지속된 십자군 전쟁은 종교적 열정보다는 세속적 동기가 더 강했기에 목적을 달성하지 못했다.

"예루살렘 안에서 발견한 적들에게 우리가 무슨 짓을 했는지 알고 싶다면, 이렇게 아시면 됩니다. 우리 전사들은 솔로몬과 하나님의 성전에서 말의 무릎까지 차오른 사라센 사람들의 피 속을 헤집으며 날뛰었습니다."[•]

1099년 7월 15일, 예루살렘을 함락시킨 제1차 십자군은 성안의 이슬람 민간인 2만여 명을 여자, 아이 가릴 것 없이 무자비하게 학살했다.

• 타임라이프 북스 지음, 《기사도의 시대》, 김옥진 옮김, 가람기획, 2004.

전쟁의 명분과 그 이름은 성스러웠으나 후세 사람들에게 어리석은 광신적 전쟁으로 비난받는 십자군 전쟁은, 그 평가만큼이나 유럽 역사에 충격적 전환의 계기를 제공했다. 십자군 전쟁 당시 유럽에서는 도대체 무슨 일이 벌어진 것일까? '홍길동'만큼이나 유명한 영국의 의적 '로빈 후드' 이야기를 통해 당시 유럽 사회를 들여다보자.

이름만 성스러운 어리석은 전쟁

'로빈 후드' 이야기는 영국의 대표적 민담으로 여러 가지 판본이 있는데, 오늘날 우리에게 널리 알려진 미국 작가 하워드 파일의 소설 《로빈 후드의 모험The Adventures of Robin Hood》(1883))이나 영화화된 '로빈 후드'는 대부분 십자군 전쟁 당시 사자왕 리처드 시대를 배경으로 하고 있다. 즉, 많은 기사들이 십자군에 나간 뒤, 그러니까 기사들이 부재한 공간의 이야기를 담고 있다.

그중 케빈 레이놀즈 감독의 영화 〈로빈 훗〉(1991)을 통해 당시 시대상을 살펴보자. 영화의 줄거리는 이렇다. 제3차 십자군 전쟁에 참여한 로빈 록슬리(케빈 코스트너 분)는 포로로 잡혔다가 겨우 탈출한다. 하지만 돌아와 보니 아버지는 악마 숭배자로 몰려 처형당했고 영지는 몰수당했다. 게다가 아버지를 죽인 노팅엄의 영주 조지는 사자왕 리처드를 죽이고 왕위를 찬탈하려는 음모를 꾸미며, 로빈이 지켜 주기로 맹세한 여인까지 욕심내고 있었다. 로빈은 조지에게 쫓겨 숲으로 도망쳐 의적이 된 뒤 조지의 음모를 분쇄할 투쟁을 준비한다.

이 영화는 십자군 전쟁 과정에서 일어난 일들을 잘 담고 있다. 왕

1189년 '사자왕' 리처드 1세의 대관식. 제3차 십자군이 낳은 최고 영웅 리처드 1세는 치세의 대부분을 해외에서 싸우면서 보냈다.

과 수많은 기사들이 전쟁에 나간 사이 전쟁 자금을 충당하기 위해 농민들에 대한 세금 징수는 더욱 가혹해졌다. 이 과정에서 일부 영주들은 전쟁 자금을 대느라 진 빚 때문에 몰락하고, 영주 사회의 혼란 속에서 야심을 품은 영주들도 나타났다. 또, 공권력이 부재한 사이 농민반란도 심심치 않게 발생했다. 교회는 혼란 속에서 교회의 권위를 지키기 위해 이단 심판과 처단을 강화하면서 혼란을 더욱 부추겼다.

새로운 구세주로 등장한 '왕'

십자군 전쟁을 처음 시작할 때만 해도 이러한 혼란이 일어날 거라고 누구도 예상하지 못했다. 교황은 신앙적인 열정만으로 전쟁에 필요한 모든 것을 순조롭게 해결할 수 있을 거라고 믿었다. 영주들끼리의 내전이나 이슬람 군대를 막는 방어전에만 익숙한 유럽 사람들에게 장거리 원정은 미지의 영역이었다. 결국 제1차 십자군 전쟁은 보급 부족에 따른 굶주림과 약탈로 처음부터 악마적 전쟁으로 진행되었다.

2차, 3차 십자군이 진행되며 보급 문제는 점차 개선되었지만, 그 대신 전쟁 자금 조달을 위한 세금 징수, 그리고 기사들의 죽음과 부재가 문제였다. 전쟁에 대한 회의가 커질수록 본토의 교회와 전선의 기사들 사이의 갈등도 커졌다. '템플 기사단'처럼 전선에서 싸우는 기사단이 이단으로 몰려 숙청당하기도 했다.

그 와중에 십자군 전쟁을 이끌다 살아 돌아온 왕의 권위는 높아져 갔다. 대표적인 왕이 영국의 사자왕 리처드(리처드 1세, 1157~1199)이다. 전쟁에 시달린 민심은 교회와 영주들에게 등을 돌리고 새로운 구세주로서 왕에게 기대기 시작했다. 십자군 전쟁이 새로운 시대로 나아가는 봉인을 마침내 해제한 것이다.

일반적인 '로빈 후드' 이야기는 평민 로빈이 우연히 사건에 휘말려 숲으로 달아난 뒤 도적이 되어 영주와 주교의 횡포에 대항해 싸우는 활약상을 담고 있다. 그리고 마지막은 로빈이 사자왕 리처드에게 항복하여 부하가 돼서 활약하다 정적에게 죽임을 당하는 것으로 마무리된다.

로빈 후드의 이야기가 사자왕 리처드에 대한 충성으로 끝난다는 것, 이것이야말로 십자군 전쟁의 결과를 가장 적확하게 표현한 상징적 장면이라고 할 수 있다.

067

프리메이슨 코드

템플 기사단

 12~14세기

교과서 속 한 줄 역사 십자군 전쟁으로 인하여 교황의 권위는 실추되고, 봉건 제후와 기사도 약화된 반면, 상대적으로 왕권은 강화되었다. 문화적으로 옛 그리스 문헌과 이슬람의 자연과학이 수용되었고, 이탈리아의 도시들은 지중해 무역을 주도하며 번영을 누렸다.

'프리메이슨Freemason'이란 이름을 들어 본 적이 있는지? 세계 금융계를 장악하고 있는 비밀 조직? 사탄 숭배자? 어쨌든 이들의 존재를 둘러싼 음모론이 전 세계에서 지금도 꾸준히 제기되고 있다. '프리메이슨'이 도대체 어떤 조직이기에 이들을 둘러싼 음모론이 끊임없이 만들어지고 있는 것일까?

금융업에 뛰어든 기사단

1099년 7월 제1차 십자군이 예루살렘을 정복한 뒤 이슬람 군대의 반격에 대비할 수비군이 필요했지만, 기사들은 모두 영주이거나 영주에 소속된 군인이기 때문에 전쟁이 끝나면 돌아가야 했다. 결국 신앙심이 굳건하고 희생정신이 투철한 기사들이 자원하여 남게 되었는데, 이들이 '템플 기사단'이다.

예루살렘을 지키려면 성을 건설하고 무기를 만들고 그 외 기사들이 살아가는 데 필요한 자금이 필요했다. 템플 기사단은 본토로 돌아간 영주들과 교회에 자금을 요구했고, 교황도 이들을 인정하여 상당한 돈을 기부했다. 하지만 기부금이 언젠가 끊길 것을 염려한 기사단은 이에 대비해 금융업을 시작했다. 이것이 현대 금융업의 시초다.

기사단의 금융 업무 중 가장 인기 있는 것은 예금 업무였다. 유럽 각지에서 모여든 십자군 병사들은 1년 이상 객지에서 쓸 돈을 갖고 다녔기 때문에 곳곳에서 이들을 노리는 산적들이 출몰했다. 기사단은 유럽 각지에 지점을 설치하여 병사들이 고향 지점에 돈을 예금한 뒤 집결지에 도착하면 인출할 수 있도록 했다. 이로써 십자군을 노리는 산적들이 크게 줄어들었다.

기사단은 성지와 유럽을 연결하는 무역에서도 큰 역할을 했다. 상인들이 기사단에게 돈을 대부받은 뒤 이자를 쳐서 갚는 식으로 자금을 조달한 것이다. 템플 기사단 덕분에 위험한 전쟁터에서도 활발하고 안전하게 무역이 이루어졌다. 당연히 기사단에 엄청난 돈이 돌아갔다. 템플 기사단의 재력은 교황과 교회를 위협할 정도로 커졌다.

기사단은 해체되지 않았다

템플 기사단이 금융업으로 돈을 벌고 그 세력이 교회를 위협할 정
도로 커졌다는 것은 사실에 가깝다. 그런데 여기서부터 조금씩 음
모론이 가미되기 시작한다. 기사단은 예루살렘과 성지를 지키면서
그동안 교회가 은폐해 온 초기 교회의 중요한 기록과 예수와 관련
된 당대 기록들을 발견했다. 교회가 자신들의 권력을 지키기 위해
수많은 왜곡을 저질러 온 사실이 드러난 것이다. 기사단은 이를 폭
로하려 했고 교회는 막아야만 했다. 이 과정에서 많은 거래가 오갔
고, 기사단은 교회와 맞설 정도로 유럽에서 세력을 확장했다.

하지만 곧 템플 기사단의 종말이 찾아왔다. 12세기 후반 살라딘
이 이끄는 이슬람 세력의 반격에 기사단은 패전을 거듭하다 마침
내 성지마저 잃고 말았다.(제3차 십자군) 성지에서 쫓겨난 기사단은
이번에는 유럽에서 교회와 왕의 군대에게 공격을 당했다. 마침내
14세기, 교황은 템플 기사단이 우상숭배와 이단 의식을 행했다며
기사들을 체포하고 가혹한 고문 끝에 화형에 처했다. 역사적으로는
프랑스와 교회가 기사단의 부를 빼앗으려고 기사단을 해체했다고
주장하는 이들이 많은데, 음모론자들은 기사단이 멸망하지 않았다
고 믿는다.

음모론자들의 주장은 이렇다. 기존 교회를 부정하는 기사단을
해산시키려고 교회가 공격을 준비하자, 기사단은 급히 조직을 개편
해 비밀 조직화했다. 이들은 신분을 위장한 채 유럽 곳곳에서 금융
업자로 살아남았고, 신대륙 발견 이후 아메리카 대륙으로 건너가
대륙을 연결하는 거대한 경제 조직망을 건설했으며, 산업혁명 이

후 영국과 미국을 중심으로 세계경제를 장악하고 지금까지 지배자로 군림하고 있다. 이들이 엄청난 돈의 힘으로 미국의 대통령 등 세계 주요 지도자들을 움직이고 군수산업의 이윤 확보를 위해 전쟁을 일으키고 있는데, 그 비밀 조직이 바로 '프리메이슨'이다.

수많은 음모론의 진원

사실 음모론의 종류가 너무 많아서, 템플 기사단과 프리메이슨의 관계를 정리하는 것조차 쉽지 않다. 어쨌든 '사해문서死海文書'(사해 서안 쿰란 동굴에서 발견된 구약성서 사본 및 유대교 관련 문서)를 비롯한 초기 기독교 기록, 〈유다복음〉과 예수의 13번째 제자, 《다빈치 코드》에 나오는 성배의 정체 등 기독교에 얽힌 각종 이설異說의 근원은 모두 십자군 전쟁이라고 해도 과언이 아니다.

이처럼 십자군 전쟁이 음모론의 온상이 된 데에는 역사적 배경이 있다. 초기 기독교 교리는 플라톤이나 아리스토텔레스 같은 그리스 고전 철학의 영향을 많이 받았다. 하지만 중세 교회가 권력화되면서 교회에 불리한 것들을 금지시켰고, 그 과정에서 그리스 철학도 금지되었다. 영화 〈장미의 이름〉(1986)에서 교회가 살인을 저지르면서까지 감춘 책도 바로 아리스토텔레스의 원전이었다. 그만큼 교회가 기존 교리에서 멀리 떠나 있었던 것이다.

하지만 십자군 전쟁으로 인해 동로마와 이슬람 지역으로부터 플라톤과 아리스토텔레스가 유입되었고, 사람들이 점차 초기 기독교의 가르침에 눈뜨게 되면서 교리적으로 교회의 권위가 떨어졌다. 그리스 고전 문화는 이탈리아 르네상스에 이어 독일 루터의 종교개

오늘날 각종 음모론의 근원이 되고 있는 '사해문서'. 1947년 아랍 유목민 소년이 사해 서안 절벽 동굴에서 발견했다.

혁에까지 영향을 미쳤다. 곧, 십자군 전쟁으로부터 유럽 근대정신이 싹텄고, 이런 역사적 충격 속에서 각종 음모론이 탄생한 것이다.

음모론은 오늘날에도 계속 생겨나고 있다. 학자들은 음모론이 만들어지는 데는 '비대칭의 원리'가 작용한다고 말한다. "이 정도 사건이라면 그에 합당한 원인이 있어야 한다."라는 믿음이 음모론을 만들어 낸다는 것이다. 십자군 전쟁이 역사적으로 얼마나 큰 사건이었는지는, 그로부터 800년이 지난 지금까지 음모론의 진원이 되고 있는 것으로도 알 수 있다.

068

봉건제에 맞선 자유의 공간

중세 대학 도시

11~13세기

교과서 속 한 줄 역사 대학은 교육을 위해 모인 학생과 교사들의 '길드'였다. 모든 대학은 세속 군주나 시 당국, 교회의 지배와 통제에서 벗어나기 위해 오랜 시간 투쟁하였다. 그 결과 대학은 자치권을 획득하였고, 이는 학문 연구와 발전에 이바지하였다.

미국이나 유럽의 대학은, 대학 캠퍼스가 외부와 완전히 구분된 우리나라 대학과 달리 어디가 대학이고 어디가 거주지인지 구분할 수 없이 섞여 있는 경우가 많다. 심지어 학교 안에 공동묘지도 있다. 대학이 하나의 도시를 이루기도 한다. 어떻게 이렇게 됐을까? 대학의 탄생 배경에서 그 이유를 찾을 수 있다.

도시에 모여든 상인들

로마 제국이 멸망하면서 중세 유럽은 수많은 영지들로 찢어졌다. 영지는 '불입권不入權'이 있어서 왕이 영지 내부의 일을 간섭할 수 없었다. 영지는 영주의 작은 독립국과 같았다. 그러니 로마 시대에 활약하던 광역 상인들은 지역마다 다른 경제제도 때문에 몰락할 수밖에 없었고, 지역과 지역을 여행하며 필수품을 파는 소규모 보따리 상인들이 겨우 상업의 맥을 이어 갔다. 그나마 이들도 전쟁 때문에 마음 편하게 활동하기 어려웠다.

11세기 이후, 전쟁이 줄어들고 사회가 안정되면서 경제 사정이 약간 나아지자 상인들도 형편이 좋아졌다. 그들은 조건이 유리하거나 경제활동에 너그러운 영주가 있는 곳을 중심으로 조금씩 번성했고, 그러면서 상인들이 모인 도시가 성장하기 시작했다.

하지만 상인들이 모여들자 농업을 기반으로 하는 영지 경제가 타격을 입으면서 영주와의 관계가 불편해지고 충돌이 불가피해졌다. 상인들은 때로는 협상으로, 때로는 무력으로 영주와의 갈등을 해결하며 그들의 도시를 발전시켜 나갔다. 마침내 시간이 흐르면서 영주로부터 자유로운 도시가 탄생했고, 이 도시에 사는 사람들을 성채를 뜻하는 독일어 'burgus'에서 따와 '부르주아bourgeois'(성안의 사람들)라고 불렀다.

하지만 도시는 막 피어나는 새로운 시대의 연약한 새싹과 같았다. 도시 밖 봉건 세력이 여전히 막강했기에, 도시 상인들은 단결해야 했다. 그래서 만들어진 것이 '길드guild'이다. 길드는 상인들의 배타적 동업조합으로, 길드의 허락을 받지 않으면 도시 안에 거주할 수도, 장사를 할 수도 없었다. 대신 길드의 상인들은 서로 돕고 연대하며 외부의 적에 맞서 함께 싸웠다. 이후 길드는 수공업자 길드 등 다양한 형태로 발전했다.

대학, 봉건영주와 맞서다

대학도 하나의 길드로서 탄생했다. 상인들은 지식을 갈구했다. 인문학 지식을 비롯하여 법률·경제학·신학 등은 도시 행정과 상업 및 무역, 교회와의 관계에서 꼭 필요한 학문이었다. 배우고자 하는 상인들이 학생 길드를 조직하여 돈과 건물을 마련하고 교사를 모집했고, 모집에 응모한 교사는 학생 길드의 엄격한 심사를 거친 뒤 그들이 원하는 지식을 성의껏 가르쳤다.

시간이 흐르면서 교사 길드도 나타났다. 교사 길드에서 학생을 모집하여 선발한 뒤 가르친 것이다. 파리대학이 대표적이며, 12세기 말 파리대학이 영국인들의 입학을 불허하자 영국인들이 옥스퍼드대학을 만들기도 했다. 이렇게 선발권에 따라 저마다 대학의 역사가 만들어졌다.

중세 상인들의 배타적 동업조합인 '길드'. 구두 수선공. 재봉사. 대장장이 길드 등 각 직종별로 조합이 형성되어 있었다.

중세 대학은 지금처럼 도시마다 지역마다 존재하지 않았다. 영국인들이 파리대학에 입학하려 했던 것에서 알 수 있듯, 봉건영주로부터 자유로운 예외적인 곳에 섬처럼 존재했다. 그러다 신입생이 몰려들어 대학의 규모가 커지고 대학을 위해 종사하는 사람들이 모이면서 하나의 도시를 이루게 된다. 바로 '대학 도시'의 탄생이다.

대학 도시는 자치를 지키고자 봉건영주들과 맞섰다. 특히 부르주아의 학문적 필요에 따라 만들어졌으므로, 학문의 자유를 지키기 위해 봉건영주 및 교회와의 투쟁은 필연적이었다. 오랜 투쟁은 결국 대학의 승리로 끝났고, 대학도 도시처럼 자치권을 획득했다. 이때부터 대학은 공권력이 함부로 침범할 수 없는 자치의 공간이 되었고, 이 전통은 오늘날까지 이어져 오고 있다.

◈ 대학 내 공권력 투입이 문제인 이유

한국의 대학도 서구식 대학 제도를 수입하여 만들어졌기 때문에 자치권을 갖고 있었다. 이 때문에 학문의 자유를 지키려는 대학과 이를 통제하려는 정부의 갈등이 오랫동안 존재했다. 첫 갈등은 정부 수립 이전인 1946년 6월의 '국대안(국립 서울대학교 설립안) 파동'이다. 미군정이 일제가 만든 경성제국대를 서울대학교로 만들려고 하자, 이에 반대하면서 충돌한 사건이다. 박정희 시대에는 독재정치를 규탄하는 학생들을 진압하기 위해 무장 군인들이 대학을 점령했고, 전두환 시대에는 경찰들이 학내에 주둔하며 반정부 성향의 학생들을 감시했다. 민주화 이후에도 친북 활동이나 과격한 노동운동을 진압하려고 경찰이 학내에 진입해 저항하는 학생들과 충돌하곤 했다.

대학 내 공권력 투입이 사회문제화되고, 학생들의 격렬한 저항을 받는 이유는 바로 대학이 정부 등 국가기구의 통제에서 자유로운 자치권의 공간이기 때문이다.

069

보이지 않는 위험에 대한 공포

종교재판

12~17세기

교과서 속 한 줄 역사 14세기를 지나면서 로마교회의 영향력은 흔들리기 시작했다.

유럽 '중세'라고 하면 종교재판 혹은 마녀사냥을 떠올리는 사람들이 많다. 이 둘은 같은 것인가 다른 것인가? 혼동해서 사용되고 있는데, 종교재판이 마녀사냥보다 좀 더 넓은 개념이라고 할 수 있다. 즉, 종교재판의 일부 기능 중에 마녀사냥, 즉 마녀에 대한 재판이 있었다.

종교재판은 11~12세기경 이단을 심판하기 위해 생겨났다. '이단'은 기성 교회와 교리에 도전하는 기독교 분파로서, 이미 12~13세기부터 발도파·알비주아파 등이 활발하게 활동했고, 15세기 보헤미아 형제단, 17세기 퀘이커파, 19세기 셰이커교까지 꾸준히 나타났다.

이단 판별 절차와 방법

종교재판 초기에는 이단 심판이 원활하고 신속하게 이루어지지 못했다. 그때까지만 해도 고발자가 자신의 고발 내용을 증명할 의무가 있었고, 그렇지 못하면 피고발자가 받아야 할 형벌을 대신 받아야 했다. 이후 1215년 교황 인노켄티우스 3세가 심증만으로도 고발할 수 있도록 하는 새로운 종교재판 제도를 공포함으로써 밀고를 장려했고, 이어 1231년 교황 그레고리우스 9세가 임기제 종교재판관(특별조사관)을 임명함으로써 본격적인 종교재판이 시작되었다.

종교재판은 시대마다 지역마다 조금씩 다르게 운영되었지만, 대략의 모습은 이런 식이다. 먼저 재판관이 지역에 가서 '은총의 주간'을 선포한다. 이 기간에 참회하면 정상참작이 되어 경미한 처벌을 받는다. 은총의 주간이 끝나면 지역 목회자의 의견을 듣고 신고를 받는 등 본격적인 조사를 시작한다. 조사가 끝나면 혐의자들을 소환한다. 혐의자는 고발자와 죄목을 전혀 모른 채 재판관에게 끌려간다.

재판관은 혐의자에게 마을에 원한 관계가 있는 사람이 있는지 묻고, 고발자와 원한 있는 자가 일치하면 그 고발 내용만 삭제한다. 그리고 나머지 고발 내용을 토대로 본격적인 심문을 시작한다. 피고발자는 자신이 이단에 물들지 않고 정통 기독교 교리에 충실함을 증명해야 하며, 그렇지 못하면 이단임을 실토해야 한다.

재판관은 심문으로 충분치 않다고 여겨지면 고문을 가했다. 고문은 진실을 알아낼 적절한 도구로 여겨졌고, 서기관이 고문의 전 과정을 기록했다. 피고발자가 고문 끝에 혐의를 인정하면, 재판관은 그가 고통 때문에 거짓 진술한 것인지 진짜 이단인지를 판단하고 재조사를 명하거나 최종 결론을 내린다. 이단 선고를 받으면 죄인은 산 채로 화형당했다.

광신적 재판관들

교회는 이단이 유럽 전역에 퍼졌다고 보고 철저하게 발본색원하려 했다. 종교재판관은 일종의 성전聖戰을 치른다는 자세로 헌신적으로 임했으며, 그 과정에서 발생하는 갖가지 문제들은 개의치 않았다. 약간의 억울한 희생이 있더라도 점점 확산되는 이단을 제압해야만 수많은 영혼이 구원받을 수 있다고 생각한 것이다.

당연히 수많은 부작용이 나타났다. 열정에 사로잡힌 광신적 재판관들이 교회가 통제할 수 없을 정도로 과격하게 이단 혐의자들을 처벌했다. 대표적 인물로 '콘라드'라는 자가 있다. 콘라드는 독일에서 '루시퍼파'라는 것을 날조하여 수많은 이를 화형시켰다. 그는 자신의 행위가 이단 처단을 원하는 교회를 만족시킬 거라고 믿었다. 프랑스에서는 한 재판관이 단 하루의 심문을 통해 183명을 화형에 처한 일도 있다. 이 재판관은 프랑스 신부들의 고발로 결국 감옥에 갇혔다.

종교재판은 한동안 뜸하다가 14세기 마녀사냥으로 다시 부활한다. 특히 교황의 권력이 약화되고 세속 권력이 강화되면서 정치적 목적으로 악용되기 시작했다. 프랑스에서는 템플 기사단의 재산을 압류하려고 그들을 이단으로 지목하여 처단했고, 영국은 '백년전쟁'에서 승리하려고 잔 다르크를 마녀로 몰았다.

'최후의 심판'. 12세기 이탈리아 토르첼로의 바실리카 성당의 비잔티움 양식 모자이크 벽화.

마녀사냥과 함께 진행된 종교재판은 점점 가혹해졌다. 전에는 이단을 선전한 자들이 재판 대상이었지만, 이제는 자기들끼리 은밀하게 믿어도 처벌되었다. 이 기간 동안 수많은 유대인이 기독교로 개종했음에도 불구하고 남몰래 은밀한 방식으로 유대교를 믿었을 거란 의심 속에 화형에 처해졌다. 심지어 금요일에 고기를 먹기만 해도 유대교의 안식일을 기념했다며 화형을 당하기도 했다.

종교재판의 후유증

종교재판은 중세 유럽 사회에 어떤 영향을 미쳤을까? 여러 측면이 있지만 대표적인 것 두 가지만 살펴보자.

종교재판은 유럽 전역에서 일어났으나 가장 활발했던 곳은 교황의 지배력이 강한 남부 유럽이었다. 이 때문에 남부 유럽은 중세 문화에서 헤어나지 못하고 뒤처졌다. 특히 16세기 종교개혁 이후 서유럽에서 발달한 근대 문명을 이단으로 몰아 탄압한 결과, 유럽에서 가장 후진적인 지역이 되고 말았다. 신앙적으로도 로마 가톨릭은 17세기만 해도 중국과 일본에 수백만 명의 신도를 거느렸지만 이후 대부분의 신자를 잃었다. 결국 신앙적 열정이 사회 발전을 저해한 것이다.(종교재판이 심화되면서 17세기 이후 교황청은 기존의 아시아 교회에서 제사에 관용적이던 것을 이단으로 규정하고 아시아 포교자들을 종교재판에 회부했다. 이 '전례 문제'로 아시아 교회는 쇠퇴한다.)

또 하나는, 오늘날까지 이어지는 '보이지 않는 위험에 대한 공포'이다. 대표적으로 냉전시대 이데올로기 전쟁을 꼽을 수 있다. 1950년대 미국 사람들은 '매카시즘' 광풍에 휩싸여 존재하지 않는 소련 스파이와 반미 공산주의자들에 대한 두려움 속에서 서로를 밀고하고 의심하며 지옥 같은 시간을 보냈다. 소련에서도 스탈린의 공포정치 아래 존재하지 않는 '반동분자'를 잡아낸다며 서로 밀고하고 처벌하여 수백만 명 이상이 시베리아 수용소로 추방당했다.

070

무시무시한 정복국가

몽골 제국

1167?~1241

교과서 속 한 줄 역사 테무친이 몽골 부족을 통일하고 칭기즈 칸으로 추대된 후 사방으로 정복 전쟁을 벌여 대제국을 건설하였다.

세계 역사상 중국 문명권, 이슬람 문명권, 유럽 문명권을 동시에 정복한 유일한 나라 몽골. 그들의 무서운 파괴력은 어디에서 왔고, 그 위력은 어느 정도였을까?

테무친, 칸의 자리에 오르다

몽골의 초원 지대는 문명의 혜택에서 벗어난 지역이었다. 양떼를 치며 부족 단위의 원시적 생활을 영위하던 몽골 사람들이 문명 세계에 등장한 것은 금나라 때부터다. 만리장성 이북과 이남에 광대한 영토를 가진 금나라가 몽골 초원 지대까지 세력을 떨치면서 평화로운 몽골 부족사회가 흔들리기 시작했다.

금은 몽골이 크는 것을 막기 위해 억압 정책을 취하고, 금의 지배에 반항하는 세력을 잔인하게 토벌했다. 몽골족 내부에서 이에 저항하는 세력들이 등장했는데, 테무친의 아버지도 그중 한 사람이었다. 테무친의 아버지는 금나라의 지배에 반항하다 반대 족장들에게 공격당해 죽고 부족민들도 학살당했다. 테무친은 가까스로 탈출하여 아버지와 인연이 있는 사람들의 손에 키워졌다.

어린 시절을 불우하게 보낸 테무친은 복수심에 불타는 늑대와 같았다. 그는 성장하여 부족들을 규합하고 금의 지배에 순응하거나 아버지를 살해했던 부족들을 공격했다. 그리고 중년의 나이에 몽골 부족 전체를 정복하고 '쿠릴타이'(족장회의)에서 유목민족의 지배자인 '칸'에 추대되었다. 바로 칭기즈 칸이다.

칭기즈 칸은 금나라를 공격한 후 이슬람 제국에 사신을 파견했다. 이슬람 제국은 몽골의 사절들을 야만인으로 여겨 홀대하거나 심지어 살해하였다. 대로한 칭기즈 칸은 순식간에 이슬람을 짓밟고 저항하는 지역은 "개를 제외하고는" 모두 죽여 버렸다. 잔인한 그의 정복은 이슬람 전역을 공포의 도가니로 몰아넣어 많은 지역이 싸우지도 않고 항복하였다. 칭기즈 칸은 항복한 지역에는 가능한 한 관용을 베풀고 그들을 자신의 군대에 편입시켰다.

무자비한, 무덤덤한 학살

칭기즈 칸이 죽은 뒤 그 후계자들도 정복 전쟁에 나섰다. 특히 칭기즈 칸의 손자 '바투拔都'가 이끈 유럽 원정군은 상대적으로 후진 지역이었던 유럽을 마음껏 유린했다. 1238년 모스크바, 1240년 키예프를 함락하고, 1241년에는 신성로마제국으로 침입해 빈 주변까지

들어가 주요 도시를 파괴했다.

이에 유럽에서는 신성로마제국을 중심으로 연합군을 결성하여 유럽 중북부 발슈타트에서 몽골군과 맞붙었다. 갑옷으로 중무장한 수만 명의 유럽 연합군은 당당히 몽골 군대에 맞섰지만, 기동력이 뛰어난 몽골군에게 한순간에 격파 당했다. 가볍고 날랜 몽골 기병은 움직임이 둔한 유럽 군대를 깊숙이 끌어들인 뒤 배후로 돌아 관통력이 강한 화살로 공격했다. 너무도 손쉽게 승패가 나 버리는 바람에 유럽은 바람 앞의 등불 처지가 되었다.

몽골 군대는 어떻게 이처럼 강력했을까? 몇 가지 이유를 찾아보면, 먼저 몽골 병사들은 세 마리 말을 번갈아 타고 다녔고, 몽골 말은 하루 100킬로미터씩 며칠 동안 계속 이동할 수 있는 지구력을 갖고 있었다. 그 덕에 몽골군은 말 위에서 자고 먹으면서 계속 행군했다. 겉보기에는 냄새 나고 초췌한 몰골로 보잘것없어 보였지만, 유럽의 일반 기병 부대가 일주일 동안 이동할 거리를 불과 하루 이틀 만에 주파하는 기동력은 상대를 공포에 빠뜨리기에 충분했다.

또 하나는 잔인함이다. 초원 지대에서 끊임없이 이동하며 늘 불확실한 미래와 마주하며 사는 유목민족은 농경민족에 비해 상대적으로 인명에 둔감했다. 특히 오아시스와 오아시스 사이의 거리가 먼 몽골은 말 목숨이 사람 목숨보다 귀한 대접을 받기도 했다.(초원에서는 말이 한 사회의 생존을 좌우할 만큼 중요했기 때문이다.) 몽골 군대는 상대를 죽이거나 자신이 죽는 것조차 두려워하지 않았다. 저항하는 자들에 대한 무자비한 학살, 죽음과 학살에 대한 무덤덤한 태도 등은 상대가 싸워 보기도 전에 항복할 만큼 극도의 공포를 자아

냈다.

세 번째는 현지화 전략이다. 몽골은 정복한 지역의 군대를 다음 전쟁에서 앞세웠다. 남송을 칠 때는 금나라 군대와 함께 공격했고, 유럽을 공격할 때는 이슬람 군대와 함께했으며, 훗날 일본을 정벌할 때는 고려 군대를 앞세웠다. 상대와 싸워 본 경험이 풍부한 군대를 앞세움으로써, 몽골 군대는 시간이 흐를수록 병력이 늘어나고 전술적 유연성도 높아 갔다.

유럽에 새겨진 참혹한 기억

최강의 몽골 군대는 거칠 것 없이 서유럽을 향했다. 저항하는 자들을 모조리 죽이는 잔혹함에 서유럽은 패닉 상태에 빠졌다. 싸우기도 전에 혼란에 빠진 서유럽 기독교 사회는 멸망을 목전에 두고 있었다. 그때 기적이 일어났다. 1241년 제2대 칸인 '오고타이窩闊台'가 죽은 것이다.

바투는 새로운 칸을 추대하는 쿠릴타이에 참가하기 위해 군대를 돌렸다. 바투는 새로운 칸으로 '귀위크貴由'가 추대되자 이에 반대하며 일전불사의 태도로 나섰고, 이후에도 칸의 계승 문제 때문에 죽을 때까지 유럽에 신경을 쓰지 못했다. 다만, 모스크바 인근에 '킵차크한국'을 세워 그의 후손들이 러시아 지방을 다스리도록 했다.

유럽은 구원을 받았지만 몽골 침략에 대한 공포는 그 후손에게 전설로 전해졌다. 'Yellow Disaster'(황화黃禍)라 불린 이 참혹한 기억은, 동방과 러시아에 대한 정서적 거부감으로 오랫동안 이어졌다.

071

고려가 몽골의 부마국이 된 이유

쿠빌라이 칸

1215~1294

교과서 속 한 줄 역사 쿠빌라이가 남송을 정복함으로써 몽골 제국은 역사상 유례가 없는 대제국을 형성하였다. 이어 수도를 '대도'(베이징)로 옮기고 국호를 '대원'이라 하였다. 남으로 베트남과 미얀마로 군대를 파견하고 고려를 복속시키고 일본 원정을 시도하였다.

몽골의 공격으로 수많은 나라들이 정복당하여 러시아 지역에 '킵차크한국', 중앙아시아에 '오고타이한국'과 '차가타이한국', 이슬람 지역에 '일한국'이 세워지고, 남송·금 등 중원의 나라들은 몽골의 직접 지배를 받았다.

그런데 유독 고려만은 정복당하지 않고 나라로서 명맥을 유지했다. 고려의 공식 지위는 '부마국', 곧 사위의 나라였다. 이렇게 된 데에는 고려의 외교와 몽골의 칸 계승 문제가 얽혀 있었다.

칭기즈 칸 사후 벌어진 권력투쟁

몽골은 족장회의인 쿠릴타이에서 칸을 추대했다. 그러다 보니 새로운 칸이 즉위하기까지 시간이 오래 걸리고 혼란을 겪을 수밖에 없었다. 칭기즈 칸의 뒤를 이은 제2대 오고타이 칸은 셋째 아들이었지만, 칭기즈 칸의 유지遺志와 본인의 인품으로 무난히 칸의 자리에 올랐다.

하지만 오고타이 사후 제3대 귀위크 칸이 오를 때는 바투의 반대로 우여곡절을 겪었고, 정식으로 칸의 자리에 오르는 데 무려 5년이나 걸렸다. 귀위크 칸이 죽은 뒤에는 오고타이 가문과 바투가 지지하는 툴루이 가문이 대립하여 3년이나 시간을 끌다가 바투가 지지하는 툴루이 가문의 '몽케蒙哥'가 칸에 올랐다. 이에 반발한 오고타이 가문과 차가타이 가문의 영지가 바로 '오고타이한국'과 '차가타이한국'이다. 이런 과정을 거쳐 여러 개의 한국汗國이 몽골 지배에서 떨어져 나갔다.

몽케 칸이 죽었을 때 칸의 형제 중 훌라구, 쿠빌라이, 아리크부카가 각기 칸의 자리를 노리며 경쟁하고 있었다. 먼저 선수를 친 사람은 아리크부카였다. 아리크부카가 쿠릴타이를 열어 칸으로 추대 받으려 했다. 하지만 쿠빌라이가 급히 남부 전선에서 돌아와 제지하면서 양측이 대치하게 되었다.

이때 고려가 움직였다. 당시 고려 원종이 보낸 사절이 그동안의 전쟁을 종식하기 위한 협상, 정확히 말하면 항복 협상을 하러 몽골의 수도에 와 있었다. 그런데 칸은 죽었고, 새로운 칸은 아직 즉위하지 않았다. 누구에게 항복하느냐에 따라 고려의 운명이 좌우될 수 있는 중요한 상황이었다.

쿠빌라이에게 큰 힘이 된 고려

쿠빌라이는 남송과의 전쟁을 지휘하는 장군이었다. 유럽과 이슬람 제국을 손쉽게 물리친 몽골 군대가 허수아비 같은 남송 군대에 고전을 면치 못한 것은 지리적 요건 때문이었다. 남송 전역에 자리 잡은 논은 기병들이 가장 싫어하는 장애물이었다. 벼를 심기 위해 물을 채워 놓은 논에 말발굽이 빠지면 헤어 나오기 어려웠고, 논두렁은 그 자체로 자연 장애물이었다. 이를 극복하려면 보병이 필요하고, 보병을 운영하려면 중국 문화를 수용해야 했다.

그런데 몽골 초원에서 부족들을 돌보고 있었던 아리크부카는 유목민족의 전통을 중시하고 한족 지식인들과 어울리는 몽골인들을 경멸했다. 몽골의 전통을 지키려는 세력들은 그를 지지했지만, 이미 대제국이 된 몽골은 점점 아리크부카보다는 쿠빌라이를 선호했다.

고려는 쿠빌라이에게 다가갔다. 초조하게 부족의 지지를 확대해 가던 쿠빌라이에게는 큰 행운이었다. 지난 30년 동안 일곱 차례나 침략했는데도 정복하지 못한 고려가 제 발로 항복을 하러 오다니. 현지 사령관이 사살당하는 치욕까지 안겨 주었던 고려가 아니던 가.(1232년 몽골의 제2차 침입 때 처인성에서 김윤휴가 살리타를 사살한 사건) 그런 고려의 항복은 몽골의 모든 세력에게 쿠빌라이의 이름과 힘을 떨치는 좋은 계기가 될 수 있었다.

쿠빌라이는 고려의 사절을 성대하게 대접했으며, 고려가 딴마음을 먹지 않도록 부마국의 지위를 주고 정부를 유지할 수 있게 해

주겠다고 약속했다. 고려의 항복을 받아 낸 쿠빌라이는 거칠 것이 없었다. 그는 1260년 쿠릴타이를 열어 칸에 추대되었다.

쿠빌라이, 황제의 자리에 오르다

극소수 세력을 제외하고는 반대하지 않았다. 극소수는 아리크부카와 훌라구다. 아리크부카는 몽골 초원에서 일방적으로 자기 파만의 쿠릴타이를 열어 칸에 올랐다. 쿠빌라이는 즉각 정벌군을 파견했고, 아리크부카의 반란군은 싱겁게 패하고 말았다. 쿠빌라이는 아리크부카의 항복은 너그러이 받아 주었으나 그 부하들은 잔인하게 죽였다. 훌라구는 자신의 영지인 이슬람 지역에 일한국을 세우고 사실상 몽골 통치에서 떨어져 나갔다.

남송과 고려를 얻은 쿠빌라이는 중국식 황제의 자리(원 세조)에 오르고 수도를 베이징으로 옮겼다. 그로부터 100년간 몽골은 세계를 지배하는 강력한 제국으로 군림했다. 고려 역시 몽골 황제의 부마국으로서 내정간섭을 받으며 어려움을 겪었지만 최소한의 독립을 유지했으며, 충선왕 등은 몽골 정치에서 중요한 역할을 하며 고려의 개혁을 시도하기도 했다. 동아시아 사회의 일대 변화를 이끈 대원제국의 시대, '팍스 몽골리카'의 시대였다.

072

금의 나라 '지팡구'를 찾아서

마르코 폴로

1254~1324

교과서 속 한 줄 역사 몽골 제국은 유라시아 여러 지역민의 의사소통과 문물 교류를 증진함으로써 사회를 통합하는 데 이바지하였다. 이 시기는 유라시아가 하나가 되어 진정한 세계사가 탄생하였다고 하여 '팍스 몽골리카'라고 부르기도 한다. 몽골은 다양한 외국인을 지배층으로 우대하였는데, 마르코 폴로가 원에서 우대받은 것도 이러한 상황 덕분이었다.

지팡구는 육지에서 동쪽으로 해상 1,500마일 떨어진 곳에 있는 섬이다. … 헤아릴 수 없이 많은 금이 나기 때문에 금이 대단히 많다. … 군주는 온통 순금으로 뒤덮인 멋진 궁전을 갖고 있는데 … 그의 궁실에 있는 보도들 역시 모두 순금으로 되어 있고 두께는 두 손가락 정도나된다. 궁궐의 모든 곳과 접견실과 창문들 역시 금으로 장식되어 있다.

마르코 폴로가 《동방견문록》에서 중국 동쪽에 있는 거대한 황금의 나라 '지팡구'에 대해 서술한 대목이다. 유럽 사람들은 반신반의하면서도 지팡구를 찾으려 했고, 훗날 일본에 도착한 사람들은 그곳을 지팡구라고 생각했다. 그리하여 '일본Nippon'이 유럽인들에게 '재팬Japan'으로 알려지게 되었다.

마르코 폴로는 정말 중국에 갔을까?

1275년경 20대의 마르코 폴로가 아버지, 삼촌 등과 함께 대원제국 쿠빌라이 칸의 여름궁전이 있는 '상두商都'(Ciandu, 영국 시인 코울리지가 제너두Xanadu라고 읽은)에 도착했다. 그는 "둘레 16마일의 성벽에 둘러싸인" 거대한 도시, 대원제국의 두 수도인 상두와 캄발룩(대도大都, 지금의 베이징)에 머무르며 1290년경 쿠빌라이가 "교황, 프랑스 국왕, 스페인 국왕, 기독교권의 다른 국왕에게 보내는 사절"로서 유럽으로 떠날 때까지 칸의 총애를 받는 신하로 살았다.

그로부터 8년 후, 이탈리아 제노바의 감옥에서 마르코 폴로는 감방 동료 루스티첼로에게 자신의 신비로운 경험을 들려주고 기록하도록 했다. 그렇게 해서 세상에 나온 것이 바로《Divisament dou Monde(세계에 대한 서술)》, 일본어 번역명《동방견문록》이다.

《동방견문록》에 담긴 마르코 폴로의 경험이 실제인지 창작인지는 아직도 논란거리다. 중국 측 기록에는 마르코 폴로라는 사람의 행적에 대한 기록이 전혀 없기 때문이다. 또, 마르코 폴로라는 사람이 원나라에 실제 살았는지에 대해서도 의견이 분분하다.

하지만 원나라가 유라시아를 아우르는 대제국이었고, 따라서 많은 외국인이 궁정에서 활약했으며, 그중 유럽식 이름이 아닌 중국식 이름을 사용한 사람들이 많았기 때문에, 마르코 폴로라는 이름이나 그와 유사한 이름이 기록에 없다고 해서 당시 그가 원나라에 없었다고 단정 짓기는 어렵다.

《동방견문록》에는 상식적으로 납득하기 어려운 이야기들도 많다. 수도인 대도에 매춘부가 2만여 명이나 된다는 서술, 동방에 강대한 기독교 제국을 건설했다는 군주 프레스터 요한과 칭기즈 칸의 전쟁, 황금의 나라 지팡구를 비롯하여 황금과 보석으로 가득한 중국과 아시아의 대도시 이야기 등은 이 책을 사실과 전설의 기로 사이에서 헤매게 만든다.

《동방견문록》이 유럽에 불어넣은 열정

《동방견문록》이 마르코 폴로의 기록인지를 둘러싼 여러 의문과 기록의 진실성을 둘러싼 의혹에도 불구하고, 이 책은 그로부터 몇 백 년 동안 유럽에서 베스트셀러가 되었다. 유럽인들은 이 책에 담긴 북아프리카, 중동, 인도, 동남아, 중국, 일본 등 넓은 세계의 경이적인 힘과 부에 관한 이야기를 읽으며 고통스러운 암흑 세상인 유럽을 탈출할 꿈을 꾸었다. 그 이야기가 비록 사실이 아닐지라도 말이다.

과연 《동방견문록》은 새빨간 거짓말일까? 여기서 한 가지 염두에 두어야 할 것이 있다. 그것은 바로 마르코 폴로의 시대가 '팍스 몽골리카'의 시대였다는 사실이다. 역사에서 유례를 찾아볼 수 없는, 유럽과 중동과 아시아를 연결하는 대제국을 건설한 몽골의 시대는 진정한 세계제국의 시대였다.

몽골 제국에서는 당시까지는 상상할 수 없을 정도로 많은 동서 교류가 이루어졌다. 대원제국의 역참제가 여행객들의 안전을 보장했고, 같은 몽골의 지배를 받는 모스크바와 바그다드와 베이징 사이에는 어느 때보다도 활발한 교류가 이루어졌다. 그래서 일찍이 교황도 칸에게 사절을 보냈고, 많은 이슬람인들이 신하로서 원의 궁궐에서 일했으며, 몽골인들이 우크라이나 평원까지 말을 달렸다.

또한 팍스 몽골리카 시대에는 그 어느 때보다 유럽인들의 눈이 동방을 향해 활짝 열려 있었다. 몽골 군대에 대한 공포와 함께 많은 정보가 유럽 전역을 휩쓸었다. 유럽 사람들은 유럽 저편의 세계에 대한 지식을 갈구했고, 그것이 축적되어《동방견문록》같은 책이 나올 수 있었던 것이다.

《동방견문록》이 마르코 폴로가 쓴 것이 아니라 해도, 혹은 그가 실제로 보고 쓴 것이 아니라 해도, 그 안에는 놀라울 정도로 역사적 사실과 일치하는 기록들이 담겨 있다. '지팡구'가 황금의 나라는 아니어도 쿠빌라이의 군대가 바다 건너 지팡구(일본)를 공격하려다가 폭풍으로 실패한 것은 사실이며, 쿠빌라이가 아름다운 나무가 있다는 소식을 들으면 코끼리를 이용하여 궁궐로 옮겨 왔다는 것도, 쿠빌라이가 일한국의 군주에게 몽골 여자를 새로운 아내로 보냈다는 것도 사실이다. 이는 마르코폴로가《동방견문록》을 쓸 당시 중국과 아시아 사정에 정통한 정보통이 존재했다는 것을 의미한다.

이러한 정보들이 지팡구와 제너두에 대한 관심을 불러일으켰으며, 이는 훗날 미지의 세계를 찾아나서는 열광적인 모험으로 이어졌다.《동방견문록》을 둘러싼 논쟁과 상관없이, 이 책이 세계에 끼친 영향을 절대 과소평가할 수 없는 이유이다.

073

천년 수도의 위엄

앙코르와트

9~15세기

교과서 속 한 줄 역사 메콩 강 유역에서 크메르족이 '진랍'을 건국하였다. 진랍은 9세기에 앙코르로 수도를 옮기고 앙코르와트를 건립하였다.

주성主城은 주위가 20리이다. 다섯 개의 문이 있는데 성문은 각각 2중으로 되어 있다. 성곽 바깥에 커다란 해자가 있고 해자 바깥에는 네거리로 통하는 큰 다리가 있으며 다리 양쪽에 각각 54개의 석신石神이 있다. 석장군과 같은 모습을 하고 있는데 매우 크고 흉악하게 생겼다.(오른쪽 석상은 아수라상이다) … 속전俗傳에서 노반魯班(중국 장인들의 신, 힌두교 건축신의 중국식 표현)이 하룻밤에 조성했다는 '노반의 묘'(앙코르와트)가 남문 밖 1리쯤 되는 곳에 있다. 주위가 10리쯤 되는데 석실 수백 칸이 있다. – 주달관周達觀,《진랍풍토기眞臘風土記》

19세기 프랑스 탐험가 앙리 무오가 보고하여 전 세계적으로 유명해진 앙코르 유적은 밀림 속 폐허에 묻혀 있었다. 그렇다고 밀림 속에 아무도 모르게 존재했던 신비로운 도시가 문득 나타난 것은 아니다. 앙코르는 찬란한 앙코르 시대에 수도로서 번영을 누렸고, 수많은 외국 사절단이 방문했던 국제적 도시였다. 원나라 사절 주달관이 1296년 앙코르를 방문하고 남긴 《진랍풍토기》가 이를 웅변하고 있다.

인도차이나의 주인이 된 '캄부'의 후예들

인도차이나 3국 중 하나인 캄보디아 왕국의 역사는 2천 년 전인 1세기경으로 거슬러 올라간다. 유서 깊은 역사를 가진 여느 나라와 마찬가지로 그들도 건국신화를 갖고 있는데, 그 내용이 상당히 흥미롭다.

인도의 브라만 청년 '카운디냐'가 창조신 브라흐마의 계시를 받았다. 신성한 활과 화살을 갖고 동쪽으로 가서 새로운 땅을 찾으라는 내용이었다. 그가 지금의 캄보디아 지역에 도달하자 나신의 여자 군대가 싸움을 걸어 왔다. 신성한 화살로 그들을 굴복시키자, 우두머리인 소마 공주가 무릎을 꿇었다. 아름다운 공주의 나신이 민망하여 카운디냐가 겉옷을 벗어 가려 주니 공주가 반해 결혼을 청했다. 그러자 공주의 아버지인 용왕이 대지의 물을 들이켜 새로운 땅을 만들어 주었다. 그 땅을 '캄부의 후예들'이라는 의미의 '캄부자'라 불렀다.

건국신화에 따르면 캄부자, 곧 캄보디아 왕국은 인도의 이주 세력과 토착 세력이 결합하여 만든 나라로 보이며, 실제로 힌두교와 불교 등 인도의 종교적 영향을 많이 받았다. 지역적으로는 현재 베

캄보디아 앙코르와트에 새겨진 샴(타이) 용병들의 모습. 나중에 이들은 샴 왕국을 건설해 앙코르 의 강력한 경쟁자가 된다.

트남이 중국 강남 지방의 월족越族이 중국에 밀려 점차 남하하여 자 리를 잡은 것이므로, 원래 인도차이나 지역은 캄보디아의 영역이 었을 것이다. 캄보디아는 동쪽의 '참파'(현재 베트남 남부)와 서쪽의 '샴'(타이), 남쪽의 '자바'(인도네시아) 등과 전쟁 및 외교 관계를 맺으 며 발전했다.

처음 캄보디아 역사를 연 나라는 '푸난'(부남국扶南國)으로 1세기부 터 550년경까지 번영했다. 이후 '첸라'(진랍眞臘) 왕조가 550년경부 터 802년까지 번영했고, 앙코르 시대가 1432년까지 이어진다. '앙 코르 시대'라는 명칭은 수도가 앙코르였기 때문에 붙여진 것이며, 우리가 잘 아는 앙코르와트는 바로 앙코르에 있는 유명한 사원이 다.(종종 앙코르와트를 앙코르와 혼동하는데, 구달관의 기록에서 '앙코르와 트'는 간단히 언급될 뿐이다.)

앙코르의 지배자 자야바르만 2세

앙코르 시대를 지배한 크메르 제국의 창시자는 자야바르만 2세

(802~834 재위)이다. 그는 아마도 첸라 왕조의 마지막 왕의 아들이거나 유력한 신하였을 것이다. 당시 첸라의 젊은 왕(라젠드라바르만 1세 혹은 그 아들 마히파티바르만)은 대단히 오만하여 종종 자바의 마하라자 왕에게 도전하곤 했다.

어느 날 왕은 신하에게 나의 소원은 마하라자의 목을 내 식탁 위 쟁반에 올려놓는 것이라고 말했다. 신하가 정색을 하며 말렸지만, 경망한 왕의 소원은 마하라자 왕의 귀에까지 들어갔다. 대로한 마하라자 왕이 즉시 첸라로 쳐들어가 왕을 생포하고 꿇어앉힌 뒤 말했다.

"나는 너희 백성에게 어떠한 해도 끼치지 않을 것이고, 어떠한 전리품도 취하지 않을 것이다. 단지 그대의 간절한 소망을 그대로 되갚아 주리라."

마하라자 왕은 첸라의 젊은 왕의 목만 잘라 돌아갔다. 그리고 얼마 후 자바에 억류되어 있던 자야바르만이 돌아와 왕위에 올랐다. 자야바르만 2세는 자바의 시바 신앙(파괴의 신 시바를 숭배하는 신앙)을 바탕으로 강력한 권위를 휘두르며 나라를 재건하려고 노력했다. 수도를 물산이 풍부하고 방어에 용이한 앙코르로 옮겨 앙코르의 시대를 연 것도 바로 그이다.

자야바르만 2세의 후계자들은 크메르를 강력한 제국으로 발전시켰다. 불교와 힌두교가 결합한 사원을 건설하고 도로와 수로를 건설하는 대규모 토목공사를 벌여 경제를 발전시켰으며, 참파·자바 등과의 전쟁에서 승리하여 영토를 넓혀 동남아의 강자로 군림했다. 그 영화는 대원제국의 구달관이 방문했을 때도 여전했다.

그러나 동남아의 빛나는 별 크메르도 영원할 수는 없었다. 샴의 공격으로 앙코르가 함락되고, 베트남의 리李 왕조 등이 남하하면서 영역이 축소되었다. 위대한 왕들의 업적은 전설이 되고, 앙코르의 화려한 사원과 궁궐은 폐허가 되었다. 인도차이나의 역사는 이제 베트남에게 넘어가고 캄부자는 잊힌 존재가 되었다.

하지만 강력한 제국을 건설했던 역사는 캄보디아 사람들의 마음 속에 긍지로 남았다.

074

중세 아프리카의 거대 유적

그레이트 짐바브웨

11~16세기

교과서 속 한 줄 역사 11세기에 이슬람이 사하라 이남으로 진출하면서 가나 왕국과 그 뒤를 이어 말리 왕국, 송가이 왕국의 지배층이 이슬람을 받아들였다. 말리 왕국은 금과 소금 무역을 장악하고 만사무사 때 크게 영역을 넓혔으며, 팀북투의 대학에 수많은 학자들이 몰려들었다. 짐바브웨 지역에는 쇼나 부족이 그레이트 짐바브웨를 건설하였다.

나이 많은 무어인들은 이 건물들이 먼 옛날 시바 여왕의 공장이었다는 구전을 믿고 있다. 어떤 이들은 그것들이 예루살렘으로 가져갈 황금을 제련하던 솔로몬 시대 공장의 잔해라고 한다.

16세기 남부 아프리카에서 거대한 도시 유적, '그레이트 짐바브웨'를 처음 발견한 포르투갈인들은 이를 외부인의 흔적이라고 생각했다. 원시적인 아프리카의 원주민들이 0.24제곱킬로미터의 면적에 90만 개의 돌로 거대한 성곽과 건물을 지었을 거라고 믿기 어려웠기 때문이다.

원주민이 세웠을 리가…

특히 시바 여왕이나 솔로몬 같은 성경의 위인들과 관련된 전설은 유럽인들의 흥미를 자아냈다. 그래서 선교사 산토스가 위와 같은 기록을 남겼고, 시바 여왕의 공장은 아니더라도 20세기까지 역사가들은 '그레이트 짐바브웨'를 외부인이 세운 유적이라고 굳게 믿었다.

'그레이트 짐바브웨'가 원주민의 유적이라고 처음 주장한 사람은 이집트 학자 데이비드 매키버였다. 그는 1905년 이 유적이 고대 외부인의 유적이 아니라 중세 원주민의 유적이라고 주장했다. 1929년에 여성 고고학자 거트루드 캐턴 톰슨도 같은 주장을 펼쳤다. 하지만 사람들은 과학적 근거보다는 자신들의 상식을 더 믿고 싶어 했다. 쏟아지는 비난에 캐턴 톰슨은 남아프리카 연구에서 손을 떼야만 했다.

오늘날에는 이것이 원주민의 유적이라는 데 이견의 여지가 없으며, 짐바브웨의 국기에는 이곳에서 출토된 새 문양 받침대가 새겨져 있다. 그동안의 연구에 따르면, 이 지역에는 멀리 중국과도 교역할 만큼 상당한 수준에 도달한 문명이 존재했으며, 그중 카링가족이 건설한 나라의 중심지에 해당하는 것이 바로 그레이트 짐바브웨일 것으로 추정하고 있다.

그레이트 짐바브웨가 자리한 곳은 오늘날 짐바브웨의 마스빙고라는 도시이다. 이곳에서는 5세기경부터 농업에 철기를 사용한 흔적이 보이며, 인근 마풍구브웨에서는 13세기에 지어진 것으로 추정되는 석벽 유적이 있다. 그레이트 짐바브웨는 그 직후부터 16세

16세기 남부 아프리카에서 발견된 거대한 도시 유적 '그레이트 짐바브웨'. 짐바브웨의 수도 하라레에서 남쪽으로 300킬로미터 떨어진 곳에 건설된 중세 원주민의 유적으로 추정된다.

기까지 상당한 번영을 누린 것으로 보인다. 이곳에서 발굴된 중국산 유리구슬들은 이들의 활동 영역과 번성을 잘 보여 주고 있다.

이슬람 문화의 남진 경로

아프리카에서 어떻게 이런 유적이 나타나는지 의아하겠지만, 사실 아프리카는 많은 사람들이 생각하듯 원시적인 채집·수렵 사회가 아니었다. 기본적으로 아프리카는 농업 사회였다. 정착 사회는 문명이 발달하기 용이하다. 한 마디로, 아프리카는 외부 세력이 침략하여 쉽게 정복할 수 있는 '만만한' 사회가 아니었던 것이다.

아프리카의 문명 발달에는 이슬람의 역할이 컸다. 7세기 이후 북아프리카는 이슬람 제국의 영역이었다. 이집트에 자리 잡은 파티마 왕조는 한때 아바스와 후우마이야를 제치고 이슬람 중심지의 지위를 누릴 만큼 번성했다. 튀니지, 모로코 등 지중해 연안의 다른 북아프리카 지역도 고대 카르타고와 로마의 문화와 발달한 이슬람 문화까지 받아들여 찬란한 영광을 누렸다.

이 문화들이 점차 남하했다. 이슬람 문화의 남진 경로는 아프리카 동부 해안의 바닷길을 따라 모가디슈(현재 소말리아의 수도)·킬와(탄자니아) 등 주요 항구를 잇는 길과, 사하라 사막을 횡단하여 지금의 말리·니제르·가나 등지로 가는 길이 있었다. 전자를 대표하는 도시가 모가디슈라면, 후자를 대표하는 도시는 팀북투(현재 말리 공화국 니제르 강가에 있는 도시)이다.

아프리카 왕국의 번영

아프리카 서부에서 처음 발전한 나라는 '가나 왕국'이었다. 3~4세기경부터 발전한 것으로 추정되지만, 기록에는 이슬람인들과 접촉하기 시작한 8세기부터 등장한다. 이슬람인들이 남긴 기록을 보자.

> 왕은 왕궁과 헤아릴 수 없이 많은 둥근 지붕을 가진 공간들을 차지하고 있다. 이들은 도시 성벽으로 둘러싸여 있다. 왕은 목과 팔목에 장신구를 매달고 머리 위에는 황금으로 치장한 높은 관을 썼다. … 그의 뒤쪽에는 귀족 소년들 10명이 칼과 가죽으로 만든 방패를 들고 있었는데 화려한 의상을 입고 금실로 땋아 내린 머리를 하였다.

이름은 '가나 왕국'이지만 오늘날 말리 인근에서 발달한 나라이다. 남부에서 금이 출토되어 '황금의 나라'로 불렸으며, 수만 명의 군대를 동원할 만큼 상당한 국력을 갖춘 고대국가였다. 무역과 농업으로 번성하였으나, 사하라 사막의 확대와 이슬람 세력의 침략으로 10세기경 멸망했다.

14~15세기에 전성기를 누린 나라는 '송가이 왕국'과 '말리 왕국'이었다. 말리 왕국은 13세기부터 17세기까지 번영을 누린 만딩고 족의 나라였고, 송가이 왕국은 15세기에 말리 왕국이 약해진 틈을 타 송가이족이 건설한 나라로 역시 16세기까지 번영을 누렸다. 두 나라 모두 이슬람을 국교로 하였고 무역을 통해 번성했다. 이들의 중심 도시가 팀북투인데, 팀북투는 5만여 명의 인구, 100여 개의 학교, 그리고 수많은 모스크가 화려하게 수놓아진 도시였다.

동부 아프리카의 번영은 지금도 여전하다. 바닷길의 아프리카 기착지였던 모가디슈와 킬와는 지금도 중요 항구로서 기능하고 있다. 역사적으로도 이곳에는 '콩고 왕국', '앙골라 왕국' 등 여러 나라가 들어섰고, 특히 15세기 이후 번영한 '므웨네 무타파 왕국'은 그레이트 짐바브웨를 포함한 여러 지역에 지배력을 행사했다. 또, 이 지역에서 이슬람어를 차용하여 만든 스와힐리어는 지금도 아프리

◈ 14세기 '세계 최고 부자' 만사무사 왕

말리 왕국의 전성기는 1312년부터 1335년까지 재위한 만사무사 왕 때였다. 그는 당대 세계 최고의 부자라고 일컬어졌으며, 노예만 무려 1만2천여 명을 거느렸다. 서쪽으로 대서양 연안, 동쪽으로 지금의 나이지리아에 이르는 넓은 영토를 지배했다. 당시 말리의 풍요로움을 전하는 기록을 보자.

"말리인들은 부당한 행동을 하는 경우가 드물고 부당함에 대해 큰 거부감을 갖는다. 왕은 법을 어긴 자에게 자비를 베풀지 않는다. 이 나라는 절대 안전해서, 여행자든 내국인이든 강도나 폭행을 두려워할 필요가 없다."

카의 대표 언어로 사용되고 있다.

사실 우리는 아프리카 역사에 대해 잘 모른다. 이는 아프리카가 유럽인들이 정복하는 데 실패한 지역이기 때문이다. 비록 19세기 후반부터 약 100여 년간 유럽의 지배를 받았지만, 아프리카는 그 외 대부분의 시간 동안 독자적인 역사를 만들어 왔다. 그러다 보니 오늘날 우리에게 낯설고 접근하기 어려운 지역이 되었다. 아프리카 역사를 알아 나가는 과정은 곧 세계사의 지평을 넓히는 중요한 계기가 될 것이다.

075

이슬람 역사상 최악의 재앙

티무르 제국

1370~1507

교과서 속 한 줄 역사 14세기 후반 중앙아시아에서 칭기즈 칸의 후예를 자칭하는 티무르가 몽골 제국의 부흥을 외치며 이란과 이라크에서 북인도와 소아시아에 이르는 광대한 영토를 정복하였다.(1369) 동서 무역을 독점하였으며, 특히 수도 사마르칸트에서는 상업이 번성하고 이슬람 문화가 발달하였다.

14세기 이슬람의 역사가이자 외교관 이븐 할둔은, 술탄 파라즈의 명을 받고 다마스쿠스로 향했다. 그곳에서 티무르를 만나 이집트 공격을 취소하라고 설득하기 위해서였다. 그는 티무르에 대해 이렇게 기록했다.

티무르가 팔꿈치를 괴고 누워 있는 동안, 그 앞으로 음식이 담긴 큰 접시들이 연이어 들어왔다. 그는 내 앞에 음식을 내려놓으라고 신호를 보냈다. … 흡족해하는 내 표정에 그는 호감을 느꼈다.

이븐 할둔은 1개월가량 체류하면서 티무르와 알렉산더 대왕 등 위대한 역사적 인물들에 대해 토론하고 현존하는 여러 왕조들의 운명에 대해 의견을 나누었다. 티무르는 신앙인, 학자의 모습으로 이븐 할둔에게 깊은 인상을 남겼다. 하지만 이와 달리 역사에서 티무르는 가장 포악한 정복군주로 기록되어 있다.

이슬람 땅의 고양이와 개까지

12세기 지중해 연안의 이슬람 세계가 십자군과 전쟁을 치르는 동안, 동쪽 이슬람 지역에서는 독자적인 왕국이 등장하고 있었다. 이 중 오늘날 중앙아시아 카자흐스탄 주변 지역에는 '호라즘 왕조'가 번영하고 있었다.

13세기 호라즘의 술탄 알라우딘 무함마드는 호전적인 데다 몽골에 적대적이었다. 그는 상인 450명을 잡아 몽골의 스파이라는 죄명으로 처형했고, 칭기즈 칸이 이에 대한 해명과 무역을 요구하는 사절을 보내자 한 명을 처형하고 다른 두 명은 수염을 뽑아 돌려보냈다. 분노한 칭기즈 칸의 군대가 몰려왔을 때, 알라우딘의 군대가 수적으로 우세했으나 그것은 마치 사자 앞의 양떼 같은 형국이었다.

이슬람 역사에 기록되어 있는 몽골의 침략은 '대학살'이라는 표현으로는 부족할 정도로 엄청난 재앙이었다. 몽골군은 니샤푸르(이란 동부 지역)에서 174만 명, 헤라트(아프가니스탄 서부)에서 160만 명을 죽였다. 사람은 물론 고양이와 개까지 몽땅 죽였다. 아프가니스탄 지역의 한 도시는 몽골 침략 이후 '비명의 도시'라는 이름이 붙을 정도였다. 몽골군은 그야말로 천하무적이었다. 누구도 손대지 못하던 암살 집단 아사신마저 흔적도 없이 청소해 버릴 정도로!

물론 과장이 덧붙여진 기록도 있겠지만, 때로는 기록 이상의 재앙이 실제 일어나기도 했다. 가령 몽골이 페르시아를 공격할 때 지하 수로인 카나트를 파괴하는 바람에 이에 의존하던 농경 지대가 사막으로 변해 버리고 말았다. 그로 인해 삶이 파괴된 사람의 수는 기록에 남은 사람들보다 훨씬 많았을 것이다.

티무르에 대한 엇갈린 평가

몽골군이 몰고 온 재앙은 몽골인들에 의해 겨우 멈추었다. 이슬람 지역에 일한국을 세운 훌라구의 자손들이 이슬람으로 개종하면서 '그들도 우리처럼 인간이다.'라고 선언한 것이다. 그 뒤 한동안 이슬람 사회에는 평화가 찾아왔다. 하지만 14세기 말, 또다시 재앙이 찾아왔다. 몽골의 부활을 내건 칭기즈 칸의 후예 티무르가 쳐들어온 것이다.

티무르는 튀르크화한 몽골족인 바를라스 부족 출신으로 1336년에 태어났다. 젊은 시절부터 부족의 약탈 전쟁에 참여했던 그는, 청년 시절 화살을 맞아 다리를 절게 되었다. 이후 티무르를 싫어하는 사람들은 그를 '티무르 이랑'('절름발이 티무르'라는 뜻, 유럽에서는 '타메를란')이라고 불렀다. 30대의 나이에 대규모 군대를 확보한 티무르는 "하늘에 단 하나의 신이 있듯 지상에도 단 하나의 군주가 있을 뿐이다."라고 선언하고 주변 국가들을 정복하기 시작했다.

그가 전쟁에서 저지른 학살극에 대한 묘사는 차고 넘친다. 약탈한 도시의 성문 밖에 사람 머리로 피라미드를 쌓고, 높은 탑 안에

티무르 제국 시대에 간행된 《정복기 Zafarnama》 속 티무르.

포로를 산 채로 집어 던져 탑 꼭대기까지 채웠으며, 포로들의 잘린 머리를 포탄으로 사용해 기독교 함대를 폭격하기도 했다. 바그다드부터 인도의 델리까지 그의 군대에 짓밟힌 도시들은 모두 시체와 피로 범벅이 되어 시체 썩는 냄새 때문에 한동안 사람이 살 수 없을 지경이 되었다.

그런데 티무르와 몽골의 침략에 대한 역사적 평가는 이슬람 세계와 유럽 세계가 다르다. 유럽은 티무르의 파괴 이후에 주목한다. 티무르는 파괴만큼이나 건설도 굉장히 빠른 속도로 이루었다. 티무르 제국의 수도 사마르칸트는 지금도 가장 아름다운 이슬람의 도시로 꼽히며, 당시 이곳을 방문했던 스페인 사절 루이 곤잘레스 데 클라비호는 티무르의 지성과 자애로움, 부인들의 아름다움, 도시의 풍요에 대한 찬사를 늘어놓았다.

반면 이슬람 세계는 티무르의 침략을 역사상 최악의 재앙으로 평가한다. 당시 이슬람 신학자들은 왜 이런 엄청난 재앙이 닥쳤는지 의아해했고, 그래서 진지한 신학 연구에 빠져들었다. 이로써 '수피 형제단' 등 신비주의적 이슬람 신앙이 확산되는 등 종교적·정치적으로 많은 변화가 일어났다.

몽골 제국의 부활을 꿈꾸다

칭기즈 칸의 후예를 자처한 티무르의 진정한 꿈은 1368년 명나라에 의해 멸망한 몽골 제국을 부활시키는 것이었다. 그는 1405년 일흔이 넘는 고령에도 불구하고 생애 마지막 원정에 나섰다가 중국에 도착하기도 전에 죽었고, 그의 사후 티무르 제국은 분열되며 힘을 잃었다.

1940년대 소련에서 티무르의 무덤을 발굴하여 유해를 부검한 결과에 따르면, 그는 173센티미터의 건장한 체격에, 엉덩이에 입은 상처로 절름발이가 되었으며, 튀르크와 몽골의 혼혈이었다.

전설에 의하면, 티무르가 자신의 무덤이 열릴 때 전쟁의 재앙이 닥칠 거라고 저주했다는데, 실제 그의 무덤을 발굴한 직후 나치 독일이 소련을 침공했다. 믿거나 말거나이지만, 왠지 히틀러에게서 전쟁의 광기와 독실한 신앙인의 모습을 갖춘 티무르의 모습이 자꾸 겹쳐 보인다.

076

그 이름도 슬픈 노예왕조

인도 이슬람 왕조

 13~15세기

교과서 속 한 줄 역사 10세기 말 이슬람이 인도에 본격적으로 진출하면서 중앙아시아 튀르크 계통의 이슬람 세력이 '가즈니 왕조'를 건립했다. 가즈니 왕조가 약화된 틈을 타 '구르 왕조'가 북인도 대부분을 차지했는데, 구르의 노예 출신 아이바크가 북인도의 술탄이 되어 노예왕조를 수립하였다.

어릴 때 노예로 팔려가 마구간에서 일하던 '쿠투브 웃딘 아이바크'(? ~1210)는, 주인 무함마드의 눈에 띄어 군대로 진출했다. 당시 무슬림 지도자들은 종종 노예들을 호위병으로 삼곤 했다. 군대에 들어간 아이바크는 곧 천재적 능력을 드러내기 시작하여 마침내 장군으로 발탁되었고, 이로써 인도의 새로운 역사가 시작되었다.

아이바크는 인도의 무슬림 왕조, '노예왕조'를 세운 인물이다.

'델리 술탄 왕조'의 성립

'굽타 왕조' 말기인 6세기부터 인도에는 수많은 소왕국들이 난립했다. 이때 이슬람 세력이 인도로 진출하여 10세기부터 인도 인근 지역에 무슬림 왕조를 건설하기 시작했다. 가장 먼저 아프가니스탄 서부 가즈니 지방의 튀르크계 이슬람 세력이 '가즈니 왕조'를 세우고 인더스 강 유역까지 진출하여 이슬람을 전파했다.

가즈니 왕조가 약화되자 이번에는 아프가니스탄 지역의 '구르 왕조'가 가즈니 왕조를 공격했다. 구르 왕조의 지도자가 바로 아이바크의 주인 무함마드였다. 무함마드는 가즈니 왕조와 인도의 힌두교 왕국들을 공격했으나 여러 번 패배했다. 하지만 포기하지 않고 실패를 교훈 삼아 꾸준히 힘을 키웠고, 그 과정에서 아이바크가 등용되어 중요한 전투에서 많은 공을 세웠다. 구르 왕조는 마침내 '타라인 전투'(1191)에서 힌두교 군대에 승리를 거둠으로써 인도 북부의 지배권을 장악하게 된다.

무함마드는 아이바크에게 델리를 점령하도록 했다. 아이바크는 훌륭하게 명령을 수행했고, 무함마드가 구르의 근거지로 돌아간 뒤에도 인도에 남아 갠지스 강 유역까지 지배권을 넓혔다. 이로써 인도 북부 지방 전체가 구르 왕조의 지배 아래 놓이게 되었다. 그러나 영광의 순간도 잠시, 무함마드는 얼마 뒤 암살당하고 말았다.(1206)

이에 아이바크가 다른 노예 출신 장군들과 결혼동맹을 맺고 구르 왕조를 멸망시킨 뒤 새로운 왕조를 세웠으니, 이것이 바로 '노예 왕조'이다. 이후 델리를 중심으로 이어진 다섯 왕조, 곧 노예왕조-할지 왕조-투글루크 왕조-사이이드 왕조-로디 왕조를 합쳐 '델리 술탄 왕조'라 한다.

다섯 왕조의 흥망성쇠

노예왕조의 지배자와 고위 관료들은 모두 노예 출신 무인이었다. 노예왕조는 중앙은 술탄이 지배하고 지방은 지사들이 다스리며 잔인한 전제정치를 펼쳤다. 왕조를 창시한 아이바크는 이후에도 계속 정복 전쟁을 펼치다가 낙마 사고로 사망했다. 그의 후계자들은 포악성보다는 관용을 강조하는 정치를 펼쳤지만, 정복 활동과 반란에 대한 잔인한 진압은 여전했다.

노예왕조에서 주목할 만한 술탄은 '라지야'이다. 그녀는 유일한 인도의 무슬림 여왕으로서 현명하고 관대하고 공정한 지배자였다. 하지만 재위 5년 만에 살해당했고, 이후 발반을 지도자로 하는 '40인의 노예'가 권력을 장악했다. 정치는 내부 권력투쟁으로 얼룩졌고 왕조는 서서히 말기적 증세를 보였다. 마침내 발반이 사망하면서 노예왕조는 수명을 다하였다.

노예왕조를 이은 두 번째 이슬람 왕조인 '할지 왕조'는 튀르크족 계통의 '잘랄 웃딘 할지'가 세웠다. 잘랄 웃딘은 원주민과의 관계를 중시하고 인도 무슬림을 적극적으로 회유했다. 덕분에 인도 이슬람의 토착화가 이루어졌으나, 잘랄 웃딘은 나이가 들어 치매 상태를 보이면서 양자에게 왕위를 빼앗기고 처형당했다.

새로 왕이 된 알라 웃딘은 남하하여 인도 중부의 데칸 고원까지 영토를 넓혔다. 또, 몽골의 침략으로부터 인도를 방어하는 데 성공했다. 무시무시한 몽골의 공격을 막아 내고 유일하게 피해를 입지 않은 지역이 인도였다. 하지만 알라 웃딘이 나이가 들어 정신이 흐려지자 나라는 혼란에 빠졌다. 몽골의 침략을 대비하느라 막대한 국방비를 쏟아부으면서 민심이 이반되어, 그가 죽고 얼마 안 가 나라가 망하고 말았다.

이후 14세기부터 15세기 초까지 델리 지역을 지배한 '투글루크 왕조'는 펀자브 지방 지사였던 기야스 웃딘이 알라 웃딘의 아들 무바라크를 죽이고 세운 이슬람 왕조이다. 왕조의 전성기를 이끈 왕 피루즈 샤는 그동안의 정복 전쟁을 지양하며 경제를 일으키고 저수지와 운하 등 농사와 무역에 필요한 토목공사를 일으켜 생활을 풍요롭게 했다. 고문을 폐지하고 교육을 장려하는 등 삶의 질을 높이는 정책도 펼쳤다.

그런데 그는 독실한 무슬림으로서 힌두교도들, 특히 그동안 지즈야(세금)를 면제받았던 브라만들에게도 가혹한 세금을 걷어 민심을 동요시켰다. 피루즈 샤가 죽은 뒤 투글루크 왕조는 티무르의 침략을 받아 델리가 완전히 파괴되는 대재앙을 겪었다. 티무르가 떠난 이후에도 투글루크는 회복되지 못하였다.

북인도 지방은 티무르 철수 이후 여러 소국들로 분열되었고, 사이이드 왕조가 잠시 델리를 차지했다가 얼마 후 '로디 왕조'가 사이이드 왕조를 몰아내고 델리를 중심으로 번창하였다. 로디 왕조를 세운 불룰 칸은 순수한 아프간족으로, 아프간 출신 귀족들의 충성을 기반으로 나라를 이끌어 갔다. 술탄 시칸다르 때 많은 제도가 정비되고 인도 북부 아그라에 새로운 수도를 건설하였는데, 이것이 훗날 무굴 제국의 기반이 되었다. 하지만 이후 편협한 종교 정책과 지나친 반反귀족 정책으로 곳곳에서 반발이 일어났고, 결국 16세기 티무르의 5대손 바부르에 의해 멸망하였다. 바부르는 무굴 제국의 시조이다.

인도, 국가인가 지역인가

굽타의 전성기부터 무굴의 전성기까지 1천 년 가까운 시간 동안 인도에서는 북부의 이슬람 왕조와 남부의 힌두 왕조들이 공존했다. 이는 인도가 '국가인가, 대륙(혹은 지역)인가'라는 질문을 우리에게 던진다. 사실 인도가 완전히 하나의 국가로 통일된 적은 거의 없다. 그런 면에서 세계사에서 인도만큼 '지역사' 개념이 중요한 곳은 없을 것이다.

한 가지 더, 인도에서 이슬람 국가가 갖는 역사적 위상에 대해서도 고민해 볼 필요가 있다. 인도의 최근 1천 년사는 이슬람의 역사인데도, 우리는 인도와 이슬람을 분리해서 생각한다. 인도 역사에 관한 우리의 상식을 진지하게 다시 검토해야 하지 않을까?

◈ 북부는 이슬람, 남부는 힌두

북부에서 한창 델리 술탄 왕조가 세력을 떨칠 때, 남부에서는 힌두 세력 중 비자야나가르 왕국이 14세기부터 17세기까지 번성했다. 한때 투글루크 왕조에 충성하던 지사 하리하라 1세가 힌두교로 개종한 후 일으킨 비자야나가르 왕국은 북부의 이슬람 왕조에 대항하는 대규모 군국주의 국가로서, 대군大軍을 보유한 엄격한 카스트제 사회였다.

이후 무굴 제국의 전성기인 아우랑제브 시절에는 데칸 고원의 마라타 왕조가 힌두 세력으로서 맹위를 떨쳤다. 아우랑제브는 마라타족을 '데칸의 산쥐'라고 비하하며 50년 동안 맹공을 퍼부었지만, 마라타 왕조는 이를 견뎌 내어 오히려 무굴 제국 약화의 주원인이 되었다.

마라타의 지도자 시바지(1627~1680)는 한때 아우랑제브에게 패해 무굴 제국을 받아들였지만 곧 재기하여 끝까지 저항했다. 1739년 페르시아의 침입으로 무굴의 수도가 함락되자 마라타의 지도자 발라지도 델리까지 쳐들어갔다. 하지만 페르시아와의 전쟁에서 패함으로써 인도 정복의 야망은 이루지 못했다.

077

두 명의 천황

일본 남북조 시대

14세기

교과서 속 한 줄 역사 14세기 일본에서는 남조와 북조의 두 조정이 존재하며 각기 정통성을 주장했다.

'미나모토 요리토모'가 가마쿠라 막부 시대를 여는 데 결정적인 계기가 되었던 '호겐의 난'은, 천황가와 후지와라 가문의 복잡한 내분에서 비롯되었다. 그 내막은 다음과 같다.

1155년 고노에 천황이 죽자 아버지인 도바 법왕法王은 아들들 중 스토쿠 상왕上王을 제치고 그 동생을 새로운 천황으로 세우려 했다. 스토쿠 상왕은 분노했지만 아버지의 명에 따를 수밖에 없었고, 결국 동생이 고시라카와 천황에 올랐다. 하지만 도바 법왕이 죽자 스토쿠 상왕이 군대를 일으켜 천황을 공격하였으니, 이것이 바로 '호겐의 난'이다. 이 난에서 스토쿠 상왕은 패하여 유배를 떠난다.

'호겐의 난'에는 천황, 법왕, 상왕 등 많은 왕들이 나온다. 이 왕들은 중국처럼 천황의 가족이나 친인척을 일컫는 호칭일까? 아니다.

이 왕들도 모두 천황이다. 여러 명의 천황이 공존했다고? 그렇다. 이것이 막부 시대 또 하나의 모습이다.

천황을 둘러싼 정치적 혼란

헤이안 시대부터 천황의 권력은 미약했고, 후지와라 집안으로 대표되는 유력한 가문들이 섭관·관백(간파쿠) 등의 직책을 맡아 정치를 좌우했다. 게다가 나중에는 승병을 기반으로 하는 '엔랴쿠지延曆寺' 등 사원 세력들까지 정치에 간여했다.

천황은 귀족들의 간섭을 피하려고 천황 자리를 아들에게 물려주고, 자신은 상왕으로서 좀 더 자유로운 처지에서 정치를 주도하려 했다. 이를 '원정院政(인세이)'이라 한다. 원정은 1086년 헤이안 말기에 시작되어 1221년 가마쿠라 시대까지 이어졌다. 원정은 크게 도바 법왕이 주도했던 시기(1129~1156), 고시라카와 천황이 주도했던 시기(1158~1192), 고토바 천황이 주도했던 시기(1198~1221)로 나뉜다.

이 중 도바 법왕 시기를 보면, 도바 천황이 아들에게 천황 자리를 물려주고(스토쿠 천황) 상왕이 된 뒤 불교에 귀의하여 법왕의 자리에 오른다. 이후 스토쿠 천황이 물러나 상왕이 되고 동생 고노에 천황이 즉위한다. 고노에 천황이 죽고 앞에서 본 고시라카와 천황의 즉위가 이루어지는 것이다.

이처럼 원정이 이루어지면서 천황과 결탁한 새로운 권력 가문이 출현한다. 대표적인 집안이 헤이시 가문(평씨平氏 집안)인데, 헤이시 가문 중에도 여러 유파가 있어서 이런 헤이시, 저런 헤이시가 역사에 종종 등장한다. 그중 가장 유명한 가문이 '간무 헤이시'다.(유의할

점은 '평씨'는 일본말로 '헤이시'지만, 평씨 개개인은 일본말로 '다이라'라고
한다. 예컨대 '간무 헤이시平氏'의 유력한 지도자 이름이 '다이라平 기요모리'
인 것이다.)

헤이시 가문까지 등장하여 여러 가문이 얽히면서 일본 정치는
한층 더 복잡해지고, 이 때문에 가마쿠라 말기에 또 한 번 정치적
파란이 일어나니, 바로 '남북조(난보쿠초) 시대'(1336~1392)이다. 천
황이 남조와 북조에서 동시에 배출되어 2명의 천황이 각각 정통성
을 주장하며 공존한 것이다.

남북조 시대는 사소한 아이디어에서 시작되었다. 고사가 천황이
상왕이 된 뒤 아들 고후가쿠사 천황과 가메야마 천황을 차례로 즉
위시켰는데, 이후 고후가쿠사 천황 계통인 지묘인持明院계와 가메야
마 천황 계통인 다이가쿠지大覺寺계가 서로 황위를 다투었다. 이에
막부가 교대로 천황에 취임하도록 했는데, 이것이 훗날 가마쿠라
막부의 멸망과 남북조 분열로 이어졌다. 남북조 분열은 1336년 시
작되어 56년 동안 이어진 끝에 1392년 겨우 통일되었다.

천황이 갖는 상징적 의미

많은 사람들이 일본 천황에 대해 대략 나라 시대를 마지막으로
유명무실한 존재로 전락하여 실권이 없는 상태에서 교토의 조그
만 궁궐에서 방바닥이나 긁으며 상징적 존재로 시간을 보내다가,
1868년 일본 근대국가 탄생과 함께 권력을 장악했다고 생각한다.
최소한 필자의 상식 속 일본 천황은 그러했다.

하지만 일본 천황은 헤이안 시대부터 17~18세기 에도 막부 시

대까지 1천 년 이상 하나의 정치 세력으로서 여러 중요한 사건의 계기를 제공했다. 앞서 보았듯 천황의 권력을 강화하려는 정책 하나가 엄청난 정치적 파장을 몰고 왔다.

이는 중세 일본에서 천황이 갖는 상징적 의미와 관련해 시사하는 바가 크다. 특히 막부를 비롯한 일본의 권력자들이 천황의 외척이나 충신이라는 명분을 반드시 필요로 했다는 것은, 일본 역사에서 천황이 결코 미약한 존재가 아니었음을 의미한다. 그렇다면 오늘날까지 이어지는 일본인들의 정신세계 속 천황의 의미를 다시한 번 들여다볼 필요가 있지 않을까?

◈ **일본 막부 시대에 태어난 '악당'**

'악당'이라 하면 흔히 악한 짓을 일삼는 사람을 떠올린다. 그런데 악당의 한자어를 직역하면 '악할 악惡' 자에 '무리 당黨' 자, 즉 '악한 무리'라는 뜻이다. 즉, 원래 '악당'은 특정 집단의 명칭이었다. 고유명사였는데 시간이 흐르면서 악한 자를 지칭하는 일반명사가 되었다. '악당'은 어떤 집단이었을까?

역사적으로 '악당'은 가마쿠라 막부 말기에 등장한 신흥 무사 집단을 가리키는 말이다. 이들은 막부가 무사들에게 정당한 대가를 주지 않고 부담만 가중시키는 데 반발하여 일어났다. 일반 무사들과 달리 화려한 옷을 입고 게릴라 전술로 막부와 영주들을 괴롭히고 갖은 악행을 일삼아서, 많은 사람들이 이들의 악행에 치를 떨었다고 한다. 하지만 악당 중에는 막부 타도를 외친 천황의 부하가 되어 유명해진 구스노키 마사시게 같은 사람도 있었다. 즉, 남북조 시대 천황권을 강화하는 세력으로 정치적 변신을 시도한 악당도 있었다.

078

쇼군 천하, 교토 시대를 열다

무로마치 막부

1336~1464

교과서 속 한 줄 역사 14세기 전반에 아시카가 다카우지가 가마쿠라 막부를 타도하고 교토에 무로마치 막부를 열었다.

1336년 7월, 악당惡黨 출신 무장 구스노키 마사시게는 자신의 최후가 임박했음을 깨닫고 비분한 마음을 금할 수 없었다. 그는 아들 마사쓰라를 불렀다. 아들은 아버지에게 공손히 절을 하고 무릎을 꿇었다.

"앞으로 치를 전투가 우리나라의 운명을 결정할 것이다. 전투에서 내가 죽었다는 소식이 들려오면, 그것은 이 나라가 결국 '쇼군의 시대'로 접어들었다는 뜻이다. 그러면 너는 천황의 군대와 함께 공고산金剛山으로 물러나 마지막까지 싸워야 한다."

그리고 며칠 후 쇼군을 꿈꾸는 아시카가 다카우지의 군대와, 천황에게 충성을 맹세한 구스노키 마사시게의 군대가 맞붙었다. 전투는 천황군의 닛타 장군이 돌연 후퇴하는 바람에 구스노키의 패배로 끝났고, 구스노키는 복수를 염원하며 할복자살하였다. 아들 구스노키 마사쓰라 역시 12년 후 아버지의 유훈을 받들어 천황을 위해 싸우다 최후를 맞이하였다. 그리고 구스노키의 예언대로 아시카가 다카우지가 열어젖힌 쇼군의 시대, '무로마치 막부' 시대가 열린다.

하나의 천황을 위해

아시카가 다카우지는 가마쿠라 막부의 지배 가문인 미나모토 가문, 호조 가문 등과 혈연으로 연결된 권력가 출신으로 총명하고 야심만만한 인물이었다. 그는 몽골과의 전쟁 이후 폭발하는 사무라이들의 불만을 잘 알고 있었고, 호조 가문 등의 유력가보다 자신의 가문이 지체가 더 높다고 생각했다.

아시카가 다카우지는 고다이고 천황이 가마쿠라 막부에 대항하여 군대를 일으켰을 때, 막부로부터 군대를 이끌고 이를 토벌하라는 명을 받았다. 그런데 이때 그는 칼끝을 돌려 천황을 등에 업고 가마쿠라 막부를 공격하는 한편 교토를 점령했다. 이로써 가마쿠라 막부가 멸망하고 일시적으로 고다이고 천황이 권력을 잡았다. 하지만 고다이고 천황이 '겐무建武 신정'을 선포하고 친정親政하겠다는 뜻을 밝히자, 아시카가는 크게 반발했다. 그는 막부를 거느리는 쇼군을 꿈꾸었던 것이다.

천황은 아시카가가 자신에게 반기를 들자 닛타 요시사다를 등용하여 견제하려 했고, 이에 닛타 요시사다는 처음에 언급된 구스노키 마사시게와 함께 아시카가군을 공격했다. 엎치락뒤치락 하는 전쟁 끝에 결국 아시카가군이 승리하고 고다이고 천황은 폐위되었다. 그리고 새로운 천황 고곤이 아시카가 다카우지를 쇼군으로 임명하면서 '무로마치 막부'의 시대가 열렸다.(1336~1573)

하지만 폐위된 고다이고 천황이 교토 남쪽 요시노에 새로운 조정을 세움으로써 교토의 북조와 요시노의 남조로 분열되었고, 여기에다 아시카가 다카우지의 동생 다다요시가 반란을 일으키면서 상황이 더욱 복잡해졌다. 다다요시가 남조의 수호자가 되면서 형제가 2년 동안 격렬한 전쟁을 벌인 끝에 동생 다다요시가 죽고 형 다카우지가 승리했지만, 다다요시의 아들이 다시 반기를 들어 10여 년 이상 또다시 전쟁이 이어졌다. 결국 이 전쟁은 1392년 다카우지의 손자가 일본을 통일하여 하나의 천황, 하나의 막부를 수립하고 남북조를 종식시킴으로써 겨우 막을 내렸다.

지방 세력 '슈고 다이묘'의 성장

무로마치 막부는 일본의 통일을 위해 아시카가 가문 사람들과 몇몇 충신들을 지방에 파견했다. 이들을 '슈고守護'라 하는데, 이들은 지방의 징세 및 치안 책임자인 '지토'와 '고케닌'을 부하로 편입하고 영주처럼 행세했다. 그러면서 명나라에 사신을 파견하여 무역을 허락받았다. 이를 '감합무역勘合貿易'이라 하는데, 상당한 이윤이 남는 장사여서 상인 집단이 성장하는 배경이 되었다.

무로마치 막부 시대에는 사무라이들의 지배가 본격화되면서 이전의 교종보다는 삶과 죽음에 초탈한 선불교가 유행했다. 이때 등

장한 문화가 정원·다도·수묵화·꽃꽂이 등으로, 크게 '기타야마北山 문화'와 '히가시야마東山 문화'로 나뉜다.

전자를 대표하는 '킨카쿠지金閣寺'(금각사)가 금박으로 뒤덮인 불당이 상징하듯 화려한 귀족 문화적 성격이 강하다면, 후자를 대표하는 '긴카쿠지銀閣寺'(은각사)는 그 이름과 달리 불당을 은으로 덮지 못하여 옻칠만으

화려한 귀족문화적 성격이 강한 '기타야마 문화'의 금각사(위)에 비해, 은각사는 차분하고 다양한 '히가시야마 문화'를 대표한다.

로 마감한 데서 알 수 있듯 차분하고 다양한 문화를 표현하려는 성격이 강했다.

시간이 흐르면서 지방에 파견된 슈고가 막부에 저항할 정도로 성장하여 이들을 지방 유력자라는 의미의 '다이묘大名'라는 이름을 붙여 '슈고 다이묘'라 불렀다. 그에 반해 중앙 막부의 쇼군들은 불행히도 유능한 정치가가 아니었다. 그들은 킨카쿠지와 긴카쿠지 등 불사를 크게 일으켜 재정을 낭비하는가 하면, 부인들이 부정부패에 앞장서 물의를 일으키는 등 혼란을 부채질했다. 결국 1464년 쇼군의 후계자를 둘러싸고 슈고 다이묘들의 대립이 얽히면서 '오닌의 난'이 일어나 11년간 지속되었고, 이로써 무로마치의 지배력은 약화되고 이후 백 년간 무사들이 다투는 전국戰國시대가 전개되었다.

079

명나라의 수양대군?

영락제

1360~1424

교과서 속 한 줄 역사 1368년 주원장(홍무제)은 남경(난징)을 수도로 삼아 명을 건국하고 몽골을 북방으로 몰아냈다. 홍무제는 재상제 폐지, 과거제 부활, 토지대장과 조세대장 작성, 이갑제(부역법) 편성 등 국가 체제를 정비했다. 명의 제3대 황제인 영락제는 수도를 북경(베이징)으로 옮기고 대운하를 보수하여 화북과 강남의 물자 유통을 활성화화였다.

1453년 조선의 수양대군이 조카 단종을 보위하던 주요 대신들을 죽이고 권력을 찬탈하였다.(계유정난) 이후 수양대군은 조정의 주요 관직을 자기 사람들로 채운 뒤, 마침내 단종을 죽이고 왕위(세조)에 올랐다. 사육신과 그를 계승한 사림들이 이를 두고두고 비난했지만, 사실 당시 조선인들에게 '계유정난'은 그리 낯선 사건이 아니었다. 이미 50여 년 전 명나라에서 '정난의 변'(1399)이 일어났기 때문이다.

주원장, 명나라를 건국하다

원나라 말기 몽골족의 지배에 저항하는 수많은 반란이 일어났다. 주원장朱元璋도 이러한 반란 집단의 우두머리 중 한 사람이었다. 가난한 농민의 아들로 태어난 주원장은 탁발승으로 전전하다 비적匪賊(떼도둑)이 된 뒤 일약 강남 지방의 강자로 부상하였다. 그는 남경을 근거로 강남 지주층의 지지를 받으며 여러 군웅들을 물리치고 1368년 명을 건국하였다. 그를 '홍무제洪武帝'라 부른다.

홍무제는 명을 건국한 직후 대도(베이징)를 점령하고 몽골을 초원 지대로 몰아낸 뒤 왕권 강화 정책을 펼친다. 조선 태종이 그랬던 것처럼 사병 세력을 혁파하고 개국공신을 토사구팽하였으며, 향촌 지배 제도인 '이갑제里甲制'를 실시하여 중앙집권을 강화했다.

이갑제 실시, 재상제 폐지, 조세 징수의 기초가 되는 토지대장 '어린도책魚鱗圖冊'과 조세와 역을 부과하는 데 기본이 되는 호적 자료인 '부역황책賦役黃冊'을 정리하는 등 제도 정비 작업을 추진하면서 무신 세력은 약화되고 문신 중심의 정치체제가 확립되었다.

홍무제는 왕권을 안정적으로 세습하기 위해 장남 주표를 황태자로 봉하고 다른 아들들은 왕으로 봉해 모두 변방으로 보냈다. 아들들이 황제 자리를 노리지 않고 국방의 든든한 울타리가 되어 주기를 바란 것이다. 만약 황태자가 오래 살았다면 그의 꿈이 이루어졌을지도 모른다. 하지만 1392년 주표가 37세의 나이에 죽는 바람에 계획이 어그러지고 말았다.

조카를 죽이고 황제 자리에 오르다

그로부터 6년 뒤인 1398년 홍무제가 죽고 주표의 아들 주윤문이 22세의 나이에 즉위하니 '건문제建文帝'이다. 어린 나이는 아니었지만 건문제의 주변에는 문약한 문신들뿐이었고, 상대적으로 야심만만한 삼촌들은 변방에서 몽골과 싸우며 단련된 강력한 군대를 거느리고 있었다. 그중 가장 강력한 세력을 형성한 사람은 홍무제의 넷째 아들로 대도(베이징)를 근거로 한 '연왕燕王 주체朱棣'였다. 연왕은 한족·몽골·서역·여진 등 여러 민족으로 구성된 강력한 군사 집단을 거느리고 남경의 문신 관료들과 사사건건 부딪쳤다.

마침내 1399년 연왕이 군대를 일으키니, 이를 '정난靖難의 변'이라 한다. 정난의 변은 1402년 남경(난징)이 함락될 때까지 3년 동안 이어졌으며, 이로 인해 화북 지방은 큰 피해를 입었다. 연왕의 군대는 총 4차에 걸쳐 남하했는데, 처음 세 번은 패하여 대도로 회군했다. 정부군이 용감하게 항전한 탓도 있지만, 연왕이 아직 충분한 지지를 확보하지 못하여 무력시위를 하는 정도에 그친 때문이었다.

하지만 1402년 마지막 공격에서는 형제들, 즉 왕들의 지지를 충분히 확보한 후라 거칠 것이 없었다. 건문제는 남경이 함락되자 궁궐에 불을 지르고 그 속에서 타 죽었다. 하지만 시체를 찾지 못하여 수많은 의혹이 일어났으며, 이는 두고두고 영락제永樂帝(연왕 주체)를 괴롭혔다.

영락제의 화려한 업적

군사적 기반을 바탕으로 황제의 자리에 오른 영락제는, 자신의 근

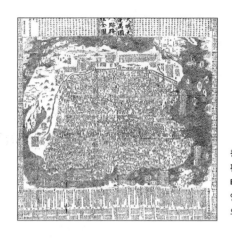

청나라 제4대 황제 강희제 2년(1663)에 편찬된 〈대명구변만국인적로정전도大明九邊萬國人迹路程全圖〉. 명나라의 영락제 시대에 정화가 벌인 여섯 차례의 대원정의 여정을 추정해 볼 수 있다.

거지인 대도를 명나라의 새로운 수도로 삼고 적극적인 대외 정책을 추진했다. 몽골 · 만주 · 티베트 · 베트남 · 일본 등 여러 나라를 공격하거나 외교 관계를 맺었으며, 특히 몽골에 대해서는 자신이 직접 군대를 이끌고 1410년부터 1423년까지 5차에 걸친 원정을 단행하여 몽골을 완전히 초원 지대로 몰아내고 남하할 수 없도록 했다.

영락제 대외 정책의 하이라이트는 '정화'의 원정이다. 환관 정화가 영락제의 명을 받아 28년 동안 총 여섯 차례에 걸쳐 단행한 이 원정은 세계 역사에서 전무후무한 대항해였다. 당시 항해에 나섰던 명나라의 대선大船은 길이 138미터, 너비 56미터 규모로, 15세기 아메리카 대륙을 발견한 콜럼버스의 '산타마리아호'가 길이 29미터, 너비 5미터 정도였음을 감안하면 그야말로 항공모함급 배였다.

정화는 대선 62척과 대소 전함에 군인과 외교관 등 2만7,800여 명을 태우고 소주를 출발하여 참파(지금의 베트남) · 자바(인도네시아) · 캘리컷(인도) · 호르무즈(이란)에 이르렀으며, 그의 파견대가 동아프리카의 모가디슈까지 진출했다. 정화의 원정으로 약 30여 개 국이 중국과 조공 관계를 맺었으며, 중국 상인들이 진출하여 화교 사회를 형성하는 계기가 마련되었다.

영락제의 묘호는 '태종太宗'이다. 태종은 나라의 기틀을 잡아 건국 시조에 버금가는 업적을 세운 이에게 올리는 묘호이다. 전체적으 로 문약하고 환관의 횡포로 신음했던 명나라에서 영락제만큼 화려 한 업적을 세운 황제는 없었다. 그런 의미에서 영락제의 재위 기간 (1402~1424)은 당시 동아시아 왕들에게 하나의 모델이 되었을 것 이며, 특히 야심만만한 왕족들에게는 더욱 그러했을 것이다. 영락 제 사후 30년 뒤, 수양대군이 계유정난을 일으킨 데도 영향을 미치 지 않았을까?

◈ **아시아와 유럽의 운명을 가른 대항해 시대**

15세기는 유럽과 아시아 모두 대항해 시대였다. 정화의 원정이 이루어진 1420년대, 유 럽에서는 '항해왕'으로 일컬어지는 포르투갈의 엔리케 왕자가 아프리카 서해안을 개척 하는 선단을 파견했다. 엔리케의 노력은 이후 바스코 다 가마가 아프리카 남단을 돌아 인도양으로 진출하는 토대가 되었고, 아울러 콜럼버스가 아메리카를 발견하는 계기가 되었다. 조선의 세조도 여진 및 일본에 사신을 파견하며 적극적인 대외 정책을 폈다.

하지만 동아시아는 영락제와 세조 이후 쇄국정책을 단행했다. 재정 적자만 누적될 뿐 대외 관계를 통해 별다른 이익을 얻지 못했기 때문이다. 반면 16세기 들어 유럽은 아메 리카 대륙의 은을 바탕으로 비약적 발전을 이루며 대항해에 적극적으로 나섰고, 이것 이 결국 동과 서의 운명을 갈랐다.

사실 유럽의 승리는 야만적이었다. 원만한 대외 관계를 선호한 중국에 비해, 유럽은 철 저하게 신대륙을 수탈하여 부를 축적했다. 이것이 아시아가 쇄국한 데 비해 유럽이 대 항해를 이어 간 이유였다. 역사는 때로 '옳은 것이 항상 좋은 것은 아니다'라는 냉소적 교훈을 주기도 한다.

080

홍위병의 표적이 된 황제

만력제

1563~1620

교과서 속 한 줄 역사 나이 어린 만력제의 즉위와 환관의 횡포, 북로남왜北虜南倭의 침략으로 혼란에 빠진 명은 장거정張居正을 등용하여 개혁에 나섰으나 실패하였다.

"조반유리!造反有理"

1966년 베이징 외곽 명나라 제13대 황제 만력제萬曆帝의 무덤 '정릉'으로 거대한 무리들이 다가갔다. 홍위병이었다. 그들은 '조반유리'('모든 반항과 반란에는 나름대로 정당한 도리와 이유가 있다'는 의미)를 외치고 마오쩌둥毛澤東 어록을 들고 흔들었다. 능을 경비하던 병사들은 넋을 잃고 바라볼 뿐이고, 관리인들은 이미 결박된 채 꿇어앉았다. 이윽고 한 청년이 앞에 나와 외쳤다.

"봉건 지배의 잔재를 파괴하자!"

"인민 착취자를 처단하자!"

홍위병들은 능 안으로 들어가 만력제의 시신을 끌어내 바닥에

팽개쳤다. 약간의 모발과 뼈만 남은 시신이 '빠각' 소리를 내며 뒹굴었다. 잠시 후 시신은 홍위병들이 내리치는 돌들에 부서지고 불태워졌다.

정치를 돌보지 않은 절름발이 왕

이 일이 벌어지기 10년 전인 1956년, 당시 마오쩌둥의 중국 정부는 명나라 황제들의 무덤이 모여 있는 십삼릉十三陵 중 만력제의 정릉을 발굴했다. 중국 공산화 이후 처음 이루어진 대규모 발굴이었기에 비상한 관심 속에 진행되었다. 그런데 왜 하필 정릉이었을까?

만력제는 1572년 9세의 어린 나이로 즉위한 이래 1620년까지 48년을 재위했는데, 그 오랜 기간 동안 정무는 거의 돌보지 않고 칩거 생활을 하며 환관들에게 정치를 맡기다시피 했다. 이 때문에 명은 피폐해졌고, 결국 1616년 여진족(만주족)이 흥기하여 후금을 건국하고 만력제 사후 마침내 명을 멸망시키기에 이르렀다. 치욕적인 만주족 지배 300년을 야기한 황제로 대단한 지탄을 받았던 바, 그 이유를 해명하고자 정릉 발굴에 나선 것이다.

정릉은 여느 중국 황제의 무덤처럼 지하 궁전으로 조성되어 있다. 진시황릉에는 미치지 못하지만 만만치 않은 규모여서 발굴에 참여한 학자들은 고전을 면치 못했다. 더군다나 당시 발굴 수준은 그처럼 거대한 무덤을 작업할 정도로 발전하지 못했다. 숱한 오류와 손실을 겪으며, 그리고 기술 수준이 충분하지 않으면 발굴해서는 안 된다는 뼈저린 교훈을 얻으며 마침내 학자들은 만력제의 관을 열었다.

만력제의 시신은 뼈만 남고 모두 부패한 상태였지만 수염 등 약간의 모발은 남아 있었다. 만력제는 어머니 쪽으로 아랍계 혈통이 섞이고, 한쪽 다리가 짧아 소아마비로 인한 절름발이였던 것으로 추정된다. 어린 시절 제위에 올라 모후의 섭정과 주변의 간섭에 시달렸고 신체적 콤플렉스까지 있었으니, 정치에 염증을 느껴 대인기피증에 시달린 것은 아닐까?

북로남왜에 시달리다

환관들의 정치 간여는 영락제 말기부터 시작됐다. 왕권 강화를 위해 측근을 중용한 부작용이었다. 비록 영락제 자신은 정화 등 유능한 환관을 기용하여 명나라의 전성기를 이끌었지만, 후대 황제들은 그럴 능력이 부족했다. 16세기 들어 명은 점점 부패한 정치인들의 횡포로 약해져 갔다.

대외적으로는 남쪽에서 왜구, 북쪽에서 몽골의 침략이 재개되었는데, 이를 '북로남왜北虜南倭'라 한다. 영락제의 원정으로 쫓겨났던 몽골의 몇몇 부족들이 영락제 사후 다시 남하하기 시작했는데, 이때 명이 결정적인 실수를 한다. 환관 왕진의 부추김에 명의 제6대 황제 '정통제正統帝'가 50만 대군을 이끌고 몽골 정벌에 나섰다가 불모지인 토목보에 갇히고 만 것이다. 식수를 구하지 못해 쩔쩔매던 명군은 전멸하고 정통제는 포로로 붙잡히고 말았다. '토목보의 변'(1449) 이후 명은 심심하면 몽골에게 얻어터지는 신세가 되고 말았다.

여기에다 16세기 중엽부터는 왜구가 중국의 강남 해안 지방을 약탈하였다. 이를 2차 왜구라 한다. 고려의 남해안을 주로 공략했

던 1차 왜구와 달리, 2차 왜구는 일본·중국인 연합이었다.* 특히 2
차 왜구는 명이 일본과의 무역을 제한한 데 대한 반발로 일어난 것
이어서 무역 특수를 노리는 명나라 강남 지역 부유층의 은밀한 후
원을 받았고, 5천~1만 명 단위의 대규모 왜구가 곳곳에서 정부군
과 충돌하면서 대규모 침략으로 비화되었다.

남북에서 군사적 충돌이 이어지다 보니 국방비 지출 증가로 재
정 적자가 발생하고, 여기에 환관과 관리들의 부패가 더해져 백성
들은 세금과 수탈의 이중고를 겪었다.

수포로 돌아간 장거정의 개혁

이 문제를 해결하기 위해 만력제가 즉위한 1572년부터 장거정張居
正이 개혁에 나섰다. 개혁의 핵심은 토지를 다시 측량하여 소유자와
과세 기준을 재정리하는 것이었다. 이로써 지주들이 숨긴 토지를
찾아내 호남 지방의 과세 대상 토지가 이전보다 3배 가까이 증가했
고, 재정 적자도 흑자로 전환되었다. 하지만 개혁 10년 만에 장거정
이 죽자, 기득권층이 일제히 반발하고 나섰다. 개혁은 취소되었고
장거정의 가산은 몰수되었으며 그 유족은 유배되었다.

아직 20대의 만력제는 개혁에 대한 기득권층의 반동에 무기력했
다. 그는 모든 정치를 환관과 권신들에게 맡기고 술과 목욕으로 소
일했다. 황제의 지도력이 부재한 사이 '보바이의 난'·임진왜란·양

---

* 우리는 2차 왜구의 피해를 별로 입지 않았기 때문에 왜구라 하면 1차 왜구만 생각하고
단순히 일본 해적이라고 여긴다. 하지만 일본이나 중국에서는 2차 왜구의 피해가 더 심
각했기 때문에 국제적 해적 집단으로 보는 경우가 많다.

응룡의 반란 등 '만력 3대정征'이라고 일컬어지는 굵직한 사건이 터져 무려 1,200만 냥에 달하는 군사비가 지출되었다. 국가재정은 파탄 났고, 재정 확보를 핑계로 권력자들의 민중 수탈은 한층 가혹해졌다. 농민반란이 일어나지 않을 수 없었다.

만력제는 1620년 57세의 나이로 숨을 거두었다. 그가 48년의 재위 기간 동안 한 일은 아무것도 없었다. 그 사이 여진족 추장 누르하치가 후금을 건국(1616)하고 만주를 장악했다. 내부적으로는 농민반란, 외부적으로는 후금의 침략 앞에 명은 바람 앞의 등불 신세가 되었고, 결국 1644년 멸망하고 말았다. 명 멸망의 직접적 책임이 바로 만력제에게 있었다.

오늘날 정릉은 홍위병에 의해 철저히 파괴된 뒤 썰렁하게 남아 있고, 시신마저 유실되어 만력제의 비밀에 대한 정식 보고서는 발간되지 못했다. 명나라 황제의 능 중에서 정릉이 가장 심하게 파괴되었으니, 역사의 인과응보라고 할 수 있을까?

◈ **임진왜란 때 누르하치가 왔다면…**

명의 재정을 파탄 낸 '만력 3대정' 중 임진왜란 때 전체 군사비의 3분의 2에 해당하는 780만 냥이 사용되었다. 명이 임진왜란에 참전하지 않았다면 망하지 않았을지도 모르니, 조선에게는 다행이고 명에게는 불행이었던 셈이다.

당시 명 조정에서 모두 임진왜란 참전을 지지한 것은 아니다. 많은 이들이 반대하고 나섰는데, 그중 당시 여진족 추장이었던 누르하치와 여진 군대를 조선에 보내자고 제안한 관리도 있었다. 그는 재정 낭비 없이 일본을 물리칠 뿐만 아니라 여진의 힘을 약화시킬 일석이조의 기회라고 주장했다. 만약 그랬다면 역사는 크게 바뀌었을 것이다. 어쩌면 청나라가 중국이 아니라 한반도에 세워졌을지도 모를 일이다. 이 계획은 조선 조정의 반대로 무산됐으니, 이때만큼 조선이 '실리적' 외교를 한 적도 별로 없었다.

081

산해관과 함께 무너진 명

후금

17세기

교과서 속 한 줄 역사 청 태조 누르하치는 만주의 여진족을 통일하고 후금을 세웠으며, 청나라 제2대 황제 홍타이지는 국호를 청으로 바꾸고 조선을 굴복시켰다. 농민반란을 이끈 이자성이 1644년 명을 멸망시키자, 청의 제3대 황제 순치제는 산해관을 넘어 베이징에 입성하였다.

산해관은 높이 14미터 두께 7미터에 이르는 만리장성 동쪽 끝 요새이다. '천하제일관'이라 일컬어지며, 명나라의 명장 척계광이 요새화한 이후 절대 뚫을 수 없는 관문으로 유명했다. 요새가 바다에 면해 있어 전쟁 시 철문을 쇠로 녹여 봉해 버리면 누구도 침범할 수 없었다. 하지만 요새는 뚫을 수 없어도 사람은 뚫을 수 있는 법, 사람이 지키는 한 항상 허점은 존재하기 마련이다.

만주의 지배자 누르하치

여진족은 크게 압록강 주변의 '건주 여진', 쑹화 강 상류 옛 부여 지역의 '해서 여진', 헤이룽 강(흑룡강) 주변 '야인 여진'으로 나뉘어 있었다. 이 중 조선과 자주 접촉했던 건주 여진이 발전의 여지가 많았다. 이 건주 여진의 추장 '누르하치'가 바로 후금을 건국하여 금 멸망 이후 300여 년 만에 여진족 부흥의 기틀을 마련하였다.

누르하치는 요동의 군사 책임자 이성량* 밑에서 일하며 세력을 키웠다. 이성량은 100여 년 전 요동으로 건너간 조선인의 후예로서 대대로 그곳에 정착해 살았기에 여진족을 잘 다루었다. 누르하치가 이성량과 명의 후원을 등에 업고 주변 부족들을 정복하여 자신의 영역을 '만주滿洲'라 불렀으며, 이로써 여진족도 만주족이라 불리게 되었다.

이성량이 물러나고 임진왜란이 일어나 명의 만주 지배가 느슨해지자, 누르하치는 그동안의 힘을 모아 자립을 시도했다. 1601년 부족 통제·동원 체제인 '팔기제八旗制'를 만든 것이 결정적이었다. 마침내 1616년 후금 건국을 선포하고 명을 공격하기 시작했다. 누르하치는 '7대 한恨'을 선포했는데, 그중 첫 번째가 그의 아버지와 할아버지가 명군에 학살당한 것이었다. 겉으로는 순종했지만 명에 대한 원한을 가슴 깊이 품고 있었던 것이다.

요동의 명군은 후금군의 적수가 아니었다. 1619년 임진왜란 때 참전했던 이여백, 양호, 유정 등이 조선의 강홍립 등과 함께 후금군과 싸웠지만(샤르하 전투) 참패하였다. 이후 후금은 심양(선양)에 도읍을 정하고 만주(중국 동북 지방)를 장악한 뒤 만리장성을 넘어 본

* 이성량의 아들이 임진왜란 당시 명군 총사령관 이여송이다. 이여송은 조선에 들어와 자신이 조선인의 후예임을 밝혔다. 훗날 여진과의 전투에서 전사했고, 그의 후손 중 일부가 조선에 정책했다. 농서 이 씨 집안이 바로 그들이다.

토 공격을 시도했다. 하지만 그들에게 넘을 수 없는 벽이 있었으니, 그것이 바로 천혜의 요새인 산해관이었다.

힘없이 뚫린 난공불락의 요새

후금군은 20년 이상, 누르하치가 죽은 다음에도 한동안 산해관을 넘지 못했다. 산해관을 넘지 못하면 만리장성 북쪽 초원 지대를 멀리 우회해야 하는데 그것은 너무 위험한 일이었다. 보급로도 길어지고 몽골 등 다른 유목민족과 충돌할 수도 있었다. 바다로 우회하려면 강력한 수군이 필요한데, 그들은 바다를 구경도 못 해 본 민족이었다. 결국 후금은 수군을 외부에서 조달하기로 했다. 그 대상이 바로 조선의 수군이었다. 정묘호란(1627)은 이런 배경에서 일어난 것이다.

하지만 산해관을 무너뜨린 것은 조선의 수군이나 후금의 기마병이 아니라, 다름 아닌 명나라 자신이었다. 먼저 1633년 명의 수군 대장 장유덕이 투항했다. 고대하던 수군 전력이 제 발로 걸어 들어오다니! 크게 고무된 후금의 홍타이지는 국호를 청으로 바꾸고 '칭제건원稱帝建元'(황제를 칭하고 연호를 사용)하였다. 이것은 시작일 뿐이었다.

이미 17세기 초부터 일어난 명의 농민반란은 만력제 사후 걷잡을 수 없이 터졌고, 1641년 마침내 이자성이 호북성에서 봉기하였다. 1644년 시안西安을 점령한 그는 대순국을 세우고 황제를 칭한 뒤 베이징으로 쳐들어갔다. 무방비 상태였던 베이징은 너무나 손쉽게 함락되었고, 명의 조정은 남쪽으로 탈출하였다.

'보하이 만 연안에 위치한 만리장성의 첫째가는 요새'. 1616년 여진의 족장 누르하치가 후금(청나라)을 세운 이래, 제3대 황제 순치제에 이르러서야 청은 산해관(산하이관)을 넘어 대륙의 본토로 진출했다.

산해관을 지키던 오삼계 장군은 충성을 바쳐야 할 조정이 멸망하자 크게 당황했다. 그는 결국 청에 투항했고, 이로써 산해관은 싸우지도 않고 뚫렸다. 청군은 노도와 같이 남하하여 베이징의 이자성을 몰아내고 남쪽으로 도망친 남명 정권마저 무너뜨려 중원을 제패하였다.

세상을 움직이는 것은 기계도 지리도 아닌 사람이라는 평범한 진리가, 결국 세계에서 가장 거대한 제국의 운명을 바꾸었다. 오늘도 우뚝 서 있는 산해관의 위용이 이를 보여 주고 있다.

082

적은 내부에 있다

오다 노부나가

1534~1582

> **교과서 속 한 줄 역사** 15세기 후반 쇼군 자리를 둘러싼 싸움이 일어나 막부의 지배력이 약화되고, 이어 1세기 동안 무사들이 다투는 '전국시대'가 전개되었다.

1551년, 오늘날 일본 나고야 시 인근의 오와리 지역 지배자 오다 노부히데가 갑작스럽게 사망했다. 노부히데의 아들은 이제 겨우 열여덟 살로 라이벌인 이마가와 가문이나 사이토 가문에 맞서기에는 너무 어려 보였다.

모두 슬픔과 걱정에 빠져 절에서 장례를 치를 때, 그동안 보이지 않던 노부히데의 아들이 홀연 나타났다. 상복도 걸치지 않고 장검을 허리에 찬 채 머리를 질끈 묶은 모습이었다. 그는 불전 앞에 나아가 향 가루를 한줌 뿌리고 나가 버렸다. 모두 어이없어할 때 객승 한 명이 탄식하듯 말했다.

"진정으로 슬픔을 나타내신 겁니다. 훌륭한 주인이십니다."

그 아들이 바로 일본 전국戰國(센코쿠)시대의 영웅 오다 노부나가이다.

막부의 빈자리 메운 다이묘

무로마치 막부의 혼란이 절정에 달할 무렵, 쇼군의 자리를 놓고 아시카가 요시미와 아시카가 요시히사 사이에 전쟁이 벌어졌다. 이를 '오닌應仁의 난'이라 한다. 요시미 측 군대 16만 명과 요시히사 측 9만 명이 붙은 이 전쟁은 교토를 불태우고 지방으로 확산되면서 무려 10년이나 이어졌다. 이를 계기로 막부의 지배력이 유명무실해지면서 다이묘(지방 유력자)가 독립하고 하극상이 빈번해지는 '전국시대'가 도래하였다.

전국시대의 주인공은 '센코쿠戰國 다이묘'(전국 다이묘)이다. 이전의 슈고 다이묘가 혈연을 중심으로 한 무사 집단이었다면, 센코쿠 다이묘는 영주가 지역 백성을 다스리는 지역적 성격이 강했다. 센코쿠 다이묘는 가신을 통해 관료 체제를 구축하고 지역의 작은 영주들을 그 아래 두는 지배 체제를 만들었다. 독자적인 조세제도를 갖추었으며 '분국법分國法'이라는 성문법까지 갖춘 상당한 독립적 존재였다. 이들은 쇼군에 기대지 않고 지역의 영웅으로서 자기 나라를 다스리는 데 열중했다.

센코쿠 다이묘는 크게 두 종류가 있었다. 하나는 막부가 지방에 파견한 슈고 다이묘가 센코쿠 다이묘로 변신한 경우이다. 전쟁의 신으로 불리며 전국시대 통일을 향한 첫걸음을 뗀 다케다 신겐이 대표적이다.(구로사와 아키라 감독의 영화 〈카게무샤〉의 모델이다.) 그는 가이甲斐국의 지배자로 '풍림화산風林火山'(《손자병법》의 구절로 '바람처럼 빠르게, 숲처럼 조용히, 불같이 맹렬하게, 산처럼 묵직하게'라는 의미)이라고 씌어진 군기를 휘날리며 천하무적의 군대를 이끌었다.

또 하나는 하극상을 통해 센코쿠 다이묘가 된 경우이다. 막부가 슈고 다이묘를 교토에 머무르게 하자, 영지의 일을 대신 맡아 하는 가신들이 생겨났는데 이를 '슈고다이守護代'(슈고를 대신한다는 의미)라한다. 이 슈고다이가 슈고 다이묘를 몰아내고 권력을 잡은 뒤 센코쿠 다이묘로 성장한 것이다. 이를 대표하는 다이묘가 바로 오다 노부나가 집안이었다.

무로마치 막부의 문을 닫다

오다 노부나가는 아버지가 죽은 뒤 오와리 지역을 자신의 근거지로 만들기 위해 반대파를 제거했다. 자기 지역을 다스리며 독립적 존재로 있고자 하는 센코쿠 다이묘들과 달리 천하통일의 포부를 품은 그는, 1560년부터 주변 다이묘들과 전쟁을 벌인 끝에 1568년 마침내 교토에 입성하였다. 그는 도쿠가와 이에야스, 아케치 미쓰히데, 마에다 도시이에 등 중동부의 다이묘들을 휘하로 끌어들이고 도요토미 히데요시 등 유능한 부하 장수들을 거느렸다.

노부나가의 세력이 커질수록 이에 대한 저항도 강력해졌다. 특히 막부의 쇼군이 다케다 신겐 등을 끌어들여 반反노부나가 연합을 결성하여 공격하였다. 하지만 '전쟁의 신' 다케다 신겐이 교토로 진군하던 중 병으로 급사하면서 반노부나가군은 약화되었고, 이 틈에 노부나가가 역습을 가해 무로마치 막부를 아예 폐해 버렸다.

노부나가는 1575년 강력한 기마 군단을 자랑하는 다케다군과 맞붙었을 때는 포르투갈에서 수입한 수천 정의 조총으로 물리쳤고, 이외에도 엔랴쿠지, 혼간지 등 사원 및 농민 세력의 저항도 모두 물리쳤다. 막부 시대 승병을 기반으로 세속 권력 부럽지 않게 권력을 휘두르던 엔랴쿠지延曆寺는 이때 잿더미가 되었다. 오다 노부나가는 불교를 견제하려고 기독교에 호의적인 정책을 취하기도 했다.

혼노지의 변, 눈앞에서 놓친 통일의 과업

하지만 노부나가의 적은 '내부에 있었다.' 1582년 오다 노부나가가 모리 씨를 치려고 출병했을 때의 일이다. 노부가나는 도요토미 히데요시에게 주력 부대를 주어 먼저 보내고, 자신은 160명의 호위병을 거느리고 뒤따르다 혼노지本能寺에서 하룻밤을 묵었다. 그런데 선봉으로 1만여 병력을 거느리고 출전한 아케치 미쓰히데가 돌연 배신하여 혼노지를 공격했다. 격렬하게 저항하던 오다 노부나가는 상황을 돌이킬 수 없음을 알고 할복자살하였다. 1582년 6월 1일 밤의 일이었다. 가장 가까운 곳에 적이 있다는 의미로 종종 사용되는 '혼노지의 변'이다.

오다가 죽자 도요토미 히데요시는 모리 씨와 전격 휴전한 뒤 급히 군대를 돌려 아케치 미쓰히데 군대를 격파하고 권력을 잡았다. 이렇게 오다 노부나가는 눈앞에서 천하통일의 과업을 놓치고 부하에게 넘겨주고 말았다. 하지만 그가 닦아 놓은 반석 위에서 도요토미와 도쿠가와는 일본을 통일하고 새로운 시대를 열 수 있었다. 그가 일본에서 오늘날까지 영웅으로 추앙받고 있는 이유다.

083

섬나라 영웅의 엉뚱한 야심

도요토미 히데요시

1536~1598

교과서 속 한 줄 역사 1590년 도요토미 히데요시는 전국을 통일한 다음 조선을 침공하였으나 실패하였다.

일찍이 어머니가 나를 가지실 때 꿈에 태양이 어머니의 품속에 들어왔습니다. … 이와 같은 이적異蹟에 의해서 나에게 항거하려고 마음먹은 자는 자연히 부서지고, 싸우면 이기지 못하는 일이 없고 치면 빼앗지 못하는 일이 없었습니다. … 대저 사람이 이 세상에 태어나서 장수한다 하더라도 백 년 미만입니다. 어찌 이 고장에만 쪼그리고 있을 수 있겠습니까? … 대명국大明國에 곧바로 들어가 그 나라 400여 주를 우리나라 풍속으로 바꾸고 제도의 정화를 억만 년 시행하고자 합니다. ─《재조번방지再造藩邦志》•

• 조선의 문신 신경申炅이 임진왜란 전후의 사정을 기록한 책

1590년 11월 25일 도요토미 히데요시는 조선 통신사에게 국서를 보내, 자신은 하늘이 낳은 명장으로서 일본·조선·중국을 아우르는 대제국을 건설할 운명이라고 큰소리를 쳤다. 그리고 실제로 1592년 임진왜란을 일으켜 조선과 만주 일부까지 침략했다. 하지만 그것은 좁은 섬나라에서 거둔 성공에 고무된 자의 자아도취에 지나지 않았다.

지혜가 샘솟는 자

도요토미 히데요시는 1536년경 오와리 지역 가난한 농민의 아들로 태어났다. 생부의 이름조차 정확히 알려지지 않았으며, 어머니와 재혼한 양부의 성을 쓰다가 훗날 천황에게 '도요토미'라는 성을 하사받았다. 양부의 핍박으로 어린 시절 가출하였지만 형편없는 체력 때문에 최하급 보병인 '아시가루足輕'(막부 시대 훈련된 무사가 아니라 징발된 농민 출신 보병)로 오다 노부나가의 심부름이나 하는 처지였다.

그는 추운 겨울 날 오다 노부나가의 신발을 품에 안아 따뜻하게 녹이는 맹목적인 충성으로 주군 오다를 감복시켜 부하 장수로 발탁되면서 출세를 시작했다.

태양이 낳은 아들인지는 몰라도, 도요토미 히데요시는 '지혜가 샘솟는 자'라는 별명이 붙을 정도로 일 처리가 민첩하고 전략 전술이 뛰어났다. 1568년부터 주요 전투에 참가하였고, 1573년에는 영주로 봉해졌다. 조총을 기반으로 한 총포대 결성 등 오다의 획기적인 전투 방법 창설에 기여하여 큰 신임을 얻었다. 오다 노부나가의 무적 군대는 도요토미 히데요시의 이름도 함께 드높였다.

"우리가 히데요시 같은 놈의 꽁무니나 쫓아 다녀야 하나? 노후의 추억거리로 하룻밤이라도 천하를 취하고 싶다. 지금 노부나가를 치러 간다."

1582년 '혼노지의 변'을 일으키기 전에 아케치 미쓰히데는 심복들을 모아 놓고 이렇게 불만을 토로했다고 한다. 도요토미의 승승장구와 오다 노부나가의 서투른 용인술이 결국 아케치의 배신을 불러온 것이다.

혼노지의 변으로 오다 노부나가가 죽었을 때, 모리 씨와의 전쟁을 수행할 주력 부대를 이끌고 있던 도요토미 히데요시는 모리 씨와 즉각 휴전협정을 체결한 뒤 군대를 돌려 아케치 미쓰히데를 공격했다. 도요토미는 일본 역사상 최고의 강행군으로 꼽히는 190킬로미터의 주야 행군 끝에 아케치 미쓰히데를 하루 만에 격파하고 권력을 잡았다.

이제 도요토미 히데요시의 가장 큰 적은, 오다 노부나가의 차남 오다 노부오를 받들고 있던 도쿠가와 이에야스였다. 둘은 1584년 고마키 나가쿠테 전투에서 승패를 가르기 어려운 일진일퇴의 공방을 주고받은 뒤, 도요토미의 설득으로 연합하게 된다. 도쿠가와 이에야스가 기득권을 보장받는 조건으로 도요토미 밑으로 들어가기로 한 것이다.

이후 도요토미 히데요시는 거칠 것이 없었다. 시코쿠와 규슈 등 남부 지방을 정벌하고 1590년 북부 지방마저 정벌하여 전국 통일을 이룩하였다.

허황된 명나라 정벌의 꿈

도요토미 히데요시의 능력은 전국 통일과 함께 더욱 빛났다. 천황을 등에 업고 센코쿠 다이묘들의 충성을 받아 냈으며, 오다 노부나가 시절부터 추진하던 각종 통일 정책들을 완성해 나갔다. 저항하는 다이묘들의 토지를 몰수하여 자신의 직할지를 늘리고 도

1585년 천황 다음가는 '관백'의 자리에 오른 도요토미 히데요시.

로망에 검문소를 설치하였으며, 토지 조사를 통해 경제적 지배권을 확보하였다. 특히 쌀의 생산고에 따라 다이묘를 봉하고 군역을 부과함으로써(1천 석 다이묘, 1만 석 다이묘 식으로) 체계적인 다이묘 통제 및 동원 체제를 이루었다.

또한 '일지일작인제一地一作人制'를 시행하여 하나의 토지에 여러 권력자들이 간섭하는 것을 금함으로써 농민의 경작권을 보호하는 한편, '도검 몰수령'을 내려 무기 소유를 금했다. 이러한 정책으로 신분 질서가 확립되고 지방 영주들에 대한 중앙 권력의 통제가 강화되면서 국가 체제가 안정화되었다.

하지만 그의 빛나는 업적은 엉뚱한 야심을 불러일으켰다. 포르투갈 상인들과 예수회 선교사들을 통해 조선과 명나라의 국가 체제가 흔들리고 군사력이 약해졌음을 간파한 도요토미가 대륙 진출의 꿈을 꾸기 시작한 것이다. 그리하여 일어난 전쟁이 전국 통일 2년 후 발발한 임진왜란*이다. 도요토미가 주장한 '가도입명假道入明', 곧 명

나라로 들어갈 길을 빌리다, 정확히는 '향도정명嚮導征明', 명나라를 정벌할 길을 안내하라는 것이 결코 핑계만은 아니었던 것이다.

하지만 좁은 일본 땅에서 지역 세력인 다이묘의 군대와 싸우는 것과 광대한 타국 땅에서 국가 차원의 전쟁을 수행하는 것은 완전히 달랐다. 풍토병, 이질적인 문화, 민족적 자존심 등이 복잡하게 얽혀 있기 때문이다. 도요토미 히데요시는 조선의 수도 한양을 점령하고 전쟁이 끝났다고 착각했고, 북한 지방의 혹한에 제대로 대비하지 못했으며, 중국 등 주변 국가들 사이의 외교적 문제에 전혀 대처하지 못하는 등 실책을 연발했다. 무엇보다 그는 조선 의병들이 결사적으로 항전하는 것을 끝내 이해하지 못했다. 결국 도요토미 히데요시는 막대한 군사력을 소모한 후 전쟁을 후회하며 생을 마감했다.

임진왜란이 동아시아 전체에 끼친 영향은 막대하다. 큰 틀에서 보면 일본이 크게 손해 본 전쟁도 아니다. 하지만 도요토미 히데요시에게는 멸망의 비운을 가져다준 사건이었고, 그것은 스스로 자초한 것이었다. 이것이 영웅 도요토미에 대한 평가가 박할 수밖에 없는 이유다.

● 일본에서는 천황의 연호를 따서 '문록文禄의 역'(임진왜란), '경장慶長의 역'(정유재란)이라 한다. 각 나라마다 전쟁을 일컫는 명칭이 달라 역사를 공부할 때 종종 혼란에 빠지곤 한다. 북한에서는 '임진조국전쟁'이라 하며 중국에서는 '만력의 역'이라 하고, 비슷한 시기 일어난 두 건의 사건('보바이의 난'과 '양응룡의 반란')을 합쳐 '만력 3대정'이라고도 부른다. 우리 학계에서는 '조명 7년전쟁'이라 일컫기도 한다. 엄격한 의미에서 국가 간 전쟁을 '난亂'이라 하는 것은 적절하지 못하다.

◈ 도요토미의 오사카 성

오다 노부나가와 도요토미 히데요시는 기존의 불교 세력을 약화시키기 위해 예수회의 천주교 포교를 묵인하였고 엔랴쿠지를 불태우기도 했다. 이 때문에 일본의 기존 종교적 문화와 다른 이 시기만의 독특한 문화가 발전하는데, 이를 '아즈치모모야마 문화'라 한다. '아즈치安土'는 아즈치 성, '모모야마桃山'는 후시미 성의 별칭으로, 결국 성이 문화의 중심인 것이다.

도요토미 히데요시의 성은 바로 오사카 성이다. 물론 그가 살았던 곳은 후시미 성, 주라쿠테이聚樂第 등 여러 곳이 더 있지만, 그의 권력을 상징하는 것은 오사카 성이다. 오사카 성은 거대한 돌을 쌓아 만든 성으로, 성문을 들어서면 집채만 한 거대한 돌이 관광객을 맞이하고, 웅장한 천수각이 굽어보고 있다. 도요토미 집안과 고락을 같이한 이 성은 제2차 세계대전 당시 군사령부 소재지로 폭격을 당하기도 했다.

084

인내의 화신, 가장 성공한 창업자

도쿠가와 이에야스

1543~1616

교과서 속 한 줄 역사 도요토미 사후 도쿠가와 이에야스가 권력을 장악하여 에도
에서 막부를 열었다.

1600년 9월 15일, 일본 중부의 세키가하라 평원에서 15만 명이
넘는 대병력이 맞붙었다. 도쿠가와 이에야스가 이끄는 동군 7만여
명과, 도요토미 히데요시의 아들 히데요리를 지지하는 서군 8만여
명의 격돌이었다.

서군의 총지휘자는 도요토미의 오른팔이었던 이시다 미쓰나리
였고, 주요 장수는 임진왜란 당시 일본군 총대장 우키타 히데이에,
정유재란 총대장 고바야카와 히데아키, 선봉장 고니시 유키나가, 7
군 사령관 모리 데로모토 등이었다. 한편 동군의 주요 장수는 마에
다 도시나가, 아사노 요시나가, 모가미 요시아키를 비롯하여 임진
왜란 당시 선봉장이자 2군 지휘관이었던 가토 기요마사, 3군 지휘
관 구로다 나가마사, 5군 지휘관 후쿠시마 마사노리 등이었다. 전

체적으로 서군은 임진왜란 때 조선에서 산전수전 다 겪은 역전의 용장들이고, 동군은 후방에서 전력을 보존한 도쿠가와 가문의 충신들이었다.

이날의 전투는 시작부터 이상했다. 서군이 수적으로 우세했지만 적극적으로 전투에 임하지 않고 관망하는 장수들이 많아 분위기가 어수선했다. 이시다는 동군의 배후에 포진한 고바야카와 부대 1만 5천이 공격에 나설 것을 기대했지만, 고바야카와 부대가 배신하여 오히려 서군의 측면을 공격하는 바람에 전열이 무너지고 말았다. 결정적 배신으로 서군은 참패하고, 이시다 등 서군의 주요 지휘관들은 모두 참수당하거나 할복하였다. 이로써 대권이 도쿠가와 이에야스에게 넘어갔다.

끝없는 좌절과 견제

도쿠가와 이에야스는 무사 집안에서 태어나 전국시대를 온몸으로 겪었다. 아버지를 따라 전쟁터를 전전하고, 인질로 잡혀 가기도 했으며, 암살로 아버지를 잃었다. 몰락해 가는 가문을 일으켜 세우기 위해 어릴 때부터 악전고투를 거듭했던 그는, 아홉 살 연상의 오다 노부나가를 만나면서 겨우 반전의 기회를 얻었다.

그는 일본 중부의 미카와 지역을 장악한 뒤 인근 지방으로 영향력을 확대하며 서서히 세력을 확장했는데, 1571년 다케다 신겐의 공격을 받고 참패하면서 다시 한 번 나락으로 굴러 떨어졌다. 하지만 그는 실망하지 않고 다시 재기의 발판을 마련했다.

1575년 나가시노 전투에서 오다 노부나가와 함께 다케다 기마

일본 전국시대를 마감한 '세키가하라 전투'(1600). 이 전투의 승리로 도쿠가와 이에야스는 도요토미 가문을 누르고 '에도 막부' 시대를 연다.

군단을 격파하고 승승장구하기 시작한 도쿠가와는, '혼노지의 변'으로 오다 노부나가가 죽자 그 아들과 함께 도요토미에 대항했지만 세가 미치지 못하는 현실을 절감하고 도요토미 히데요시 밑으로 들어갔다.

그런데 도요토미가 1590년 일본을 통일한 이후 도쿠가와에게 기존의 영지를 버리고 에도(현재의 도쿄)를 중심으로 한 동부로 이동할 것을 명령했다. 자신의 근거지를 잃은 도쿠가와에게 또 한 번의 시련이 닥쳤다.

도쿠가와 이에야스는 에도 일대 간토 지방을 일구는 한편, 명목상 2인자로서 수많은 도요토미 부하들의 견제를 견뎌 냈다. 그는 임진왜란 참전 요구를 요리조리 피하면서 자신의 세력을 지키는 데 골몰했다. 마침내, 1598년 도요토미 히데요시가 죽고 어린 아들 히데요리가 권력의 자리에 오르자 '고다이로五大老'(히데요리를 위한 다섯 명의 대신들)의 우두머리로서 권력을 점차 공고히 해 나갔다. 그리고 이시다 미쓰나리 등 히데요리에게 충성을 바치는 세력이 그를 견제하자, 마침내 결전을 치르기로 결심했다. 그리하여 일어난 전투가 바로 '세키가하라 전투'이다.

에도 시대를 열다

도쿠가와는 전투에서 승리한 뒤 자신의 가신들을 동부 및 중부 지방 다이묘로 임명했다. '후다이譜代 다이묘'라 불리는 이들은 도쿠가와 이에야스를 지키는 일종의 방어벽이었다. 그러면서 도쿠가와는 믿을 수 없는 다이묘들을 서부와 규슈 등 먼 곳으로 쫓아 버렸다. 이들을 '도자마外樣 다이묘', 말 그대로 변방의 다이묘라 한다. 도쿠가와는 이외에 권력을 안정화시킬 여러 정책을 시행한 후 1603년 쇼군의 자리에 올라 '에도 막부'를 개설했다. 260년 에도 막부의 역사가 시작된 것이다.

도쿠가와 이에야스는 막부를 연 이후에도 철저했다. 아들 히데타다에게 쇼군 자리를 물려줌으로써 세습을 분명히 한 후, 오사카 성에 머물던 도요토미의 아들 히데요리를 서서히 압박해 들어갔다. 마침내 1615년 5월 오사카 성을 함락하고 히데요리를 할복시켰다. 그 뒤 '일국일성령一國一城令', 즉 영지 내에 다이묘가 거주하는 본 성을 제외한 모든 성을 파괴하라는 명령을 내려 반대파가 저항할 근거지 자체를 만들 수 없도록 했다.

1616년 도쿠가와 이에야스는 73세의 나이로 고향에서 조용히 생을 마감했다. 그는 숱한 우여곡절을 겪었고 여러 차례 참담한 좌절을 겪었다. 하지만 항상 오뚝이처럼 일어났고, 마침내 새로운 시대를 열어젖혔다. 창업자로서 가장 성공적 모델인 도쿠가와 이에야스, 새로운 역사는 오는 것이 아니라 만드는 것임을 잘 보여 준 인물로 평가받는다.

◈ **교토 '네네의 길'에 얽힌 사연**

도요토미 히데요시가 죽고 그의 부인 네네(기타노만도코로北政所)는 남편의 명복을 빌기 위해 출가한 뒤 '고다이지高台寺'라는 절을 세웠다. 고다이지는 교토 관광 1번지인 기요미즈데라淸水寺 인근에 위치한 절로, 최근 재건된 거대한 불상이 눈에 띈다.

도요토미의 정실이었던 네네는 측실인 요도도노와 그 아들 히데요리에게 불만이 많았던 모양이다. 그녀는 세키가하라 전투에서 히데요리를 지지하지 않았으며, 그 전투에서 결정적으로 동군에 승리를 안겨 준 고바야카와 히데아키가 그녀의 조카이다. 모종의 정치적 거래가 있었을 것으로 의심되는데, 아무튼 도쿠가와 이에야스는 네네에 대한 지원을 아끼지 않았다. 고다이지 역시 도쿠가와의 지원으로 지어진 절이다. '네네의 길'이라 불리는 절 근처의 길은 교토에서 가장 운치 있는 골목길이다. 지금도 이 길에서 도요토미 히데요시와 네네의 흔적을 확인할 수 있다.

085

유럽으로 진출한 이슬람

오스만튀르크

1299~1922

교과서 속 한 줄 역사 몽골의 침략으로 셀주크튀르크 세력이 와해되자, 아나톨리아 지역의 오스만 공국은 비잔티움 제국의 영토를 잠식해 가며 성장했다. 메메트 2세는 1453년 콘스탄티노플을 함락시키는 데 성공하였다. 술레이만 대제는 헝가리와 합스부르크 공략에 나서 지중해 제해권을 확보하였다.

포위전은 54일 동안 계속되었다. 1453년 4~5월, 10만여 명의 오스만튀르크 군대가 비잔티움 제국의 수도 콘스탄티노플을 포위하고 파상 공세를 퍼부었다.

비잔티움 제국의 붕괴

콘스탄티노플은 코뿔소 뿔처럼 생긴 삼각 곶에 자리 잡은 천혜의 요새로서, 바다 쪽에서 접근하는 배에 무차별 포격을 퍼부을 수 있고, 한 방향에서만 공격할 수 있는 육지 쪽으로는 20미터가 넘는 해자와 3중 벽이 막고 있었다. 마지막 세 번째 벽은 높이가 27미터, 두께가 9미터나 되었다. 더군다나 비잔티움 군대는 '비잔티움의 불'

이라고 일컬어진 일종의 네이팜탄 같은 비밀 무기가 있었다. 이 화약 무기는 땅에 떨어져 폭발하면 불이 사방으로 번지고 피부에 달라붙으며 물로는 꺼지지 않았다고 한다.

엄청난 희생을 치르면서도 오스만 군대는 포기하지 않았다. 그들은 악착같이 성벽에 달라붙었고, 길이 8미터의 대포 '바실릭'을 발사해 성벽을 무너뜨렸다. 이미 대부분의 영토를 상실해 후방을 교란해 줄 원병도 없고 물자 보급도 받지 못하는 고립무원의 콘스탄티노플은 개미 떼의 공격에 쓰러져 가는 코끼리처럼 점차 허물어졌다.

마침내 5월 29일, 특공대가 세 번째 성벽의 문을 여는 데 성공함으로써 거성 콘스탄티노플이 함락되었다. 1천 년을 지켜 온 동로마 제국의 붕괴이자, 1천 년 동안 이슬람 군대를 막아 온 유럽 요새의 함락이었다. 이슬람 군대의 파도가 거침없이 동유럽으로 쏟아져 들어갔다.

터키에 자리 잡은 이슬람 전사

중동 지방이 몽골의 손아귀에 들어갔을 때, 오늘날 터키의 영토인 아나톨리아 지방은 곳곳이 권력 공백 상태에 놓여 있었다. 십자군 전쟁으로 비잔티움 제국과 셀주크의 통치력이 축소된 탓이었다. 이곳으로 몽골에 쫓긴 많은 튀르크족이 이주해 왔다.

이 중 몇몇 이슬람 교단 세력이 영토를 확보하고 작은 나라를 건설했는데, 이를 '에미리트'라고 불렀다. 많은 에미리트들이 자신들의 존재 의의를 비잔티움과의 전쟁에서 찾고, 전쟁에서 빼앗은 전리품으로 생존했다. 아나톨리아 지방에 많은 이슬람 전사 집단이 자리 잡게 된 것이다.

1258년 오스만(유럽에서는 '오토만')이라는 사람이 강력한 에미리트를 건설했다. 그를 추종하는 씨족 집단과 문화적·신앙적 공동체를 '오스만족'이라 하며, 이로써 오스만튀르크가 만들어졌다.

오스만튀르크의 제4대 술탄 바예지드 1세는 강력한 헝가리 군대를 격파하고 발칸 반도까지 세력을 미쳤다. 하지만 오만해진 바예지드 1세에게 더욱 강력한 적이 나타났으니, 바로 티무르였다. 1402년 티무르와의 전투에서 패한 바예지드 1세가 자살하면서 오스만튀르크는 멸망한 듯 보였다.

하지만 오스만튀르크는 일반 에미리트와 다른 발달된 제도를 갖추고 있었다. 그중 하나가 '데브쉬르메'였다. '데브쉬르메'는 유럽의 기독교 지역에서 생포한 소년들을 궁으로 데려와 무슬림 군인으로 키우는 제도로, 기존의 맘루크와 비슷했으나 이렇게 해서 만들어진 군대 '예니체리'는 맘루크보다 더 많은 역할을 담당했다. 단순히 군대가 아니라 술탄을 위해 일하는 관리와 예술인을 배출하는 역할까지 맡은 것이다. 또한, 예니체리의 대상을 이슬람 세계의 모든 소년으로 확대함으로써 일종의 인재 등용문 역할도 하게 되었다. 결정적으로, 예니체리는 결혼을 할 수 없었다. 곧, 데브쉬르메와 예니체리는 세습 불가능한 권력으로서 모두에게 기회의 문이 열린 오스만의 가장 발달된 제도였다.

유럽을 위협한 술레이만 1세

바예지드 1세 사망 이후 등장한 술탄 메메트 2세는 예니체리를 더욱 발전시키는 한편, 자신의 정예 군대를 콘스탄티노플로 진군시켰다. 800년 전 무함마드가 이슬람의 최종 승리는 콘스탄티노플 정복이라고 말했고, 유명한 신학자들이 콘스탄티노플을 정복한 자가 구세주(마흐디)라고 예언했기 때문이다. 메메트 2세는 콘스탄티노플을 점령함으로써 오스만튀르크와 자신이 이슬람 사회의 절대강자임을 선포하고자 했다. 그는 54일 만에 그 뜻을 이루었다.

이후 오스만튀르크는 동유럽에서 북아프리카와 중동에 이르는 거대한 제국을 이룩했다. 가장 큰 영토를 다스린 제10대 술탄 술레이만 1세(1494~1566)는 카이로와 메카, 바그다드를 정복한 이후 스스로를 술탄이 아닌 '칼리프'라고 불렀다. 세속 군주에 머무르지 않고 영적 지도자이자 무함마드의 계승자를 자처한 것이다. 이로써 그동안 상징적인 이슬람 지도자, 일종의 교황 같은 존재로 명맥을 유지하던 칼리프가 술탄에 흡수되었다.

오스만튀르크는 광대한 영역을 다스리기 위해 '밀레트'라는 제도를 시행했다. 밀레트는 종파별로 구성된 일종의 신앙 공동체로서, 크게 네 가지 종교, 곧 이슬람·그리스정교·유대교·아르메니아 기독교로 구성되었다. 이들은 각자의 신앙 체제 속에서 자치(교육, 재판, 복지 등)를 누렸다. 오스만 술탄의 지배에 복종만 하면 자신들의 신앙 세계 속에 살 수 있었던 것이다. 이 때문에 많은 유대인들이 박해를 피해 오스만튀르크로 이주해 왔다.

16세기 술레이만 1세 때 전성기를 누린 오스만튀르크는 지중해 제해권을 장악하면서 유럽 세계를 위협했다. 교황은 스페인 등의 도움으로 지중해 제해권을 되찾고자 반격을 시도하여 그리스 레판

오스만 제국의 제10대 술탄 술레이만 1세.
1520년 즉위한 이래 40년 넘게 제국을 통치하며 '칼리프'를 자처했다.

토 앞바다에서 벌인 '레판토 해전'(1571) 등에서 중요한 승리를 거두었다. 그러나 동유럽 발칸 반도에서 오스만튀르크의 지배력은 18세기까지 이어졌다. 오스만튀르크는 이전 이슬람과는 달리 서쪽의 유럽과 계속 대치하면서 오랫동안 영향을 주고받았다. 그들의 번영은 유럽인들에게 많은 영감을 주었고, 특히 19세기 지식인들에게 영향을 끼쳤다.

◈ **이란의 등장, 사파비 왕조**

오스만튀르크가 아나톨리아 지역을 중심으로 유럽과 충돌하며 서쪽으로 뻗어 나갈 때, 이슬람 동쪽에 해당하는 페르시아 지역(지금의 이란)에서는 시아파들이 성장하고 있었다. 시아파의 한 분파인 수피 교단에 '12이맘파'라는 분파가 생겨났는데, 사파비 교단이 이 분파의 일원이 되어 종교적 열정을 바탕으로 세력을 확장해 나갔다. 몽골과 티무르의 침공 이후 수많은 지방 소국으로 분열되어 있었기에 사파비의 정복은 비교적 쉽게 이루어졌다.

사파비 교단은 1502년 지도자 이스마일이 '왕 중의 왕'(샤한샤)을 칭하면서 왕조를 이루었다.(사파비 왕조) 하지만 오스만튀르크와의 싸움(찰디란 전투)에서 패하고 수도 타브리즈(이란 서북부)가 파괴되면서 종교 집단에서 세속 국가로 발전해야 할 상황에 처했다. 종교적 열정에 사로잡힌 이스마일이 총과 대포를 거부하고 칼과 활로 맞섰다가 참패했기 때문이다. 이후 사파비 왕조는 페르시아 문화를 부흥시키고 오스만튀르크와 무역을 하며 서쪽의 오스만, 동쪽의 무굴 사이에서 중부의 강자로 18세기까지 번영을 누렸다. 16세기 말 아바스 1세의 천도로 새롭게 수도가 된 이스파한(이란 중부)은 '세상의 절반'이라 불리며 사파비의 번영을 상징하였다.

086

지금의 인도를 만든 이슬람 제국

무굴 제국

 1526~1857

교과서 속 한 줄 역사 티무르 사후에 그의 후손 바부르는 북인도를 정복하고 델리에 무굴 제국을 세웠다. 무굴의 제3대 황제 악바르(아크바르) 대제는 남부 지역 일부를 제외한 인도 전체를 통일하고 대제국을 세웠다. 그는 힌두교도들에게 신앙의 자유를 허용하고 지즈야도 면제하였다.

16세기 화성에서 온 방문객은 인간 세계 전체가 무슬림이 되기 일보 직전이라고 생각했을 것이다.

미국 시카고대학 역사학자 마셜 호지슨은 16세기 이슬람의 번영을 이렇게 표현했다. 북아프리카에서 중동을 거쳐 인도에 이르기까지, 소아시아의 오스만튀르크, 이란의 사파비 왕조, 인도의 무굴 제국이 모두 최고의 전성기를 누리고 있었다. 무굴 제국은 인도 이슬람 왕조의 가장 빛나는 별이었다.

악바르 대제의 인도 통일

티무르의 침공 이후 북인도가 혼란에 빠졌을 때, 아프가니스탄 지방의 페르가나에 '바부르'라는 새로운 지도자가 출현했다. 바부르는 자신이 부계는 티무르 혈통이고 모계는 칭기즈 칸의 혈통이라고 주장하며 세력을 확대했다. 그는 중앙아시아 아프간의 험한 산악 지대를 (그의 자서전에 따르면) "엄청나게 울며" 방황하면서도 야망을 잃지 않았다.

바부르는 1504년 카불(현재 아프가니스탄의 수도)의 왕이 된 이후 군대를 모아 델리를 공격했다. 그의 군대는 1만, 로디 왕국의 군대는 10만이었지만 바부르에게는 총이 있었다. 그는 델리를 점령한 뒤 페르시아 문화를 인도에 적극적으로 퍼뜨렸다.

바부르가 죽고 그 아들 후마윤이 술탄에 즉위했지만 무능한 술꾼인 그는 곧 부하 장군들에 의해 폐위 당했다. 후마윤은 페르시아로 망명했고, 그의 나라도 여러 조각으로 분열되었다. 후마윤은 페르시아의 도움으로 겨우 나라를 되찾았으나 얼마 후 계단에서 굴러 목이 부러져 죽고 말았다.(그래서 무굴 제국의 시조를 바부르가 아닌 후마윤의 아들 악바르로 생각하는 사람들이 많다.)

후마윤의 아들 악바르(아크바르)는 아버지가 페르시아로 망명할 때 따라가지 못하고 인더스 강 유역의 신드에 버려져 바이람 장군과 유모 아나가의 보호를 받으며 자랐다. 그래서 1556년 악바르가 열세 살의 나이에 왕이 된 뒤 한동안 장군과 유모가 섭정*을 했다. 하지만 성인이 된 뒤 악바르는 잔인한 정복군주로서의 모습을 드러냈다. 그는 인더스와 갠지스 유역 등 광대한 인도 북부 및 히말라

야 남쪽 지방을 점령했다. 유럽에서도 이때부터를 '무굴 제국'으로
부른다.

영토를 넓히면서 악바르는 정복민들에게 관용을 베풀기 시작했
다. 그는 역대 이슬람 왕조들이 힌두교도를 지배하지 못해 망했다
는 사실과, 무굴 제국 역시 그 점이 매우 취약하다는 사실을 잘 알
고 있었다. 그래서 북인도의 가장 강력한 힌두 세력인 라지푸트족
과 동맹을 맺고 그 공주와 결혼한 뒤 그녀가 낳은 첫아들을 후계자
로 선포했다. 또한 힌두교도에 대한 지즈야(세금)를 폐지했을 뿐 아
니라 힌두교도들을 관료로 등용하고, 힌두교 사원에 참배하는 자에
게 물리던 벌금도 폐지했다.

악바르 대제는 여기서 더 나아가 새로운 신앙을 창시하려 했으
며 무슬림 개혁도 단행했다. 그는 신은 하나이자 전능하며 사람들
은 무함마드 같은 완벽한 삶을 본보기로 삼아야 한다며 이슬람을
중심으로 힌두 등 다른 종교를 통합한 '디니 알리히'**(신성한 믿음)
라는 새로운 신앙을 주장했다. 그러면서 종교와 지위를 가리지 않
고 모든 시민에게 토지세를 부과했다. 이는 무슬림 귀족이 갖고 있

---

* 이슬람 사회에서 술탄이 통치력이 없을 때에는 그 측근들이 권력을 휘둘렀는데, 종종 유
  모가 그런 권력을 차지하기도 했다. 엄격한 남성 중심 사회인 이슬람 사회에서 유모나
  왕비가 권력을 휘둘렀다는 것은 좀 특이하게 보인다. '파티마' 등 창시자 무함마드의 여
  성들을 숭배했던 전통에서 비롯된 것은 아닐까?

** 악바르 대제보다 반세기 전에 나나크라는 사람이 시크교를 창시했다. 나나크는 "힌두
  도 이슬람도 없다."라고 주장하며 동시대 문맹 시인 카비르와 함께 힌두와 이슬람의 동
  질성을 주장했다. 시크교는 악바르의 노력과 함께 종교 갈등을 화해시키려는 중요한
  노력으로 평가받는다. 하지만 시크교의 후계자들이 지방 세력화되어 무굴 제국의 통치
  와 충돌하면서 중요한 반무굴 세력으로 변하였다.

인도 땅에 들어선 다섯 번째 이슬람 왕국 '무굴 제국'은 제3대 악바르 대에 이르러서야 그 모습을 드러냈다.

던 면세 특권을 폐지하는 조치로 상당한 공격을 받았지만, 토지세를 통해 지즈야 면제로 인한 재정 문제를 해결할 수 있었다.

'관용'이 사라진 제국의 말로

악바르 사후 무굴 제국은 영국과의 무역이나 타지마할 건설(제5대 샤 자한) 등 중요한 사건을 겪었지만 대체적으로 무난하게 잘 넘겼다. 무굴의 최전성기는 제6대 황제 아우랑제브(1658~1707) 때였다. 아우랑제브는 남부 인도까지 장악하여 기원전 마우리아 왕조 이후 십수 세기 만에 비로소 인도 대륙을 통일하였다. 그러나 그의 시대에 이미 무굴 제국의 쇠퇴도 시작되었다.

독실한 무슬림이었던 아우랑제브는 선대 왕이나 형제들이 힌두와 타협한 것을 이단이라고 생각했다. 그는 기도하는 시간이 노는 시간보다 많았고, 역대 무굴 제국의 술탄들이 즐긴 술과 마약도 멀리했다. 이러한 독실한 신앙은 현실 정치에서 그리 바람직하지 못했다.

그는 힌두교도의 지즈야를 부활시키고 힌두의 종교 행사를 금지시켰으며 힌두 사원의 신축과 보수를 금했다. 당연히 국민 대다수를 차지하는 힌두교도의 저항이 커졌고, 가장 강력한 지지 세력이었던 라지푸트족마저 떨어져 나갔다.

아우랑제브는 라지푸트 및 남부 힌두 국가인 마라타와 계속 전쟁을 벌였다. 이를 위해 50만의 군대를 유지했고, 자신도 남부의 데칸에 머무르며 사실상 수도를 옮겨 전쟁에 총력을 기울였다. 술탄

◈ **타지마할 맞은편에 비친 '검은 타지마할'**

아우랑제브의 아버지 샤 자한은 격렬한 왕위 계승 전쟁 끝에 장인 아사프 칸의 도움으로 왕위에 올랐다. 그는 아내 뭄타즈 마할을 지극히 사랑했고 대외 전쟁은 몇 차례 치렀지만 내부 반란은 없는 평화로운 시대의 술탄이었다. 예술적 재능과 감성이 풍부해서 많은 업적을 남겼는데, 그중 가장 빛나는 것이 아내 뭄타즈 마할의 묘인 타지마할이다. 샤 자한은 타지마할을 지으며 아내의 묘는 하얀 타지마할, 자신은 검은 타지마할을 지어 함께 잠들겠다고 했다. 하지만 어디에서도 검은 타지마할의 흔적은 발견되지 않아 그대로 전설로 남았다. 인도의 한 역사학자의 주장에 따르면, 타지마할 맞은편 저수지에 물을 채우고 달밤에 보면 타지마할이 물에 비쳐 검은 타지마할이 된다고 한다. 곧 검은 타지마할은 타지마할 맞은편의 정원을 의미하며, 샤 자한이 죽을 때까지 아내를 보러 찾아왔다는 것이다. 아름다운 전설이 아닌가!

샤 자한은 장남에게 왕위를 물려주려 했다. 하지만 3남 아우랑제브가 동생 무라드와 손잡고 반란을 일으켜 두 형을 모두 죽이고, 아버지 샤 자한을 탑에 유폐시켰다. 아우랑제브는 나중에 동생 무라드도 죽였다.

샤 자한은 달을 볼 수 있는 창문 하나만 달린 탑 꼭대기 감옥에 8년 동안 갇혀 있다가 쓸쓸히 생을 마감했다. 그의 사후 침대에서 거울 하나가 발견되었는데, 그 거울에 꼭대기 창에서 반사된 타지마할의 그림자가 비춰지고 있었다고 한다.

이 부재한 델리에서는 부패한 정치 세력이 득세했고, 중앙 통치력이 약화되면서 지방 지배력도 떨어졌다. 결국 1707년 아우랑제브가 남부 원정 도중 죽은 뒤 무굴은 왕위 쟁탈전과 지방 반란으로 무정부 상태에 빠져들었다. 그리고 18세기 말 영국 등 유럽 세력이 들어오면서 인도의 식민지 시대가 시작되었다.

무굴 제국은 인도 이슬람 왕조의 전성기이자 현대 인도의 정체성을 확립한 왕조로 평가받는다. 악바르 대제의 포용 정책과 아우랑제브의 인도 통일로 오늘날 인도의 영토와 국민 개념이 형성되고, 언어를 비롯한 현재 인도 문화의 기틀이 마련되었다. 그랬기에 무굴은 이전 이슬람 왕조와 달리 인도인들에게 '인도의 나라'로 받아들여지는 것 같다. 비록 이때 식민의 길이 시작되었지만 말이다.

087

'콜럼버스 달걀'의 근원

이슬람 과학

8~15세기

교과서 속 한 줄 역사 이슬람 세계에서는 자연과학이 매우 발달하여, 아라비아 숫자를 확립하고 지구 구체설을 증명하였으며 예방의학과 외과 수술이 성행했다.

15세기 말 대서양을 횡단하여 인도(실제로는 아메리카 대륙의 서인도제도)를 발견하고 돌아온 콜럼버스의 성공은 대단한 시기를 불러왔다. 사람들은 '사실은 누구나 할 수 있는 일'이라며 콜럼버스의 성공을 폄하했다. 하루는 콜럼버스가 사람들에게 이렇게 제안했다.

"누구든 이 달걀을 똑바로 세우면 내가 큰돈을 주겠소."

사람들은 낑낑대며 달걀을 세워 보려 했지만 모두 실패했다. 여기저기서 불가능한 일이라며 불평을 쏟아 내자, 콜럼버스는 고개를 저으며 달걀 끝을 조금 깨뜨려 달걀을 세웠다.

"뭐야, 반칙이야. 그런 식으로는 누구나 다 할 수 있잖아!"

그러자 콜럼버스가 웃으며 대답했다.

"바로 그거네. 나의 인도 발견도 바로 이런 것이네."

결과를 보면 누구나 할 수 있는 일 같지만 첫 발상 자체가 대단히 어렵고 힘들다는 '콜럼버스의 달걀' 일화이다. 그렇다면 콜럼버스는 어떻게 대서양을 횡단하여 인도를 찾겠다는 발상을 할 수 있었을까? 그런 발상의 전환은 어떤 계기로 이루어졌을까?

과학 발달을 촉진한 종교문화

오리엔트 문명, 그리스 문명, 인도 문명 등 많은 문명을 흡수한 이슬람 세계는, 과학·수학에 대한 학문적 관심에 관대하여 상당한 수준의 발전을 이루었다. 그들이 높은 과학 발전을 이룰 수 있었던 것은, 기적은 오직 신만이 가능하며 자연현상은 신과 무관하다는 믿음 덕분이었다. 즉, 자연현상을 넘어서는 것은 신의 영역이고 어차피 인간은 넘어설 수 없으니, 자연현상을 연구하는 것을 신에 대한 도전이라고 여기지 않은 것이다.

교의敎義로부터 자유로워진 과학은 이슬람 상인들의 적극적인 후원 아래 상품 생산과 각종 편의를 증진시키는 것으로 이어졌다. 뿐만 아니라 여러 가지 이유에서 칼리프 등 종교적·정

이슬람의 과학자들. 중세 기독교의 영향으로 '암흑기'를 맞았던 서양 과학과 달리, 이슬람은 종교와 분리된 영역으로 과학을 받아들여 각종 과학기술과 수학, 화학, 의학, 천문학 등을 발전시켰다.

치적 지배자들의 후원도 받았다. 예컨대, 무슬림들은 어디에 있든 하루 다섯 번 메카를 향해 경배해야 하므로 방위를 정확하게 알아야 했고, 이에 대한 연구를 후원한 것이다.

그런데 이슬람 교리에 따르면, 후원은 종교적 선행이므로 그 대가를 바라서는 안 된다. 상인들의 후원이나 정치적·종교적 후원에 반드시 대가를 지불할 필요가 없었던 것이다. 덕분에 많은 과학자들이 후원자의 눈치를 보지 않고 순수하게 학문 연구에 매진할 수 있었다.

500년이나 빠른 지동설

이슬람의 과학자들은 먼저 그들이 수용한 문명권들의 과학 서적들을 번역하였다. 그리스의 수많은 천문학 서적과 인도의 수학 서적이 아라비아어(아랍어)로 번역되었다. 그리하여 인도의 '0' 개념, 아리스토텔레스의 철학, 프톨레마이오스의 천문학 등 수많은 고대 과학의 정수가 아라비아인들에게 흘러갔다.

번역을 통해 보편화된 고대 지식은 이슬람 과학자들에 의해 새로운 학문으로 계승되었다. 연금술은 화학의 발전을, 의학은 해부학과 전염병 연구를, 수학은 대수학과 방정식의 발전을, 고대 전쟁 기술은 비잔티움 제국을 무너뜨린 이슬람 군대의 전쟁 기술을 발전시켰다. 이 중에는 천문학도 있었다.

9세기부터 프톨레마이오스의 《알마게스트Almagest》*를 해석하고 주를 다는 작업이 유행했고, 그로부터 100여 년 뒤 아브르 와퍼가 《알마게스트》 주석서를 완성했다. 이를 토대로 프톨레마이오스의 천동설을 비판하는 학자들이 나오기 시작했고, 11세기 전반 마침내 '알 비루니'라는 학자가 지동설을 주장하기에 이르렀다. 점차 둥근 지구가 태양 주위를 돈다는 생각이 퍼지기 시작했다. 그로부터 얼마 후 12세기 스페인의 이븐 루슈드가 라틴어로《알마게스트》를 번역했다.

십자군 전쟁 이후 이슬람 세계의 수많은 그리스 고전들이 유럽으로 흘러들어갔다. 물론 라틴어로 번역된 책들도 함께였다. 이후 15세기경에는 프톨레마이오스의 책들이 이탈리아어와 스페인어로 번역되어 널리 퍼졌고, 이를 토대로 이탈리아의 토스카넬리가 지구 구체설에 입각하여 세계지도를, 독일의 마르틴 베하임이 지구의를 만들었다. 콜럼버스는 토스카넬리 맹신자였다. 그는 당대 천문학 지식에 따라 지구 구체설을 믿고 서쪽으로 항해를 시작했다. 그리고 마침내 아메리카 대륙에 도달한 것이다.

여기서 콜럼버스가 '발상의 전환'을 강조한 이유를 알 수 있다. 그는 몇 백 년 전부터 이슬람에서 유행한 지구 구체설을 믿고 여행을 시작했다. 중요한 것은 그가 갑자기 나타난 진리를 좇은 것이 아니라 진리에 대한 편견을 극복하고 그것을 선택했다는 사실이다. 콜럼버스가 말하는 달걀의 비유는 바로 그러한 의미를 담고 있다.

---

* 서기 150년 고대 그리스 천문학자 프톨레마이오스가 지구중심설(천동설)에 기초하여 저술한 천문학 저서《천문학 집대성》을 서기 827년 아랍인이 아랍어로 번역한 책이다. '알마게스트'란 '최대의 서書'라는 뜻으로, 프톨레마이오스의 저서에 경의를 표하여 이슬람의 천문학자가 붙인 제목이다.

088

르네상스적 만능 인간

레오나르도 다빈치

1452~1519

교과서 속 한 줄 역사 14세기부터 이탈리아에서는 그리스 · 로마 고전 문화의 '부활'을 뜻하는 르네상스 운동이 일어났다. 이에 앞장선 이들은 그리스 · 로마의 고전 작품을 수집 연구한 인문주의자들이었다. 미술, 건축 분야의 발전도 두드러졌다.

세계적인 베스트셀러이자 영화로도 제작된 댄 브라운의 소설 《다빈치 코드》(2004)는 의문의 살인 사건을 파헤치는 과정에서 그동안 기독교가 감춰 왔다는 성배의 실체, 그리고 마리아 막달레나에 얽힌 비밀을 다루어 폭발적인 반향을 불러일으켰다. 이 소설에서 주인공이 비밀의 실마리를 찾을 때 가장 중요한 단서가 되는 것이 〈최후의 만찬〉 등 레오나르도 다빈치의 그림이다.

잘 알다시피, 레오나르도 다빈치는 르네상스를 대표하는 인물이다. 기독교적 세계관이 지배했던 '어둠의 시대' 중세를 마감하고 근대 유럽 문화의 태동을 알린 르네상스는 다름 아닌 이탈리아에서 시작되었다. 왜 하필 이탈리아였을까?

이탈리아에서 르네상스 운동이 시작된 이유

십자군 전쟁이 일어난 동기는 여러 가지가 있지만 그중 하나가 동방 무역에 대한 유럽 상인들의 욕망이었다. 실제 십자군 전쟁을 주도한 세력 중 가장 성공한 이들이 상인이었다. 상인들은 막대한 부를 축적하며 유럽 근대 상업 발전을 이끌었는데, 그중에서도 상인들의 노시 이탈리아가 큰 번영을 누렸다. 과거 지중해 무역을 장악한 로마의 기억과 이점을 간직한 이탈리아의 수많은 도시들이 14세기 이후 번성한 동방 무역을 토대로 발전했다.

또한 십자군 전쟁 과정에서 이슬람과 비잔티움 제국이 간직하고 있던 그리스·로마 시대 철학과 예술이 로마로 전파되었고, 이로 인해 중세 기독교의 무거운 내세 중심 세계관에 갇혀 있던 이탈리아에서 과거 그리스 로마의 철학이 '부활'(르네상스)하기 시작했다.

그리고 바로 그 즈음, 흑사병이 유럽을 덮쳤다. 흑사병이 얼마나 빨리 무섭게 번졌는지, 1300년경 약 7천만 명 정도였던 유럽 인구가 50년 만에 5천만 명 수준으로 격감했다. 병에 걸린 사람들이 구원을 받고자 성당에 몰리면서 성직자들도 떼죽음을 당했다. 성직자의 절반 이상이 사망한 지역도 있었다. 엄청난 비극 앞에서 사람들은 신앙을 더욱 돈독히 하는 한편, 어떻게 살 것인지를 고민하기 시작했다. 마침내 새로운 철학과 예술이 상인들의 후원 속에서 성장하였으니, 바로 이탈리아 르네상스이다.

르네상스의 가장 큰 특징은 인간에 대한 발견과 탐구이다. 인간의 육체가 가진 미적 측면을 탐구하면서 누드화나 누드 조각이 등장하고, 육체를 개발하는 스포츠가 성장하고, 육체의 한계에 도전하는 모험이 유행하고, 자연을 대상으로 인간의 능력을 개발하는 과학이 발전하고, 인간 두뇌의 한계에 도전하는 철학과 신학이 발전했다. 르네상스인들은 신의 창조물인 인간의 능력이 무한하다고 믿고 '만능 인간'을 갈구하였다.

다빈치의 천재성

레오나르도 다빈치(1452~1519)는 르네상스인들이 추구한 만능 인간에 가장 근접한 존재였다. 그는 화가·조각가·수학자·화학자·의사·토목공학자·동식물학자·문학가·극작가·의상 디자이너·발명가·정치인·군사전략가·신학자 등 인간이 상상할 수 있는 모든 분야를 섭렵했고, 각각 대단한 업적을 이룩했다.

다빈치는 30대에는 밀라노에서 로도비코 스포르차 가문과 여러 성당의 후원을 받아 〈최후의 만찬〉, 〈암굴의 성모〉 등 걸작을 그렸다. 이때 이미 당대 화가들에게 영향을 끼치고, 정밀한 인체 해부도를 그렸다. 50대에는 피렌체에서 〈모나리자〉를 그리는 한편 운하를 설계하는 등 도시 개발에도 적극 참여했으며, 말년에는 프랑스로 가서 프랑수아 1세의 후원 아래 저술 활동에 전념했다. 그의 마지막 그림은 〈세례 요한〉으로 추정된다.

다빈치는 스스로 천재라고 생각했고, 자신의 연구에 자긍심이 강했다. 그러니 다빈치에게 화가로서의 역량을 기대하는 사람들은 불만을 가질 수밖에 없었다. 그는 4년 동안 〈모나리자〉를 그리다가 끝내 완성하지 못하여 갖고 다니다가 15년 만에야 완성했다.(완성하지 못했다는 설도 있다.) 스스로 만족하지 못하면 결코 작업을 끝내

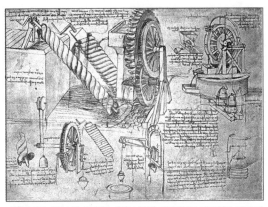

이탈리아 르네상스를 대표하는 '만능 인간' 레오나르도 다빈치의 각종 기계 스케치. 다빈치는 정규교육을 받지 않았음에도 불구하고 수학에 대한 심오한 이해를 보였다.

지 않았고, 또 작품을 그리다가도 새로운 아이디어가 떠오르면 중단하고 다른 일에 몰두했기 때문이다.

피렌체에서 수도원 제단 그림을 그리기로 약속하고 수학 연구에 빠져 있다가 원망을 듣기도 했으며, 이사벨라 데스테 후작 부인의 초상화를 그려 주기로 했을 때는 "온종일 수학 실험에만 몰두한 나머지 붓에는 눈길조차 주지 않습니다."라는 고발이 접수되기도 했다. 그래서 교회에서는 떠오르는 신성 화가 미켈란젤로와 경쟁을 붙이기도 했다.

오늘날에도 다빈치의 천재성에 대해서는 논란의 여지가 없다. 그가 설계한 잠수함·비행기·헬리콥터 등은 수많은 근대 발명가들을 자극하였으며, 엘리베이터·자전거·탱크 등의 아이디어는 타임머신을 타고 미래를 보고 온 게 아닐까라는 의심을 불러일으킨다. 어쨌든 중요한 것은, 르네상스 시대가 바로 그와 같은 만능 천재를 원했다는 것이다. 레오나르도 다빈치야말로 르네상스가 배출한 최고의 인물이며, 그가 있었기에 르네상스는 찬란히 빛날 수 있었다.

◈ 르네상스 3대 화가

르네상스를 대표하는 3대 화가로 레오나르도 다빈치, 미켈란젤로(1475~1564), 라파엘로(1483~1520)를 꼽는다. 세 사람은 나이 차이가 꽤 나서 서로 상대를 존경했을 것 같지만, 천재의 시대라 강한 라이벌 의식 혹은 우월감을 갖고 있었다.

미켈란젤로는 관료의 아들로 태어나 예술가를 멸시하는 분위기에서 자란 탓에 아버지를 만족시키겠다는 강한 성취욕이 있었다. 24세의 젊은 나이에 걸작 〈피에타〉를, 29세에 〈다비드 상〉을 완성했다. 조각가로서 젊은 나이에 높은 성취를 이룬 그는 피렌체 정부로부터 다빈치와 함께 건물의 벽화를 그리라는 명령을 받기도 했다. 그때 그린 것이 각각 〈카시나 전투〉와 〈앙기아리 전투〉이다. 독실한 신앙인이었던 그는 교황의 명령으로 바티칸의 시스티나 성당 천장 벽화를 그려야만 했는데, 변덕이 심한 교황 때문에 엄청나게 고생하며 그림을 완성했다.

코뼈가 부러진 미켈란젤로나 무뚝뚝한 다빈치에 비해, 라파엘로는 잘생긴 외모에 예의 바르고 다정다감한 성품으로 여자들에게 인기가 많았다고 한다. 그는 그리스 고전 철학에 매우 해박했으며, 교황이 추기경에 임명하고 싶어 할 만큼 신앙이 독실했다. 그의 작품은 대부분 기독교적 그림으로, 특히 성모 마리아를 잘 그렸다. 그가 37세에 요절하자 나라에서 국장을 선포했으니, 꽤 행복한 삶을 산 화가가 아니었나 싶다.

089

군주론, 어떻게 이해해야 할까?

마키아벨리

1469~1527

교과서 속 한 줄 역사 이탈리아는 여러 봉건 제후국과 교황령, 도시국가가 분립하여 외세의 간섭을 받았으며 통일의 전망이 보이지 않았다. 르네상스를 주도하고도 근대 유럽의 중심 국가가 되지 못한 것은 국민국가로의 통일이 뒤처졌기 때문이다.

"백성들을 지지 기반으로 삼고 있는 군주가 제대로 된 통치술을 알고 있다면 곤궁에 빠져도 당황하지 않을 것이고, 필요한 성품을 갖추고 있는 용기 있는 사람이라면, … 자신이 건실한 기반을 구축했음을 알게 될 것입니다.

(용병과 자국 군이 혼합된) 혼성군은 온전한 지원군이나 용병보다 훨씬 더 우수하긴 하지만 순수한 자국 군에 비해서는 훨씬 열악합니다. … 결론적으로 자신의 군대가 없으면 어떤 군주국이든 절대 안전할 수 없습니다.

군주가 자신의 신하들과 동맹 관계에 있는 사람들을 상대할 때 어떤 행동을 해야 하는가? … 사악하게 행동하는 법을 알아야 하고 필요에 따라 활용할 수 있어야 합니다. … 이전 국가에 불만이 있어 도와준 자라면 신생 군주 역시 그들을 만족시키는 것은 불가능합니다. 이전 정권에 만족했던 사람들을 우호 세력으로 만드는 것이 더 쉽다는 것을 알 수 있습니다. – 《군주론Il principe》(1513)

이탈리아 도시국가의 쇠퇴

지중해 무역을 토대로 번영을 누리며 르네상스를 이끌었던 이탈리아 도시국가들은 점차 쇠퇴하기 시작했다. 가장 큰 문제는 수많은 도시국가로 분열되어 있는 것이었다. 각각의 도시국가들은 각종 경제적 이권을 두고 경쟁하거나 갈등을 빚었으며, 이러한 갈등이 종종 내전으로 비화되곤 했다. 로마를 중심으로 한 교황령은 교회의 이익을 위해 이탈리아보다는 외국의 입장에서 도시국가들의 일에 개입하였다. 그래서 이탈리아를 노리는 스페인·프랑스 등의 침략에 쉽게 노출될 수밖에 없었다.

대표적인 사건이 교황 식스투스 4세의 조카 지롤라모가 파치가와 손잡고 피렌체의 메디치가를 타도하려고 일으킨 '메디치가 살인 사건'이다.(1478) 사건에 연루된 자들이 처형되자, 교황은 메디치가를 비난하며 나폴리의 군대를 동원하여 피렌체를 공격하고 프랑스를 끌어들이려 했다. 메디치가의 지도자 로렌초가 나폴리와 동맹을 맺어 전쟁은 막았지만, 훗날 피렌체는 결국 프랑스 샤를 8세의 군대에 점령당하고 만다.

교황청의 타락도 상황을 악화시키는 데 한몫했다. 당시 교황을 비롯한 핵심 성직자들은 결혼이 금지되어 있었음에도 불구하고 결혼해서 자식까지 두곤 했다. 예컨대 교황 알렉산데르 6세는 화려한 여성 편력으로 유명했을 뿐만 아니라 여러 명의 아들을 두었다. 그 중 체사레 보르자는 교황 아버지를 등에 업고 이탈리아 중부 지방의 강자로 성장했다.(하지만 알렉산데르 6세가 죽고 새 교황 율리우스 2세가 즉위하면서 쇠퇴하였다.)

이외에도 교황과 고위 성직자들의 '조카'들이 교회와 결탁해 벌인 정치적 암투는 이탈리아 정치의 어두운 그늘이었다. 급기야 교황들은 사치스러운 생활에 쓴 돈을 충당하고자 면벌부를 발행하고 성직을 매매하기까지 했다. 이것이 1517년 루터의 〈95개조 반박문〉으로 이어져 종교개혁의 도화선이 되었다.

이탈리아 사람들은 이런 상황을 타개할 구원자를 원했다. 이때 등장한 인물이 수도사 사보나롤라였다. 그는 피렌체와 이탈리아의 타락을 비난하며 회개하지 않으면 최후의 심판을 받게 될 것이라고 경고했다. 하지만 그의 설교는 르네상스를 부정하는 것이었기에 곧 비난을 받았고, 사보나롤라의 추종자가 줄어들자 평소 눈엣가시처럼 여기던 교황이 그를 파문했다. 사보나롤라는 결국 화형에 처해졌다.

새로운 지도자에게 바치는 책

마키아벨리(1469~1527)는 사보나롤라가 처형된 직후의 사람이다. 그는 피렌체에서 관료로 일을 시작했으며, 서기와 외교관을 거쳐 최고 행정관인 피에로 소데리니의 최측근으로 발탁되었다. 하지만 그 10년 뒤 교황과 스페인의 갈등 속에 소데리니가 실각하면서 그

〈1498년 사보나롤라의 처형〉, 필리포 돌치아티, 산 마르크 미술관.

도 정계에서 쫓겨났다. 그는 페르쿠시나라는 곳에서 조그만 영지를 경영하며 공부로 소일했다. 이때 수많은 그리스·로마 시대 고전들을 섭렵했고, 이것이 그의 정치적·외교적 경험과 결합하여 마침내 《군주론》으로 탄생하게 된다.

그는 《군주론》에서 이탈리아 도시국가들의 문제점을 풍부한 사례를 들어 지적했다. 도시국가들이 돈으로 용병을 고용하거나 외국 군대를 빌려 전쟁을 치르는 것의 위험성을 지적하고, 누구를 위한 정치인지를 둘러싼 논란을 검토하며 통일국가, 국민군대 창설의 필요성을 역설하였다. 음모와 계략으로 한때 번성했던 체사레 보르자의 예를 들며, 메디치가가 이탈리아를 통일할 주역으로 나서 주기를 희망했다. 《군주론》은 새로운 지도자에게 바치는 형식으로 씌어진 것이다.

하지만 그의 주장은 현실에 대한 냉소적 비판으로 받아들여졌다. 메디치가는 마키아벨리에게 관심을 기울이지 않았고, 르네상스 시대 이탈리아에서 마키아벨리를 기억하는 사람도 거의 없었다. 또한 후대인에게는 '마키아벨리즘', 곧 목적을 위해 도덕과 정의를 모두 부정하는 극단적 정치의 창시자로 받아들여졌다.

마키아벨리를 이렇게 이해해야 할까? 두 가지를 염두에 두고 본다면 마키아벨리와 《군주론》을 새로운 관점에서 바라볼 수 있을 것이다. 하나는 르네상스가 쇠퇴한 이래로 약 300여 년간 이탈리아가 유럽 역사에서 변두리로 전락했다는 사실이다. 곧, 《군주론》은 로마에서 르네상스까지 1천 년 동안 유럽 역사의 핵심이었던 이탈리아의 몰락을 막아야 한다는 절박감의 산물이었다. 또 하나, 그로부터 400년 뒤 이탈리아에서 로마의 부활을 주장하는 강력한 독재자가 국민들의 지지 속에 등장했다는 사실이다. 바로 파시스트당의 무솔리니다. 미래 무솔리니의 탄생에 대한 예언의 관점에서 보는 것도 흥미롭지 않을까?

090

중세가 찾은 희생양

마녀사냥

15~18세기

교과서 속 한 줄 역사 과학이 발달하고 인간의 이성과 합리성을 중시하는 근대적 사유 방식이 형성되던 17세 전후에도 마녀사냥이나 종교재판에 의한 사상 탄압은 여전했다. 마녀사냥은 기독교 사회에서 악마가 인간이나 동물 등을 이용해 악한 행위를 한다는 믿음에서 비롯되었다.

　세계적인 베스트셀러《해리포터》(1997~2007)는 호그와트 마법학교에 다니는 세 학생의 모험과 성장을 다룬 판타지 동화이다. 마녀와 마법사들의 이야기를 7부 24권의 방대한 분량 안에 담아냈는데, 흥미진진한 줄거리도 훌륭하지만 유럽에서 오랫동안 금기시된 마녀를 주인공으로 내세웠다는 발상의 전환이 더욱 놀라운 소설이다.

　《해리포터》의 에피소드 중에 학생들이 마법사의 역사를 배우는 수업에서 과거 '마녀사냥'에 대해 공부하며 비판하는 대목이 나온다. 인간의 무지와 편견 속에 얼마나 많은 마법사와 마녀들이 박해받았는지를 마녀들의 시각에서 이야기한다니, 재미있지 않은가?

혼자 사는 여자는 마녀?

13세기 중세 시대 이단을 단속하고 처벌하기 위해 시작된 종교재판은 15세기로 접어들며 점점 마녀사냥으로 발전해 갔다. 마녀는 악마 숭배와 연결된다는 점에서 이단과는 차원이 다르다. 악마와의 대결은 곧 전쟁이기 때문이다. 전시에 국가와 사회의 운영 체제가 완전히 달라지듯, 악마와의 전쟁인 마녀사냥은 당연히 이전 종교재판과 전혀 다른 성격을 내포할 수밖에 없었다.

마녀란 무엇인가? 마녀는 악마를 숭배하고 악마에게 힘을 부여받은 사람이다. 마녀의 이미지는 시간이 흐를수록 점차 덧붙여지고 구체적으로 발전해 갔다. 일반적으로 마녀는 혼자 사는 여자들이 많다. 이들은 낮에는 평범한 사람처럼 행동하지만, 밤에는 몰래 집에서 나와 악마를 숭배하는 의식에 참가한다. 악마들이 먹는 악취 나고 부패한 음식과 물을 먹으며, 춤을 추고 노래를 하고, 악마로부터 쾌락을 얻기 위해 난잡한 행동을 한다. 악마는 이들을 통해 인간 세상을 지배하려 한다.

악마는 무엇인가? 악마는 신에 대항하여 전쟁을 일으켜 인간 세계를 지배하고 신의 세계를 파괴하려는 존재이다. 악마의 우두머리는 처음에는 천사였다가 탐욕에 눈이 멀어 신을 배신한 루시퍼이다. 루시퍼를 추종하는 악마들과 신에게 충성을 바치는 천사장 미카엘이 이끄는 천사들이 오랫동안 전쟁을 벌였는데, 결국 루시퍼가 패배하여 추종자들과 함께 지옥으로 떨어졌다. 하지만 저들은 유황의 불길이 치솟는 지옥에서 벗어나 인간 세상으로 돌아오기를 갈구하며, 인간들을 수단으로 삼고자 유혹한다.

신이 전능하다면 왜 악마는 계속 존재하는가? 이는 2천 년 동안 기독교가 받았던 질문이다. 그 답은 알 수 없으나, 어쨌든 악마와의 끝없는 싸움은 특히 여성에게 대단히 불행한 형태로 나타났다. 마녀사냥이 바로 그것이다. 마녀사냥은 악마에 대한 중세 사람들의 공포와 새로운 세상에 대한 기성 사회의 두려움이 맞물리면서 엉뚱한 결과로 이어졌다.

탄압의 도구가 되다

마녀, 혹은 마법사는 교회의 주장에 반대되는 사람을 뜻하기도 했다. 대표적 인물이 17세기 초 갈릴레이였다. 지구가 태양 주위를 돈다고 주장한 갈릴레이는 천지창조의 원리를 부정했다며 마법사로 몰렸고, 만유인력의 법칙을 주장한 뉴턴도 마법사로 몰려 오랜 세월 동안 도망자 신세를 면치 못했다

때로는 여성 혐오증이 마녀사냥으로 나타나기도 했다. 중세 말기 도덕적 타락의 책임을 여자들에게 오롯이 뒤집어씌우며 여자를 마녀로 보는 시각이 생겨났다. 여자들이 악마의 꾐에 빠져 남자들을 유혹하여 도덕을 무너뜨리고 세상을 타락시킨다는 논리였다. '마법사 사냥'이 아니라 '마녀사냥'이 된 것도 피해자가 대부분 여자였기 때문이다. 별다른 물적 증거 없이 "저 여자는 부정할 것 같다"는 마을 남자들의 지목만으로 화형당한 여자들도 많았다.

특히 출산을 돕는 산파들이 마녀로 몰리곤 했다. 교회에서는 천사가 아이를 데려온다고 설명했는데, 산파는 여성의 자궁에서 나오는 아이를 받았기 때문이다. 게다가 산파는 대개 혼자 사는 늙은 여

자들이 많아서 오해받기 딱 좋았다. 산파가 마녀로 몰리다 보니, 많은 산모들이 전문인의 도움 없이 출산을 하게 되어 산모 사망률이 기하급수적으로 높아지는 원인이 되기도 했다.

하지만 무엇보다 마녀사냥이 불러온 가장 큰 재앙은, 16세기 종교개혁 이후 개신교 및 과학에 대한 탄압의 도구로 쓰였다는 것이다. 많은 개신교도들과 그 성직자들이 마녀와 마법사로 몰려 화형당했다. 이는 종교 간 사회적 갈등을 격화시켰고, 마침내 종교전쟁으로 비화되었다. 종교개혁 이후 유럽은 오랜 시간 동안 중세 암흑시대와는 다른 '내전의 암흑시대'를 경험하며, 대학살을 반복하게 된다.

위험한 여자, 잔 다르크

1431년 초, 습하고 차가운 공기가 무겁게 방 안을 감쌌다. 보베 주교는 헝클어진 머리와 남루한 남자의 옷을 입은 기이한 여성의 얼굴을 내려다보며 차갑게 질문을 던졌다.

"이름은?"

"잔 다르크입니다."

"나이는?"

"열아홉입니다."

"당신은 악마의 말을 믿고 악마를 숭배한 것을 인정합니까?"

"저는 하나님의 말씀을 듣고 그분의 뜻에 따라 실천했습니다."

"당신이 들은 하나님의 말씀이 무엇이죠?"

"프랑스에서 영국 세력을 몰아내고 발루아 왕조를 지키라고 하셨습니다."

"그게 바로 악마의 음성
이라고 생각하지 않나요?"

마녀사냥의 대표적 희생
자 잔 다르크, 그녀는 '백년
전쟁'*에서 프랑스를 구원
한 구국의 영웅이지만 프
랑스에 배신당한 뒤 종교
재판에서 마녀로 판결 받
고 화형에 처해졌다. 잔 다
르크의 마녀 판결은 역사

19세기 프랑스 화가 프랑수아 쉬플라르가 그린 〈잔
다르크〉.

적으로 뜨거운 논쟁거리로 남았으며, 그녀를 둘러싼 이야기와 평
가는 숱한 문학과 예술의 동기가 되었다. 잔 다르크는 왜 마녀로 몰
렸을까?

그녀는 하나님의 음성을 직접 들었다고 했다. 하지만 그녀는 평
범한 시골 소녀일 뿐이었다. 신과 교감할 만한 자격이라곤 없어 보
이는 소녀가 계시를 받았다는 것은 처음부터 신뢰하기 어려운 일
이었다. 그럼에도 잔 다르크가 프랑스 군대를 이끌 수 있었던 것은
백년전쟁에서 승리해야 한다는 프랑스 측의 절박함과, 안정적인

---

* 1337년부터 1453년까지 100여 년 동안 영국과 프랑스가 여러 차례 일으킨 전쟁. 프랑
스의 왕위 계승 문제와 양모羊毛 공업 지대인 플랑드르에서의 주도권 싸움이 원인이 되
어 영국군이 프랑스에 침입함으로써 일어났다. 잔 다르크 등의 활약으로 프랑스의 승리
로 끝났다.

왕권을 원하던 샤를 7세의 욕망 때문이었다.

하지만 막상 전쟁에서 승리하고 샤를 7세의 권력이 안정되자, 그녀는 골치 아픈 존재가 되었다. 아무나 신의 계시를 받았다고 나선다면 기성 교회의 권위가 심각하게 위협을 받을 수 있었다. 당시 교회는 오직 성직자들만이 하나님의 계시를 받을 수 있다고 주장했기 때문이다. 교회와 군대를 토대로 하는 왕에게도 새로운 계시자의 출현은 달갑지 않았다. 잔 다르크가 기성 교회의 신앙적 권위를 가져갈 경우, 그녀의 의지에 따라 왕권이 불안정해질 수 있었다. 잔 다르크가 하나님의 뜻을 받든 구국의 영웅이 될수록 교회와 왕은 점점 그녀에게 종속될 가능성이 높아졌다.

프랑스 왕과 교회는, 하나님의 뜻을 어기고 전쟁을 일으킨 셈이 된 영국과 같은 처지에 놓이게 되었다. 영국으로서는 백년전쟁의 정당성을 확보하기 위해서라도 잔 다르크가 꼭 마녀가 되어야 했다. 그래서 둘은 잔 다르크를 놓고 흥정할 수 있었고, 마침내 프랑스가 영국에 잔 다르크를 넘겨주고, 교회가 그녀를 마녀로 선포하여 화형시켜 버렸다.

잔 다르크가 역사적 인물이 될 수 있었던 것은, 그녀가 백년전쟁을 승리로 이끈 영웅이었기 때문이라기보다는, 중세가 무너지고 근대로 나아가던 과도기에 기성 사회의 모습을 날것 그대로 보여 주었기 때문이다. 유럽의 기성 사회는 잔 다르크를 화형에 처했지만, 그것은 곧 다가올 그들의 최후를 상징하는 모습이었음을 역사는 증명하고 있다.

091

종교전쟁의 한가운데 선 여왕

카트린 드 메디시스

1519~1589

교과서 속 한 줄 역사 1517년 독일 수도사 루터가 〈95개조 반박문〉을 발표하면서
종교개혁이 시작되었다. 성 베드로 성당 개축 비용을 마련하기 위한 면벌부 판매에
루터가 반대한 것이 직접적인 계기가 되었다. 프랑스에서는 칼뱅 계통의 신교도인
위그노와 가톨릭교도의 대립이 심해지면서 위그노 전쟁이 일어났다. 1572년 성 바
르톨로메오 축일의 대학살이 일어나면서 대립이 극에 달했으나, 앙리 4세가 낭트
칙령으로 개인에게 신앙의 자유를 허용함으로써 막을 내렸다.

카트린 드 메디시스, 저 유명한 피렌체 메디치 가문의 여인으로
증조부는 이탈리아 르네상스를 주도한 최고의 정치가 로렌초 드
메디시스, 아버지는 메디치가의 전성기를 이끈 로렌초 2세였다. 대
단한 가문의 상속자였으니 어릴 때부터 온실 속의 화초처럼 자랐
을 것 같지만, 실제로는 그렇지 않았다.

당시 메디치가는 서서히 몰락하는 중이었다. 콜럼버스의 신대
류 발견 이후 지중해 무역이 쇠퇴하면서 경제적 번영이 예전만 못
했고, 도시국가 간 혹은 교황과의 갈등으로 인한 내전으로 파괴와

약탈에 시달렸다. 피렌체에서 관료로 일하던 마키아벨리가 《군주론》을 저술하여 이탈리아의 통일을 역설한 것도 이 무렵이었다. 이러한 혼란기에 태어난 카트린은 치열한 정치적 갈등 속에서 살아남기 위해 필요한 여러 덕목을 익혀야 했다.

이탈리아 상인의 딸

1519년에 태어난 카트린은 태어난 지 얼마 안 되어 아버지를 잃고, 얼마 후 어머니마저 흑사병으로 잃었다. 고아가 된 그녀는 증조부 교황 레오 10세와 재종조부 교황 클레멘스 7세의 손에 자라면서, 내전의 혼란 속에서 여러 수녀원을 전전했다. 그러던 중 메디치가와 연결되기를 원하는 프랑스 왕가의 제안으로 열네 살에 같은 나이의 프랑스 왕자 앙리와 결혼하였다.

결혼 생활은 양면적이었다. 그녀는 우아하고 사려 깊은 성격으로 시아버지 등 시댁 식구들의 사랑을 받았고, 그녀가 데려온 이탈리아 요리사들은 훗날 프랑스 요리의 창시자가 되었으며, 그녀의 새로운 승마 기술은 부인 승마의 새 장을 열었다. 그녀의 해박한 지식과 속을 드러내지 않는 정치적 처세는 왕실의 절대적 지지를 끌어내기에 충분했다.

반면 프랑스인들은 그녀를 좋아하지 않았다. 이탈리아 여자라는 점, 천한 상인(부르주아)의 딸이라는 점, 그리고 결혼 후 10년 동안 아이를 낳지 못했다는 점 때문이었다.(하지만 그녀는 이후 무려 일곱 명의 자녀를 낳았다.)

1536년 왕태자 프랑수아가 죽는 바람에 그녀의 남편 앙리가 왕태자가 되고, 1547년 시아버지 프랑수아 1세가 죽어 남편이 즉위하면서(앙리 2세) 그녀도 왕비가 되었다. 하지만 그녀는 4남 3녀의 어머니이자 명문가의 딸임에도 불구하고 왕비 대접을 받지 못했다. 앙리 2세가 정부情婦인 디안 드 푸아티에를 사랑했기 때문이다. 카트린보다 20세 연상인 디안은 왕비 행세를 하며 카트린이 낳은 아이들도 자신의 영향력 아래 키웠다. 당시 교황이 카트린과 디안의 선물을 함께 준비할 만큼, 디안은 대외적으로도 왕비로 인정받았다.

하지만 카트린은 디안을 질투하지 않았다. 오히려 디안의 견제와 질투로부터 자신을 보호하는 데 치중했다. 카트린은 직접 설계에 참여할 만큼 아꼈던 슈농소 성을 비롯하여 많은 것을 디안에게 넘겨주었다. 아마도 카트린은 그것이 남편을 사랑하고 왕비로서 체면을 지키는 길이라고 생각했던 모양이다. 훗날 남편이 죽은 뒤에는 디안의 보물을 빼앗고 슈농소 성에서 추방했지만, 자기 별장에서 그녀가 말년을 평화로이 지내도록 배려했다.

1559년 6월 장미가 만발한 궁중 정원에서 앙리 2세가 마상창 시합 도중 사고로 죽자, 카트린의 장남 프랑수아 2세가 열다섯 어린 나이로 왕위에 올랐다. 이후 샤를 9세, 앙리 3세까지 카트린의 아들들이 왕위를 계승하며 30년 동안 프랑스를 지배했다. 프랑스 역사상 가장 비극적인 종교전쟁, '위그노 전쟁'이 일어난 것이 바로 이 시기다.

루터의 〈95개조 반박문〉

로마를 멸망시키고 유럽을 정복한 게르만족은 싸움에는 능했지만 글을 읽을 줄 모르는 무식한 야만인들이었다. 그래서 그들 대신 성직자들이 글을 읽고 학문을 연구했는데, 이들을 교부敎父라 한다. 중세 기독교의 교리는 교부들에 의해 만들어졌다. 그런데 교부들이 세속의 제후로서 권력과 부를 누리면서 기독교는 점차 타락했고, 수도원 운동 등 몇 차례 개혁 시도가 있었음에도 상황은 점점 나빠져 갔다.

십자군 전쟁 이후 특히 14~15세기 들어 교회의 타락 중 가장 문제가 된 것은 면벌부免罰符였다. 교회가 신을 대신할 수 있다는 발상에서 나온 면벌부는, 헌금을 내면 죄를 (혹은 죄악에 대한 벌을) 면해 주는 것이다. 모든 것을 성서에 기초해야 한다고 주장한 개혁가들은 이를 결코 받아들일 수 없었다. 결국 1517년 루터가 〈95개조 반박문〉을 내걸고 면벌부와 교회를 비판하면서 종교개혁의 신호탄이 올랐다.

루터의 주장은 교회로부터 세속 권력을 빼앗으려는 왕과 제후, 교회의 억압에서 벗어나 자유롭게 부를 축적하고자 하는 부르주아들의 지지를 받았다. 루터는 그들의 지지 속에 독일어로 성경을 번역하여 많은 사람들이 성경을 읽을 수 있도록 했다. 그동안 라틴어 성경을 바탕으로 교리를 독점해 온 기존 성직자들은 큰 타격을 입었다. 또한, 루터는 농민반란을 맹렬히 비난함으로써 왕과 제후들의 지지를 확고히 했다. 이렇게 해서 루터를 추종하는 새로운 기독교, 곧 개신교가 번창한다.

개신교는 1536년 칼뱅이 '예정설'과 '직업 소명설'을 주장하여 부르주아의 지지를 받으면서 더욱 세를 확장했다. 개신교는 부르주아를 통해 전 유럽으로 퍼져 나갔고, 개신교와 구교(가톨릭)의 갈등은 봉건 세력과 부르주아 간의 정치적 대립으로 발전하였다. 중세 유럽을 지키려는 세력과 새로운 유럽을 만들려는 세력이 종교를 등에 업고 정면으로 충돌한 것이다. 이것이 종교전쟁이다.

프랑스의 부르주아들 역시 칼뱅파를 중심으로 세력을 넓혀 갔다.(프랑스 칼뱅파 교도를 '위그노'라 한다.) 왕실은 전통적 지지 세력인 구교의 귀족과, 세금의 주요 원천인 개신교의 부르주아 사이에서 갈등하지만, 점차 체제 유지를 위해 구교 쪽으로 기울었다. 이런 상황에서 어린 왕이 즉위하여 정치적 불안정성이 높아지면서 결국 내전으로 폭발한 것이다.

바르톨로메오 축일의 대학살

병약한 프랑수아 2세가 즉위 1년 만에 죽고 겨우 열 살인 샤를 9세가 즉위하자, 섭정 카트린은 신구교 대립의 중재자로서 왕권을 강화하고자 했다. 이러한 시도는 처음에는 성공적이어서, 약 10여 년간 카트린은 어린 아들과 함께 프랑스를 무난하게 이끌어 갔다.

하지만 신구교의 대립은 해결의 기미가 보이지 않았고, 마침내 1572년 구교 측이 신교를 공격한 '성 바르톨로메오 축일의 대학살'이 일어나 1천여 명의 개신교도들이 목숨을 잃었다. 개신교도들은 이 사건을 카트린과 샤를 9세의 음모라고 비난했다. 이에 대해서는 오늘날까지도 논란이 분분하다. 카트린의 음모라는 주장도 있고,

〈어느 날 아침, 루브르 궁 입구〉. 1572년 8월 24일 새벽에 구교 추종자들이 1천여 명의 개신교도들을 살해한 '성 바르톨로메오 축일의 대학살'을 묘사한 그림으로, 맨 앞에 선 여인이 카트린 드 메디시스다. 19세기 프랑스 화가 에두아르 드바 퐁상 작.

카트린이 궁에서 무기력하게 지켜보기만 했다는 주장도 있다.

아무튼 이 사건으로 샤를 9세는 우울증이 악화되어 1574년 24세의 젊은 나이에 사망했다. 카트린은 그 뒤를 이어 셋째 아들 앙리 3세를 즉위시켰는데, 그 직후 위그노의 전면 봉기로 프랑스는 최악의 신구교 간 내전에 휩쓸린다. 앙리 3세는 우왕좌왕하며 전쟁을 수습하고 구교를 지키려 했지만 상황은 나아지지 않았다.

사치스럽고 정치적으로 무능했던 앙리 3세는 어머니 카트린의 섭정을 못마땅하게 여겨 사사건건 충돌하다가 결국 카트린을 섭정에서 쫓아냈다. 권력에서 축출된 카트린은 자식의 배신에 분노하며 칩거 생활을 하던 중 병에 걸려 1589년 혼란에 빠진 프랑스를 수습하지 못한 채 죽고 말았다. 앙리 3세도 카트린 사망 직후 개신교도에 의해 암살당했다.

　이로써 카트린의 세 아들이 모두 후계자를 남기지 못하고 죽었으며, 발루아 왕조(1328~1589년까지 프랑스를 다스린 왕조. 필리프 6세에서 시작하여 총 13명의 프랑스 왕을 배출했다.)도 대가 끊어지고 말았다. 새로 왕위에 오른 사람은 앙리 3세의 먼 친척으로 위그노의 수장인 나바르의 앙리였다. 그는 왕위를 계승하자 즉각 구교로 전향한 뒤 신구교를 화해시키는 '낭트 칙령'을 선포하여 30년간 이어진 위그노 전쟁을 종식시켰다. 이렇게 시작된 왕조가 바로 루이 14세로 유명한 '부르봉 왕조'이다.

　카트린은 메디치 가문 사람으로서, 종교전쟁의 혼란기에 프랑스의 여왕으로서 외롭게 싸워 나갔다. 무능한 남편과 자식들이 왕으로서 통치한 70년 동안 그녀는 정치 일선에서 탁월한 능력을 보여주었다. 하지만 그로 인해 그녀가 얻은 것은 천한 상인의 딸, 정치적 음모가, 대학살의 배후 조정자, 구교의 마녀 같은 오명뿐이었다.

092

다섯 번의 이혼으로 확립한 왕권

헨리 8세

1491~1547

교과서 속 한 줄 역사 1534년 영국 왕 '헨리 8세'는 왕이 교회의 우두머리임을 선언하는 '수장법首長法'을 발표하고, 영국 교회를 교황의 지배권에서 독립시키고 영국 국교회를 출범시켰다.

1337년부터 1453년까지 116년 동안 지루하게 이어진 영국과 프랑스 사이의 백년전쟁이 끝난 직후인 1455년, 영국은 또다시 내전의 소용돌이에 휩쓸린다. 헨리 6세의 랭커스터 가문에 대항하여 요크 가문이 반란을 일으킨 것이다. 랭커스터 가문의 문장紋章인 빨간 장미와 요크 가문의 문장인 하얀 장미에 빗대 이를 '장미전쟁'이라 부른다.

30년간 계속된 전쟁은 랭커스터계의 헨리 튜더에 의해 1485년 종지부를 찍고, 헨리가 즉위하여 헨리 7세라 칭하면서 영국에서는 새로운 '튜더 왕조'가 일어났다. 튜더 왕조는 백년전쟁과 장미전쟁의 후유증을 극복하고 왕권 강화와 영국의 국력 신장을 이뤄야 할 역사적 사명을 짊어지고 있었다.

가톨릭과 결별하다

헨리 7세에 이어 1509년 열여덟 살의 나이에 즉위한 헨리 8세는 아버지의 유업을 이어 왕권을 더욱 강화하며 영국을 강대국으로 끌어올리는 데 성공했다. 종교개혁으로 등장한 개신교에 반대하여 교황과 구교를 동맹으로 끌어들이고, 스페인의 통치자인 아라곤 왕국의 공주 캐서린과 결혼하여 외교적으로도 강대국과 우호 관계를 맺었으며, 몇 차례 대외 전쟁에서 승리를 거두었다.

왕권 강화의 화룡점정은 권력을 계승할 확고한 후계자, 즉 아들을 낳는 것이었다. 그런데 여섯 살 연상의 왕비 캐서린이 아들을 낳지 못했다. 캐서린은 원래 영국과 스페인의 동맹을 위해 헨리 8세의 형과 결혼했다가 첫날밤도 치르지 못하고 남편이 죽는 바람에 헨리 8세와 결혼한 독특한 이력을 갖고 있었다. 헨리 8세는 캐서린을 사랑했지만 그녀의 나이가 많아질수록 점점 초조해졌다. 마침내 헨리 8세는 캐서린과 이혼하고 좀 더 젊은 여자와 재혼하기로 마음먹었다.

하지만 캐서린은 가톨릭의 수호자인 스페인 아라곤 왕국의 공주였다. 헨리 8세는 이혼을 원했으나 교황은 스페인의 눈치를 보며 이를 허락하지 않았다. 당시 스페인은 카를로스 1세 시대로 대서양을 '스페인의 호수'라고 칭할 만큼 맹위를 떨치던 '해가 지지 않는 제국'이었다. 스페인의 그늘에서 종교개혁의 소용돌이를 헤쳐 가고 있던 교황으로서는 스페인 공주의 자존심에 상처를 입히기 어려웠다.

결국 헨리 8세는 로마교회와 결별을 선언하고 영국 교회를 독립시킨 뒤 스스로 교회의 수장이 되었다. 그리하여 '영국 국교회'(성공회)가 성립하였다. '성공회'는 교리 상 가톨릭에 가깝지만 로마 가톨릭에 반기를 들었다는 점에서 신교에 가까운 독특한 교파로, 오늘날에도 많은 신도를 거느리고 있다.

국교회의 성립은 영국 발전에 또 하나의 밑거름이 되었다. 교회와 수도원의 재산을 몰수하여 귀족에게 나누어 주고 국가재정을 튼튼히 할 수 있었던 것이다. 이를 계기로 국가 산업이 발전하여 시민계급이 성장할 토대가 마련되었고, 풍족한 국방비로 군대, 특히 해군을 양성할 수 있었다. 이제 영국 해군은 무적함대 스페인 해군에 맞설 준비를 시작했다. 물론 헨리 8세 개인적으로는 캐서린과의 이혼도 가능해졌다.

끝내 아들을 얻었으나

우여곡절 끝에 헨리 8세가 재혼한 여자는 16세 연하의 앤 불린이었다. 1533년 결혼할 당시 26세였던 앤은, 헨리 8세가 애인으로 삼으려 하자 정식 결혼을 요구하여 캐서린 이혼 파문을 일으킬 만큼 자존심 강하고 똑똑한 여인이었다. 결혼할 때 이미 그녀는 임신한 상태였고, 만약 아들을 낳는다면 영국의 왕비로서 앞날이 보장된 상태였다. 하지만 불행히도 그해 가을에 태어난 아이는 딸이었다.

캐서린 소생의 딸 '메리'와 앤 불린 소생의 딸 '엘리자베스', 딸딸이 아빠가 된 헨리 8세의 인내심은 캐서린 때보다 훨씬 더 빨리 고갈되었다. 헨리 8세는 결국 결혼 3년 만에 갖은 죄목을 뒤집어씌워 앤 불린을 참수형에 처했다. 헨리가 사랑했던 여인에게 베푼 배려라고는 한 번에 죽이기 어려운 도끼 대신 칼로 참수 당하게 해 준 것뿐이었다.

헨리 8세에게 아들을 선사한 여인은 앤 불린 처형 11일 뒤에 결혼한 세 번째 왕비 제인 시무어였다. 금발에 정숙하고 총명한 제인 시무어는 딸들을 잘 돌보며 아들 에드워드까지 낳았으나 출산 직후 죽고 말았다.

〈딸에게 마지막 인사를 하는 앤 불린〉(1838). 앤 불린의 가슴에 안긴 아기가 바로 엘리자베스 1세이다. 벨기에 화가 구스타브 와페르스 작.

고대하던 아들을 얻은 헨리 8세는 이후 죽을 때까지 10년 동안 세 번 더 결혼했으며, 과대망상증 등 몇몇 정신질환을 포함하여 여러 질병을 앓았다. 그의 정치 말년은 영국인들에게도 불행이었다. 사람들은 하루빨리 새로운 왕이 탄생하기를 바랐다. 그 바람은 1547년 56세의 노왕이 죽고 열 살의 어린 에드워드 6세가 즉위함으로써 이루어졌다.

헨리 8세의 아내들은 어떻게 되었을까? 아라곤의 캐서린은 오랜 별거 생활 중에도 왕비로서의 자존심을 지키려 몸부림치다, 헨리 8세가 앤 불린을 죽이려고 누명을 씌우던 1536년 51세의 나이로 암에 걸려 죽고 말았다. 네 번째 왕비 앤은 3년 만에 이혼당하고 17년 동안 쓸쓸하게 살다 죽었고, 다섯 번째 왕비 캐서린 하워드는 결혼

2년 만에 간통죄로 참수 당했다. 마지막 왕비 캐서린 파는 5년 동안 결혼 생활을 유지하다 헨리 8세가 죽자 1년 뒤 재혼했지만, 출산 후유증으로 곧 죽고 말았다.

헨리 8세는 많은 여인을 불행에 몰아넣고 종교개혁까지 단행하면서 확고한 왕권을 일궈 나갈 아들을 간절히 원했다. 하지만 그가 꿈꾼 강한 왕권은 아들이 아닌 불행한 여인 앤 불린의 딸 '엘리자베스 1세'에 의해 이루어진다. 엘리자베스 1세의 업적은 헨리 8세의 종교개혁을 토대로 형성된 근대의 토양 위에서 가능했으니, 역사 속 우연과 필연은 얼마나 공교로운가! 한 남자의 가정적 갈등으로 인한 결과가 한 나라의 번영과 유럽의 역사를 바꾸었으니 말이다.

◈ 스페인을 만든 아라곤과 카스티야 왕국

유럽 남서부에 위치한 이베리아 반도는 7세기 이후 무어인, 즉 이슬람의 후우마이야 왕조의 터전이었다. 그들은 800년 동안 이베리아 반도에 찬란한 이슬람 문화를 건설했다. 하지만 13세기부터 기독교 세력이 남하하면서 이슬람을 몰아내기 시작했고, 이 과정에서 이베리아 반도에 여러 기독교 국가가 건설되어 서로 연대하고 통합했다. 그중 아라곤 왕국은 스페인 동북부 사라고사를 중심으로 하는 나라였고, 카스티야 왕국은 스페인 중부 마드리드를 중심으로 하는 나라였다. 아라곤의 페르난도 2세와 카스티야의 이사벨라 여왕이 결혼동맹을 맺어 스페인 통일 왕조를 건설했는데, 그들의 넷째 딸이 헨리 8세의 첫 아내 캐서린이었다. 한편 둘째 딸 후아나는 신성로마제국 막시밀리안 1세의 아들(펠리페 1세)과 결혼하였고, 그 아들 카를로스 1세가 스페인 합스부르크가의 왕으로 즉위하여 스페인의 전성기를 이끌었다.

093

대영제국, 두 여왕의 결혼

메리 1세와 엘리자베스 1세

1516~1603

교과서 속 한 줄 역사 영국의 절대왕정은 엘리자베스 1세 때 절정을 이루었다. 엘리자베스 1세는 영국 국교회를 확립하고 강력한 해군력으로 에스파냐의 무적함대를 격파했으며, 해외 진출을 적극 장려하여 동인도회사를 세워 인도 지배의 발판으로 삼았다.

헨리 8세가 어렵게 얻은 아들 에드워드 6세는 겨우 열일곱 살에 병으로 죽었다. 헨리 8세의 소생은 캐서린이 낳은 '메리'와 앤 불린이 낳은 '엘리자베스'뿐이었다. 이 중 장녀인 메리 1세가 1553년 여왕의 자리에 올랐다.

가톨릭의 수호자 '피의 여왕' 메리

메리는 가톨릭의 수호자인 스페인 공주였던 어머니가 이혼 당한 뒤, 폭군 아버지 밑에서 죽음의 공포 속에 어린 시절을 보냈다. 당연히 그녀는 독실한 가톨릭 신자였으며, 여왕이 되자마자 가톨릭의 중흥을 위해 노력했다.

가장 좋은 방법은, 당시 유럽 최강국이자 가톨릭 국가인 스페인과 결혼동맹을 맺는 것이었다. 메리가 미래 펠리페 2세가 될 스페인 왕자와 혼담을 진행하자, 영국 국교회에서는 격렬하게 저항했다. 반란군이 런던까지 진격했고('와이어트의 난'), 의회 역시 결혼 포기를 요구하는 청원을 올렸다. 하지만 메리 1세는 단 한 마디로 이를 물리쳤다.

"결혼은 짐이 하는 것이다."

마침내 1554년, 38세의 여왕은 11세 연하의 젊은 스페인 국왕 펠리페 2세와 결혼했다. 스페인의 힘을 등에 업은 여왕은 비가톨릭 교도들을 잔인하게 처형하고, 이에 저항하는 반역자들을 학살했다. 4년간 영국에서는 피가 강물처럼 흘렀다. 사람들은 여왕을 저주하며 '피의 메리Bloody Mary'라고 불렀다.

마침내 저주가 통한 것일까? 유럽 대륙에 남은 영국의 마지막 거점 칼레를 두고 프랑스와 벌인 전쟁에서 패한 데다, 번번이 임신에 실패하면서 건강이 악화된 메리는 1558년 숨을 거두었다. 영국인들이 블러디 메리의 죽음을 얼마나 기뻐했는지, 그로부터 200년 동안 그녀의 기일인 11월 17일을 해방일로 축하했다고 한다.

"짐은 국가와 결혼하였다"

메리 1세의 노력에도 불구하고 영국에서 가톨릭이 부활하기에는 새로운 기독교가 너무 많이 퍼져 있었다. 가톨릭의 라틴어 성경 대신 영어 성경이 널리 퍼졌고, 로마 교황으로부터 자유를 누린 지도 오래였으며, 수많은 성직자들이 이미 결혼해서 가족을 꾸리고 있었

◈ '캐리비안의 해적', 해적과 해군 사이에서

콜럼버스가 스페인 이사벨라 여왕의 후원으로 신대륙을 발견한 이래, 멕시코의 은은 신생 국가 스페인의 부의 원천이 되었다. 유럽 제국들은 멕시코의 은에 군침을 흘렸지만 무적함대의 위력에 눌려 언감생심 꿈도 꾸지 못했다.

그때 네덜란드와 영국의 조그만 배들이 대서양을 건너 카리브 해로 모여들었다. 70인 승에 대포를 10여 문 정도 장착할 수 있는 작고 날렵한 배 '슬루프'는 스페인 군함의 추격을 뿌리칠 정도로 빠르고, 상선을 나포할 수 있을 만큼 승선과 하선이 용이했다. 이들은 카리브 해 근처 섬들 사이에 숨어 있다가 스페인 상선이 나타나면 재빠르게 접근하여 은을 약탈하고 인질을 잡아 몸값을 받아 냈다.

카리브 해의 해적들은 약탈한 은과 약탈품을 몇몇 항구로 가져가 자유롭게 팔고 필요한 무기를 구입했다. 이 항구들은 영국과 네덜란드령이었기 때문에 스페인이 단속할 수 없었다. 스페인은 양국에 엄중 경고했지만, 영국은 단속이 어렵다는 말만 되풀이할 뿐이었다. 스페인은 때로는 군대를 동원하여 이들 항구를 공격했지만, 영국은 오히려 해적을 정식 영국 해군으로 고용하여 이를 막아 내곤 했다.

17세기의 유명한 해적 헨리 모건과 그 일당들은 자메이카 포트 로열 항구의 수비군으로 고용되었을 뿐 아니라, 헨리 모건 자신은 자메이카 부총독으로 임명되었다. 사실 해적은 스페인의 부를 영국으로 옮겨 오는 경제전쟁의 첨병이었던 것이다.

스페인의 무적함대가 영국의 조잡한 연합 함대에 격파당한 뒤, 일부 해적은 공신으로서 영국의 귀족이 되었지만, 여전히 많은 이들은 카리브 해에 해적으로 남았다. 정치적으로 반왕파, 종교적으로 청교도 등의 이교도, 사상적으로 반사회적 자유주의자였던 해적들은 곧 영국 해군에 의해 토벌되었고 헨리 모건의 포트 로열 역시 역사에서 사라졌다. 하지만 해적은 사라지지 않았다. 신대륙 발견 이후 바다는 열강들의 전쟁터가 되었고, 적국의 상선을 나포하여 그 부를 빼앗는 것은 여전히 유효한 경제적 이윤 창출 방법이었다. 국가로부터 약탈을 승인받은 '사략선'은 자국 영해에서는 군함이지만 공해로 나가면 해적이었다.

국가 이기주의가 팽배하면서 타국의 이윤을 빼앗아 자국의 국민을 먹여 살리는 해적에 대한 호감이 높아졌다. 또한 그들의 자유로운 사상과 행동, 그리고 뱃사람 특유의 의리는 문학의 소재로 인기가 많아, 수많은 해적들이 소설과 연극의 주인공으로 재탄생했다. 그중에서도 17세기경 활약한 것으로 알려진 카리브 해에서 악명을 떨친 '캡틴 잭'(혹은 '애꾸 잭')은 소설 《보물섬》과 영화 〈캐리비안의 해적〉 등에서 해적 선장의 전형적인 모델이 되었다.

하지만 해적은 어디까지나 자국의 편일 때만 의미가 있다. 똑같이 작은 배를 타고 거대한 상선을 습격하여 부를 옮겨도 적일 때는 천하의 악당인 것이다. 15세기의 왜구나 21세기 소말리아 해적들이 바로 그 대표적 존재라 할 수 있다.

다.(가톨릭은 성직자의 결혼을 금한다.) 게다가 가톨릭의 재산을 분배받은 귀족과 신흥 상공업자들의 세력도 꽤 성장해 있었다.

이들은 엘리자베스를 대안으로 삼고 메리에게 반기를 들었다. 메리 1세는 생전에 엘리자베스를 처형하려 했고, (엘리자베스의 어머니 앤 불린이 처형당한) 악명 높은 런던탑에 엘리자베스를 투옥하기도 했다. 하지만 엘리자베스는 튜더 왕조의 대를 이을 유일한 대안이었다.

결국 메리 사후 엘리자베스 1세가 즉위했고, 상황은 정반대로 전개되었다. 이번에는 가톨릭 세력이 영국 국교회 세력을 몰아내기 위해 엘리자베스를 제거하고 무력화시키려 했다. 당시 스코틀랜드의 여왕 '메리 스튜어트'는 헨리 8세 누나의 손녀로 튜더 왕조의 피가 흐르고 있어 엘리자베스 1세의 대안으로 주목을 받았다. 또한, 홀아비가 된 펠리페 2세가 여섯 살 연하의 처제 엘리자베스에게 마음이 있었다. 복잡한 인척 관계를 이용하여 권력을 장악하려는 음모가 런던에 가득했다. 결국 신하들은 이 모든 문제를 해결할 대안으로 펠리페 2세와의 결혼동맹을 제안했다. 하지만 여왕의 대답은 간단했다.

"짐은 국가와 결혼하였다."

엘리자베스 1세는 헨리 8세 때부터 육성한 해군으로 스페인 무적함대를 격파하고, 자신의 왕위를 위협하는 키 180센티미터의 늘씬한 '미스 유럽' 메리 스튜어트를 반역죄를 씌워 처형했다. 국교회와 영국의 절대왕정을 위해 결혼을 포기하면서까지 노력한 엘리자베스 1세는, 숱한 암살 위협과 정치적 음모를 극복하고 절대왕정에 입각한 강력한 대영제국을 건설한다.

유럽 절대왕정의 모델

그녀는 영국을 사랑했고 영국인들에게 사랑받기를 원했다. 그래서 쉰이 넘은 나이에도 초상화는 20대의 얼굴로 그리도록 했다. 그림 속에서는 항상 환호하는 영국인들에 둘러싸여 있기를 원했으며, 실제로 그런 연출을 즐겼다고 한다.

사실 그녀는 에드워드 코트니 경, 펠리페 2세, 로버트 더들리 경 등 숱한 남자와 염문을 뿌렸다. 그중에는 유명한 해적 두목이자 영국 해군 제독인 드레이크 경도 있었다. 여느 스캔들이 그렇듯, 헛소문도 많았지만 일부는 사실이었을 것이다. 하지만 그녀는 국가와 결혼했다는 약속을 지켰으며, 여왕의 품위를 잃을 만한 일은 하지 않았다고 평가받는다. 그러니 초상화의 해프닝은 애교로 봐줄 수도 있을 것이다.

1603년 마침내 여왕의 시대는 종말을 고했다. 그녀는 메리 스튜어트의 아들 제임스에게 왕위를 물려주고 조용히 숨을 거두었고, 이로써 튜더 왕조는 대가 끊기고 새로운 스튜어트 왕조가 개창되었다. 하지만 그녀의 영국은 이후 300년간 절대적인 번영을 누렸고, 그녀의 통치 체제는 유럽 절대왕정의 모델이 되었다. 그녀야말로 새로운 유럽 근대를 연 역사적 위인이라고 할 수 있다.

094

당신의 신은 과학이다

근대 과학혁명

1543~1727

교과서 속 한 줄 역사 16~17세기 과학의 발전으로 종교적 세계관의 제약 아래 놓여 있던 자연에 대한 인식이 크게 변화하기 시작했다. 이를 '과학혁명'이라고 부른다. 코페르니쿠스의 지동설과 뉴턴의 만유인력의 법칙은, 기존 교회와 유럽인들의 세계관을 동요시키고 신학의 테두리를 벗어나 새로운 과학의 시대를 열었다.

"하나님이 말씀하시기를 '하늘 창공에 빛나는 것들이 생겨서 낮과 밤을 가르고 계절과 날과 해를 나타내는 표가 되어라. 또 하늘 창공에 있는 빛나는 것들은 땅을 환히 비추어라." 하시니 그대로 되었다. 하나님이 두 큰 빛을 만드시고, 둘 가운데서 큰 빛으로는 낮을 다스리게 하시고 작은 빛으로는 밤을 다스리게 하셨다. 또 별들도 만드셨다.

하나님이 빛나는 것들을 하늘 창공에 두시고 땅을 비추게 하시고, 낮과 밤을 다스리게 하시며 빛과 어둠을 가르게 하셨다. 하나님 보시기에 좋았다. 저녁이 되고 아침이 되니, 나흘날이 지났다. – 〈창세기〉 1장 14~19절

유럽인들은 두 빛나는 것은 해와 달이고, 하나님이 그것을 만들어 하늘에 두었으며, 각기 낮과 밤에 인간을 위해 빛난다고 믿었다. 이는 곧 하나님이 천지를 창조했다는 믿음이었다. 이 믿음은 1543년 폴란드의 천문학자 코페르니쿠스(1473~1543)의 저서 《천구의 회전에 관하여》가 나오면서 깨지기 시작했다.

위험한 사상

하늘의 해와 달은 지구에 사는 모든 인류가 볼 수 있는 것이다. 그러므로 해와 달이 하늘에서 돈다는 생각은 인류의 가장 보편적인 믿음이자, 남자가 여자가 될 수 없다는 믿음만큼이나 절대적이었다. 코페르니쿠스의 '지동설', 곧 지구가 해를 중심으로 돈다는 주장은 중세를 지탱하는 모든 것을 부정하는 위험한 주장일 수밖에 없었다.

그러나 지구가 태양 주위를 돈다는 생각이 근대의 발견은 아니다. 그리스에서 기원전 5세기경부터 지구가 돈다는 주장을 하는 철학자들이 있었으며, 기원전 270년경 헬레니즘 시대 천문학자 아리스타르코스는 지구가 태양을 돈다고 분명하게 주장했다.

사실 태양이 지구 주위를 돈다는 것은 수학적으로 문제가 있는 생각이었다. 이미 메소포타미아 시절부터 원주율(π)을 계산하고 이를 바탕으로 별들의 궤도를 파악하여 피라미드를 건설하고 절기에 맞춰 농경을 했으므로, 천동설이 계산상 오차가 많다는 것은 그 시대 과학자라면 당연히 아는 사실이었다. 하지만 보통 사람들 사이에서는 태양이 지구를 돈다는 천동설이 보편적이었고, 기독교가 지배하는 중세가 되면서는 아예 다른 생각을 하지 못하게 되었다. 그것을 코페르니쿠스가 깨고 나온 것이다.

재판에 회부된 과학

코페르니쿠스의 책은 난해하고 전문적이어서 당대 사람들은 잘 이해하지 못했다. 그래서 처음에는 영향력이 미미했고, 교회도 한동안 인식하지 못하다가 뒤늦게 금서로 지정했다. 그런데 또 한 사람의 천문학자가 나타나 지동설을 보완하고 입증함으로써 교회에 큰 타격을 입혔다. 그가 바로 이탈리아의 갈릴레오 갈릴레이(1564~1642)다.

그는 망원경을 발명하여 그것으로 천체를 관측하고 천문학과 지동설을 쉽게 설명했다. 교회는 즉각 갈릴레이를 종교재판에 회부했고, 그는 사탄의 부하로 몰려 화형당할 위기에 처했다. 마침내 재판 날, 갈릴레이는 절규하듯 외쳤다.

"태양이 지구를 돕니다. 지구가 태양 주위를 돈다는 것은 잘못된 생각입니다. 저는 회개합니다."

교회는 갈릴레이의 회개에 만족하고 평생 가택 연금에 처한다는 가벼운(?) 처벌을 내렸다. 갈릴레이는 그로부터 10년간 죽을 때까지 집에 갇혀 지내야 했다. 하지만 갈릴레이가 "지구는 돌지 않는다!"고 외쳐도 지구는 돌고 있었다.

중력의 법칙에 예외는 없다

그런데 지구는 왜 도는 걸까? 또, 달은 왜 지구 주위를 도는 걸까?

여전히 풀리지 않는 수수께끼들이 남았다. 그에 대한 답을 제시한 이가 뉴턴(1642~1727)이다.

그가 사과나무에서 사과가 떨어지는 것을 보고 신부님에게 물었다.

"왜 사과가 떨어질까요?"

"그것은 하나님의 의지입니다. 하나님이 떨어지지 말라고 하시면 떨어지지 않습니다."

뉴턴은 골똘히 생각에 잠겼다. 그리고 궁리하고 추리하고 계산한 끝에 '만유인력의 법칙'을 발견했다. 사과는 중력의 법칙에 따라 떨어지며, 거기에는 어떠한 예외도 있을 수 없다!

의지와 상관없는 절대적인 물리법칙은 신의 영역을 부정하는 것으로 받아들여졌다. 교회는 뉴턴을 종교재판에 회부하려 했다. 하지만 이미 시작된 과학의 시대는 교회도 막을 수 없었다. 마침내 하나님을 믿지 않는 사람들이 나오기 시작했다. 그들은 새로운 신을 믿었으니, 그 신의 이름은 '과학'이었다. 이제 유럽은 이성과 과학이 지배하는 '절대이성'의 시대로 접어들었다.

◈ 갈릴레이의 천체망원경

갈릴레이는 천재적이라고밖에는 설명되지 않는 능력으로 천체망원경을 만들어 냈다. 그는 21배율에 조리개 기능까지 있는 망원경을 통해 반짝이는 별인 줄 알았던 금성·목성·토성의 실체를 사람들에게 보여 주었고, 이것이 지동설을 입증하는 결정적 근거가 되었다. 그는 목성에도 달이 4개나 있다는 것과(실제로는 12개 이상), 토성을 거대한 띠가 둘러싸고 있다는 것을 처음 밝혀냈다.

095

유럽 왕실의 대표 가문

합스부르크가

13~18세기

> **교과서 속 한 줄 역사** 프랑스의 루이 14세는 중상주의 정책을 펼쳐 국부를 축적하고, 상비군을 꾸려 프랑스 절대왕정의 전성기를 구가하였다. 그러나 그는 화려한 베르사유 궁전을 짓고 에스파냐 왕위 계승 전쟁에 참가하여 국력을 소모하였다.

유럽 역사를 공부하다 보면 알다가도 모를 것 중 하나가 바로 왕이다. 예컨대 아라곤 왕국 페르난도 2세의 아들은 카를 5세인가, 카를로스 1세인가? 둘은 동일 인물로 스페인 왕일 때는 카를로스 1세이고, 신성로마제국의 황제로서는 카를 5세다. 그는 이외에도 유럽 몇몇 도시국가의 왕이기도 하다.

이것이 동아시아 역사와 유럽 역사의 가장 큰 차이다. 중국 황제와 조선 왕과 일본 천황이 철저하게 자기들만의 계통에 따라 왕위를 계승한 데 반해, 유럽은 복잡한 혼인 관계에 따라 여기저기서 왕위가 계승되었다. 그래서 독일 왕이 스페인 왕이나 프랑스 왕을 겸하기도 하고 승계하기도 한다. 아시아에서는 국가 관념이 왕에 대한 충성으로 나타나는 데 반해, 유럽은 그렇지 않았음을 알 수 있다. 이런 복잡한 왕위 계승 문제를 가장 극적으로 보여 주는 사례가 바로 '합스부르크 가문'이다.

거미줄처럼 얽힌 혼맥

합스부르크 가문은 원래 신성로마제국의 유력한 가문으로서 독일 남부 지역의 영주였다. 13세기부터 신성로마제국 혹은 오스트리아의 왕을 배출하기 시작했으며, 15세기 스페인 왕실과 혼인하면서 스페인 왕위 계승권도 갖게 되었다. 스페인의 강력한 국력을 바탕으로 이탈리아와 포르투갈에 영향을 미치면서 이들 지역 왕가와도 혼인을 맺었다.

유럽에서는 외가에도 왕위 계승권이 있어서 합스부르크가는 신성로마제국, 오스트리아, 스페인, 이탈리아, 헝가리 왕조와 연관되어 있었고, 프랑스와 영국에도 간접적으로 영향을 미쳤다. 왕위를 이을 아들이 없을 경우 다른 나라 왕이 왕위 계승권을 주장할 수도 있었던 것이다. 하지만 16세기부터 국가 개념이 본격적으로 발전하면서 애국심이 싹트고 타국의 왕이 자기 나라 왕이 되는 것을 꺼리는 풍조가 형성되었다. 타국의 왕이 왕위 계승을 주장하면 이에 맞서 싸우는 이른바 '왕위 계승 전쟁'이 벌어졌으니, 이는 16세기 절대왕정 시대와 맞물려 유럽을 전쟁의 소용돌이에 빠뜨렸다.

스페인과 프랑스의 왕은 누구?

먼저 스페인의 왕위 계승 전쟁을 보면, 1700년 스페인의 카를로스

2세가 후사 없이 죽자, 오스트리아 출신인 합스부르크가의 마리 테레즈와 결혼한 프랑스 왕 루이 14세가 자신의 손자를 펠리페 5세로 즉위시켰다. 그러자 오스트리아의 레오폴트 1세가 이에 반발하여 전쟁을 일으켰고, 프랑스의 팽창을 두려워한 영국과 네덜란드가 참전하면서 유럽 전체로 전쟁이 확대되었다. 이 전쟁은 무려 14년을 끌었으며, 유럽의 영토와 식민지 구도에 큰 영향을 미쳤다.

루이 14세는 손주를 스페인 왕위에 앉히는 데는 성공했지만, 스페인에 대한 영향력을 원하는 만큼 얻지 못했다. 또한 전쟁으로 인한 재정 지출로 프랑스는 서서히 경제적 어려움을 겪게 되고, 이는 훗날 재정 확보를 위한 삼부회 소집과 프랑스 혁명으로 이어진다.

또 하나 유명한 왕위 계승 전쟁은 오스트리아에서 일어났다. 1740년 신성로마제국의 황제 카를 6세가 죽자, 그의 사위인 로트링겐가 출신의 프란츠 1세가 즉위하였다. 하지만 실권은 프란츠 1세가 아니라 그의 아내인 합스부르크가의 마리아 테레지아에게 있었다.

합스부르크가와 관계가 있는 다른 유럽 국가들은 마리아 테레지아의 상속권을 부정하며 왕위 계승에 반대하고 나섰고, 마침내 오스트리아의 요충지 슐레지엔을 탐내던 프로이센이 전쟁을 일으키면서 또다시 8년간의 지루한 왕위 계승 전쟁이 시작되었다.(7년 전쟁, 1756~1763)

왕위 계승 전쟁의 후과

이 전쟁은 유럽 대부분의 나라가 이해관계에 따라 동맹을 맺고 참전하면서 세계대전의 형태를 띠었고, 식민지에서의 주도권을 놓고

1760년, 마리아 테레지아와 프란츠 슈테판(프란츠 1세) 가족. 18세기 요한 고트프리트
하인 작.

북미 대륙 등에서도 전쟁이 일어나는 등 복잡한 양상을 띠었다. 또,
같은 신성로마제국 내에서 오스트리아와 프로이센이 나뉘어 싸우
는 바람에 훗날 독일과 오스트리아가 분리되는 계기가 되었다.

이외에도 폴란드 왕위 계승 전쟁, 바이에른 왕위 계승 전쟁 등 18
세기에 유럽 전역에서 복잡한 왕위 계승 전쟁이 일어났다. 이로 인
해 유럽에서 점차 국민국가, 민족국가에 대한 의식이 높아지고 왕
정에 대한 회의도 커졌으며, 이는 18세기 후반부터 시민혁명과 근
대 민주주의 정치가 일어나는 계기가 되었다.

합스부르크가는 이후에도 오스트리아를 중심으로 유력한 왕가로
서 권위를 유지했다. 제1차 세계대전의 주역이었던 오스트리아-헝
가리 제국의 '프란츠 요제프 1세'와, 사라예보에서 암살당한 황태자

'프란츠 페르디난트 대공'이 사실상 마지막 합스부르크가 황실이었다. 왕비 쪽으로는 나폴레옹의 황후였던 마리 루이즈, 스페인의 왕비 마리아 크리스티나 등이 유럽 왕실에 영향력을 발휘했다. 지금은 오스트리아에서 유명한 귀족 가문으로 명맥을 유지하고 있다.

합스부르크가는 근대 민주주의 시대로 넘어가기 전 유럽의 마지막 왕정을 대표하는 가문이었다. 그들의 복잡한 인척 관계와 그로 인한 왕위 계승 혼란은 유럽 정치의 한 특징이자 유럽사의 독특한 특수성일 것이다. 그런 의미에서 유럽의 정치 발전을 살펴볼 때 반드시 고려해야 할 것이 바로 합스부르크가이다. 오늘날 서구 민주주의가 얼마나 많은 역사적 곡절을 겪으며 이루어졌는지 이해한다면, 우리의 민주주의에 대해서도 좀 더 깊이 고민할 수 있을 것이다.

◈ **1천 년간 7번 바뀐 영국 왕조**

영국은 9세기 앵글로색슨 왕조가 성립한 이래 총 일곱 번의 왕조 교체가 이루어졌다. 첫 왕조인 '앵글로색슨 왕조'는 게르만족이 원주민인 켈트족을 정복하고 세운 왕조였으며, 두 번째 '노르만 왕조'는 프랑스 북부의 노르만족이 잉글랜드를 정복하고 세운 왕조이다. 즉, 영국 역사는 대륙에서 건너온 이주민들의 정복의 역사이다. 세 번째 '플랜태저넷 왕조'도 프랑스 북부 노르만 계통의 왕조였고, 이후 백년전쟁과 장미전쟁을 거쳐 '튜더 왕조'가 성립되면서 대륙과 단절된 왕조가 들어서고, 뒤를 이은 '스튜어트 왕조' 역시 마찬가지였다.

1714년 앤 여왕 사후 스튜어트 왕조의 대가 끊기자, 독일의 선제후選帝侯였던 조지가 영국으로 건너와 '하노버 왕조'를 개창했다. 조지는 영어를 할 줄 모르는 독일의 귀족이었지만, 어머니가 제임스 1세의 손녀였기 때문에 영국 왕이 될 수 있었다. 하노버 왕조는 1910년 조지 5세부터 '윈저 왕조'로 바뀐다. 빅토리아 여왕의 남편 앨버트 공이 독일 작센의 귀족이었는데, 제1차 세계대전 때 반독일 감정이 치솟자 독일과 관련된 직함을 버리고 윈저로 개명한 것이다. 영국 역시 결혼에 따라 외국의 귀족이 왕으로 즉위하고 통치했던 것이다.

096

왕은 군림하되 통치하지 않는다

영국 입헌군주제

1215~1688

교과서 속 한 줄 역사 영국의 청교도 혁명은 1688년 '명예혁명'으로 완성되었으며, 이로써 정치적·종교적 자유가 확대되고 의회정치의 기초가 확립되었다. 18세기 후반에는 독일 하노버가의 조지 1세가 왕으로 즉위하면서, 왕을 대신하여 의회에서 다수를 차지하는 정당이 내각을 조직하여 정국을 운영하는 내각책임제가 실시되었다.

일반 국민은 군법에 의해 체포될 수 없다

일반 시민의 집을 허락 없이 군인의 숙소로 징발할 수 없다.

1628년 영국 의회가 찰스 1세에게 제출한 〈권리청원〉의 내용 중 일부이다. 유럽 민주정치의 핵심 문서 중 하나로 꼽히는 이 문서에 '군법', '군인' 이야기가 왜 나오는 걸까?

시민계급과 왕의 충돌

정복왕조였던 영국은 전통적으로 왕권이 강한 편이었고, 그러다 보니 왕과 지방 영주의 충돌도 잦았다. 영주들과 왕이 계약관계를 맺는 유럽 대륙과 달랐으므로 이를 해결할 영국만의 제도와 전통이 필요했다. 그 계기가 된 사건이 바로 13세기의 〈마그나 카르타Magna Carta〉(대헌장)이다.

십자군 전쟁으로 막대한 전비를 지출한 존 왕이 영주들에게 많은 세금을 요구하자, 영주들이 반발하여 영주의 권리를 문서로 보장하고 침해하지 못하도록 한 문서가 바로 〈마그나 카르타〉(1215)이다. 이를 계기로 영국의 영주들은 의회를 만들어 왕과 협상하는 의회정치의 전통을 세우게 되었다.

헨리 8세와 엘리자베스 1세의 노력으로 급속히 팽창한 영국에서는 지방의 신흥 지주인 '젠트리gentry'와 도시의 부르주아, 그리고 전문직 종사자 등 시민계급이 성장하였고, 이들이 의회의 다수를 차지하였다. 물론 부르주아들은 대개 칼뱅파 신교도인 청교도였다.

하지만 튜더 왕조의 절대왕정을 계승한 스튜어트 왕조의 왕들은 의회를 거추장스럽게 생각하고 영국 의회정치의 전통을 무시하려 했다. 마침내 떠오르는 시민계급과 왕이 충돌하였다. 이른바 '청교도 혁명'(1649)이다.

청교도 혁명과 크롬웰의 독재

왕과 의회의 대립은 찰스 1세의 전제정치에서 시작되었다. 친親가톨릭 성향의 찰스 1세는 청교도를 탄압하여 부르주아와 충돌했고, 또 의회가 세금 징수에 사사건건 반기를 들자 아예 의회를 해산해 버렸다. 무려 10년간 의회와 대치하는 상태가 지속되었는데, 돈 나올 곳은 부르주아뿐인 상황에서 아쉬운 것은 왕이었다.

1215년 〈마그나 카르타〉에 사인하는 존 왕.

1628년 결국 왕은 의회를 소집했고, 의회는 의회의 권리를 보장하는 〈권리청원〉을 제출했다. 의회의 동의가 있어야만 세금을 걷을 수 있도록 한 것이 핵심 내용이고, 그 외 왕과 군대의 봉건적 횡포(임의로 인력과 물자를 징발하는 행위)를 제한하는 내용도 포함되었다. 기초적인 인권 및 의회 권력의 보장을 요구하는 내용들이었다.

〈권리청원〉을 둘러싼 왕과 의회의 지루한 정치 게임이 계속되었지만 서로의 입장 차이를 좁히지 못했고, 한 치의 양보도 없는 대립은 결국 내전으로 비화되었다. 내전은 물질적으로 우위에 있는 의회의 승리로 마감되었고, 찰스 1세는 참수형에 처해졌다. 이를 '청교도 혁명'이라 한다. 청교도 혁명 이후 영국에서는 공화정이 수립되고 의회군 사령관인 크롬웰의 독재정치가 시작되었다.

경건한 청교도로서 흠집 하나 잡을 데 없이 인격적으로 훌륭한 크롬웰의 정치가 10년 가까이 이어졌다. 하지만 그의 청렴하고 도덕적인 정치는 영국 부르주아들의 숨통을 조였다. 자본주의의 발전은 투자와 소비와 쾌락을 통해 이루어지는데, 크롬웰로 인하여 영국 부르주아들은 투자의 기회를 얻기 힘들었다. 마침내 1658년 크롬웰이 죽자, 영국은 왕정을 복고시켜 프랑스에 망명 중이던 찰스 1세의 아들을 찰스 2세에 앉혔다. 찰스 2세는 의회를 억압하고 왕권을 강화하려 했고, 영국 정치는 청교도 혁명 이전으로 돌아가는 듯 보였다.

상징적 존재로 남은 왕

1685년 찰스 2세가 죽고 동생 제임스 2세가 즉위하였을 때 의회와 왕 사이의 갈등은 심각한 지경에 이르러, 의회에서 제임스 2세의 즉위를 막으려고 할 정도였다. 제임스 2세에 대한 가장 큰 불만은 가톨릭 부활 시도였다. 제임스 2세가 가톨릭 장교들을 군 요직에 등용하고 가톨릭 신자인 왕비와의 사이에서 아들을 낳자, 의회가 군대를 일으켰다.

1689년, 의회 군대가 천천히 런던으로 진격하자 청교도 혁명의 기억이 남아 있는 사람들은 속속 제임스 2세 곁을 떠났고, 심지어 제임스 2세의 딸마저 투항하고 말았다. 좌절한 제임스 2세가 프랑스로 망명하고 딸 메리가 여왕으로 즉위한 뒤(메리 2세), 그녀로부터 의회 권력을 보장하는 〈권리장전〉을 추인 받음으로써 영국 입헌군주제는 완성을 보게 되었다. 이것이 '명예혁명'이다.

제임스 2세의 딸인 메리와 앤이 뒤를 이어 왕위에 올라 통치하다 죽은 뒤, 독일 선제후 출신의 조지 1세가 즉위하면서 스튜어트 왕

1649년 1월 참수당하는 찰스 1세. 1628년 의회가 제출한 〈권리청원Petition of Right〉을 승인한 이후 계속된 왕과 의회의 싸움은 결국 왕의 죽음과 의회의 승리라는 '청교도 혁명'으로 귀결되었다.

조 시대가 끝나고 하노버 왕조가 개창하였다. 영어도 변변히 못하는 왕은 더더욱 정치에 간여하지 못하게 되고 결국 상징적 존재로만 남게 되었다.

이로써 '군림하되 통치하지 않는' 영국 입헌군주제의 전통이 수립되었고, 이후 영국 입헌군주제는 유럽 입헌군주제의 모델이 되었다. 이 입헌군주제의 핵심은 시민계급의 정치권력뿐만 아니라 인간으로서의 기본 권리, 즉 인권을 보장하는 것이었다. 이제 서유럽 문화는 프랑스 혁명의 인권 선언 시대로 나아가게 된다.

097

아스틀란의 혼혈 제국

멕시코의 탄생

 14~19세기

교과서 속 한 줄 역사 아스텍 제국은 1325년경 현재 멕시코시티의 중앙부를 도읍으로 하여 세워졌다. 아스텍 사회는 막강한 권한을 가진 왕, 막대한 영지를 소유한 귀족, 상인·수공업자·병사·농민 등의 시민, 그리고 노예로 구성되었다. 16세기 초 여러 지방에서 수탈에 반대하는 반란이 일어났고, 마침내 코르테스와 스페인 군대가 침입하여 원주민 반란 부족과 동맹을 맺고 아스텍 문명을 멸망시켰다.

호수에 둘러싸인 섬 아스틀란에 살던 아스텍족은 어느 날 신의 계시를 받고 새로운 약속의 땅으로 여행을 떠났다. 신이 날아가는 독수리를 가리키며 "저 독수리가 뱀을 물고 선인장 위에 앉거든 그곳에 정착하라"고 했다. 그곳이 지금의 멕시코시티 중앙광장이다. 1325년의 일이다.

사실 '아스텍'(아즈텍Aztec)은 '아스틀란에 사는 사람'이란 뜻이므로 오늘날 멕시코 지역에 있었던 중세 문명을 지칭하는 용어로는 적합하지 않다. 아마도 유럽 학자들이 전설을 토대로 아스텍이란 이름을 붙이는 바람에 그리 된 모양이다. 그래서 일부 학자들은 '아스텍 제국'이 아니라 '멕시코 제국'이라고 부른다.

인간적인 신을 믿는 연방 국가

아스텍인들이 처음 정착한 곳은, 과거 테오티우아칸 지역을 중심으로 고대 문명이 꽃피었던 지역이다. 전성기 때 20만 명의 인구가 거주했던 테오티우아칸에는 지금도 압도적인 크기의 피라미드를 비롯하여 아메리카 대륙에서 가장 거대한 건축물들이 남아 있다. 이 지역의 고대 문명은 7세기경 몰락했는데 그 이유는 알 수 없다.

멕시코시티에서 북서쪽으로 50킬로미터 떨어진 곳에 남아 있는, 아메리카 대륙에서 가장 큰 피라미드 유적 '테오티우아칸'. 해발 2천여 미터 멕시코 고원에 지어진 고대 도시로, 기원전 2세기경부터 건설된 것으로 보인다.

멕시코 제국의 중심지인 테노치티틀란의 지리적 여건을 보았을 때 아스텍인들은 그리 강한 민족은 아니었던 것 같다. 테노치티틀란은 우기의 홍수, 짠물의 침범 등 사람이 정착하기에 적당한 환경이 아니다. 유랑하던 종족이 어떤 이유에선가 선택의 여지없이 버려진 땅에 정착한 것으로 보인다.

멕시코 제국은 마야 문명의 '꾸즈떼엘'과 같은 혈연 공동체 중심의 연방제적 국가였다. 그래서 광대한 영역을 지배하고 관료제도가 발전했음에도 불구하고, 중앙에서 지방의 독자적 지배 체제에 간섭하지 못했던 것으로 보인다. 이것이 훗날 스페인의 침략을 받았을 때 산발적 저항에 그치고 만 원인이다.

종교는 다신교였는데, 흥미롭게도 같은 신이 여러 모습, 여러 이름으로 나타난다. 예컨대 예술의 신 케찰코아틀이 새벽에는 금성의 모습을 하고 '트라우이즈칼판테쿠틀리'라는 이름으로 나타났다가, 또다시 바람이 되어 '에히카틀'이라는 이름으로 나타나는 식이다. 그래서 다신교가 아닌 유일신교라고 보는 사람도 있다. 더구나 이 신은 인간적인 측면이 강해서 감정적이며 싸움에서 승리하기도 하고 패배하기도 한다. 이 역시 유럽인들의 침략에 대응하는 데 좋지 않은 영향을 끼쳤다.

서양 대포보다 무서운 천연두

1518년, 스페인 사람 에르난 코르테스는 스페인 식민지 쿠바에서 아스텍을 침략할 11척의 배와 200여 명의 군사를 모집했다. 인구 10만 명의 대도시 테노치티틀란을 공격할 군대였다. 수적 열세로 인한 긴장은 그를 야만적인 공격성으로 충만하게 했다.

코르테스군의 무차별 포격과 기병대의 잔인한 공세에 목테수마 황제와 아스텍 사람들은 큰 혼란에 휩싸였다. 천둥 같은 대포와 처음 보는 말의 공격에 아스텍 사람들은 처음에는 케찰코아틀 신이 재림했다고 여겼고, 나중에는 서양 신이 아스텍 신에게 승리를 거두었다고 생각했다. 아스텍에 반감을 갖고 있던 종족과 연합한 코르테스는 무차별 학살을 자행하며 혼란에 빠진 아스텍에 최후의 일격을 가했다.

그러나 일반적으로 알려진 것처럼 정복이 순식간에 끝난 것은 아니다. 목테수마 황제 사후 아스텍 사람들은 새로운 황제 쿠이틀라우악을 중심으로 뭉쳐 테노치티틀란을 되찾기도 했다. 하지만 아스텍에게 가장 무서운 적은 서양 대포가 아니라 서양인들이 옮겨 온 천연두 균이었다.

천연두는 콜럼버스 이래 반세기 동안 수많은 아메리카 원주민 종족을 멸종시켰다. 6~8천만 명에 달했던 아메리카 원주민이 이 시기 3~4천만 명으로 줄어든 것으로 추정된다. 수십 년 만에 현재 대한민국 인구만큼의 사람이 몰살된 것이다! 쿠이틀라우악 황제가 천연두로 죽고 쿠

멕시코시티 로스 에로에스 거리에 있는 '쿠아우테모크상'. 아스텍의 이 마지막 황제는 현대 멕시코인의 정신적 영웅으로 추앙받고 있다.

아우테모크 황제가 즉위했으나, 그마저 스페인에 체포되어 교수형에 처해지면서 아스텍은 결국 멸망했다. 현대 멕시코인들은 멕시코시티 중심부의 기념탑에 아스텍 멸망을 다음과 같이 새겨 놓았다.

> "쿠아우테모크가 영웅적으로 사수했던 뜰랄델롤꼬는 코르테스의 손에 떨어졌다. 그것은 승리도 패배도 아니었다. 오늘날 멕시코인의 탄생을 의미하는 것이다."

스페인 왕실의 지배와 착취

아스텍 멸망 이후 스페인은 멕시코 지역을 '누에바 스페인 부왕령 副王領'으로 지정하여 스페인 왕실의 통제 아래 두었다. '부왕령'은 아메리카 지역이 반半독립 지역으로서 새로운 세력의 근거지가 될

까 우려하여 만든 것으로, 넓은 아메리카 식민지를 몇 개의 구역으로 나누고 국왕을 대리하는 부왕을 두어 통치하게 하였다. 부왕령 밑에는 '아우디엔시아'라는 행정단위를 두었는데, 이것이 오늘날 중남미 나라의 국경선이 되었다. 스페인 왕실은 아메리카의 토지소유권을 확보하고 식민지에서 획득한 이윤의 5분의 1을 세금으로 징수하는 등 막대한 경제적 이익을 얻었다.

아메리카에서는 노예노동을 기반으로 귀금속 채취와 대규모 플랜테이션 농업이 발전했다. 이때 원주민을 노예로 삼는 부당한 행위를 정당화하는 수많은 명분이 만들어졌다. 그중 하나가 '식인 풍습을 가진 자들은 노예로 삼아도 된다'는 것이다. 아메리카 대륙의 인신공양 및 식인 풍습이 유난히 강조된 데에는 이런 측면도 작용했을 것이다. 원주민들을 기독교로 개종 및 개화시켜 보호해 주려 한다는 것도 노예제도를 정당화시키려고 내세운 허울 좋은 명분이었다.

오랜 억압과 착취에 시달리다 보니 해방을 요구하는 저항이 종종 일어났다. 원주민들의 저항도 있었지만 이주한 백인인 '크리오요'들의 불만도 심각했다. 크리오요들은 아메리카에서 얻은 부를 토대로 본토 귀족과 같은 지위를 보장받길 원했으나 스페인 본국에서는 이를 허용하지 않았다. 마침내 1808년 나폴레옹이 '대륙봉쇄령'을 어겼다는 구실로 포르투갈에 이어 스페인을 정복하면서 본국의 지배 체제가 흔들리자 독립운동이 일어났다.

군인 황제의 멕시코 제국에서 공화국으로

최초의 독립 투쟁은 1810년 이달고 신부가 일으킨 반란이다. 원주민을 주축으로 한 이 봉기는 실패로 끝났지만 멕시코 독립운동의 시작을 알리는 중요한 사건이었다. 이어 1813년 모렐로스 신부가 역시 원주민들과 함께 멕시코 독립과 토지 재분배를 주장하며 반란을 일으켰으나 2년 만에 진압당했다.

원주민들의 저항이 거세지자, 크리오요들은 독립이냐 기득권이냐를 놓고 혼란에 빠졌다. 본국 스페인에서 격렬한 저항으로 나폴레옹의 군대를 몰아내고 지배 체제를 회복한 것도 독립 투쟁을 더디게 했다. 하지만 1820년 스페인에서 혁명이 일어나 정치가 혼란에 빠지자 독립운동이 다시 거세게 일어났다. 마침내 1821년 멕시코 왕정을 꿈꾼 크리오요 이투르비데 대령이 스페인군을 물리치고 멕시코를 독립시켰다. 스페인군 출신인 그는 스페인의 페르난도 7세가 혁명을 피해 멕시코로 건너와 황제가 되어 주기를 바랐다. 그러나 이루어지지 않자 이듬해 스스로 황제의 자리에 올라 멕시코 제국을 선포하였다. 그러나 안토니오 로페스 대령의 쿠데타로 제국은 1년 만에 몰락하고 공화국이 선포되었으며 이투르비데는 처형되었다. 이로써 멕시코 공화국의 시대가 열렸다.

◈ 대서양과 태평양을 건넌 '대가'
인류 최초의 세계 일주인 16세기 마젤란의 항해에서 살아남은 사람은 총 18명이었다.(항해 성공 1년 전 마젤란도 피살되었다.) 이들은 이 항해로 5만8천 파운드의 향료와 800만 마라베디스를 벌었다. 당시 숙련된 선원의 월급이 1천 마라베디스였으니, 700~800년 치 연봉에 해당하는 엄청난 금액을 손에 쥔 것이다. 살아남은 선원 1인당 최소 40년 치 연봉을 한 번의 항해로 벌어들인 셈이다. 실제로는 돈을 받지 못한 선원들이 소송을 제기했지만 말이다.

098

좌절된 '남미 공화국'의 꿈

잉카 제국 이후

16~19세기

교과서 속 한 줄 역사 잉카 제국은 12세기경 티티카카 호수에서 시작되어, 페루 지역을 통합하고 에콰도르에서 칠레에 이르는 영역을 통치했다. 16세기 들어 잉카 제국은 내분으로 점차 몰락하여 스페인의 피사로에게 정복당했다. 19세기 볼리바르가 의용군을 이끌고 아메리카 독립전쟁을 지휘하여 콜롬비아 공화국 대통령이 되었다.

지금 우리가 사는 세상이 시작되기 전 여러 시대가 있었다. 첫 시대인 '비라코차 신의 인간 시대'는 전염병과 전쟁으로 모두 죽었다. 두 번째 '신성한 인간의 시대'는 태양이 지구를 돌다 지쳐 쓰러지고 빛이 사라져 모두 죽었다. 세 번째 '전쟁의 인간 시대'는 모든 인간이 여자여서 아이를 낳지 못해 멸망했다. 그리고 지금 세상이 펼쳐졌다.

잉카인들은 1200년경 비라코차 신의 계시에 따라 티티카카 호수를 떠나 이주하기 시작했다. 신은 최고 지도자의 황금 지팡이가 가장 깊이 꽂히는 곳을 찾아 도읍을 정하라고 했다. 지도자 망고 카팍의 영도 아래 안데스 산맥의 쿠스코에 수도를 정하고 나라를 세우니 '잉카 제국'이 시작되었다.

해발 3천 미터에 세운 '공중 제국'

잉카 문명의 보금자리가 된 안데스 산지(지금의 페루와 볼리비아 지역) 역시 오래전부터 문명이 발달한 곳이었다. 인근 콜롬비아 지역의 칩차 문명, 안데스 산지의 차빈 문명 등이 안데스 지역 고대 문명에 영향을 미쳤으며, 유명한 나스카 문명이 기원전 900년부터 서기 600년까지 찬란한 문명을 이룩하였다.

잉카 문명은 이런 고대 문명의 토대 위에서 발전하였다. 전설에 따르면, 1200년경 망고 카팍이 나라를 세운 뒤 마이타 카팍·잉카 로카 등이 정복 사업을 벌이고 '잉카'라는 국명을 정했다고 한다. 그러나 기록에는 1438년에 즉위한 쿠시 유판키(혹은 파차쿠티 유판키) 때부터 등장한다.

쿠시 유판키는 비라코차 신이 보내 준 돌로 만든 병사들의 도움으로 왕위를 차지했다고 하는데, 이는 비라코차 신 숭배를 권력 강화에 이용했음을 의미하는 것으로 볼 수 있다. 그는 쿠스코를 수도로 정비하고 주변 지역을 정복하여 잉카의 전성시대를 열었다. '신비의 도시' 마추픽추는 그의 별장으로 알려져 있다.

잉카는 1500년대 초 후아이나 카팍의 시대에 가장 번성했다. 가장 넓은 영토를 확보하였으며 가장 풍요로운 경제생활을 누리고, 강력한 군대를 보유했다. 하지만 후아이나 카팍이 아버지의 유언에 따라 여동생과 결혼하고 그 사이에서 낳은 아들들이 왕위 다툼을 벌이면서 잉카는 서서히 무너지기 시작했다. 하필 그때 스페인이 침략하여 결정타를 날리면서 잉카의 시대는 막을 내린다.

180명의 피사로 군대에 무너지다

잉카를 침략한 스페인 장군은 피사로였다. 피사로와 스페인 군인들은 황금의 나라 '엘도라도'를 향한 열망에 사로잡혀 있었다. 황금을 향한 욕망이 그들을 천혜의 요새인 안데스의 험한 산악 지대를 넘도록 이끌었다. 피사로의 군대는 겨우 180명이었지만, 당시 잉카는 남북으로 분열된 데다(키토의 잉카, 쿠스코의 잉카) 천연두가 퍼져 내부적으로 무너진 상태였다.

피사로의 전투 이야기는 너무나도 유명하다. 키토의 잉카 황제 아타우알파는 피사로에게 경고한 뒤 조용히 돌아가라고 타이르려 했다. 두 사람은 카하마르카에서 만났는데, 황제는 수만 명의 군대를 거느리고 위용을 뽐내며 거만하게 앉아 피사로 일행을 맞이했다.

피사로가 데려온 신부가 황제를 개종시키려고 하나님의 강력한 능력을 설명할 때, 황제가 '아딱'(잉카어로 '머리'를 뜻함)이라고 말하자 이를 '아탁'(스페인어로 '돌격'을 뜻함)으로 들은 스페인 군대가 공격을 시작했다. 무방비 상태에서 대포와 총의 공격을 받은 잉카 군대는 전멸하고 아타우알파는 체포되었다. 키토의 잉카가 멸망하자, 또 하나의 잉카 제국인 쿠스코의 잉카도 싱겁게 무너졌다.

키토 잉카의 황제 아타우알파가 피사로의 스페인 군에 체포되는 순간을 담은 삽화. 이로써 콜럼버스의 도래 이전, 아메리카 대륙에서 가장 거대했던 제국이 무너졌다.

잉카 멸망 이후 인근 족장 세력 및 소국들도 대부분 정복당했다. 오직 칠레 남부의 아라우카노족만이 끈질기게 저항했다. 이들은 지리적으로 멀리 떨어져 있어서 잉카도 쉽사리 손을 뻗지 못했다. 아라우카노족은 칠레 공화국의 일부가 될 때까지 끝내 스페인의 지배를 허용하지 않았다.

모든 방법을 동원하여 개종시키라!

잉카 멸망 이후 안데스 지역은 '누에바 그라나다 부왕령', '페루 부왕령', '라플라타 부왕령'으로 나뉘어 지배를 받았고, 스페인 신부들이 이 지역에 광신적으로 가톨릭을 전파했다. 종교개혁에 이은 종교전쟁과 마녀사냥으로 비정상적 열정에 사로잡혀 있던 일부 스페인 신부들은 "모든 장소에서 모든 방법을 동원하여" 개종시킬 것이며, 그렇지 않으면 "여자와 아이들을 붙잡아 노예로 팔아 버리고… 재산을 빼앗고 할 수 있는 모든 해악을 가할 것"이라고 협박했다. 카사스라는 신부는 자신이 개종하지 않은 원주민을 13명씩 묶어 매달아 놓고 불태워 죽였다는 기록을 남기기까지 했다. 광신적 포교 과정에서 일어난 학살과 가혹한 노예노동은, 전염병과 함께 아메리카 인구를 급감시켰다.*

16세기 전반 스페인의 침략에서 살아남은 잉카인들은 안데스 산맥 기슭(지금의 에콰도르)에 독립국을 세웠다. 이른바 '신新잉카 제국'

---

* 많은 학자들이 아메리카 식민 지배 시기 원주민이 멸종 상태에 이를 정도로 죽었다는 연구 결과를 발표했는데, 원주민 인구가 감소한 주된 이유가 혼혈로 인한 메스티소화, 스스로를 메스티소라 생각하여 원주민임을 부정하는 현상 때문이라는 주장도 있다.

이다. 투팍 아마루는 이 신잉카 제국의 마지막 황제였다. 그는 최후까지 저항하다 처형당했다. 그리고 100여 년 뒤인 1780년 그 후손이 투팍 아마루 2세를 자처하며 새로운 잉카를 선포하고 스페인의 식민통치에 저항하였다. 그의 저항은 실패로 돌아갔지만, 그의 존재는 오늘날 지폐의 초상화와 좌익 단체의 이름(페루 반정부 게릴라 단체) 등으로 아메리카인의 가슴속에 살아남았다.

◈ 시몬 볼리바르와 호세 산마르틴

남미 독립 투쟁의 서막을 연 인물은 베네수엘라 출신 프란시스코 미란다 장군(1750~1816)이다. 미국 독립혁명과 프랑스 혁명에 참전했던 그는, 혁명의 이념을 남미에 퍼뜨리며 남미 독립의 사상적 배경을 마련했다. 그러나 그의 봉기는 1806년 최종적으로 실패했다. 이후 나폴레옹의 침략과 점령, 혁명 등으로 이어진 스페인의 정치적 변화가 멕시코에서와 마찬가지로 잉카 지역의 독립운동에 불을 질렀다. 남미 독립의 주역은 베네수엘라의 시몬 볼리바르와 아르헨티나의 호세 산마르틴이었다. 크리오요 내 독립파와 보수파의 갈등으로 피신 생활을 해야 했던 볼리바르는 1813년 '사생결단의 전쟁'을 선포하고 베네수엘라를 점령하여 공화국의 대통령이 되면서 가장 유력한 지도자가 되었다. 볼리바르는 스페인 군대의 반격을 받아 자메이카로 피신한 뒤 "(남미는) 유사한 언어, 관습, 종교를 갖고 있으므로 연방제를 통해 단일 정부를 수립해야 한다"며 라틴아메리카 공화국 건설을 주장했다.(그의 주장은 20세기 쿠바의 체 게바라와 베네수엘라의 차베스 전 대통령 등 많은 남미 혁명가들에게 영향을 주었다.) 1816년부터 독립 투쟁이 다시 거세게 일어나자, 볼리바르는 1817년 베네수엘라와 콜롬비아를 합친 콜롬비아 공화국을 세웠다. 한편, 칠레 등지에서는 산마르틴이 두드러진 활약을 펼쳤다. 그는 자신의 군대인 '안데스군'을 앞세워 남미 남부의 페루 및 칠레 지역을 장악했다. 산마르틴은 공화정에 대한 신념이 약하고 왕정에 우호적이어서 볼리바르와 견해 차이를 보였다. 결국 산마르틴이 프랑스로 망명함으로써 볼리바르가 주도권을 장악했다. 남미 독립군은 1824년 '아야쿠초 전투'에서 독립에 반대하는 세력에게 최후의 승리를 거두었다. 이로써 남미 독립은 완수되었지만, 볼리바르가 꿈꾸었던 남미 공화국은 이후 내전과 분열에 휩싸여 지금의 남미 국가들이 탄생하면서 깨지고 말았으며, 19세기 이후 미국의 간섭 속에 또다시 시련을 겪게 된다. 남미 독립은 또 다른 도전과 시련의 시작을 알리는 신호탄이었다.

099

스페인의 영광과 몰락

《돈키호테》

1605~1615

교과서 속 한 줄 역사 서유럽에서 가장 먼저 절대왕정 체제를 구축한 나라는 스페인이었다. 신대륙 식민지 경영으로 경제적 번영을 누린 스페인은 펠리페 2세 때 레판토 해전에서 오스만 제국의 지중해 진출을 저지하고 포르투갈을 병합함으로서 거대한 제국을 건설하였다. 그러나 무적함대가 영국 해군에 패하면서 해상권을 빼앗기고 16세기 말부터 쇠퇴의 길에 들어섰다.

"세르반테스 시대의 스페인은 매우 상반된 두 가지 분위기에 휩싸여 있었다. 그 시대 스페인에는 앞 세대와 뒤 세대의 분위기가 완전히 다른 연속된 두 세대가 살고 있었다. 아버지 세대는 놀라울 정도의 확신과 영웅적 긴장감과 열광적인 로망스의 분위기를 … 반면 아들 세대는 전혀 다른 경험… 그들이 겪은 체험이라고는 패배와 실망과 환멸뿐이었다."

영국의 역사학자 트레버 로퍼는 세르반테스의 《돈키호테》를 당대를 반영한 최고의 작품이라 평하며 이렇게 말했다. 프랑스 계몽

시대 사상가 몽테스키외는 《돈키호테》를 스페인 문학의 유일한 걸작이라고 평했다.

《돈키호테》는 왜 최고의 걸작이며, 어떻게 시대를 반영하고 있는 걸까?

무적함대 패배의 충격

인용문에서 말한 '아버지 세대'는 바로 스페인 무적함대 세대, 즉 1571년 레판토 해전까지의 세대를 말한다. 이 시기 스페인은 신대륙 아메리카의 은을 토대로 무한대의 부를 누리며 가톨릭 세계의 수호자로서 이슬람 군대를 지중해에서 격파하였다. 반면 '아들 세대'는 1588년 영국 해군에 무적함대가 격파된 이후 세대이다. 무적함대 패배 이후 스페인의 위세는 점차 꺾였고 해상 주도권은 영국과 네덜란드에게, 유럽 대륙의 주도권은 프랑스와 오스트리아에게 넘어가고 말았다.

17세기 이후 스페인은 아메리카의 은에 기대어 겨우 체면을 유지하는 은퇴한 노신사 같은 신세, 서서히 지는 여름 저녁 해와 같은 존재였다. 1648년 전통적으로 (스페인의) 서유럽 영토였던 네덜란드가 독립한 것은 스페인 몰락을 보여 주는 상징적 사건이었다.

1547년에 태어난 세르반테스는 자유로운 르네상스의 분위기에 흠뻑 젖었고, 군인으로서 레판토 해전에 참전하여 영광의 부상을 입었다. 귀국길에 알제리 해적의 포로가 되어 5년간 억류되어 있었지만 용감하고 당당하게 해적들과 맞서, 알제리 역사서에 "세르반테스의 포로 생활과 용감한 행적에 관한 모든 이야기는 기록될 가치가 있다."고 실리기도 했다. 그는 스페인 황금기의 영웅이었다.

하지만 스페인으로 돌아온 1580년 이후 그의 삶은 나락으로 떨어졌다. 생계를 유지하려고 세금 징수원 등 여러 직업을 전전했지만 모두 실패했다. 빚더미에 올라 파산했고, 성직자와 맞서다 파문당했으며 마침내 감옥까지 갔다. 그는 영국군에게 약탈당하는 조국을 비웃는 시를 쓰기도 했다. 그리고 마침내 1605년 《돈키호테》를 썼다.

《돈키호테》는 세르반테스 자신을 풍자한 소설이자 스페인을 풍자한 소설이다. 전성기의 스페인을 추억하며 그 시절 향수에 젖어 영웅적인 전진을 계속하려는 돈키호테, 그리고 냉정한 현실주의자로서 돈키호테가 돌았다고 생각하면서도 그가 약속한 돈 때문에 계속 따라다니는 산초 판자, 두 사람은 숱한 모험을 함께하며 만신창이가 되지만 점차 진정한 동반자가 되어 간다.

300년 동안의 기나긴 몰락

《돈키호테》는 대서양의 지배자였던 스페인이 서서히 몰락해 가는 전환점에 씌어진 소설이다.

쇠퇴의 길에 접어든 스페인은 17,18세기 기나긴 내리막길을 가까스로 버텨냈으나, 19세기에 큰 시련을 맞는다. 1807년 나폴레옹 군대의 침공으로 국토를 점령당한 것이다. 다행히 민중들의 영웅적 저항으로 나폴레옹 군대를 몰아내는 데 성공하지만 파괴로 인한 국력 약화는 치명적이었다.

나폴레옹에게 정복당하고 불과 10여 년 만에 스페인의 식민지였던 남아메리카가 모두 독립했다. 그동안 가톨릭의 수호자를 자처하며 부르주아를 억압하는 바람에 산업 발전을 이루지 못한 상태에서 식민지를 잃었으니 사실상 수입이 끊긴 실업자 신세와 다름없었다.

스페인의 몰락은 곧 내부 정치 불안으로 나타났다. 공화정을 주장하는 세력들의 계속된 투쟁으로 1868년 이사벨 2세가 강제 폐위당하고 프랑스로 망명하는 사태가 벌어졌다. 이후 7년간 공화정 체제를 유지했으나, 거듭된 혼란 속에 1875년 알폰소 12세가 정식으로 즉위하면서 왕정으로 복귀했다. 하지만 알폰소 12세는 내내 암살 위협에 시달리다가 1886년 28세의 젊은 나이로 죽고, 그해 알폰소 13세가 태어나자마자 왕위에 오르는 진기록을 세웠다. 알폰소 13세는 필리핀 등 그나마 남은 아시아의 식민지를 잃는 수모를 겪다가 1931년 제2공화정 출범과 함께 쫓겨났다. 이후 스페인은 스페인 내전(1936~39)과 프랑코의 독재정치를 겪으며 격동의 20세기를 보내게 된다.

세르반테스가 어떤 생각으로 소설을 썼는지 알 수 없지만, 돈키호테의 기행과 쓸쓸한 죽음이 결국 미래에 대한 예언이 된 셈이다. 유쾌하고 재미있는 소설임에도 읽고 나면 왠지 쓸쓸한 것은 바로 이런 역사적 배경 때문이 아닐까?

100

전성기 뒤에 숨겨진 막장 드라마

강희제 · 옹정제 · 건륭제

1661~1735

교과서 속 한 줄 역사 강희제는 '삼번三藩의 난'을 평정함으로서 중국 지배를 확고히 하고 타이완을 정복하였다. 강희제의 뒤를 이은 옹정제, 건륭제는 모두 명군으로 이름이 높다.

"옛적에 양梁 무제는 창업 영웅이었으나 나이가 들어 후경의 핍박을 받아 화를 당하였고, 수나라 문제 역시 개국의 주인이었으나 자식 양제의 악랄함을 예견하지 못해 천수를 다하지 못했다. … 분별이 늦어 나라의 백년대계와 백성의 삶에 무익한 다시 밟지 말아야 할 전철이 아니겠는가?"

청나라 제4대 황제인 강희제(1661~1722 재위)는 후계자 자리를 놓고 암투를 벌이는 자식들을 보고, 잘못된 후계로 나라가 망한 사례를 들며 고단한 심정을 토로했다. 하지만 그의 하소연은 복잡한 사건의 시작에 불과했다.

33년 동안 황태자였으나

1661년 청나라의 제3대 황제 순치제가 천연두로 23세의 젊은 나이에 죽었다. 순치제에게는 6명의 아들이 있었는데 장남이 아닌 3남 현엽이 겨우 일곱 살의 나이로 제위를 계승했다. 그가 바로 강희제이다. 강희제의 어머니가 권력가 집안이라 외가의 힘 덕택이라고 하지만, 그가 이미 어린 나이에 천연두를 앓아 더 이상 천연두에 걸릴 위험이 없기 때문에 순치제가 순간적으로 지목했다고도 한다.

강희제는 10명이 넘는 아들을 두었지만 왕권 안정을 위해 일찌감치 차자인 윤잉을 황태자에 앉혔다. 앞선 네 황자가 병으로 죽어 살아 있는 아들 중 장자가 윤시, 차자가 윤잉이었는데, 윤시의 외가가 미약하여 유력한 권력가인 혁사리 씨 황후의 아들 윤잉을 황태자로 삼은 것이다. 윤잉은 무려 33년 동안 황태자의 자리에 앉아 있었다.

그런데 아버지 강희제가 너무 오래 사는 바람에 문제가 생겼다. 오랜 황태자 생활에 조바심이 난 윤잉은 점점 비뚤어진 행동을 보이기 시작했다. 술을 마시고 여자를 탐하고 친족을 구타하고 개인 파당을 만들어 정사에 간여하였다. 마침내 아버지의 목숨까지 노린다는 징후가 포착되자, 강희제는 윤잉을 황태자에서 폐했다. 33년이나 자리를 지킨 황태자의 폐출로 제위 계승은 일대 혼란에 빠졌다. 이 와중에 강희제는 열네 번째 황자 윤제를 마음에 두기 시작했다.

그런데 윤제의 황태자 지명이 임박한 1722년, 돌연 강희제가 죽었다. 그리고 새로운 황제로 네 번째 황자 윤진이 즉위했다. 윤진은 강희제의 유언에 따라 즉위했다지만 아무도 들은 사람이 없었고,

강희제의 급작스런 죽음도 의문이었다. 윤진은 이후 형제들을 철저히 제거하면서 황권을 강화하였다. 그가 바로 제5대 옹정제이다.

의문의 죽음, 출생의 비밀

옹정제는 1735년 8월 25일 밤, 57세의 나이로 돌연 사망했다. 적지 않은 나이였고 과로로 죽었다고 기록되어 있지만, 암살설과 독살설이 파다했다. 심지어 자객이 암살한 후 그의 목을 갖고 도망가는 바람에 금으로 머리를 만들어 장례를 치렀다는 '금두金頭의 전설'도 널리 퍼졌다. 아무튼 그가 죽고 '정대광명正大光明'이라고 씌어진 액자(지금도 중국의 자금성 건청궁 서난각에 걸려 있다.) 뒤에서 다음 황제를 지목한 유언을 발견하고 옹정제의 네 번째 황자 홍력이 새로 즉위하였다. 이이가 제6대 건륭제이다.

건륭제는 출생부터 말이 많았다. 그의 출생과 관련하여 '초가집의 수수께끼'와 '용봉龍鳳교환' 전설이 전한다. '초가집의 수수께끼' 전설은 옹정제가 황자 시절 사냥 도중 초가집의 한 여자를 겁탈하여 낳은 아들이 건륭제라는 것이고, '용봉교환' 전설은 옹정제의 후궁 복진 유호록 씨가 딸을 낳자 내각 대신 진관의 아내가 낳은 아들과 바꿔치기했고 그 진관의 아들이 건륭제가 되었다는 것이다.

강희제와 옹정제의 의문의 죽음, 건륭제의 출생의 비밀 등 청나라 제위 계승 과정에 얽힌 야사는 공식 기록과 달리 가히 막장 드라마에 가깝다. 이는 장남이 황제를 계승하지 못한 탓이기도 하지만, 유목민족이 한족의 장자상속제 문화에 익숙하지 않은 탓이기도 하다. 실력 있는 사람만이 부족의 지배자가 될 수 있다는 전통 때문에

피비린내 나는 제위 계승 다툼이 벌어질 수밖에 없었고, 이것이 청나라 황실에 불만을 가진 자들에 의해 각종 의혹으로 남은 것이다.

제위 계승은 이처럼 복잡했으나 강희·옹정·건륭이 다스린 140년 동안 청나라는 역사상 최전성기를 누렸다. 영토는 동으로 만주와 연해주, 북으로 몽골, 서쪽으로 티베트와 신장 위구르 지역까지 1천만 제곱킬로미터가 넘었고, 경세가 발전하여 세계의 은이 모두 중국으로 들어올 정도로 번성하였으며,《강희자전》과《사고전서》등 중국 문물이 집대성되었고, 각종 서양 문물들이 북경으로 밀려들어 왔다.

막장 드라마 같은 암투이긴 하지만, 결과가 좋으면 뭐 어떠랴. 무능한 장남이 무조건 황제 자리를 계승하는 왕조의 단점을 극복한 것이니 더 좋은 것이 아닐까? 선거제도가 도입되기 전 나름 유능한 인물을 뽑기 위한 진통이라고 생각할 수도 있을 것이다.

◈ '북경일기'가 아니라 '열하일기'인 까닭

청나라 황제들은 북경 북동쪽의 열하熱河(온천 지역이어서 강물이 얼지 않아 붙여진 이름이다.) 지방에 대규모 황궁을 건설하고 이곳에서 여름을 지내며 몇 달간 사냥을 했다. 이를 '목란추선木兰秋獮'(목란에서의 가을 사냥)이라 한다. 황제의 심신을 강화하는 한편 대규모 군사훈련을 겸하는 행사였다. 목란추선에 동원되는 병력은 총 100여 기가 넘었는데, 만주 8기의 경우 1기가 1만여 명이 넘었으니 최소 10만 명 이상 동원되었다고 볼 수 있다. 그래서 종종 청나라 황제들은 이민족의 사신들을 목란추선에 불러 청나라의 군사력을 과시하곤 했다. 조선 사신들도 이 때문에 종종 북경이 아니라 열하로 갔고, 그래서 박지원의 청나라 기행문도 '북경일기'가 아니라 '열하일기'가 되었다.

101

오랑캐가 한족을 지배하는 법

청나라

1616~1912

교과서 속 한 줄 역사 명말 청초 황종희와 고염무 등이 실증을 중시하는 고증학을 일으켰다. 청 왕조는 전대보다 더 규모가 큰 도서 편찬 사업을 추진하여 《강희자전》《사고전서》 등을 만들었다. 여기에는 한족 학자들의 비판을 무마하려는 의도도 담겨 있었다.

《강희자전康熙字典》은 강희제의 명에 따라 30여 명의 학자들이 5년 동안 역대 자전들을 모아 종합 편찬한 한자 사전이다. 42권에 4만9천여 자가 담긴, 당대까지 존재한 모든 한자를 종합했다고 할 정도의 방대한 분량이다.

《사고전서四庫全書》는 건륭제의 명에 따라 역대 서적들을 모은 것으로 그 수가 무려 7만9,337권에 달한다. '경經' '사史' '자子' '집集'의 총 4부로 구성되어 사고전서라 하며, 9년 동안 수천 명의 학자가 참여하여 문헌을 복원 정리한 최대 편찬 사업이었다. 이는 청대 고증학의 업적이자 만주족의 한족 지배 정책의 일환이었다.

'신사紳士' 계층의 성장

명나라 때부터 중국의 지배층은 '신사紳士'층이었다. '신사'는 지방의 중소 지주로서 유학을 공부하고 과거에 급제하여 관직에 올라 입신양명한 지식인들로, 조선의 사림과 비슷한 존재였다. 명나라 때 이들은 국가 통치의 중요한 협력자였다. 관리의 수는 고정되어 있는 데 비해 사회의 규모는 훨씬 커지고 복잡해진 상황에서, 신사층은 지주로서의 기득권을 보호받는 대신 정부의 향촌 사회 통제에 협조하였다.

청나라로서는 이들을 회유하여 통치 체제의 안정을 꾀하는 것이 급선무였다. 더군다나 청나라는 영토 확장과 경제 발전으로 강희제 초기 1억5천만 명 정도의 인구가 건륭제 시기 3억 명까지 늘어나 지방 통치 협조자들이 더 많이 필요했다. 신사의 협조는 통치 안정의 여부를 좌우하는 핵심 사안이었다.

신사는 과거에 급제한 '신紳'과 과거를 준비하는 '사士'를 결합한 말이다. 당연히 이들의 최대 관심사는 과거 합격과 관직 진출이었다. 이들이 과거 시험을 준비하면서 경전 연구가 발전하였는데, 이것이 바로 '고증학考證學'이다. 고증학은 명나라 말기 고염무·황종희 등이 유교 경전과 역사서

"천하의 모든 서책을 수집하라!" 1741년 청나라 건륭제의 명으로 편찬된 《사고전서四庫全書》. 무려 8만 권에 가까운, 중국 역사상 최대 규모의 총서이다.

를 공부하는 방법론으로 개발한 것이다. 일종의 과거용 공부 방법이었던 셈인데, 신사층이 증가하여 과거 합격이 점점 어려워지자 순수하게 연구하는 사람들이 늘어나면서 학문으로 발전하였다.

청이 고증학을 지원한 이유

신사를 회유하려면 지주로서의 기득권을 인정해 주는 것은 물론, 과거 급제의 길을 열어 주고 고증학자들의 일거리도 만들어 주어야 했다. 청나라는 '만한병용제'를 시행하여 만주족과 한족을 함께 관직에 임명함으로써 만주족 지배 체제에서 한족의 관직 진출이 막히지 않도록 해 주었다. 그리하여 명 대에 2,700여 명의 과거 합격자가 나온 강소성에서는 청 대에 2,900여 명이 합격했다. 하북성은 2천여 명에서 2,700여 명으로, 산동성은 1,700여 명에서 2,200여 명으로 합격자가 늘어났다. 합격자가 줄어든 곳은 절강과 복건 지방 정도였다.

고증학 발전을 위해서는 대규모 편찬 사업을 벌였다. 《강희자전》이나 《사고전서》를 편찬하려면 수준 높은 문헌 고증이 필요하므로 고증학자들에 대한 수요가 늘어날 수밖에 없었다. 수천 명에 이르는 재야의 고증학자들이 국가의 전폭적 지원 아래 편찬 사업에 참가했다. 참가자에게는 재산과 명예, 약간의 권력도 뒤따랐다. 이로써 명 대보다 오히려 더 많은 신사층이 뜻을 이룰 수 있었다.

한족은 오랑캐의 지배에 저항감을 갖고 있었고, 이는 요나 금, 몽골(원)의 지배 때 많은 저항의 원인이 되었다. 만주족 청의 지배에 대한 한족의 반감 역시 크게 다르지 않았다. 강희제는 반청 사상을 가진 한족 지식인을 혹독하게 탄압하였고, 옹정제는 만주족 지배에 비판적인 지식인을 탄압하는 '문자의 옥'을 일으켰다. 건륭제 역시 《사고전서》를 편찬하면서 만주족에게 불리하거나 비판적인 문헌은 삭제하여 이름과 달리 불완전한 완성을 보게 하였다.

하지만 신사의 협조 덕분에 향촌 지배는 비교적 안정적이었다. 19세기에 절강, 복건 등지에서 농민과 관청이 충돌하자 신사층이 개입하여 조정해 준 사례가 각각 35건, 26건에 이른다. 이로써 이전 유목민족 지배에 비해 청에서는 정부를 뒤흔드는 대규모 농민 봉기가 현저하게 줄어들었다. 결국 만주족은 한족 문화를 활성화시킴으로써 통치를 안정화시킨 것이다.

◈ 청의 과학기술

청나라는 천주교의 전래는 엄격히 탄압했지만, 서양의 과학기술에는 비교적 관대했다. 아담 샬이 전래한 역법이나 천문학 지식, 카스틸리오네가 전래한 서양 회화의 원근법 등이 대표적이다. 이는 한족에 비해 뒤처지는 만주족의 학문적 역량을 만회하고, 정교한 서양 과학기술을 수용하여 한족의 수준 높은 정신문화에 대응하고자 함이었다. 그 결과, 특히 일식, 월식 등 천체 운동과 기후 등을 다루는 천문학 분야에서 한족 과학자들보다 월등한 성취를 이루어 한족 콤플렉스에서 벗어나는 데 큰 도움이 되었다. 이러한 청나라의 발달한 과학기술은 청나라를 방문한 조선 사신들에게 큰 감명을 주어 북학파가 일어나는 계기가 되었다.

102

은, 중국의 운명을 바꾸다

근세 동아시아 경제

16~18세기

교과서 속 한 줄 역사 명·청 시대에는 은이 화폐로 많이 사용되었고, 대외 수출품도 은으로 결제되었기 때문에 멕시코와 일본의 은이 대량으로 들어왔다. 이러한 은 경제가 농촌으로 침투하고 은으로 내는 납세가 확대되어 명 말에 일조편법, 청나라때 지정은제가 시행되었다.

조선 후기에 광업이 발달하여 은광 개발이 붐을 이루었다. 일본 역시 에도 막부 시절 광업이 발달하였는데, 특히 은광이 집중적으로 개발되었다. 왜 하필 은광이었을까? 세계의 은이 모두 중국으로 들어가고 있었기 때문이다.

중국에 쏟아져 들어온 멕시코산 은

중국 경제는 명 대부터 이미 세계 최대 수준에 올랐고, 청 대에는 유럽 전체보다 더 규모가 커질 만큼 성장했다. 팽창하는 유럽 입장에서 중국은 매력적인 시장이었다. 그동안 이슬람 세력에 막혀 중국과 무역을 하지 못하던 유럽은 15세기 아프리카를 돌아 바닷길로 갈 수 있는 항로를 개발하면서 교역이 가능해졌고, 16세기에 아메리카 대륙을 정복하여 멕시코의 은을 유럽으로 가져오면서 중국 상품을 수입할 자금도 확보하였다. 이로써 아메리카 대륙의 은을 매개로 하는 유럽과 중국의 교역 시장이 열렸다.

중국과의 무역은 1553년 중국 남부 마카오에 포르투갈 상인들이 체류하면서 시작되었다. 포르투갈 상인들은 이곳을 근거지로 무역을 하는 한편 천주교를 전파하였다. 그들은 일본에도 진출하여 규슈 지방을 중심으로 무역망을 구축하고 천주교 성당을 건립하였다. 포르투갈 상인들의 활약 소식을 들은 네덜란드와 영국 상인들도 17세기부터 접근하기 시작했다.

청나라는 한동안 바다 봉쇄 정책(해금 정책)을 취했지만, 타이완 토벌 이후 이를 풀고 다시 대외 교역에 나섰다. 다만, 동남아로 진출한 한족 화교 상인들이 명나라 부흥운동에 나설 것을 두려워하여 광저우에 '공행公行'을 설치하고 대외 무역을 독점하게 하였다. 공행 상인들의 무역 독점은 유럽 상인들의 불만을 야기하여 훗날 아편전쟁의 원인이 되기도 했으나, 이들 중에서 세계 최고 부자가 나오고 이들이 바치는 뇌물이 청나라 관리 부패의 주요 원인이 될 만큼 엄청난 재물이 쏟아져 들어왔다.

중국 차와 비단의 위력

중국의 주요 수출품은 비단과 차였다. 영국에 홍차 문화가 유행할 정도로 중국산 차의 인기는 대단했다. 또한, 중국 비단은 스페인이나 이슬람 지역에서 생산한 비단보다 품질이 월등히 좋았다. 신대류에서 주체할 수 없을 정도로 많은 은을 가져온 유럽인들은 그것을 중국산 차와 비단으로 바꾸는 데 주저하지 않았다.

17,18세기 아메리카에서 생산된 은은 약 11만2천여 톤으로 추정된다. 이 중 8만1천여 톤이 유럽으로 유입되었는데, 그중 3만9천여 톤이 중국으로 흘러들어갔다. 또한, 아메리카의 은 3만여 톤 중 최고 2만여 톤이 태평양을 건너 스페인 상인에 의해 중국으로 들어갔다. 아메리카 은의 절반이 중국으로 들어간 셈이다.

명 말부터 중국에서 은은 동전보다 더 흔한 것이 되었다. 구리 동전보다 은화를 더 많이 사용하게 되면서 은본위제 화폐 체제가 수립되었으며, 세금도 은으로 내는 '일조편법一條鞭法'이 시행되었다. 중국 경제가 은을 중심으로 돌아가기 시작한 것이다. 당연히 중국 경제가 성장할수록 은 수요도 늘어났다.

중국이 세계의 은을 흡수하면서 조선과 일본에서도 은광 개발 붐이 일어났다. 과거에는 금광을 주로 개발했지만 수요가 안정적으로 늘어나는 은이 더 매력적이었던 것이다. 조선에서는 너도 나도 은광 개발에 뛰어들어 농민들의 토지 이탈이 심화되자 광산 개발을 금지했고, 그러자 몰래 은광을 개발하는 '잠채潛採'가 일어났다. 일본 역시 전국시대에 은광을 개발하여 포르투갈 상인에게 넘기고 대신 조총을 사는 무역이 성행했고, 에도 막부 시대에도 이와이 은광 같은 대규모 은광 개발이 이루어졌다.

지정은제와 양렴은제

청은 은 중심 경제체제를 한층 더 발전시켜 지정은제地丁銀制와 양렴은제養廉銀制를 시행했다. '지정은제'는 토지세와 인두세를 모두 징수하는 기존의 일조편법이 토지 없는 가난한 소작인들에게 부담이 되자, 인두세를 폐지하고 토지세만 받도록 한 것이다. 가난한 소작인을 보호하는 이 제도는 만주족 지배에 거부감을 갖고 있던 한족 농민들의 불만을 줄이는 데 일조했다. '양렴은제'는 공무원에게 충분한 임금을 지불하도록 한 것으로, 관리의 부정부패를 막는 데 큰 도움이 되었다.

하지만 중국으로의 은 유출은 유럽 경제에는 적신호였다. 특히 영국이 중국과의 무역에서 상당히 손해를 보았다. 결국 영국은 무역 적자를 막기 위해 아편 무역을 시작했다. 인도에서 아편을 생산하여 중국에 판매하고 그 판매 대금으로 무역 적자를 메꾼 것이다. 아편은 중독성이 강해 판매량이 곧 급증했고, 수많은 아편 중독자들이 은을 구해 영국에 갖다 바치며 아편을 사들였다.

은의 유출은 청에게는 단순한 무역 적자의 문제가 아니라 경제의 근간을 뒤흔드는 일이었다. 화폐제도, 세금제도, 공무원 임금제도 등이 모두 무너질 수 있었다. 청은 아편 무역을 강력하게 단속했고, 결국 1840년 영국과 전쟁을 벌이기에 이르렀다. 이것이 바로 아편전쟁이다.

16세기 유럽인의 신대륙 발견과 함께 아메리카를 떠난 은이 중국의 운명을 바꾼 것이다.

103

아름다운 향락의 도시

에도 시대

1603~1867

교과서 속 한 줄 역사 에도 시대에는 농업과 상업이 크게 발전하였다. 특히 도시에 사는 '조닌町人'들은 가부키나 소설 등 자신들만의 서민 문화를 만들었다.

1590년 도요토미 히데요시는 라이벌 도쿠가와 이에야스를 무사시노, 사가미, 고즈케, 이즈, 시모우사, 가즈사 6국의 영주로 봉하였다. 이에 도쿠가와 이에야스는 당시 100여 호의 초가집이 들어서 있던 엉성한 어촌 에도江戸(지금의 도쿄)로 본거지를 옮겼다. 그로부터 불과 10년 뒤 도쿠가와가 '세키가하라 전투'에서 승리한 뒤 일본의 지배자가 되어 이곳에 막부를 설치하면서 에도 시대가 시작되었다.

도쿠가와 막부의 중심, 에도

에도가 처음부터 조용한 어촌은 아니었다. 에도는 가마쿠라 막부 시절 무사시노 지역의 행정 소재지로서 권력가 호조 씨의 지배를 받았고, 이후 지방 세력의 근거지로 발전했다. 하지만 전국시대 에도의 지배 세력인 호조 가문이 몰락하면서 급속히 쇠락했다. 그러니 도쿠가와 이에야스가 밑도 끝도 없이 이곳에 근거지를 정한 것은 아니었다.

막부가 설치되어 실질적인 일본의 수도가 되면서 에도는 비약적으로 발전했다. 겨우 몇 백 명이 살던 소규모 도시가 200년 뒤인 18세기에 인구 100만의 대도시로 성장했다. 에도가 이처럼 팽창한 데에는 여러 가지 이유가 있는데, 그중 '산킨고타이 제도'도 한몫했다.

산킨고타이 제도는 일종의 인질 제도로서 다이묘 본인, 혹은 그 가족이 에도에 와서 생활하도록 한 것이다. 당연히 이들을 위한 거주지가 형성되고 그 주위에 상업 지구가 조성되었다. 상류층의 대규모 주택 지구가 들어선 것이 도시 성장을 촉진하였다.

에도의 시장은 규모가 커지고 거주 인구가 늘어나면서 전국의 중앙 시장으로 성장하였다. 쌀과 차, 각 지역의 특산물 등이 모두 에도로 몰려들었고, 화폐경제가 발전하면서 '료가에쇼'라는 상인들이 공금 출납, 어음 교환, 대출 등 은행 업무를 보기 시작했다. 그런가 하면 다양한 업종의 동업자들이 일종의 길드인 '나카마'를 조직했다. 나카마 중에서 막부에 영업세를 내는 조건으로 독점 영업 허가를 받은 이들을 '가부나카마'라 하는데, 이들이 상공업 발전에 큰 역할을 하였다.

가부키와 〈주신구라〉

도시의 상공업자 '조닌町人'들은 부를 축적하면서 자신들만의 문화를 만들어 갔다. 마치 유럽 근대 도시에서 부르주아 문화가 발전하고, 조선 후기에 서민 문화가 발전한 것처럼 일본에서는 '조닌 문화'가 발전했다. 그중 가장 인기 있는 것이 소설과 가부키였다. 당시 베스트셀러의 기준은 1만 부 정도였고, 가격은 권당 오늘날 5천 엔 이상으로 고가였다. 그래서 1천 엔 내외 가격으로 일정 기간 동안 원하는 책을 빌려 주는 책 대여업도 성행했다.

'가부키'는 원래 여배우들이 간단한 춤과 공연을 보여 주는 것에서 시작되었는데, 여자들의 공연을 풍기문란이라 하여 단속하자 소년들의 가부키가 생겨나고, 이마저 금지되자 성인 남자들이 출연하는 가부키가 등장하였다. 스타급 명배우도 등장하고, 2층 객석까지 가득 메운 관중들의 열렬한 환호 속에 공연이 이루어지곤 했다. 가장 인기 있는 작품은 〈주신구라忠臣藏〉였다. 〈주신구라〉는 오늘날까지 영화와 드라마 등으로 제작되어 대중들과 만나고 있는 일본의 대표 고전으로, 줄거리는 다음과 같다.

천황이 에도로 칙사를 보내어 영주 아사노 다쿠미노가미에게 임무를 맡긴다. 아사노는 고위 관리인 기라 고즈케노스케에게 행사 자문을 구했는데, 기라는 아사노가 뇌물을 바치지 않는 데 앙심을 품고 엉터리로 가르쳐 주어 아사노를 곤경에 빠뜨리고 심지어 사람들 앞에서 망신까지 주었다. 분노한 아사노가 칼을 뽑아 기라를 내리치지만 이마에 피만 내는 정도에 그쳤다. 하지만 존엄한 자리에서 칼을 휘두른 죄로 아사노는 할복 자결을 명받았다. 아사노가 죽자, 그를 따르던 무사들이 주군의 복수를 위해 뭉친다. 마침내 기라의 집을 습격한 무사들은 처음에는 기라를 찾아내지 못하다가, 우연히 이마에 흉터가 난 노인을 발견하고 그 목을 베어 원수를 갚는 데 성공

했다. 그들은 기라를 처단한 뒤 명예를 지키고자 자수했고, 막부는
참수형 대신 할복을 명함으로써 그들의 명예를 지켜 주었다.*

향락 도시의 흥망성쇠

이런저런 사람들이 모여 사는 에도는 1657년 일어난 '메이레키 대
화재'로 커다란 위기를 겪는다.(에도는 원래 바람이 심하게 부는 데다 대
부분 목조 가옥이어서 종종 큰 화재가 일어났다.) 이 화재로 에도의 절반
이 불타고 10만7천여 명이 사망했다. 그야말로 대참사였다. 1772
년에도 대화재가 일어나 도시의 30퍼센트가 불에 타고 수만 명이
죽었다. 그러나 아이러니하게도 대화재 이후 복구 작업을 하면서
경제가 활성화되었기 때문에 종종 경제적 이유로 방화하는 자들도
나타났다.

한편, 에도 시대에는 서양에서 건너온 담배가 크게 유행하여 남
녀노소 할 것 없이 모두 담배를 피우다 보니 담배 예절이 발달했다.
상대가 자기보다 높은 사람이면 설령 담배를 권한다 해도 담배를
피우지 않는다며 거절해야 하고, 혹 담배쌈지를 떨어뜨려도 "제 것
이 아닙니다."라며 시치미를 떼야 하는 등의 것이었다.

담배나 가부키뿐 아니라 유곽 같은 향락 문화도 발전했다. 에도
의 유곽 중에서 '요시와라'라는 곳이 유명했다. 각지에서 올라온 아

---

* 〈주신구라〉는 에도 시대 정착한 무사도를 형상화한 공연으로, 무사에 대한 열등감에 시
달리던 조닌과 민중들에게 대리만족을 안겨 주어 큰 인기를 끌었다. 에도 시대 사무라이
야마모토 쓰네토모에 따르면, 무사도는 곧 '죽는 것'이다. 즉, 충성을 바치고 명예를 지키
기 위해 언제든 죽을 각오가 되어 있는 존재가 바로 무사이다. 무사도가 정착한 에도 시
대에 할복이 많이 이루어진 것은 이 때문이다.

일본 에도 시대(1603~1867)의 유흥가 풍경. '에도江戸'는 지금의 도쿄이다. 도쿠가와 이에야스가 에도에 막부를 개설하였다고 하여 '도쿠가와德川 시대'라고도 부른다.

름다운 게이샤(일본 기녀妓女)들이 노래와 춤으로 남자들을 유혹하여, 순진한 무사들이 유곽에 들어갔다가 한 달 녹봉을 전부 털리고 몰락하는 일이 사회문제가 될 정도였다. 화가들이 아름다운 게이샤를 그리는 데 열중하여 '우키요에'라는 일종의 풍속화가 유행하였다. 게이샤나 스모 선수 등을 그리는 우키요에는 판화로 제작되는 경우가 많아 대량으로 인쇄되어 팔려 나갔다.

그러나 막부 시대 말기로 접어들면서 아름답고 향락적인 도시 에도에도 서서히 쇠퇴의 기운이 닥치면서 종종 민중의 저항이 일어나곤 했다. 에도에서 일어난 대표적인 민중 저항은 쌀 폭동인 '우치코와시'이다. 흉작에 쌀 도매상의 농간까지 겹쳐 쌀값이 폭등하자, 도시 빈민들이 쌀 도매상을 습격하여 쌀을 버리거나 훔쳐 가며 쌀값 인하를 요구한 것이다.

에도는 경제·문화의 전성기를 벗어나 점점 근대의 소용돌이 한복판으로 빠져들어 가고 있었다.

104

천하제일의 검객

미야모토 무사시

1582~1645

교과서 속 한 줄 역사 에도 막부는 무사, 농민, 수공업자, 상인으로 신분을 구분하여 지배하였다. 무사는 지배자로서 여러 특권을 누렸다.

쇼군이 되어 에도에 막부를 개설한 도쿠가와 이에야스는, 아홉 번째 아들 도쿠가와 요시나오를 가문의 발상지인 오와리 지역 영주로 봉했다. 요시나오는 많은 가신들을 고용했는데, 당대 최고의 검객인 미야모토 무사시를 천거하는 자가 있었다. 요시나오는 휘하 검객 중 최고인 야규 효고노스케에게 무사시에 대해 물었다.

"무사시는 천하제일의 검객이라 할 수 있습니다. 그런데 그의 검법은 기술적인 면보다 철학적인 면이 다분합니다. 그가 시합에 강한 것은 기술이 뛰어나서가 아니라 자신이 지니고 있는 고유의 정기를 사용하기 때문입니다."

그러고는 다음과 같이 선언했다.

"무사시의 검법은 타인에게 가르쳐 주기 어렵습니다."

— 시바 료타로,《미야모토 무사시》

　　미야모토 무사시는 검도의 창시자로 일컬어진 전설적인 일본의 검객이다. 초기 에도 막부를 상징하는 대표적 무사이자 검객으로 일명 '도장 깨기'의 시조로도 알려져 있다. 키 190센티미터, 몸무게 110킬로그램의 거구인 그는 두 자루의 검을 사용하는 '니토류二刀流'의 대가로서 생전 60여 회의 시합 중 한 번도 패한 적이 없는 무패의 검신劍神이다.

　　말년에 그가 집필한《오륜서五輪書》는 칼에 관심이 있는 이들에게 오늘날까지도 널리 읽히고 있다. 그러나 그의 검술은 명맥이 끊어져 전해지지 않는다. 이는 그의 검법이 '검술劍術'이 아니라 '검도劍道'이기 때문이다.

평정심을 공격하다

미야모토 무사시는 1582년 혹은 1584년에 태어났다. 그의 아버지 무니사이는 떠돌이 무사로서 괴팍한 성격의 소유자였다. 짧은 쇠막대기 무기인 '짓테'를 잘 썼으며, 성질이 잔인하여 마을 사람들도 그를 꺼려했다. 아들 무사시가 어린 시절 자신의 검술에 대해 빈정대자 두 번이나 단도를 얼굴에 던져 죽이려 했을 정도였다. 이 일로 무사시는 가출하여 떠돌아 다니며 평생 가정을 꾸리지 않았다.

　　무사시는 열일곱 살 때 세키가하라 전투에서 서군에 참가했다. 하지만 서군이 패하는 바람에 주인 없는 무사 '로닌浪人'이 되어 여기저기를 떠돌아다녔다. 그는 유명한 검객을 찾아 시합을 청해 그들과 싸우며 점차 검술을 발전시켜 갔다.

처음 시합을 벌인 곳은 교토였다. 천황의 도시 교토에는 유명한 검도장과 검객들이 있었다. 그가 처음 도전한 곳은 무로마치 도장이었다. 무로마치 도장은 무로마치 막부의 주인공인 아시카가 집안의 검술 사범 요시오카 집안이 운영하는 곳이었다. 무사시는 도장의 주인인 요시오카 세이쥬로에게 시합을 청했다. 그는 이때부터 자신의 장기인 심리전을 사용했다. 시합 당일 일부러 2시간 정도 늦게 도착하여 상대방의 화를 돋운 뒤 변칙 공격으로 상대를 쓰러뜨린 것이다. 또한 세이쥬로의 동생과 시합할 때는 검을 들지 않고 맨손으로 공격하여 상대를 당황하게 만들고 검을 빼앗아 죽였다.

그는 언제나 상대를 신중하게 연구하여 평정심을 흐트러뜨리고 빈틈을 공격하여 승리했다. 일부러 늦게 나타나거나 방 안 같은 예기치 않은 장소에서 시합을 벌였으며 니토류의 대가이면서도 단검이나 터무니없이 긴 장검을 사용하기도 했다. 장신을 이용하여 석자 한 치 정도의 장검을 사용하는 무사 사사키 고지로와 싸울 때는 넉자 두 치의 목검을 손수 만들어 상대를 쓰러뜨렸다.

검술이 아닌 검도

무사시가 심리전에 능했던 데는 두 가지 이유가 있다. 하나는 그가 단순한 검술이 아니라 검도를 개발하려 했기 때문이다. 무사시는 선불교에 심취했는데, 이는 당시 기술적 관점에서 칼을 연마하던 세태와 정반대의 모습이었다. 그는 참선을 하고 유명한 선승들을 찾아가 강의를 듣고 토론을 했으며, 부동명왕不動明王*을 조각하고 달마 대사 그림을 즐겨 그렸다. 그는 조각과 그림 솜씨도 매우 뛰어나 종종 선물을 주며 사람들을 사귀었다. 철학과 예술에 대한 해박한 지식과 달변은 사람들과 어울리는 데 도움을 주었다.

에도 시대의 검객 미야모토 무사시. 더 이상 전쟁이 일어나지 않는 평화의 시대에 태어난, 천하무적의 '검성劍聖'이었다.

또 하나, 그는 개인적인 검술의 달인이 아니라 군대를 지휘하는 장수가 되고 싶어 했다. 그래서 유명한 전략가들을 사귀었는데, 그중 도쿠가와 가문의 중신이자 전술학의 대가로 유명한 호조 우지나가도 있었다. 도쿠가와 가문에 무사시를 추천한 사람이 바로 호조 우지나가였다. 무사시가 그의 추천을 필요로 했던 것도, 검객이 아니라 전략가로 받아들여지기를 원했기 때문이다. 그래서 무사시는 검객으로서 그를 스카우트하려는 많은 다이묘들의 제안을 뿌리치고 말년까지 평범하게 살았다.

그는 62세에 구마모토의 한 동굴에서 참선을 하다 앉은 채 죽었

---

* 불교의 8대 명왕의 하나로 악을 굴복시키는 왕이다. 오른손엔 칼을 왼손엔 쇠줄을 잡고 있으며 오른쪽 눈은 찢어질 듯 크게 뜨고 왼쪽 눈은 흘기듯 가늘게 뜨며 입술을 꽉 깨문 채 극도로 분노한 얼굴을 하고 있다. 무사시는 부동명왕처럼 하고 다녀 거리에서 마주치는 사람들이 두려워하곤 했다. 하지만 '부동不動'은 말 그대로 지극한 마음의 고요를 의미하니, 겉모습과 달리 내면은 절대 고요 상태에 이르러 있음을 의미한다.

다. 호소카와 가문의 후의厚意로 5년 정도 안락한 집에서 하인의 시중을 받으며 제자를 가르치고 참선을 하며 유유자적하게 노년을 보내다 평화롭게 떠난 것이다.

그의 마지막 모습이 상징하듯, 에도 막부 시대는 더 이상 전쟁이 일어나지 않는 평화의 시대였다. 자연스럽게 사무라이의 역할도 점점 무의미해졌다. 싸워 이기는 기술에만 급급하던 전국시대 무사들은 새로운 평화 시대에 적응하면서 점차 학문적 소양을 쌓아 갔다. 이른바 무사도武士道의 시대가 열린 것이다. 무사도의 시대에 한 획을 그은 인물이 바로 미야모토 무사시였다.

105

술, 똥, 목욕

근대 문화 코드

16~18세기

교과서 속 한 줄 역사 근대과학의 발전은 의학, 화학, 생물학 등으로 번져 평범한 사람들의 일상생활을 직접적으로 변화시킨다. 특히 의학의 영향이 컸다.

"대변을 보는 것은 결코 죄악이 아닙니다."

변비약 광고인가? 아니다. 의사의 처방이다. 물론 현대 의사의 처방은 아니다. 근대 서양 의사의 처방이다.

중세 기독교는 엄격한 금욕 사회로, 모든 쾌락을 금기시했다. 그 배경에는 로마의 문화가 있었다. 로마인들의 쾌락과 탐욕이 결국 나라를 망쳤으니 중세 유럽의 번영을 위해 쾌락을 억눌러야 한다 는 것이었다. 그렇다면 로마의 쾌락은 무엇인가? 바로 배설, 목욕, 술이었다.

금기의 시대

배설에는 사랑에 의한 배설뿐만 아니라 땀, 오줌, 똥 등 모든 배설이 포함되었다. 당연히 똥이나 오줌을 마구 싸면 안 되었다. 하수도나 화장실이 제대로 갖추어지지 않은 시대였으니, 어쩌면 그 편이 위생상 좋았을지도 모르겠다. 거리에 넘쳐 나는 생활 오수 때문에 도시환경이 오염되고 전염병이 창궐했던 당시 시대상을 생각하면 말이다. 문제는 맹목적 추종이다.

배변 자체를 금기시하는 문화는 화장실을 은폐했다. 그 거대한 베르사유 궁전에 화장실이 없었다는 이야기는, 그것이 사실이든 아니든 화장실이라는 공간 자체를 꺼리는 당시 사람들의 마음을 엿볼 수 있게 한다. 이처럼 배설을 금기로 여기다 보니 아예 일을 보지 않는 여성들이 많았다. 심지어 한 달이나 참는 사람도 있었다. 장이 막히거나 굳어서 복통으로 의사에게 실려 오는 환자들이 꽤 많아서 당시 의사들의 중요한 치료 중 하나가 관장이었다는 웃지 못할 이야기도 전한다. 그래서 보다 못한 의사가 여성 환자에게 처방전에 위와 같이 써 준 것이다. 대변을 보는 것은 죄악이 아니니 제발 자유롭게 일을 보라고!

목욕도 마찬가지였다. 특히 로마의 공중목욕탕은 혼탕이어서 남녀가 난잡한 성행위를 벌이는 장소로 인식되었다. 오늘날 우리는 한국을 비롯한 많은 나라에 남녀가 공중목욕탕을 함께 사용하는 풍속이 있었으며, 그것이 음란한 행위가 아니었다는 사실을 잘 안다. 하지만 중세 유럽인들은 그렇게 생각하지 않았다. 중세 남자들의 대화를 기록한 것을 보면 6개월, 혹은 1년 이상 목욕하지 않은 것을 신앙의 증거로 자랑스레 이야기하는 것이 종종 확인된다.

한편, 술은 축제와 연결이 된다. 그리스나 로마의 축제에서 술은 빠질 수 없는 음료였다. 민초들은 축제에서 평소 눈여겨 본 이성에게 구애하고 이웃이나 동료에게 그동안 속에 담아 두었던 말을 전하려고 술을 마셨다. 취한 사람들은 속을 터놓고 이야기하면서 화해하거나 때로는 난투극을 벌이기도 했다. 그래서 많은 축제들(대표적으로 디오니소스 제전)은 난장판이 되곤 했다.

축제에서의 어우러짐은 종종 민중 항거의 계기가 되었다. 억압적인 권력의 횡포에 분노한 민초들은 술자리에서 불만을 털어놓다가 지도자의 선동에 따라 봉기를 일으켜 영주나 탐관오리나 부도덕한 사제를 공격하기도 했다. 이 때문에 권력은 술을 점차 두려워하기 시작했다. 엄격한 신분제 사회에서 술을 금기시한 것은 지극히 당연한 일이었다.

온천 여행에 빠진 귀족과 부르주아

하지만 중세에서 근대로 넘어오면서 과학적으로 설명할 수 없는 금기들은 도전받기 시작했다. 똥을 참고 목욕을 안 하고 술을 거부하는 것이 왜 신앙과 연결되어야 하는가? 근대인들은 건강과 기쁨과 단결을 위해 금기를 깨기 시작했다. 이를 잘 보여 주는 것이 바로 온천의 발달이다.*

온천은 중세 시대에도 유행했는데, 다만 '성천聖川'이라고 하여 순례

---

* 설혜심,《온천의 문화사》, 한길사, 2001의 내용을 참조하였다.

지의 의미가 컸다. 즉, 유명한 성인의 기적이 행해진 영험한 장소로서, 신앙을 돈독히 하거나 성령의 힘으로 병을 치료하는 순례지로서 각광을 받았으며, 그래서 온천에 가는 사람 중에 목욕을 하는 사람보다는 물을 마시거나 그 앞에서 기도하는 사람들이 더 많았다. 특히 의료 혜택을 받을 수 없는 빈민들이 많이 찾아, '빈민들이 무료로 이용할 수 있도록 욕탕 한 개를 따로 배려하라'는 법이 만들어지기도 했다.

이것이 근대로 넘어오면서, (특히 종교개혁 이후) 온천은 '성천'의 개념 대신 '치료' 개념, 곧 몸에 좋은 곳으로 인식이 바뀌었다. 온천에서 목욕함으로써 병을 치료할 수 있다는 수水 치료법이 유포되면서 많은 귀족과 부르주아들이 온천으로 몰려들었다. 지역 주민들은 이들을 상대로 장사를 하며 돈을 벌었고, 온천 지역마다 경쟁이 치열해 앞 다투어 좋은 의사를 유치하고 숙박업소를 건설하는 등 다양한 서비스를 제공하려고 노력했다.

그러다 보니 근대 들어 온천의 빈민은 지역 발전에 전혀 무익한 천덕꾸러기가 되었다. 엘리자베스 1세 때 제정된 〈빈민법〉 중에는 배스 온천과 벅스턴 온천에 빈민들이 출입할 수 없게 하는 내용이 담기기도 했다.

쾌적한 환경의 온천장에는 도시 생활에 지친 부르주아와 귀족들이 몰려들었다. "매연, 악취가 가득하고 부패하고 가톨릭적이고 반역적인" 도시보다 "도덕적이고 건강하며 애국적이고 프로테스탄트적인" 시골로 여행을 떠나는 것이 16세기부터 유행하기 시작하여 18세기에는 보편화되었다. 영국에서는 왕과 귀족, 상인들이 여름

1682년 독일의 공업도시 아헨의 온천장 풍경.

더위를 피해 온천으로 몰려들었다.

온천에서 목욕을 하고 잔디 볼링과 승마 등 스포츠를 즐기고, 스파에서 수 치료를 받았으며, 공연장에서 음악을 듣거나 연극을 관람했다. 물론 매춘과 도박도 벌어졌고, 피서지에서의 불륜도 있었다. 온천장이 불임 치료에 효과가 있다는 설에 대한 비아냥은 이 시대 독설가들의 단골 메뉴였다. 이처럼 근대로 접어들면서 목욕은 금기에서 인기 있는 레저로 발전하였다.

배설이 과학적으로 장려되고, 목욕이 레저로 정착하고, 술이 선술집을 중심으로 한 노동자 문화로 정착하는 등 중세 금기는 근대들어 새로운 문화 코드로 변화하였다. 세상의 변화는 그토록 일상생활 구석구석에 촉촉하게 스며들었다.

106

아메리카로 간 영국인

아메리카 대륙의 변화

17세기

교과서 속 한 줄 역사 17세기 이후 종교의 자유 혹은 경제적 이익을 찾아 북아메리카 지역으로 이주한 영국 사람들은, 18세기 초 북대서양 연안에 버지니아를 비롯하여 13개의 식민지를 건설하였다. 13개 주는 대부분 영국 정부의 특별한 간섭 없이 각기 독자적인 의회를 구성하며 자치를 누렸다.

이제는 상식이 된 이야기지만, 콜럼버스는 최초로 아메리카를 발견한 유럽인이 아니다. 또한 '필그림 파더스Pilgrim Fathers'(1620년 신앙의 자유를 찾아 메이플라워호로 신대륙 뉴잉글랜드에 도착하여 플리머스 식민지를 개척한 102명의 이주자)도 최초로 북아메리카에 정착한 이주민이 아니다. 처음 북아메리카에 정착한 이주민은 신석기시대 몽골리언 계통의 아시안이었고, 최초로 아메리카를 발견한 유럽인은 10세기 후반 바이킹 레이프 에릭손으로 알려져 있다.

레이프 에릭손은 아메리카 북부 해안에 도착하여 '빈란드'라 이름 짓고 그곳에 잠시 거주했다고 하는데, 그로부터 1천 년 뒤인

1960년대에 헬게 잉스타드 박사가 캐나다 뉴펀들랜드의 어촌 '랑즈 오 메도우즈'에서 11세기경 바이킹 유적을 발굴함으로써 이를 확인하였다. 하지만 기록상으로든 고고학적으로든 바이킹은 얼마 후 철수했고 유럽과 아메리카의 연결은 끊어졌다.

아메리카 원주민은 어떻게 살았을까?

20세기 전반까지 많은 유럽 학자들이 16세기 아메리카 대륙의 원주민 수를 1,500만 명 전후로 추정했다. 그중 대부분은 남미에 거주하고 멕시코 북쪽, 즉 지금의 미국 땅에는 100만 명 미만이 거주했을 것으로 보았다.(가장 많이 추정한 수치가 400만 명 정도였다.) 남미에는 아스텍, 잉카 등 상당한 수준의 문명이 존재했지만, 미국 땅에는 그런 문명의 흔적이 보이지 않았기 때문이다.

하지만 1960년대 이후부터, 유럽인들이 퍼뜨린 전염병 때문에 많은 원주민이 사망하여 인구가 감소한 것을 인구 계산에 반영하기 시작했다. 전염병으로 인해 북미 일부 종족이 멸종했다는 주장과 함께 그 정도 인구 감소라면 당연히 콜럼버스 이전 원주민 인구가 훨씬 많았을 것이라고 추정했다. 학자들마다 편차가 크지만, 대략 아메리카 대륙 전체에는 5천만~1억 이상, 미국 땅에는 400만~1,200만 명 정도로 추정 인구가 대폭 늘어났다.

넓은 영토와 많은 인구만큼이나 미국 땅에는 다양한 원주민이 살고 있었다. 광활한 농업지대인 만큼 대부분은 농업에 종사하고 일부는 목축업을 했다. 정착 생활을 했던 이들이 왜 도시를 건설하거나 국가를 만들지 않았는지는 알 수 없다. 우리가 알고 있는 문명 발달의 상식과는 전혀 궤적이 다른데, 이는 인류학적 관점에서 진지하게 연구해야 할 중요한 과제이다.

콜럼버스 이후의 변화

아무튼 콜럼버스 이후 유럽인들이 본격적으로 들어오면서 아메리카 대륙은 큰 변화를 겪는다. 카리브 해와 미국 남동부 지역으로는 스페인이 진출했고, 지금의 캐나다 서부 해안과 미국 북서부 해안으로는 영국과 네덜란드·프랑스 등이 진출했다. 스페인은 멕시코에서 북진하여 플로리다와 텍사스 등을 거쳐 동부로 올라갔고, 프랑스는 미시시피 강을 따라 미국 중부 지역으로 남하했다. 영국의 진출은 그에 비하면 더디고 완만했다.

아메리카 대륙에 들어온 스페인과 프랑스는 원주민과 원만한 관계를 유지하려 노력했고, 결혼도 망설이지 않았다. 물론 침략자로서의 속성은 다르지 않았지만. 어쨌든 오늘날 '메스티소'라 부르는 스페인·원주민의 혼혈족은 이렇게 생겨났다.

반면 영국은 원주민에게 배타적이었다. 몇 가지 이유가 있는데, 그중 하나는 종교적 이유로, 대부분이 영국 국교회나 가톨릭에 저항하여 이주한 독실한 청교도인 탓에 이교도에 적대적이었다. 또 하나는 신분적인 문제로, 많은 영국인들이 계약 하인, 즉 일정 기간 동안 하급 노동자로 일하다가 계약이 만료되면 토지 등의 보상을 받고 정착하는 조건으로 들어왔다. 이들은 정착할 땅을 원했는데, 그 땅은 당연히 원주민의 땅이었다. 많은 영국의 하층민들이 약속받은 땅을 차지하고자 무력으로 원주민을 몰아내는 데 앞장섰다.

밀려난 원주민들

처음 아메리카 대륙에 정착한 영국인들은 혹독한 자연환경에 적응하지 못해 많이 사망했다. 초기 정착촌의 생존율이 50퍼센트 미만에 불과할 정도였다. 이들이 아메리카에 정착하고 생존할 수 있었던 것은 원주민들의 호의 덕분이었다. 원주민들은 낯선 이방인에게 농사법 등 생존 방법을 가르쳐 주었다. 토질과 환경이 전혀 다른 아메리카에서 유럽식 농업기술은 무용지물이었다. 영국인들은 원주민의 농사 기술을 토대로 옥수수 등 현지 작물 재배에 성공하면서 먹는 문제부터 해결했다.

하지만 영국인들은 더 많은 영국인의 이주를 위해 새로운 땅을 확보하려고 이웃 원주민들을 공격하여 몰아냈다. 영국 정부도 이를 막을 수 없었다. 대표적인 사건이 1676년에 일어난 '베이컨의 반란'이다. 영국에서 임명한 총독 버클리가 원주민들과의 경계선을 넘지 못하도록 막자, 베이컨 등 정착민들이 반란을 일으킨 것이다. 이 반란은 버클리의 노력에도 불구하고 비타협적으로 진행되어, 결국 베이컨과 정착민들의 의도대로 마무리되었다.

원주민들은 영국인의 확장을 막고자 저항했지만 제대로 싸우기도 전에 전염병으로 쓰러졌다. 영국인들은 그들의 정체성을 그대로 간직한 채 전염병에서 살아남은 원주민들을 서쪽으로 몰아내며 영역을 점차 넓혔다. 그들의 확장은 서쪽의 프랑스인과 남쪽의 스페인인과 맞설 때까지 지속되었다. 그렇게 미국의 13개 주가 건설되었다.

107

식민지 연합은 자유로운 독립국이다

미국 건국

1776

교과서 속 한 줄 역사 '보스턴 차 사건' 이후 식민지 대표들은 '대륙회의'를 열어 1776년 미국 독립선언을 채택했다. 그리고 1783년 파리조약 체결로 독립전쟁은 13개 주의 독립이라는 결실을 보았다. 1787년 연방헌법을 채택하여 주권재민, 민족자결을 원칙으로 하는 새로운 형태의 민주주의적 공화 체제가 탄생했다.

"식민지 연합은 자유롭고 독립된 나라이며, 또한 그럴 권리가 있다. 영국 왕에 대한 모든 의무에서 벗어날 것이고, 식민지 연합과 영국이 맺고 있던 모든 정치적 관계는 완전히 해체될 것이며, 해체되어야 한다. 따라서 이 국가는 자유로운 독립국가로서, 전쟁을 개시하고 평화를 체결하고 동맹 관계를 협정하고 통상 관계를 수립하는 등 독립국가가 당연히 해야 할 모든 행동과 사무를 할 수 있는 완전한 권리를 갖고 있다."

1776년 7월 4일 북아메리카 동부 13개 주 연합은 〈독립선언서〉를 선포하고, 영국의 지배에서 벗어나기 위해 투쟁할 것임을 공식 선언했다. 하지만 처음의 '13개 주 연합United Colonies'이 '미국United States of America'의 탄생으로 이어지기까지는 13년의 시간이 더 필요했다.

이주민들이 만든 새로운 나라

원주민을 몰아내고 북아메리카 동부에 정착한 영국인들은 각자 목적에 따라 자치체를 건설하고 독립적인 정치체제를 운영했다.

캘버트 가문은 영국 가톨릭의 피난처를 만들고 부동산 투자로 돈을 벌 목적으로 수천 명의 가톨릭교도와 함께 메릴랜드 주를 건설했다. 버지니아 사社는 식민지 경제로 돈을 벌 목적으로 담배 농사 등에 많은 투자를 했다. 회사는 도산했지만 식민지는 남아 버지니아 주가 되었다. 찰스 1세의 청교도 억압을 피해 이주한 청교도들은 뉴잉글랜드를 건설했고, 이들이 남하하여 코네티컷·로드아일랜드 등을 건설했다.

이런 식으로 개척된 13개 주에는 영국의 총독이 파견되었지만, '베이컨의 반란'에서 보듯 독자적인 의회와 자치체를 중심으로 반半독립적으로 운영되었으며 각 지역 상황에 맞게 다양하게 발전했다. 예를 들어 네덜란드의 식민지인 뉴암스테르담을 영국이 빼앗아 요크 공에게 하사하였으니, 이곳이 바로 '새로운 요크New York', 곧 뉴욕이다. 그러나 뉴욕은 다양한 민족으로 구성되어 있어서 특정 종교나 문화를 강요할 수 없었다.

18세기 식민지 아메리카의 거주민들은 스스로 영국인이라고 생각했지만, 현실적으로 그곳은 영국과 다른 세계가 되어 가고 있었다. 그들은 영국과 다른 경제, 사회, 문화를 갖게 되었다. 상류층의 문화는 영국 귀족 문화와 달랐고, 하버드대학의 학풍은 옥스퍼드대학과 달랐으며, 조금 더 엄격한 청교도주의와 조금 더 철저한 계몽사상이 유행했다. 이는 마치 근원을 알 수 없는 '아메리카노 커피'와 같았다. 영국인이 즐기는 홍차와 스페인이 즐기는 커피(에스프레소)가 결합한, 마치 차茶 같은 커피 말이다.

'보스턴 차 사건'으로 촉발된 독립전쟁

영국과 미국 거주민들이 서로 현실을 깨달을 시기가 다가왔다. 1756년 유럽에서 '7년 전쟁'이 일어났고 이 전쟁이 식민지에도 옮겨 왔다. 프랑스군의 공격을 받은 거주민들이 영국에 군대를 요청하여 침략을 막아 냈는데, 영국이 막대한 군대 파견 비용을 거주민들에게 세금으로 부과했다. 설탕세·인지세·차세 등 많은 세금이 부과되자 거주민들은 반발했고, 이 과정에서 무력 충돌이 일어났다. 거주민들 중 강경파가 영국과의 결별을 주장하고 나섰다.

이때 나온 말이 "대표 없는 곳에 과세 없다."였다. 영국 의회가 자신들을 대표하지 못한다는 주장은, 의회가 통치하는 입헌군주제 국가에서 통치에 대한 부정이나 다름없었다. 이제 식민지 각 주의 의회 결정을 중시하는 거주민들과 영국 의회의 결정을 따르는 영국인은 화해할 수 없는 두 권력이 되었다.

1773년 영국은 동인도회사에 차에 대한 세금을 면제해 주는 '차세법'을 제정했다. 세금을 내야 하는 거주민 중간상인들에게는 상당히 불리한 법이었다. 분노한 거주민들은 매사추세츠 주 보스턴항의 동인도회사 선박에 실려 있던 차를 바다에 던져 버렸다. 이것이 유명한 '보스턴 차 사건'이다.

이 사건을 계기로 영국이 매사추세츠 주에 보복 법안을 제정하자, 아메리카의 다른 주들이 매사추세츠 주를 지지하는 결의안을 통과시키며 단결했다. 그리고 1774년 9월 필라델피아에서 13개 주 대표들이 모여 제1차 대륙회의를 열고, 이 자리에서 영국을 규탄하며 전쟁 준비를 결의했다.

1775년 4월, 거주민들이 결성한 민병대가 무장하고 무기를 저장하고 있다는 소식을 듣고 보스턴의 영국군이 출동했다. 민병대와 영국군이 렉싱턴과 콩코드에서 충돌하면서 전쟁이 시작되었다. 전쟁은 점차 확대되었고, 1776년 7월 제2차 대륙회의에서 13개 주 대표가 영국과 결별하기로 최종 결정하고 독립을 선언하였다. 이후 워싱턴을 사령관으로 하는 대륙군이 창설되어 영국과 본격적인 독립전쟁에 돌입한다.

전쟁 초기에는 세계 최강 영국군이 유리했다. 하지만 영국군은 처음에 전쟁을 과소평가했고, 이어 전술적인 실수를 저질렀다. 일련의 실수로 인해 홈그라운드의 이점을 가진 대륙군에게 승기가 넘어갔다. 게다가 '적의 적은 친구'라는 외교의 원칙대로 영국을 견제하기 위해 프랑스·네덜란드·스페인이 대륙군을 도와주었고, 특히 프랑스는 직접 참전하여 대륙군이 필요로 하는 무기와 해군 문제를 해결해 주었다.

마침내 1781년 10월 운명의 요크타운 전투가 일어났다. 콘월리스가 지휘하는 영국군은 남부 전선을 유지하기 위해 요크타운에 방어 진지를 구축했지만, 곧 대규모 대륙군-프랑스군 연합 부대에

포위되었다. 포위망을 뚫으려는 노력이 실패로 돌아간 후 콘월리스
가 이끄는 7천여 명의 영국군이 항복했고, 영국은 더 이상의 전쟁
을 포기했다.

독립에서 건국까지

1783년 9월 3일 '파리조약'이 체결되고 13개 주는 독립했다. 하지
만 또 다른 문제, 곧 '13개 주를 어떻게 하나의 나라로 만들 것인가'
의 문제에 직면했다. 주마다 처지가 다르다 보니 하나의 나라를 만
드는 것이 요원해 보였다. 미국 독립 논의에서 흑인·여성·원주민
은 소외되어 있었으며, 특히 노예제도를 둘러싸고 주마다 입장 차
이가 컸다.

하지만 시간이 흐를수록 단일한 정부의 필요성은 점점 커졌다.
처음 영국에 존 애덤스를 보내 양국의 문제를 논의하려 할 때, 영국
은 애덤스가 '누구를' 대표하는지 물었다. 외교·국방 등 중요 사안
일수록, 또 서부로 팽창할수록 정부의 필요성은 점점 더 커졌다. 게
다가 매사추세츠에서 가난한 농민들이 반란('셰이스의 반란')을 일으
키자, 사유재산을 지키는 데 정부의 역할이 꼭 필요하다는 요구까
지 더해졌다. 이로써 1787년 헌법을 제정하는 제헌의회가 열렸다.

제헌의회에는 독립군 총사령관을 역임한 조지 워싱턴도 참여하
였다. 워싱턴은 독립전쟁 이후 은퇴하여 개인 농장에서 평화롭게
살고 있었다. 당시 대부분의 미국인이 그랬듯, 워싱턴도 중앙정부
의 필요성은 인정하지만 그것은 최소한의 정부여야 하고 개인과
주의 자유를 최대한 보장해야 한다고 생각했다. 그러나 조세권조차

없는 정부를 위해 일하는 것은 피곤하고 무가치한 일이었다. 점차 강력한 정부가 필요하다는 요구가 커지자, 워싱턴도 이에 동조하지 않을 수 없었다.

각 주의 대결과 논쟁 끝에 가까스로 타협하여 만든 새로운 나라 미국의 헌법은 공화정, 연방제, 삼권분립, 대통령제의 내용을 담고 있었다. 이 헌법은 주 의회의 승인을 받아야만 효력을 발휘할 수 있었다. 그래서 실제 헌법이 효력을 발휘하고 그에 따라 대통령을 선출하여 '미국'이라는 나라가 출범하는 데 또 2년이 걸렸다. 마침내 1789년, 독립을 선언한 지 13년 만에 미국이 탄생하였다.

'세계 제국' 미국을 이해하기 위하여

미국의 탄생 과정을 살펴보면서 염두에 두어야 할 것이 두 가지 있다. 하나는 '미국은 식민지에서 독립한 것이 아니'라는 것이고, 다른 하나는 '미국은 원래 큰 나라가 아니'라는 것이다. 이 두 가지를 놓치면 오늘날 '세계 제국'으로 성장한 미국을 제대로 이해할 수 없다.

'식민지'는 100년 전 우리가 처했던 상황, 곧 다른 나라가 들어와 원주민을 지배하는 것이다. 그러므로 식민지의 독립은 결국 원주민의 독립을 뜻한다. 하지만 미국은 원주민이 독립해서 만든 나라가 아니다. 미국 독립의 주체는 원주민이 아니라 영국에서 건너온 이주민들이었다. 또한, 미국 땅에 사는 주민들이 독립해서 만든 나라도 아니다. 당시 미국 땅에는 영국에서 이주한 백인만 살고 있지 않았다. 16세기부터 200년간 아메리카로 이주한 사람의 절반은 아프리카인들이었다. 유럽인들이 노동력을 확보하기 위해 데려온 흑인들, 독립 당시 주민의 절반을 차지했던 그들의 비중을 고려할 때, 미국은 주민들의 독립국가라고 보기 어렵다.

결국 미국은 이주한 영국인들이 독립하여 세운 나라일 뿐이며, 이런 경우 식민지에서 독립한 것이 아니라 '분국分國'에 해당한다고 볼 수 있다. 아메리카가 독립한 것이 아니라 영국이 분국한 것, 결국 미국은 영국의 연장에서 시작된 나라이다.

두 번째, 미국은 원래 넓은 나라가 아니었다. 오늘날 960만 제곱킬로미터나 되는 미국 땅은 독립할 당시 대부분 스페인령이나 프랑스의 식민지였고, 당시의 미국은 지금의 10분의 1 정도에 지나지 않았다. 미국이 독립한 직후 영국에게 일부 식민지를 넘겨받고, 나폴레옹으로부터 프랑스 식민지를 매수하면서 오늘날 중부와 동부를 아우르는 나라가 되었다. 그리고 멕시코·스페인과 전쟁을 벌여 서부와 남부를 빼앗으면서 마침내 거대한 영토를 확보하였다.

물론 유럽 열강에게서 빼앗았다고 해서 바로 미국 땅은 아니었다. 이곳에는 몇 백만 혹은 몇 천만에 이르는 원주민들, '인디언'이라 불린 이들이 살고 있었다. 이들을 몰아내고서야 비로소 미국 땅이 되었다. 무려 100여 년에 걸친 오랜 싸움의 결과였다.

이 두 가지 사실을 염두에 두고 본다면, 미국 영화 〈인디펜던스 데이〉(1996)는 그 제목만큼이나 의미심장한 영화로 다가온다.

어느 날 갑자기 외계인이 몰려와 지구인을 공격하고 정복한다. 외계인은 지구인에게 어떠한 화해나 대화의 신호도 보내지 않고 무조건 공격하고 대량 학살을 저지른다. 왜냐하면 처음부터 공존할 생각이 전혀 없기 때문이다. 이 영화는 미국인의 정신세계를 상징적으로 드러내고 있다. 그들 자신이 팽창의 역사를 가지고 있기에 새로운 강자의 무조건적 공격을 두려워하는 것이다. 물론 스필버그 감독의 영화 〈ET〉와 〈미지와의 조우Close Encounters Of The Third Kind〉(1977)에서는 무조건적 팽창에 대한 반성도 엿보인다. 할리우드 영화에 〈인디펜던스데이〉와 〈미지와의 조우〉가 공존하는 것처럼, 미국인들 내면에도 무조건적 확장과 그에 대한 반성이 공존하고 있는 것은 아닐까?

◈ **구구한 역사 담긴 미국의 지명**

영화 〈마스크 오브 조로〉(1998)의 주인공 '조로', 그는 배트맨을 비롯한 가면 히어로물의 원조 격으로 검은 복면과 검은 망토를 착용하고 화려한 검술로 악당들을 물리치며 힘없는 민중을 구원하는 영웅이다. 드라마 · 만화의 주인공으로 등장하여 많은 사랑을 받았던 조로는 어떻게 탄생하게 되었을까?

'조로'는 19세기 스페인의 식민 통치 아래 고통 받던 멕시코 민중의 영웅들을 토대로 창작된 캐릭터이다. 그런데 궁금하다. 멕시코의 영웅 조로가 왜 미국 드라마의 주인공이 되었을까? 조로가 멕시코령 캘리포니아의 영웅이었기 때문이다. 그러면 캘리포니아는 원래 미국 땅이 아니었나? 그렇다. 로스앤젤레스, 샌프란시스코, 뉴멕시코, 샌안토니오… 등의 지명은 모두 멕시코의 영토였던 시절 이름들이다. 영어식으로 읽으면 엔젤 시티, 성 프랜시스, 성 앤서니 등이다. 그런가 하면 미국 중부 유명한 일리노이 주립대학이 있는 도시의 이름은 '샴페인'이다. '술의 도시'라고 생각할지 모르지만, 샴페인은 프랑스로 '평야, 도시'를 의미한다. 또, '루이지애나'라는 지명은 프랑스 루이 14세를 위해 붙인 명칭이다. 중부가 프랑스 식민지였음을 말해 주는 것이다. 이외에도 미국 지명에는 정착한 사람들의 국적과 관련된 다양한 이름들이 담겨 있다. 그러나 아프리카와 인디언과 관련된 지명은 아주 드물고, 19세기 서부의 주요 노동력이었던 중국 화교와 관련된 지명도 거의 없다. 이주민이라고 다 같은 이주민은 아닌 것이다.

에피소드 세계사 (상)

2016년 1월 30일 초판 1쇄 발행

지은이 | 표학렬
펴낸이 | 노경인 · 김주영

펴낸곳 | 도서출판 앨피
출판등록 | 2004년 11월 23일 제2011-000087호
주소 | 우)120-842 서울시 영등포구 영등포로 5길 19(37-1 동아프라임밸리) 1202-1호
전화 | 02-336-2776   팩스 | 0505-115-0525
전자우편 | lpbook12@naver.com
홈페이지 | www.lpbook.co.kr

ISBN 978-89-92151-93-1
     978-89-92151-92-4 (세트)